Kohlhammer

Health Care- und Krankenhaus-Management

Begründet von Udo Janßen, Axel Olaf Kern, Clarissa Kurscheid, Thomas Schlegel, Birgit Vosseler und Winfried Zapp

Herausgegeben von Clarissa Kurscheid, Julia Oswald und Winfried Zapp

Die geplanten und bereits erschienenen Bände in der Übersicht:

Modul I: Gesundheitsökonomie und Gesundheitspolitik

- Markus Lüngen/Guido Büscher:
  »Gesundheitsökonomie«
- Clarissa Kurscheid/Andreas Beivers:
  »Gesundheits- und Sozialpolitik«

Modul II: Betriebswirtschaftslehre und Management in stationären und ambulanten Gesundheitseinrichtungen

- Winfried Zapp/Julia Oswald/Uwe Bettig/Christine Fuchs:
  »Betriebswirtschaftliche Grundlagen im Krankenhaus«
- Wolfgang H. Schulz/Nicole Joisten
  »Logistik, IT, Facility Management und Services«
- Winfried Zapp/Claudia Dues/Edgar Kempenich/Julia Oswald
  »Rechnungswesen und Finanzierung in Krankenhäusern und Pflegeeinrichtungen«
- Winfried Zapp/Julia Oswald/Sabine Neumann/Frank Wacker
  »Controlling und Reporting im Krankenhaus«
- Personalwirtschaft
- Sascha Saßen/Christoph Winkler
  »Klinisches Risikomanagement und Qualitätsmanagement«
- Marketing und Öffentlichkeitsarbeit

Modul III: Gestaltung von Managementsystemen in Gesundheitseinrichtungen

- Normatives Management und Strategie
- Achim Schütz
  »Leadership und Führung. Systemisch-Lösungsorientierte Handlungsoptionen für das Krankenhaus«
- Netzwerke und Strukturen
- Sylvia Schnödewind (Hrsg.)
  »Projekt- und Potenzialentwicklung in Krankenhaus und Gesundheitswesen«

Modul IV: Recht in der Gesundheitswirtschaft

- Unternehmensrecht im Krankenhaus

Winfried Zapp/Claudia Dues/
Edgar Kempenich/Julia Oswald

Rechnungswesen und Finanzierung in Krankenhäusern und Pflegeeinrichtungen

Verlag W. Kohlhammer

Dieses Werk einschließlich aller seiner Teile ist urheberrechtlich geschützt. Jede Verwendung außerhalb der engen Grenzen des Urheberrechts ist ohne Zustimmung des Verlags unzulässig und strafbar. Das gilt insbesondere für Vervielfältigungen, Übersetzungen, Mikroverfilmungen und für die Einspeicherung und Verarbeitung in elektronischen Systemen.

Die Wiedergabe von Warenbezeichnungen, Handelsnamen und sonstigen Kennzeichen in diesem Buch berechtigt nicht zu der Annahme, dass diese von jedermann frei benutzt werden dürfen. Vielmehr kann es sich auch dann um eingetragene Warenzeichen oder sonstige geschützte Kennzeichen handeln, wenn sie nicht eigens als solche gekennzeichnet sind.

Es konnten nicht alle Rechtsinhaber von Abbildungen ermittelt werden. Sollte dem Verlag gegenüber der Nachweis der Rechtsinhaberschaft geführt werden, wird das branchenübliche Honorar nachträglich gezahlt.

1. Auflage 2017

Alle Rechte vorbehalten
© W. Kohlhammer GmbH, Stuttgart
Gesamtherstellung: W. Kohlhammer GmbH, Stuttgart

Print:
ISBN 978-3-17-022613-5

E-Book-Formate:
pdf: ISBN 978-3-17-030726-1
epub: ISBN 978-3-17-030727-8
mobi: ISBN 978-3-17-030728-5

Für den Inhalt abgedruckter oder verlinkter Websites ist ausschließlich der jeweilige Betreiber verantwortlich. Die W. Kohlhammer GmbH hat keinen Einfluss auf die verknüpften Seiten und übernimmt hierfür keinerlei Haftung.

Inhalt

Geleitwort zur Reihe 10

Verzeichnis der Autorinnen und Autoren 11

Vorwort 13

1 Rechnungswesen 15
   1.1 Begriffsbestimmung 15
   1.2 Bestandteile des Betrieblichen Rechnungswesens 15
      1.2.1 Externe Rechnungslegung 15
      1.2.2 Interne Rechnungslegung 17
      1.2.3 Statistik und Planungsrechnung 17

2 Finanzierung von Krankenhäusern 19
   2.1 Gesetzliche Rahmenbedingungen 19
   2.2 Betriebskostenfinanzierung im Krankenhaus 21
      2.2.1 Umstieg von einem tagesbezogenen auf ein leistungsbezogenes Abrechnungssystem 21
      2.2.2 Vergütung der Krankenhausleistungen nach dem KHEntgG/Entgeltvereinbarung 23
      2.2.3 Vergütung der Krankenhausleistungen nach der BPflV – Pflegesatzvereinbarung 28
      2.2.4 Vergütung der Ausbildung – Ausbildungsbudget nach § 17a KHG 33
   2.3 Investitionskostenfinanzierung im Krankenhaus 35
      2.3.1 Grundsätze zur Einzel- und Pauschalförderung 35
      2.3.2 Ausblick 37
   2.4 Abgrenzungsverordnung 38

3 Finanzierung von stationären Pflegeeinrichtung 40
   3.1 Die soziale Pflegeversicherung 40
   3.2 Die Finanzierung der stationären Pflegeeinrichtung 43
      3.2.1 Ausgangssituation 43
      3.2.2 Betriebskostenfinanzierung 45
      3.2.3 Investitionskostenfinanzierung 47
      3.2.4 Ausbildungsfinanzierung 50

4 Rechtliche Grundlagen für die (Externe) Rechnungslegung von Krankenhäusern und stationären Pflegeeinrichtungen 51
- 4.1 Vorbemerkung 51
- 4.2 Rechnungslegungsvorschriften für Krankenhäuser und Pflegeeinrichtungen 51
  - 4.2.1 Krankenhaus-Buchführungsverordnung als Rechnungslegungsvorschrift für Krankenhäuser 51
  - 4.2.2 Pflege-Buchführungsverordnung als Rechnungslegungsvorschrift für stationäre Pflegeeinrichtungen 54
  - 4.2.3 Weitere Rechtsvorschriften mit möglichem Einfluss auf die Rechnungslegung von Krankenhäusern und stationären Pflegeeinrichtungen 56

5 Der handelsrechtliche Jahresabschluss 60
- 5.1 Grundlagen 60
  - 5.1.1 Buchführungspflicht 60
  - 5.1.2 Inventur und Inventar 61
  - 5.1.3 Befreiungsvorschriften 62
  - 5.1.4 Herleitung von Bilanz und Gewinn- und Verlustrechnung 62
- 5.2 Grundsätze für die Aufstellung 64
  - 5.2.1 Grundsätze ordnungsmäßiger Buchführung 64
  - 5.2.2 Ansatz-, Gliederungs- und Bewertungsvorschriften für die Aufstellung des Jahresabschlusses 71

6 Einzelheiten zum Jahresabschluss 81
- 6.1 Die einzelnen Posten der Bilanz 81
  - 6.1.1 Aktivseite 83
  - 6.1.2 Passivseite 94
- 6.2 Bilanzvermerke 103
- 6.3 Die einzelnen Posten der Gewinn- und Verlustrechnung 104
- 6.4 Anhang 115
- 6.5 Lagebericht 117

7 Prüfung des Jahresabschlusses 120
- 7.1 Rechtsgrundlagen für Jahresabschlussprüfungen 120
- 7.2 Prüfungspflicht 120
- 7.3 Freiwillige Jahresabschlussprüfung 121
- 7.4 Auswahl des Abschlussprüfers 121
- 7.5 Gegenstand, Art und Umfang der Jahresabschlussprüfung ... 122
- 7.6 Ziel der Jahresabschlussprüfung 123
- 7.7 Durchführung der Jahresabschlussprüfung 123
- 7.8 Ergebnis der Jahresabschlussprüfung 125
  - 7.8.1 Berichterstattung 125
  - 7.8.2 Prüfungsurteil 125

		7.8.3 Mündliche Berichterstattung	127
8		**Grundlagen der Kosten-, Leistungs-, Erlös und Ergebnisrechnung (KLEE-Rechnung)**	**128**
	8.1	Begriffsbestimmung	130
		8.1.1 Kosten	130
		8.1.2 Leistungen	131
		8.1.3 Erlöse	131
		8.1.4 Ergebnis	133
	8.2	Begriffsmerkmale	133
		8.2.1 Zwingende Merkmale	134
		8.2.2 Fakultative Merkmale	136
	8.3	Anforderungen	137
	8.4	Funktionen	138
		8.4.1 Darstellung des Unternehmungsprozesses	138
		8.4.2 Lenkung des Unternehmungsprozesses	138
	8.5	Ausgewählte Gesundheitsbereiche	141
		8.5.1 Ambulanzen	141
		8.5.2 Fach- und Rehakliniken	146
9		**Vorgehensweise der KLEE-Rechnung**	**150**
	9.1	Kostenrechnung	151
		9.1.1 Kostenarten	151
		9.1.2 Kostenstellenrechnung	155
		9.1.3 Kostenträgerrechnung	158
		9.1.4 Kostenlenkung	167
	9.2	Leistungsrechnung	169
	9.3	Erlösrechnung	170
	9.4	Ergebnisrechnung	172
10		**Innerbetriebliche Leistungsverrechnung**	**173**
	10.1	Begriffliche Bestimmung: Leistung versus Erlös	173
	10.2	Regeln der Innerbetrieblichen Leistungsverrechnung	173
		10.2.1 Kosten- und Leistungszurechnung	174
		10.2.2 Kosten- und Leistungsanlastung	175
	10.3	Typen der Leistungsverrechnung	175
	10.4	Verfahren der Innerbetrieblichen Leistungsverrechnung	176
		10.4.1 Einseitige Leistungsverrechnung	176
		10.4.2 Gegenseitige Leistungsverrechnung	177
11		**Systeme der KLEE-Rechnung**	**178**
	11.1	Zeitbezogene Systeme	179
		11.1.1 Istkosten	179
		11.1.2 Normalkosten	179
		11.1.3 Plankosten	181
	11.2	Umfangbezogene Systeme	185

		11.2.1 Voll-Kosten	185
		11.2.2 Teil-Kosten	187
	11.3	Prozess-Kosten	194
		11.3.1 Prozesskosten als Verrechnungsgrößen	194
		11.3.2 Kalkulation eines Behandlungsprozesses	197
12	**Kostenmanagement**		**199**
	12.1	Beeinflussung der Kostenstruktur	200
	12.2	Beeinflussung des Kostenverhaltens	201
	12.3	Senkung des Kostenniveaus	201
	12.4	Kostenverursachungsmanagement	202
	12.5	Fokussierung auf wesentliche Bestandteile	203
	12.6	Ausblick	205
13	**Fallbeispiele und Aufgaben**		**206**
	13.1	Fallbeispiele zur Abgrenzungsverordnung	206
	13.2	Aufgaben zur Kosten-, Leistungs-, Erlös- und Ergebnis-Rechnung	210
		13.2.1 Äquivalenzziffernrechnung	210
		13.2.2 Bezugsgrößenkalkulation	211
		13.2.3 Innerbetriebliche Leistungsverrechnung	213
		13.2.4 Abweichungsanalyse von Kosten der Intensivstation	213
		13.2.5 Abweichungsanalyse in der Geburtsklinik	214
		13.2.6 Fixkostendeckungsrechnung in der Fachklinik	214
		13.2.7 Prozesskosten der Patientenaufnahme	215
		13.2.8 Behandlungskosten	216
14	**Lösungen zu Fallbeispielen und Aufgaben**		**218**
	14.1	Lösung zu Fallbeispielen zur Abgrenzungsverordnung	218
	14.2	Lösungen zu Aufgaben zur Kosten-, Leistungs-, Erlös- und Ergebnis-Rechnung	230
		14.2.1 Lösung zur Äquivalenzziffernrechnung	230
		14.2.2 Lösung zur Bezugsgrößenkalkulation	231
		14.2.3 Lösung der Innerbetrieblichen Leistungsverrechnung	233
		14.2.4 Lösung zur Abweichungsanalyse von Kosten der Intensivstation	235
		14.2.5 Lösung zur Abweichungsanalyse in der Geburtsklinik	236
		14.2.6 Lösung zur Fixkostendeckungsrechnung in der Fachklinik	238
		14.2.7 Lösung zu Prozesskosten der Patientenaufnahme	240
		14.2.8 Lösung von Behandlungskosten	241

Anhang	**243**
Anhang 1: Budgetausgleiche	243
Anhang 1.1. Beispiel: Ausgleich nach § 15 Abs. 3 KHEntgG	243
Anhang 1.2. Beispiel: Ausgleich nach § 15 Abs. 3 KHEntgG	244
Anhang 1.3. Beispiel: Ausgleich nach § 4 Abs. 3 KHEntgG	244
Anhang 1.4. Ausgleich nach § 21 Abs. 2 BPflV a.F.	245
Anhang 1.5. Ausgleich nach § 12 Abs. 2 BPflV a.F.	246
Anhang 2: Checkliste Anhang	247
Anhang 3: Checkliste Lagebericht	249
Literatur	**254**
Stichwortverzeichnis	**261**

Geleitwort zur Reihe

In der dynamisch wachsenden und zunehmend komplexer werdenden Gesundheitswirtschaft ist in den letzten Jahren der Bedarf stark gestiegen, Management bezogenes theoretisches Wissen und praxisrelevantes Know-how zu beherrschen und zu vermitteln. Dieser Bedarf spiegelt sich u. a. in zahlreichen neuen Hochschulstudiengängen und vielfältigen Angeboten der beruflichen Fort- und Weiterbildung wider.

Die Reihe »Health Care- und Krankenhaus-Management«, die auf den Curricula einschlägiger Hochschulen und wichtiger Fortbildungseinrichtungen aufbaut, setzt hier an. Inhaltlich und didaktisch systematisch angelegt, erhebt sie den Anspruch, das breite Themenfeld weitgehend vollständig abzudecken.

Die in 14 Bänden modular aufgebaute Reihe möchte allen Studierenden und Dozenten der auf das Management in der Gesundheitswirtschaft bezogenen Studiengänge, Berufstätigen in Fort- und Weiterbildung aus Krankenhäusern und weiteren Einrichtungen des Gesundheitswesens und insbesondere (zukünftigen) Führungskräften und leitenden Mitarbeitern aus Ärztlichem Dienst, Medizin-Controlling, Pflegedienst, Marketing und Verwaltung ein hilfreiches Werkzeug für Studium und professionelle Praxis sein.

Die Herausgeberinnen und Herausgeber:
Clarissa Kurscheid, Julia Oswald und Winfried Zapp

Verzeichnis der Autorinnen und Autoren

Winfried Zapp, Prof. Dr. rer. pol., Dipl.-Ökonom
Studium der Wirtschaftswissenschaften, Wissenschaftlicher Mitarbeiter, Promotion zum Dr. rer. pol.; Assistent des Verwaltungsleiters in einem Evangelischen Krankenhaus, gleichzeitig Traineeprogramm für Führungsnachwuchskräfte des Berufsbildungswerks Deutscher Krankenhäuser (BBDK); Krankenhausbetriebsleiter und in Personalunion Finanzleiter in einer Komplexeinrichtung; Ernennung zum Professor an der Hochschule Osnabrück mit dem Lehrgebiet Allgemeine Betriebswirtschaftslehre mit dem Schwerpunkt Rechnungswesen, insbesondere Controlling im Gesundheitswesen; Forschungsschwerpunkte: Kostenmanagement, Controlling, Prozessmanagement.

Claudia Dues, WPin StBin Dipl.-Kffr.
Studium der Wirtschaftswissenschaften an der Westfälischen Wilhelms Universität Münster. Prokuristin in der Solidaris Revisions-GmbH – Wirtschaftsprüfungsgesellschaft Steuerberatungsgesellschaft, Verantwortliche Wirtschaftsprüferin für Jahres- und Konzernabschlussprüfungen bei Krankenhausverbünden und Komplexeinrichtung im Bereich Gesundheits-und Sozialwesen. Seit 2011 Leiterin des Kompetenzbereichs Prüfungsnahe Beratung mit dem Schwerpunkt Transaktions- und Sanierungsberatung sowie Berichtswesen.

Edgar Kempenich, WP StB Dipl.-Volksw.
Studium der Volkswirtschaftslehre an der Rheinischen Friedrich-Wilhelms-Universität Bonn. Teamleiter, Prokurist in der Solidaris Revisions-GmbH - Wirtschaftsprüfungsgesellschaft Steuerberatungsgesellschaft. Registrierter Prüfer für Qualitätskontrolle (§ 57a Abs. 3 WPO) seit 2009. Schwerpunkt der Tätigkeit ist die Rechnungslegung und Jahresabschlussprüfung von Einrichtungen des Non-Profit-Bereichs, insbesondere von Krankenhäusern, Krankenhausträgergesellschaften sowie Krankenhauskonzernen.

Julia Oswald, Prof. Dr. rer. medic., Dipl. Kffr. (FH)
Professorin für Betriebswirtschaftslehre, insbesondere Krankenhausmanagement und -finanzierung an der Fakultät Wirtschafts- und Sozialwissenschaften der Hochschule Osnabrück, zuvor Leitung Konzerncontrolling der Paracelsus-Kliniken Deutschland GmbH & Co. KGaA, Wissenschaftliche Mitarbeiterin an der Hochschule Osnabrück; Promotion zur Doktorin der medizinischen Wissenschaften (Dr. rer. medic.), Fachbereich Humanwissenschaften, Universität Osnabrück, Studium der Betriebswirtschaft in Einrichtungen des Gesundheitswesens – Krankenhausmanagement (Dipl.-Kffr. (FH)), Hochschule Osnabrück.

Vorwort

Dieser fünfte Band in der Reihe »Health Care- und Krankenhaus-Management« des Kohlhammer Verlages umfasst das Rechnungswesen und die Finanzierung. Anders als in der traditionellen Betriebswirtschaftslehre korrespondieren Rechnungswesen und Finanzierung in den Gesundheitsunternehmungen Krankenhaus, Altenheim, Ambulante Dienste etc. miteinander: Die Finanzierung fußt nicht auf einem marktwirtschaftlichen Modell, sondern ist sehr stark politisch und gesetzlich-rechtlich beeinflusst und vor allem bestimmt. Das Rechnungswesen hat sich an diese Besonderheiten anzupassen, diese zu berücksichtigen und im Rahmen der Freiheitsgrade zu gestalten.

Diese Fachkenntnisse sind zu erwerben, um darauf aufbauend gestalterisch tätig zu werden.

Nur mit diesen Fachkenntnissen können qualifizierte Managemententscheidungen getroffen werden. Die spezifischen Besonderheiten einer dualen Finanzierung, die Abgrenzungsprobleme von Anlage-, Verbrauchs- und Gebrauchsgütern, die in der Abgrenzungsverordnung formuliert werden, die Wirkungsweisen von Kosten, Leistungen und Erlösen, um nur einige herausragende Spezialkenntnisse hervorzuheben, beeinflussen das Management in Gesundheitsunternehmungen in besonderer Weise. Diese Kenntnisse, Anforderungen, Wirkungsweisen und Mechanismen muss man kennen, um sich ökonomisch verhalten zu können. Nur wer über diese Kenntnisse und Erfahrungen verfügt, kann auf unterschiedliche Ausgangssituationen differenziert (re-)agieren.

Mit Jean-Jacques Rousseau (1712–1778) kann man formulieren:

> »Man muss viel gelernt haben, um über das, was man nicht weiß, fragen zu können« (http://zitate.net/lernen-zitate; Zugriff am 12.5.2016).

Nur mit den spezifischen Grundkenntnissen können andere Sachverhalte erschlossen werden. Dabei ist die Frageformulierung eine wesentliche Hilfe, um Problembereiche anzugehen. Aber was folgt nun aus dieser Grundüberlegung, welche Vorgehensweise ist zu wählen?

Mit Wilhelm Busch (1832–1908) kann folgender Grundsatz humorvoll angegangen werden:

> Also lautet der Beschluß:
> daß der Mensch was lernen muß.
> – Nicht allein das A-B-C
> bringt den Menschen in die Höh'.

(Quelle: Busch, Bildergeschichten. Max und Moritz, 1886; https://www.aphorismen.de/suche?autor_quelle=wilhelm+busch; Zugriff am 12.5.2016)

Dieses Buch möchte helfen, sich in die spezifischen Wirkungsweisen von Finanzierung und Rechnungswesen in Gesundheitsunternehmungen hineinzudenken, Kenntnisse zu vermitteln und Zusammenhänge zu verdeutlichen.

Die AutorInnen danken Herrn Dr. Ruprecht Poensgen vom Kohlhammer-Verlag, der die Initiative zu dieser Buchreihe gegeben hat und uns mit zahlreichen Hinweisen immer wieder auf unser gemeinsames Ziel motiviert hat. Ganz herzlichen Dank für seine »Schubkraft«! Herrn Dominik Rose und Frau Ulrike Döring danken wir für ihre begleitende hilfreiche Unterstützung und Geduld. Immer wieder haben sie uns auf die richtige Denkebene gehoben. Wir danken beiden für die sehr angenehme Zusammenarbeit.

Wir wünschen uns hohe Verkaufszahlen, als Zeichen und Grundlage, dass in Gesundheitseinrichtungen die Manager mehr können wollen als das A-B-C von dem Wilhelm Busch gesprochen hat.

Winfried Zapp, Claudia Dues, Edgar Kempenich, Julia Oswald
Osnabrück und Köln im September 2017

1 Rechnungswesen

1.1 Begriffsbestimmung

Das Betriebliche Rechnungswesen unterteilt sich grundsätzlich in vier Teilbereiche:

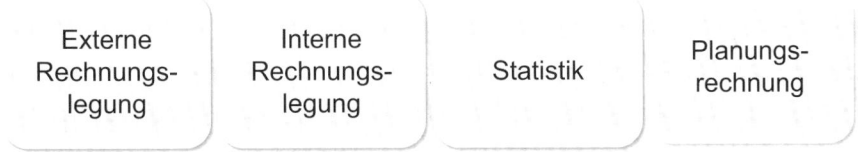

Abb. 1.1: Bestandteile des Betrieblichen Rechnungswesens

1.2 Bestandteile des Betrieblichen Rechnungswesens

1.2.1 Externe Rechnungslegung

Innerhalb des Betrieblichen Rechnungswesens eines Unternehmens dient die Externe Rechnungslegung dazu, Rechenschaft über das Unternehmen in der Form abzulegen, dass die wirtschaftliche Situation des Unternehmens nach außen hin abgebildet wird.

Abgebildet werden die Vermögens-, Finanz- und Ertragslage des Unternehmens in Form des Jahresabschlusses. Der Jahresabschluss besteht grundsätzlich aus Bilanz und Gewinn- und Verlustrechnung. Je nach Art und Rechtsform des Unternehmens zählen als weitere Bestandteile dazu ein Anhang und/oder ein Lagebericht. Zum Jahresabschluss von Unternehmensverbünden (Konzernen) zählen zusätzlich noch eine Kapitalflussrechnung und ein Eigenkapitalspiegel; ggfs. auch noch eine Segmentberichterstattung. Als Grundlage zur Erstellung des Jahresabschlusses dienen die Buchführung des Unternehmens und eine Zusammenstellung der Vermögens- und Schuldposten (Inventar). Zu den Inhalten der einzelnen Bestandteile verweisen wir insbesondere auf Kapitel 3 (▶ Kap. 3).

Die Aufstellung des Jahresabschlusses, als zentrales Element Externer Rechnungslegung, gehört zu den Aufgaben der Finanzbuchhaltung. Dort werden systematisch und fortlaufend die einzelnen Geschäftsvorfälle des Unternehmens aufgezeichnet. Die Finanzbuchhaltung wird als Zeitabschnittsrechnung bezogen auf die Geschäftsjahre geführt.

Ausgangsbasis für die Externe Rechnungslegung sind die gesetzlichen Vorschriften. Für die Rechnungslegung eines Krankenhauses oder einer Pflegeeinrichtung gibt es grundsätzlich keine einheitliche gesetzliche Grundlage. Vielmehr ist ihre Rechtsform ausschlaggebend dafür, welche rechtlichen Vorschriften jeweils zu beachten sind.

Krankenhäuser und Pflegeeinrichtungen werden meist in den Rechtsformen der Kapitalgesellschaft – i. d. R. Gesellschaft mit beschränkter Haftung (GmbH), der rechtsfähigen Stiftung privaten Rechts oder des rechtsfähigen Vereins (e. V.) – geführt. Sie können aber auch unselbstständiger Teil einer Körperschaft öffentlichen Rechts (KöR) – i. d. R. Universitätskliniken – über den als Sondervermögen Rechnung gelegt wird.

Wenn wir vom Jahresabschluss eines Krankenhauses oder einer Pflegeeinrichtung sprechen, ist damit grundsätzlich der Abschluss seines Rechtsträgers gemeint. Daneben werden auf für einzelne Einrichtungen eines Rechtsträgers Teiljahresabschlüsse aufgestellt. Eine Verpflichtung hierzu ergibt sich z. B. bei unselbstständigen Krankenhäusern und Pflegeeinrichtungen, die in einen übergeordneten Rechtsträger eingebunden sind.

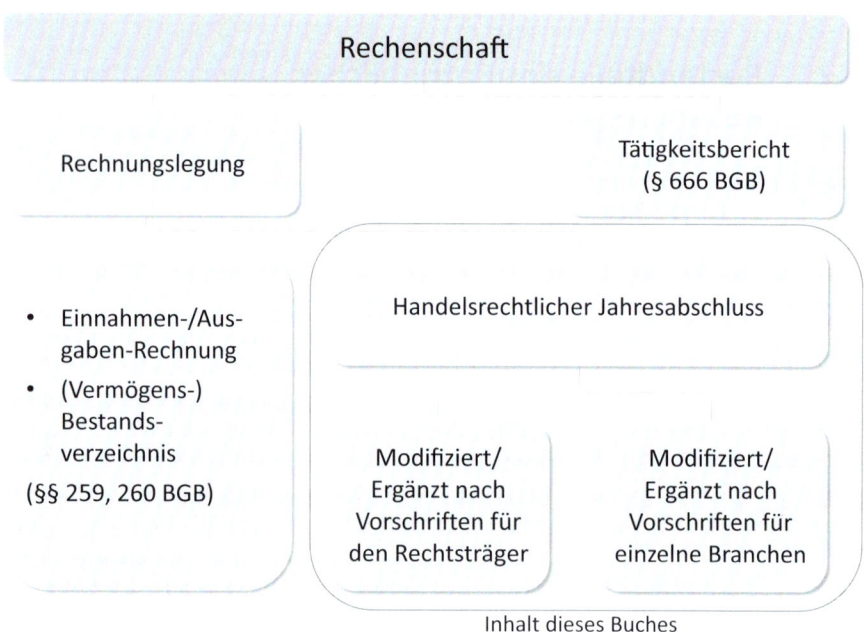

Abb. 1.2: Rechenschaft

Die anderen Bereiche des betrieblichen Rechnungswesens eines Unternehmens dienen primär der internen Steuerung, wenngleich sie zum Teil auch gesetzlich verpflichtend sind; z. B. die Kosten- und Leistungsrechnung als Bestandteil der internen Rechnungslegung nach der KHBV und der PBV.

1.2.2 Interne Rechnungslegung

Die Interne Rechnungslegung dient dazu, das Management eines Unternehmens bei der Unternehmensführung zu unterstützen, indem es finanzielle Daten als Grundlage für Entscheidungen liefert. Zur Internen Rechnungslegung eines Unternehmens werden insbesondere die Kosten- und Leistungsrechnung, die Investitionsrechnung sowie das Controlling hinzugezählt.

Da es i. d. R. keine gesetzliche Grundlage für die Interne Rechnungslegung gibt, bedient sich die Interne Rechnungslegung häufig der Informationen aus der Externen Rechnungslegung und modifiziert oder ergänzt sie um unternehmensspezifische Notwendigkeiten.

Für Krankenhäuser und Pflegeeinrichtungen wird in der KHBV (§ 8) und PBV (§ 7) eine Kosten- und Leistungsrechnung pflichtgemäß vorgeschrieben. Danach müssen diese Einrichtungen eine Kosten- und Leistungsrechnung führen, die eine betriebsinterne Steuerung sowie eine Beurteilung der Wirtschaftlichkeit und Leistungsfähigkeit erlaubt. Beide Verordnungen schreiben daher Mindestbestandteile einer Kosten- und Leistungsrechnung vor. Dazu zählen beispielsweise das Einrichten der erforderlichen Kostenstellen sowie eine verursachungsgerechte Zuordnung der Kosten und Leistungen aus der Buchhaltung zu den eingerichteten Kostenstellen.

1.2.3 Statistik und Planungsrechnung

Die Statistik eines Unternehmens umfasst sowohl finanzielle als auch nicht-finanzielle Daten des Unternehmens. Sie dient insbesondere der vergleichenden Darstellung im Zeitverlauf (innerhalb eines Geschäftsjahres oder im Vergleich mehrerer Geschäftsjahre). Die finanziellen Statistiken betreffen z. B. Entwicklung der liquiden Mittel, des Eigenkapitals oder der Jahresergebnisse. Nicht-finanzielle Daten bilden die Leistungsmengen, z. B. die Entwicklung der Fallzahlen, Case-Mix-Punkte in Krankenhäusern bzw. die Entwicklung von Pflegetagen in Pflegeeinrichtungen, oder die Personaleinsatzzahlen (Vollkräftestatistik) ab. So ist der statistische Datensatz nach § 21 KHEntgG für Krankenhäuser verpflichtend. Dieser beinhaltet insbesondere Angaben zu den vereinbarten und abgerechneten DRG-Fällen, zu der Summe der vereinbarten und abgerechneten Bewertungsrelationen, Angaben betreffend die Anzahl der Ausbildungsplätze und zu den Kosten der theoretischen und praktischen Ausbildung.

Die Planungsrechnung bildet die zukünftigen Erwartungen für die Entwicklung eines Unternehmens vor dem Hintergrund erwarteter Annahmen ab. Sie betrifft einerseits die Planung der wirtschaftlichen Entwicklung eines Unternehmens über mehrere Perioden, deren Inhalt insbesondere die Aufwands- und Ertragsplanung,

Bilanzplanung, Liquiditätsplanung (integrierte Finanzplanung) als Bestandteile der finanziellen Planungen, aber auch die Leistungs- und Personalplanung als nichtfinanzielle Planungsinhalte sein sollten; andererseits aber auch die Prognose des voraussichtlichen Ergebnisses eines Geschäftsjahres unter Berücksichtigung der im laufenden Geschäftsjahr schon eingetretenen wirtschaftlichen Entwicklung (Ergebnishochrechnung). Neben der Hochrechnung der Gewinn- und Verlustrechnung kann dies auch die Hochrechnung der Bilanzposten und der Liquidität umfassen. Die Notwendigkeit zur Planung ergibt sich letztendlich aus der Pflicht eines ordentlichen Kaufmanns

- die Zukunft zu gestalten, um Veränderungen vorzunehmen,
- auf eine sich stetig veränderte Umwelt zu reagieren,
- ökonomisch effektiv und effizient zu handeln,
- kontrollieren und frühzeitig gegensteuern zu können,
- den »Stakeholdern« Orientierung und Berechenbarkeit zu geben sowie
- Lern- und Entwicklungsprozesse anzustoßen.

2 Finanzierung von Krankenhäusern

Die Krankenhausfinanzierung in Deutschland ruht auf zwei Säulen: Sie ist grundsätzlich aufgeteilt zwischen den Bundesländern und den Krankenkassen (Sozialleistungsträger). Die Investitionskostenfinanzierung der Krankenhäuser wird im Wege der öffentlichen Förderung durch die Bundesländer getragen, während die laufenden Betriebskosten durch die Krankenkassen finanziert (Duales Finanzierungssystem) werden.

Tab. 2.1: Dualistische Finanzierung

Investitionskosten	Laufende Betriebskosten
Öffentliche Fördermittel nach Landesrecht (Landes-KHGs)	Leistungsgerechte Erlöse aus Pflegesätzen/DRG → diese können nach Maßgabe des KHG auch Investitionskosten enthalten (Gebrauchsgüter)
Antragsfördermittel	Vergütung für vor- und nachstationäre Behandlung
Pauschalfördermittel	Vergütung für ambulantes Operieren

2.1 Gesetzliche Rahmenbedingungen

Die gesetzlichen Rahmenbedingungen sind durch das Krankenhausfinanzierungsgesetz (KHG) vorgegeben. In § 4 KHG ist die »Wirtschaftliche Sicherung der Krankenhäuser«[1] gesetzlich fixiert. Daran anknüpfend bestimmt das KHG einerseits die Grundsätze der öffentlichen Investitionsförderung (§ 8 ff. KHG) und regelt andererseits den Rahmen zur Finanzierung laufender Betriebskosten (§ 16 ff. KHG). Über entsprechende Ermächtigungsvorschriften werden Einzelheiten der Finanzierung geregelt. Die Regelungen zur Finanzierung von Investitionen finden

---

1 § 4 KHG: »Wirtschaftliche Sicherung der Krankenhäuser«: Die Krankenhäuser werden dadurch wirtschaftlich gesichert, dass 1. ihre Investitionskosten im Wege der öffentlichen Förderung übernommen werden und sie 2. leistungsgerechte Erlöse aus den Pflegesätzen, die nach Maßgabe dieses Gesetzes auch Investitionskosten enthalten können, sowie Vergütungen für vor- und nachstationäre Behandlung für ambulantes Operieren enthalten.«

sich im Wesentlichen in den jeweiligen Landeskrankenhausgesetzen und der Abgrenzungsverordnung. Regelungen zur Finanzierung der laufenden Betriebskosten finden sich in erster Linie im Krankenhausentgeltgesetz (KHEntgG) und der Bundespflegesatzverordnung (BPflV). Wesentliches Merkmal bei der Betriebskostenfinanzierung ist die Tatsache, dass der Staat lediglich den rechtlichen Rahmen vorgibt. Die differenzierte Ausgestaltung des Finanzierungssystems ist der gemeinsamen Selbstverwaltung der Spitzenverbände auf Bundesebene[2] vorbehalten. Diese beschließen Vereinbarungen, die für alle Krankenhäuser und Krankenkassen bundesweit bindend sind.[3] Der Gesetzgeber schaltet sich hier nur dann noch ein, wenn eine Einigung zwischen den Vertragspartnern auf Bundesebene nicht zustande kommt.

Die gesetzlich geregelten Finanzierungsmodalitäten haben Einfluss auf die Rechnungslegung von Krankenhäusern. So regelt die Krankenhaus-Buchführungsverordnung (KHBV) die Rechnungs- und Buchführungspflichten von Krankenhäusern unabhängig davon, ob das Krankenhaus Kaufmann im Sinne des Handelsgesetzbuches ist und unabhängig von der Rechtsform des Krankenhauses (§ 1 Abs. 1 Satz 1 KHBV). Soweit diese Verordnung als Spezialvorschrift nichts anderes vorsieht, bleiben die bestehenden Rechnungs- und Buchführungspflichten insbesondere nach dem Handels- und Steuerrecht jedoch unberührt (§ 1 Abs. 1 Satz 2 KHBV).

Die KHBV als objektbezogene Bilanzierungsvorschrift beinhaltet insbesondere erweiterte Gliederungsvorschriften für die Bilanz, die Gewinn- und Verlustrechnung und den Anhang in Ergänzung zu den handelsrechtlichen Vorschriften. Dies auch vor dem Hintergrund, dass teilweise die handelsrechtlichen Vorschriften für Krankenhäuser aufgrund ihrer Rechtsform (z. B. Verein, Stiftung, KöR) nicht gelten und eine einheitliche Rechnungslegung der Krankenhäuser gewährleistet werden soll.

Wesentlicher Kern der KHBV im Unterschied zu den handelsrechtlichen Regelungen stellt die rechnungslegungsbezogene Abbildung der Finanzierungssystematik der Investitionen dar. Dieses wird durch die besonderen Gliederungsvorschriften der KHBV für die Bilanz, die Gewinn- und Verlustrechnung sowie den Anlagennachweis aber auch in den Ansatzvorschriften deutlich. Während nach handelsrechtlichen Vorschriften grundsätzlich das Anschaffungskostenprinzip vorherrscht, findet in der KHBV eine Durchbrechung dieses Grundsatzes dadurch statt, dass auch das von dritter Seite finanzierte Anlagevermögen vollständig auf der Aktivseite zu erfassen ist. Gleichzeitig wird in Höhe des geförderten Betrags ein Passivposten (Sonderposten aus Fördermitteln) eingestellt. Durch diese Verpflichtung wird dem Grundsatz der vollständigen Er-

---

2 Die Vertragsparteien auf Bundesebene sind für die Krankenkassen/Kostenträger der Spitzenverband Bund der(gesetzlichen) Krankenkassen gemäß § 217a SGB V (GKV-Spitzenverband) sowie der Verband der Privaten Krankenversicherung e. V. (PKV). Für die Krankenhäuser ist dies die Deutsche Krankenhausgesellschaft e. V. (DKG).
3 Vereinbarungen auf Bundesebene finden zwischen den Spitzenverbänden auf Bundesebene jährlich prospektiv für den kommenden Abrechnungszeitraum mit Wirkung für die Vertragsparteien nach § 18 Abs. 2 KHG statt.

fassung der Vermögenslage Rechnung getragen, da das von Dritten geförderte Anlagevermögen in der Regel im Krankenhaus verbleibt und einen nicht unerheblichen Vermögenswert darstellt.

Die nach der KHBV anzuwendenden Vorschriften lassen sich wie in Tabelle 2.2 gliedern (▶ Tab. 2.2).

Tab. 2.2: Anzuwendende Vorschriften der KHBV

Spezielle Vorschriften nach § 4 Abs. 1 KHBV einschl. der KHBV-Anlagen, insbesondere	Zusätzlich in § 4 Abs. 3 KHBV aufgeführte HGB-Vorschriften insbesondere zu
Bilanz-Gliederung	Buchführung
GuV-Gliederung	Jahresabschluss
Anlagennachweis	Ansatzvorschriften
	Bewertungsvorschriften
	u. A.

Zur vertiefenden Darstellung der Rechnungslegung von Krankenhäusern sei auf das nachfolgende Kapitel verwiesen (▶ Kap. 3).

2.2 Betriebskostenfinanzierung im Krankenhaus

2.2.1 Umstieg von einem tagesbezogenen auf ein leistungsbezogenes Abrechnungssystem

Bis zum Jahr 2002 wurden die jährlich anfallenden Betriebskosten eines Krankenhauses über tagesgleiche Pflegesätze mit den Kostenträgern (Krankenkassen) abgerechnet. Die tagesgleichen Pflegesätze setzten sich aus einem Basispflegesatz für die Unterkunft und Verpflegung und einem für jede Abteilung gesondert ermittelten Abteilungspflegesatz zusammen. Für jeden Patienten einer Abteilung wurde ein einheitlicher Pflegesatz pro Tag in Rechnung gestellt. Die dadurch erzielte Gesamtvergütung richtete sich daher vornehmlich nach der Länge des Krankenhausaufenthaltes unabhängig von der Qualität der Behandlung und der Kostenintensität der erbrachten Leistung.

Seit 2004 (in 2003 optional) existiert ein durchgängiges, leistungsorientiertes und pauschalierendes Vergütungssystem für die Vergütung der allgemeinen Krankenhausleistungen. Die Vergütung bestimmt sich seitdem an der medizinisch erbrachten Leistung und ist fallorientiert, d. h. es werden die Leistungen vergütet, die laut Diagnose zur Behandlung notwendig sind. Die Umstellung des

Systems der Abrechnung von tagesgleichen Pflegesätzen hin zu Fallpauschalen (Diagnosis Related Groups - DRGs) führt dazu, dass nach Beendigung der Übergangsphase (geplant bis 2015) bundesweit für einen Fall grundsätzlich die gleiche Vergütung gezahlt wird, d. h. es gilt der Grundsatz »gleicher Preis für gleiche Leistung«.

Voraussetzung für die Einführung der DRGs waren bundeseinheitlich Vorgaben der Fallgruppen und der Bewertungsrelationen, wobei die Komplexität der Leistung sich in der Höhe der Bewertungsrelation widerspiegeln sollte. Dabei orientierte man sich an bisher international schon eingesetzten Systemen, indem man die grundsätzliche Systematik aus Australien übernahm. Die ursprüngliche Entwicklung des Systems aber auch die jährliche Anpassung und Weiterentwicklung insbesondere aufgrund der medizinischen Entwicklung, der Kostenentwicklung, der Verweildauerkürzungen und der Leistungsverlagerungen zwischen Leistungsbereichen erfolgt im Rahmen der Selbstverwaltung durch das Institut für das Entgeltsystem im Krankenhaus (InEK).[4,5] Für die Anpassung und Pflege der Kodierung, die die Grundlage für die Ermittlung der diagnosebezogenen Fallkonstellationen darstellen, ist das Deutsche Institut für Medizinische Dokumentation und Information (DIMDI) zuständig.

Für die Abrechnung wird die für die jeweilige diagnosebezogene Fallkonstellation hinterlegte Bewertungsrelation (Menge) mit dem landeseinheitlichen Basisfallwert (Preis) multipliziert. Diese landeseinheitlichen Basisfallwerte sollen sich nach Beendigung der Übergangsphase innerhalb eines Korridors von +2,5 % bis −1,02 % um den Bundesbasisfallwert bewegen.[6]

Die neue Vergütungsregelung (Fallpauschalen) betraf im ersten Schritt ausschließlich die Leistungen der Akutkrankenhäuser. Ausgenommen waren insbesondere die psychiatrischen und psychosomatischen Einrichtungen gemäß Psychiatrie-Personalverordnung (Psych-PV).[7] In einem zweiten Schritt sollte das System der Finanzierung über Fallpauschalen auch für die psychiatrischen und psychosomatischen Einrichtungen eingeführt werden (Pauschalierendes Entgeltsystem Psychiatrie und Psychosomatik – PEPP). Die verpflichtende Einführung war entsprechend dem GKV-Finanzstruktur- und Qualitäts-Weiterentwicklungsgesetz (GKV-FQWG) ab dem 1. Januar 2017 geplant und wurde zusammen mit Anpassungen durch das Gesetz zur Weiterentwicklung der Versorgung und der Vergütung für psychiatrische und psychosomatische Leistungen (PsychVVG) zu diesem Zeitpunkt

---

4   Zur Weiterentwicklung des DRG-Systems wurden in der Datenerhebung des InEK Angaben zu ca. 22,1 Mio. Fällen aus 1517 Krankenhäusern übermittelt (§ 21 KHEntgG-Leistungsdaten). Zur Ermittlung der Kostenstrukturen wurden Daten aus 242 Krankenhäusern mit einer auswertbaren Fallmenge von ca. 3,7 Mio. Fällen ausgewertet.
5   Die Daten betreffen das Erhebungsjahr 2015 (Stand 19. Dezember 2016). Quelle: Abschlussbericht G-DRG-System 2017
6   In 2016 befanden sich die Basisfallwerte von elf Bundesländern auf der unteren Korridorgrenze, die von vier Bundesländern innerhalb des Korridors und der eines Bundeslandes oberhalb der oberen Korridorgrenze. Ziel ist es, die Landesbasisfallwerte bis zum Jahr 2021 an die obere Korridorgrenze anzugleichen.
7   Weiter Ausnahmen regelt § 1 Abs. 2 KHEntgG. Auch besondere Einrichtungen nach § 17b Abs. 1 Satz 15 KHG sind davon ausgenommen.

auch in Kraft gesetzt[8]. Bis dahin wurden grundsätzlich für diese Einrichtungen, wie auch weiterhin für die »besonderen Einrichtungen«[9], unverändert tagesgleiche Pflegesätze abgerechnet.

Im Unterschied zum Akutbereich, in dem pro Fall nur eine Bewertungsrelation zur Abrechnung gelangt, wird bei der zukünftigen Abrechnung im PEPP-System die Vergütung über eine, der diagnosebezogenen Fallkonstellation zugehörige Bewertungsrelation pro Tag (Menge) multipliziert mit der Verweildauer (Menge) und dem Basisentgeltwert (Preis) bestimmt.

Die gesetzlichen Regelungen zu Abrechnung der tagesgleichen Pflegesätze finden sich im Wesentlichen in der Bundespflegsatzverordnung (BPflV), die Regelungen zur fallbezogenen Abrechnungen sind insbesondere im Krankenhausentgeltgesetz (KHEntgG) niedergelegt. Daneben ist wesentliche Abrechnungsgrundlage die zwischen den Vertragsparteien auf Bundesebene abgeschlossene Fallpauschalenvereinbarung.

In der Vereinbarung zum Fallpauschalensystem für Krankenhäuser (FPV) werden jährlich im Wesentlichen ein Fallpauschalenkatalog sowie Faktoren wie medizinischer Fortschritt, die Kostenentwicklungen, die Verkürzungen der Verkürzungen der Verweildauer, die Leistungsverlagerungen zu und von anderen Versorgungsbereichen und die Abrechnungsbestimmungen, soweit diese nicht im KHEntgG vorgegeben sind, verbindlich vereinbart.

2.2.2 Vergütung der Krankenhausleistungen nach dem KHEntgG/Entgeltvereinbarung

Ausgangspunkt der Vergütungsabrechnung ist eine Entgeltvereinbarung (§ 11 KHEntgG) zwischen dem jeweiligen Krankenhaus und den Krankenkassen als Kostenträgern (Vertragsparteien nach § 18 Abs. 2 KHG). In dieser wird die Gesamtvergütung auf Grundlage des vereinbarten Leistungsvolumens für ein Kalenderjahr festgelegt (Abrechnungszeitraum). Nach dem Willen des Gesetzgebers soll die Vereinbarung prospektiv getroffen werden (§ 11 Abs. 1 Satz 2 KHEntgG), jedoch sind Vereinbarungen für das laufende Kalenderjahr zurzeit noch die Regel. Kommt eine Vereinbarung nicht zustande, entscheidet die Schiedsstelle (§ 18a Abs. 1 KHG) auf Antrag einer der Vertragsparteien (§ 13 KHEntgG). Die Vereinbarung

---

8 Die Einführung des neuen Entgeltsystems sollte ursprünglich, analog der Einführung des DRG-Systems, in einem ersten Schritt budgetneutral bis 2019 erfolgen. Daran anschließend sollten dann bis Ende 2022 die krankenhausindividuellen Entgelte an landeseinheitliche Entgelte angepasst werden. Diese Phase der Anpassung an ein landeseinheitliches Preisniveau im Rahmen einer Konvergenzphase erfolgt jetzt zwar nicht, dennoch soll im Laufe der Jahre ein Vergleichswert geschaffen werden, der letztendlich eine Budgetkonvergenz zur Folge haben wird.

9 Besondere Einrichtungen nach § 17b Abs. 1 Satz 15 KHG sind das Einrichtungen, deren Leistungen insbesondere aus medizinischen Gründen, wegen einer Häufung von schwerkranken Patienten oder aus Gründen der Versorgungsstruktur mit den Entgeltkatalogen noch nicht sachgerecht vergütet werden. Die Vergütung dieser Leistungen regeln die Vertragsparteien auf Bundesebene in einer »Vereinbarung zur Bestimmung von besonderen Einrichtungen (VBE).

wird durch Genehmigungsbescheid der zuständigen Aufsichtsbehörde rechtlich wirksam (§ 14 KHEntgG).

Bestandteile der Entgeltvereinbarung nach KHEntgG sind:

1. Erlösbudget nach § 4 KHEntgG und die zugrundeliegende Summe der Bewertungsrelationen
2. Sonstige Entgelte nach § 6 KHEntgG und deren Erlössumme nach § 6 Abs. 3 KHEntgG
3. Zu- und Abschläge nach § 7 Abs. 1 KHEntgG
4. Mehr- und Mindererlösausgleiche

Die Bestandteile sind der Aufstellung der Entgelte und Budgetermittlung (AEB) nach § 11 Abs. 4 KHEntgG zusammenfassend darzustellen.

Vereinbarung eines Erlösbudgets nach § 4 KHEntgG

Das Erlösbudget setzt sich zusammen aus DRG-Fallpauschalen und bundeseinheitlichen Zusatzentgelten (§ 7 KHEntgG). Die Vergütung für die vereinbarten DRG-Fallpauschalen steht aufgrund der jährlich auf Bundesebene vereinbarten Bewertungsrelationen im Fallpauschalen-Katalog und des jeweils geltenden Landesbasisfallwertes fest. Gleiches gilt für die zusätzlich oder anstatt der DRG-Fallpauschale abrechenbaren bundeseinheitlichen Zusatzentgelte (die Darstellung erfolgt in Abschnitt E 2 der AEB: »Aufstellung der Zusatzentgelte«), deren Preis auf einem auf Bundesebene vereinbarten Zusatzentgelte-Katalog basiert. Für beide Erlöskomponenten ist daher nur die zu erbringende Menge in Form der Summe der Bewertungsrelationen aller Behandlungsfälle (Case-Mix; die Darstellung erfolgt in Abschnitt E1 der AEB: »Aufstellung der Fallpauschalen«) zu verhandeln.[10]

Vereinbarung sonstiger Entgelte nach § 6 KHEntgG

Für Leistungen, die noch nicht mit den auf Bundesebene vereinbarten DRG-Fallpauschalen und Zusatzentgelten sachgerecht vergütet werden, und für besondere Einrichtungen können die Vertragsparteien fall- oder tagesbezogene Entgelte oder in eng begrenzten Ausnahmefällen Zusatzentgelte vereinbaren.[11] Dafür sind

---

10 Die Fallpauschalen-Katalog 2017 enthält 1255 DRGs, der Zusatzentgelte-Katalog 2017 enthält 95 bewertete Zusatzentgelte. Die Anzahl der krankenhausindividuell zu vereinbarenden Zusatzentgelte gem. § 6 Abs. 1 KHEntgG liegt bei 96. Quelle: Abschlussbericht Weiterentwicklung des G-DRG-Systems für das Jahr 2017 des InEK, Stand 19.12.2016.
11 Darstellung erfolgt in Abschnitt E 3 der AEB: »Aufstellung der nach § 6 KHEntgG krankenhausindividuell vereinbarten Entgelte«, darin Abschnitte E 3.1: »Aufstellung der fallbezogenen Entgelte«; E 3.2: »Aufstellung der Zusatzentgelte«; E 3.3: »Aufstellung der tagesbezogenen Entgelte«.

krankenhausindividuell neben der Vereinbarung für die zu erbringenden Mengen auch Vereinbarungen über die abzurechnenden Preise zu treffen und eine Erlössumme zu ermitteln. Die Abrechnung erfolgt dann pro Fall (fallbezogene Entgelte) oder pro Tag (tagesbezogene Entgelte). Daneben sind individuell vereinbarte Zusatzentgelte abrechenbar.

Vereinbarung von Zu- und Abschläge nach § 7 Abs. 1 KHEntgG

Neben dem Erlösbudget und sonstiger Entgelte sieht das Finanzierungssystem auch noch die Vereinbarung von Zu- und Abschlägen vor. Sie sind teilweise bundeseinheitlich festgelegt, teilweise müssen sie gesondert krankenhausindividuell vereinbart werden. Zuschläge dienen in der Regel dazu eine zusätzliche Finanzierung zu gewähren. Dazu zählen z. B. der Ausbildungszuschlag nach § 17 a KHG, der Versorgungszuschlag, der Zuschlag im Rahmen des Hygiene-Förderprogramms oder Zuschlag für besondere Aufgaben von Zentren und Schwerpunkten. Abschläge dienen dazu Mittel abzuschöpfen, da das Krankenhaus z. B. nicht an der Notfallversorgung teilnimmt oder weil DRG-Daten nicht rechtzeitig übermittelt werden. Die Abrechnung der Zu- und Abschläge erfolgt entweder fallbezogen, tagesbezogen oder als Prozentsatz auf die abgerechneten Erlöse aus der Behandlungsleistung.

Erlösausgleichsmechanismen (Preis- und Mengenausgleich)

Das Finanzierungssystem sieht einen Ausgleichsmechanismus vor für den Fall, dass die in der Entgeltvereinbarung ursprünglich vereinbarten Erlössummen im betreffenden Abrechnungszeitraum nicht tatsächlich umgesetzt werden, d. h. entweder übertroffen oder unterschritten werden. Der Ausgleichsmechanismus dient der Planungssicherheit für beide Vertragsparteien, da dadurch grundsätzlich ein Rahmen für die zu erwartenden Ausgaben der Kostenträger und die zu erwartenden Erlöse der Krankenhäuser festgelegt ist.

Aufgrund der gesetzlichen Vorgabe einer prospektiven Entgeltvereinbarung können Abweichungen zwischen den vereinbarten und den tatsächlich erzielten Erlösen grundsätzlich nur durch ein Abweichen in der Menge verursacht sein, da im Falle einer prospektiven Vereinbarung sämtliche abzurechnenden Preiskomponenten zu Beginn des Abrechnungszeitraums aufgrund der Vereinbarungen auf Bundesebene (Entgeltkataloge) und Landesebene (Basisfallwerte) bereits feststehen. Zusätzlich sind die krankenhausindividuellen Entgelte in der jeweiligen Entgeltvereinbarung für das einzelne Krankenhaus festgelegt. Als Variable bliebe somit nur noch die Menge. Da die Entgeltvereinbarungen jedoch in der Regel erst während des jeweiligen Abrechnungszeitraums geschlossen werden und auch eine unterjährige Änderung des Landesbasisfallwertes (so letztmals 2012) nicht auszuschließen ist, sind Abweichungen zwischen den vereinbarten und den tatsächlich erzielten Erlösen durchaus auch preisbedingt möglich. Auch können z. B. zu spät vereinbarte bundeseinheitliche Entgeltkataloge für Fallpauschalen oder Zusatzentgelte dazu führen, dass ein Preisausgleich notwendig wird.

Tab. 2.3: Budgetausgleiche nach dem KHEntgG

Mehr- oder Mindererlösausgleiche	
Preis- bzw. Zahlbetragsausgleiche	Mengen- bzw. Belegungsausgleiche
§ 15 Abs. 3 KHEntgG	§ 4 Abs. 3 und § 6 Abs. 3 KHEntgG
Der Art nach: zwingend Der Höhe nach: abhängig von Vereinbarung/Region	

Gegenstand der Ausgleichsermittlung ist der Gesamtbetrag der Erlöse nach § 4 Abs. 3 KHEntgG. Dieser setzt sich zusammen aus dem Erlösbudget für die DRG-Fallpauschalen und Zusatzentgelte und der Erlössumme der sonstigen Entgelte.

Tab. 2.4: Gesamtbetrag auf der Grundlage des vereinbarten Leistungsvolumens

E 1	DRG-Fallpauschalen (B2 Nr. 3)
E 2	Bundeseinheitliche Zusatzentgelte
E 3.1	Fallbezogene Entgelte
E 3.2	Zusatzentgelte
E 3.3	Tagesbezogene Entgelte
	Summe = Gesamtbetrag nach § 4 Abs. 3 KHEntgG

Da der Gesetzgeber bei der Ermittlung des Mengenausgleichs davon ausgeht, dass die in der Entgeltvereinbarung festgelegten Preise auch abgerechnet worden sind, ist systematisch der Preisausgleich (§ 15 Abs. 3 KHEntgG) vor dem Mengenausgleich (§ 4 Abs. 3 KHEntgG) durchzuführen.

Die ermittelten Preis- und Mengenausgleiche werden in Form eines prozentualen Zu- oder Abschlags auf die abgerechneten Erlöse im Rahmen der nachfolgenden Entgeltvereinbarung berücksichtigt (§ 5 Abs. 4 KHEntgG).[12]

Ermittlung des Preisausgleichs nach § 15 Abs. 3 KHEntgG

Ein Preisausgleich ist grundsätzlich dann durchzuführen, wenn die Entgeltvereinbarung unterjährig geschlossen wird. Ziel ist es, das Krankenhaus so zu stellen, als wäre eine prospektive Entgeltvereinbarung (▶ Anhang 1.1) getroffen worden. Der Ausgleichssatz beträgt somit 100 %. Die Ausgleichsermittlung erfolgt nach Abschluss des jeweiligen Abrechnungszeitraums. Bei unterjähriger Entgeltvereinba-

---

12 Mehr- oder Mindererlöse, die zu einem Preisausgleich führen, sind grundsätzlich schon im laufenden Abrechnungszeitraum auszugleichen und fließen in den Zu- oder Abschlag nach § 5 Abs. 4 KHEntgG der Entgeltvereinbarung ein (§ 15 Abs. 3 KHEntgG).

rung erfolgt die Ermittlung des Preisausgleichs schon für den laufenden Abrechnungszeitraum bis zum Zeitpunkt der Vereinbarung.

Im ersten Schritt sind für die Berechnung des Preisausgleichs die Erlöse zu ermitteln, die erzielt worden wären, wenn die der Entgeltvereinbarung (▶ Anhang 1.2) zugrundeliegenden Preise von Beginn des Abrechnungszeitraums an abgerechnet worden wären (»Fiktive Erlöse«). Dafür werden die tatsächlich erzielten Leistungsmengen (Case-Mix-Punkte) mit den vereinbarten Preisen bewertet.

Zur Ausgleichsermittlung werden in einem nächsten Schritt die so ermittelten Fiktiven Erlöse den tatsächlichen Erlösen aus der Finanzbuchhaltung gegenübergestellt. Liegt die Summe der Fiktiven Erlöse unterhalb der Summe der tatsächlichen Erlöse findet ein Ausgleich zugunsten des Krankenhauses statt, d. h. das Krankenhaus erwirbt einen Ausgleichsanspruch gegenüber den Kostenträgern. Im umgekehrten Fall findet ein Ausgleich zu Lasten des Krankenhauses statt.

Tab. 2.5: Berechnung des Preisausgleichs KHEntgG-Bereich

Schritt 1: Ermittlung der Soll-Erlöse (Fiktive Erlöse)
Bewertung des Ist-Menge (Case-Mix) für DRG mit dem Landesbasisfallwert (E 1)
Bewertung der Ist-Mengen gem. § 6 Abs. 1 KHEntgG mit vereinbarten Preisen (E 3)
Schritt 2: Ermittlung der Ist-Erlöse
Ermittlung der tatsächlichen Erlöse (Finanzbuchhaltung) für DRGs und Entgelte gem. § 6 Abs. 1 KHEntgG
Schritt 3: Ermittlung des Ausgleichsbetrags
Soll-Erlöse abzüglich Ist-Erlöse
• Differenz < 0 = Mehrerlösausgleich zu Lasten des Krankenhauses • Differenz > 0 = Mindererlösausgleich zu Gunsten des Krankenhauses

Ermittlung des Mengenausgleichs nach § 4 Abs. 3 KHEntgG

Grundlage für die Ermittlung des Mengenausgleichs bilden die Fiktiven Erlöse aus dem Preisausgleich, wodurch mögliche Preiseffekte keine Relevanz mehr haben. Ziel ist es, Mengenüber- und -unterschreitungen insgesamt durch Vergleich der tatsächlich erbrachten mit den vereinbarten Leistungsmengen zumindest teilweise auszugleichen.

Ergibt sich aus dem Vergleich, dass der Gesamtbetrag der Fiktiven Erlöse unterhalb des Gesamtbetrags der Erlöse laut Entgeltvereinbarung liegt (Mindererlöse), d. h. die erbrachte Leistung unterhalb der vereinbarten liegt, so erwirbt das Krankenhaus einen Ausgleichsanspruch. Im umgekehrten Fall (Mehrerlöse) ergibt sich eine Ausgleichsverpflichtung gegenüber den Kostenträgern.

Die Ausgleichssätze beim Mengenausgleich liegen immer unter 100 %. Sie sind so ausgestaltet, dass Anreize gesetzt werden, die vereinbarten Leistungsmengen zu erreichen. Das führt dazu, dass die Ausgleichssätze bei Mehrerlösen tendenziell an die 100 % heranreichen, während die Ausgleichssätze bei Mindererlösen tendenziell gegen 0 % streben. Der hohe Ausgleichsatz bei Mehrerlösen und damit auch die sich ergebende Rückzahlungsverpflichtung gegenüber den Kostenträgern, führt im Ergebnis dazu, dass die Krankenhäuser bei Überschreitung der vereinbarten Leistungsmengen in der Regel die entstandenen variablen Kosten nicht vollständig finanzieren können. Auf der anderen Seite birgt der geringe Ausgleichssatz bei Mindererlösen die Gefahr, dass für das Krankenhaus zumindest teilweise die Finanzierung der fixen Kosten ausbleibt. Die Vereinbarung von krankenhausindividuellen Ausgleichssätzen, abweichend von den gesetzlich fixierten, sind im Rahmen der Entgeltvereinbarungen möglich. So wird in der Praxis oft ein Mindererlösausgleich von 0 % vereinbart, um die Vereinbarung von Leistungssteigerungen bei den Kostenträgern durchzusetzen.

Tab. 2.6: Berechnung des Mengenausgleichs KHEntgG-Bereich

Schritt 1: Vergleich der Fiktiven Erlöse mit der Vereinbarung

Prüfung auf Mehr-/Mindererlöse der fiktiven Erlöse gegenüber

- Vereinbartem Erlösbudget für DRG-Fallpauschalen (E 1)
- Vereinbarten Zusatzentgelte (E 2)
- Vereinbarten Entgelte nach § 6 Abs. 1 KHEntgG (E 3)

Schritt 2: Prüfung, ob im KHEntgG-Bereich insgesamt Mehr- oder Mindererlöse entstanden sind

Addition der errechneten Mehrerlöse (+)/Mindererlöse (−)

- Betrag > 0 = Mehrerlösausgleich zu Lasten des Krankenhauses
- Betrag > 0 = Mindererlösausgleich zu Gunsten des Krankenhauses

Eine Beispielrechnung zu den Ausgleichen nach § 15 Abs. 3 KHEntgG (Preisausgleich) und § 4 Abs. 3 KHEntg (Mengenausgleich) enthält Anlage 1.

2.2.3 Vergütung der Krankenhausleistungen nach der BPflV – Pflegesatzvereinbarung

Nach der Bundespflegesatzverordnung werden die Leistungen der Krankenhäuser vergütet, die nicht in das DRG-Vergütungssystem einbezogen sind (§ 1 BPflV). Dabei gelten als Krankhaus insbesondere auch die Einrichtungen[13] nach der Psych-PV, d. h. psychiatrische und psychosomatische Einrichtungen.

Somit werden bis zur Umstellung auf das neue pauschalierende Entgeltsystem PEPP die Leistungen dieser Einrichtungen im Rahmen der Vorschriften der BPflV[14] über tagesgleiche Pflegesätze vergütet. Dieses war vor der Umstellung auf das DRG-System auch die gängige Abrechnungsform für die Akutkrankenhäuser.

---

13 Als Einrichtungen gelten neben Krankenhäusern auch Abteilungen von Krankenhäusern.
14 Für diese Einrichtungen gilt nach der Übergangsvorschrift des § 18 BPflV die BPflV in der am 31. Dezember 2012 geltenden Fassung (BPflV a. F.)

Vertragliche Grundlage für die Abrechnung stellt eine prospektiv getroffene schriftlich verfasste Pflegesatzvereinbarung (§ 17 BPflV a. F.) zwischen dem Krankenhaus als Leistungserbringer und den Krankenkassen als Kostenträgern (Vertragsparteien nach § 18 Abs. 2 KHG) dar. In dieser regeln die Vertragsparteien das Budget sowie Art, Höhe und Laufzeit der tagesgleichen Pflegesätze sowie die Berücksichtigung der Ausgleiche und Berichtigungen nach der BPflV. Kommt eine Pflegesatzvereinbarung nicht zustande, entscheidet die Schiedsstelle (§ 18a Abs. 1 KHG) auf Antrag einer der Vertragsparteien (§ 19 BPflV a. F.). Die Pflegesatzvereinbarung wird durch die Genehmigung durch die zuständige Landesbehörde wirksam (§ 20 BPflV a. F.)

Gesamtbetrag für die Erlöse nach § 6 Abs. 1 BPflV a. F.

Das vereinbarte Gesamtbudget (Gesamtbetrag für die Erlöse nach § 6 Abs. 1 BPflV a. F.) basiert auf dem um Ausgleiche und Berichtigungen bereinigten Gesamtbudget des Vorjahres, welches fortgeschrieben wird. Bei der Fortschreibung finden z. B. Berichtigungen für Vorjahre (§ 6 Abs. 2 BPflV a. F.), der Veränderungswert[15], aber auch Veränderungen der medizinischen Leistungsstruktur oder Kapazitätsveränderungen (§ 6 Abs. 1 Satz 4 BPflV a. F.) Berücksichtigung. Der so ermittelte Gesamtbetrag für die Erlöse (Obergrenze) wird zusätzlich um Ausgleiche und Berichtigungen für das Vorjahr und ggfs. das Abrechnungsjahr ergänzt und dann unter Berücksichtigung der voraussichtlichen Pflegetage auf tagesgleiche Pflegesätze (Basispflegesatz für den stationären und teilstationären Bereich sowie Abteilungspflegesatz; § 13 BPflV a. F.) aufgeteilt.

Tab. 2.7: Gesamtbetrag für die Erlöse nach § 6 Abs. 1 BPflV a.F.

	Erlösbudget des Vorjahresvorjahreszeitraums
+/–	Bereinigung um darin enthaltene Ausgleiche und Berichtigungen
+/–	Fortschreibung des Gesamtbudgets um
	Veränderungen der medizinischen Leistungsstruktur
	Veränderungen der Fallzahlen
	Zusätzliche Kapazitäten für medizinische Leistungen
	Auswirkung der Vorgaben der Psych-PV zur Zahl der Personalstellen
	Veränderungsrate nach § 71 Abs. 3 SGB V
+/–	Ausgleiche und Berichtigungen für Vorjahre
	Summe = Gesamtbetrag der Erlöse (Obergrenze)

---

15 Der Veränderungswert wird in Abhängigkeit von dem lt. Statistischen Bundesamt festgelegten Orientierungswert (durchschnittliche jährliche Veränderung der Krankenhauskosten) und der Grundlohnrate (Veränderungsrate gemäß § 71 Abs. 3 SGB V) bestimmt. Er spiegelt die Erhöhungsrate für Tariferhöhungen wider (§ 9 Abs. 1 Nr. 5 KHEntgG). Der Veränderungswert 2017 beträgt 2,50 %.

Erlösausgleichsmechanismen (Preis- und Mengenausgleich)

Auch in der Finanzierungssystematik tagesgleicher Pflegesätze sieht der Gesetzgeber Ausgleichsmechanismen für den Fall vor, dass das im Abrechnungszeitraum erlöste Gesamtbudget nicht mit dem ursprünglich vereinbarten Gesamtbudget übereinstimmt.

Grundsätzlich unterscheidet man auch in diesem System zwischen dem Preisausgleich (§ 21 Abs. 2 BPflV a. F.) und dem Mengenausgleich (§ 12 Abs. 2 BPflV a. F.). Die Notwendigkeit eines Preisausgleichs kann sich daraus ergeben, dass die tagesgleichen Pflegesätze zu Beginn des Abrechnungszeitraums noch nicht feststanden und daher die im vorherigen Abrechnungszeitraum geltenden tagesgleichen Pflegesätze[16] weiterberechnet wurden. Die Notwendigkeit eines Mengenausgleichs ergibt sich dann, wenn die tatsächlich im Abrechnungszeitraum erbrachte Menge nicht mit der in der Pflegesatzvereinbarung vereinbarten Menge übereinstimmt.

Die Ermittlung der Preis- und Mengenausgleiche folgt grundsätzlich der Methodik der Ausgleichsermittlung im Rahmen der Vergütung der Krankenhausleistungen nach KHEntgG. Systematisch ist die Ermittlung des Preisausgleichs Grundlage für die Ermittlung des Mengenausgleichs.

Die ermittelten Preis- und Mengenausgleiche werden in der Regel über das Budget des folgenden Pflegesatzzeitraums[17] vergütet. Die Ausgleiche erhöhen oder vermindern das Gesamtbudget und wirken somit erhöhend oder vermindernd auf die im nächsten Abrechnungszeitraum geltenden tagesgleichen Pflegesätze.

Tab. 2.8: Budgetausgleich nach der BPflV

Mehr- oder Mindererlösausgleiche	
Preis- bzw. Zahlbetragsausgleich	Mengen- bzw. Belegungsausgleich
§ 21 Abs. 2 BPflV	§ 12 Abs. 2 BPflV
Der Art nach: zwingend Der Höhe nach: abhängig von Vereinbarung/Region	
§ 10 Abs. 4 Psych-PV: Ausgleich nicht besetzter Stellen	

Ermittlung des Preisausgleichs nach § 21 Abs. 2 BPflV a. F.

Ziel des Preisausgleiches ist es, das Krankenhaus so zu stellen, als wäre eine prospektive Pflegesatzvereinbarung getroffen worden. Der Ausgleichssatz beträgt

---

16 Wenn noch keine Pflegesatzvereinbarung für den laufenden Abrechnungszeitraum geschlossen wurde, sind die geltenden tagesgleichen Pflegesätze bereinigt, um darin enthaltene Ausgleichsbeträge weiter zu erheben (§ 21 Abs. 1 Satz 3 und 4 BPflV a. F.).

17 §§ 12 Abs. 2 Satz 5, 21 Abs. 1 Satz 1 BPflV a. F. Bei unterjährigen Pflegesatzvereinbarungen können Preisausgleiche auch schon im laufenden Abrechnungszeitraum als Zu- oder Abschlag auf die tagesgleichen Pflegesätze vergütet werden.

somit auch hier 100 %. Die Ausgleichsermittlung erfolgt nach Abschluss des jeweiligen Abrechnungszeitraums.[18]

Im ersten Schritt sind für die Berechnung des Preisausgleichs die Erlöse zu ermitteln, die erzielt worden wären, wenn die der Pflegesatzvereinbarung zugrundeliegenden Preise von Beginn des Abrechnungszeitraums an abgerechnet worden wären (»Fiktive Erlöse«). Dafür werden die tatsächlich erzielten Leistungsmengen (tatsächlich geleistete Pflegetage oder Berechnungstage) mit den vereinbarten Preisen (vereinbarte tagesgleiche jahresdurchschnittliche Pflegesätze) bewertet.

Zur Ausgleichsermittlung werden in einem nächsten Schritt die so ermittelten Fiktiven Erlöse den tatsächlichen Erlösen aus der Finanzbuchhaltung gegenübergestellt. Liegt die Summe der Fiktiven Erlöse unterhalb der Summe der tatsächlichen Erlöse findet ein Ausgleich zugunsten des Krankenhauses statt, d.h. das Krankenhaus erwirbt einen Ausgleichsanspruch gegenüber den Kostenträgern. Im umgekehrten Fall findet ein Ausgleich zu Lasten des Krankenhauses statt.

Tab. 2.9: Berechnung des Preisausgleichs BPflV

Schritt 1: Ermittlung der Soll-Erlöse (Fiktive Erlöse)
Bewertung der Ist-Berechnungstage mit den vereinbarten (jahresdurchschnittlichen) tagesgleichen Pflegesätzen
Schritt 2: Ermittlung der Ist-Erlöse
Ermittlung der tatsächlichen Erlöse (Finanzbuchhaltung) für den Bereich der BPflV
Schritt 3: Ermittlung des Ausgleichsbetrags
Soll-Erlöse abzüglich Ist-Erlöse • Differenz < 0 = Mehrerlösausgleich zu Lasten des Krankenhauses • Differenz > 0 = Mindererlösausgleich zu Gunsten des Krankenhauses

Ermittlung des Mengenausgleichs nach § 12 Abs. 2 BPflV a. F.

Grundlage für die Ermittlung des Mengenausgleichs bilden die Fiktiven Erlöse aus dem Preisausgleich. Ziel ist es, die Belegungsabweichungen, d. h. Mengenüber- und -unterschreitungen, insgesamt durch Vergleich der tatsächlich erbrachten mit den vereinbarten Leistungsmengen zumindest teilweise auszugleichen.

Ergibt sich aus dem Vergleich, dass der Gesamtbetrag der Fiktiven Erlöse unterhalb des Gesamtbetrags für die Erlöse laut Pflegesatzvereinbarung liegt (Mindererlöse), d. h. die erbrachte Leistung unterhalb der vereinbarten liegt, so erwirbt das Krankenhaus einen Ausgleichsanspruch. Im umgekehrten Fall (Mehrerlöse) ergibt sich eine Ausgleichsverpflichtung gegenüber den Kostenträgern.

---

18 Bei unterjähriger Pflegesatzvereinbarung erfolgt die Ermittlung des Preisausgleichs schon für den laufenden Abrechnungszeitraum bis zum Zeitpunkt der Vereinbarung.

Der Ausgleichssatz bei den durch die abweichende Belegung entstandenen Mindererlösen liegt bei 20 %. Mehrerlöse werden bis zur Höhe von 5 % zu 85 % ausgeglichen, darüber hinaus gilt ein Ausgleichssatz von 90 %. Die Vereinbarung von anderen Ausgleichssätzen, abweichend von den gesetzlich fixierten, ist im Rahmen der individuellen Pflegesatzvereinbarung möglich.

Tab. 2.10: Berechnung des Mengenausgleichs BPflV-Bereich

Schritt 1: Vergleich der Fiktiven Erlöse mit der Vereinbarung
Prüfung auf Mehr-/Mindererlöse der fiktiven Erlöse gegenüber vereinbartem Erlösbudget nach BPflV (einschließlich Ausgleiche)
Schritt 2: Prüfung, ob im BPflV-Bereich insgesamt Mehr- oder Mindererlöse entstanden sind
Addition der errechneten Mehrerlöse (+)/Mindererlöse (−)
• Betrag > 0 = Mehrerlösausgleich zu Lasten des Krankenhauses • Betrag > 0 = Mindererlösausgleich zu Gunsten des Krankenhauses

Nachfolgende Abbildung gibt eine Übersicht über die seit 2010 geltenden gesetzlichen Ausgleichssätze für die Mengenausgleiche. Individuelle Abweichungen zu den gesetzlichen Ausgleichssätzen im Rahmen der Entgelt- und Budgetvereinbarungen sind jedoch nicht unüblich:

Tab. 2.11: Ausgleichsregelungen

Gesetzliche Ausgleichsregelungen	Mehrerlöse	Mindererlöse
Gesamtbetrachtung für den Bereich des KHEntgG: DRG (E1), Zusatzentgelte (E2), Entgelte nach 6.1 (E3)	65 %	20 %
Bereich der BPflV	bis 5 %: 85 % über 5 %: 90 %	20 %
Sonderregelungen		
ZE für Arzneimittel und Medikalprodukte	25 %	0 %
Fallpauschalen für schwerverletzte (insbes. Polytrauma) oder schwerbrandverletzte Patienten	25 %	20 %
Fallpauschalen mit sehr hohem Sachkostenanteil sowie Fallpauschalen mit schwer planbarer Leistungsmenge (Langzeitbeatmung/ Transplantationen)	Individuelle Vereinbarung (prospektiv)	Individuelle Vereinbarung (prospektiv)

Eine Beispielrechnung zu den Ausgleichen nach § 21 Abs. 2 BPflV a. F. (Preisausgleich) und § 12 Abs. 2 BPflV a. F. (Mengenausgleich) enthält Anlage 1.4.

Erbringt ein Krankenhaus sowohl Leistungen nach KHEntgG als auch nach der BPflV werden die Ausgleiche jeweils getrennt ermittelt. Eine Verrechnung von z. B. Mehrerlösen nach KHEntgG und Mindererlösen nach der BPflV findet insofern nicht statt.

2.2.4 Vergütung der Ausbildung – Ausbildungsbudget nach § 17a KHG

Ausbildungsbudget nach § 17a KHG

Für die ausbildenden Krankenhäuser werden die durch die Ausbildung verursachten Kosten auf der Grundlage einer gesonderten Vereinbarung (Ausbildungsbudget nach § 17a KHG) vergütet. Bei der Vereinbarung eines krankenhausindividuellen Ausbildungsbudgets haben die Vertragsparteien die auf Bundesebene geschlossene Rahmenvereinbarung zu beachten (Rahmenvereinbarung gemäß § 17a Abs. 2 Nr. 1 KHG vom 25. Februar 2009). Diese hat das Ziel, eine sachgerechte Finanzierung der Ausbildungskosten sicherzustellen. Sie regelt grundsätzlich die zu finanzierenden Tatbestände und gibt ein Kalkulationsschema vor.

Finanziert werden durch das Ausbildungsbudget sowohl die Kosten der Ausbildungsstätten als auch die Ausbildungsmehrvergütung.

Als Kosten der Ausbildungsstätte gelten alle Aufwendungen, die beim Betrieb der Ausbildungsstätte entstehen können; das sind Kosten des theoretischen und praktischen Unterrichts, die Kosten der praktischen Ausbildung, der Sachaufwand der Ausbildungsstätte sowie Gemeinkosten. Beispielhaft genannt seien der Aufwand für Lehrpersonal (haupt- und nebenberuflich), für die Praxisanleitung (einschl. Qualifizierung, Arbeitsausfall) und die Betriebskosten des Schulgebäudes.

Die Ausbildungsvergütung wird grundsätzlich für die Ausbildungsberufe Gesundheits- und Krankenpflege, Gesundheits- und Kinderkrankenpflege, Krankenpflegehilfe sowie Hebammen/Entbindungspfleger gewährt. Jedoch sind nur die Mehrkosten der Ausbildungsvergütungen unter Berücksichtigung des jeweiligen Anrechnungsschlüssels zu berücksichtigen.

Die Vergütung des vereinbarten Ausbildungsbudgets erfolgt grundsätzlich durch Zahlungen aus dem Ausgleichsfonds (unterjährige Abschlagszahlungen mit Spitzabrechnung im Rahmen einer Ausgleichsermittlung nach Abschluss der Abrechnungsperiode; Ausgleichsfonds nach § 17a Abs. 5, 6 KHG).

Ausgleichsfonds wurden ab 2006 auf Landesebene mit dem Ziel eingerichtet, eine Benachteiligung ausbildender Krankenhäuser im Wettbewerb mit nicht ausbildenden Krankenhäusern zu vermeiden. Der Ausgleichsfonds finanziert sich dadurch, dass alle Krankenhäuser einen landeseinheitlichen Ausbildungszuschlag je voll- und teilstationärem Fall im KHEntgG- und BPflV-Bereich abrechnen und diesen an den Ausgleichsfonds weiterleiten. Auch hier werden unterjährig Abschlagszahlungen geleistet, die im Nachgang spitz abgerechnet werden (Ausgleichsermittlung).

Ausgleiche im Rahmen des Ausbildungsbudgets nach § 17a KHG

Auch im Rahmen der Vergütung des Ausbildungsbudgets werden Ausgleiche ermittelt und in Folgebudgets bzw. über Zu- und Abschläge zum landesweiten Ausbildungszuschlag verrechnet. Gegenstand der Ausgleichsberechnung sind zum einen die Ausbildungskosten, zum anderen die Abrechnungen mit dem Ausgleichsfonds. Es findet in beiden Bereichen ein Vollausgleich statt, d. h. die Ausgleichssätze betragen jeweils 100 %.

Im Rahmen der Ausgleichsermittlung für die Ausbildungskosten findet ein Abgleich mit den im Ausbildungsbudget vereinbarten Beträgen für die Kosten der Ausbildungsstätte und die Kosten der Ausbildungsmehrvergütung statt. So werden Differenzen, die dadurch entstehen, dass Ausbildungsplätze im Ist sich gegenüber der Vereinbarung verändert haben, ebenso ausgeglichen wie Differenzen zwischen den vereinbarten und den tatsächlich angefallenen Mehrkosten für die Ausbildung (einige Bundesländer sehen pauschalen für die Ausbildungsstätte und/oder die Mehrkosten der Ausbildungsvergütung vor; insofern unterbleibt in diesen Fällen eine Spitzabrechnung).

Da die Finanzierung des Ausgleichsfonds unterjährig über Abschlagzahlungen an den Ausgleichsfonds erfolgt, die auf den Fallzahlen früherer Jahre basieren, wird im Rahmen einer Spitzabrechnung nach Ablauf des Geschäftsjahres eine Ausgleichsermittlung durchgeführt, die für die Zahlungen an den Ausgleichsfonds die entsprechenden tatsächlichen Fallzahlen des entsprechenden Jahres zugrunde legt.

Tab. 2.12: Ausgleichsregelungen zum Ausgleichsbudget gemäß 17 a KHG

Ausbildungskosten (Ausbildungsbudget)	Ausgleich der Abweichung tatsächlich nicht besetzter Ausbildungsplätze zu 100 % Ausgleich der Abweichung tatsächlich angefallener Mehrkosten für die Ausbildung zu 100 %
Zuschlag zur Finanzierung des Ausgleichsfonds	Abweichende Erlöse werden zu 100 % ausgeglichen (Verrechnung mit dem Ausgleichsfonds)

Die entsprechenden Buchungen in der Finanzbuchhaltung erläutert folgende Tabelle (▶ Tab. 2.13).

Tab. 2.13: Abbildung des Ausbildungsbudgets in der Finanzbuchhaltung

Sachverhalt	Jahresabschluss
In Rechnung gestellte landesweite einheitliche Zuschläge	durchlaufender Posten
Weiterleitung der Zuschläge an den Ausgleichsfonds	durchlaufender Posten
Zahlungen des Ausgleichsfonds an ausbildende Krankenhäuser	Erlöse aus KH-Leistungen *

Tab. 2.13: Abbildung des Ausbildungsbudgets in der Finanzbuchhaltung – Fortsetzung

Sachverhalt	Jahresabschluss
In Rechnung gestellte individuelle Zu- bzw. Abschläge	Erlöse aus KH-Leistungen *
Ausgleiche nach § 17a Abs. 3 Satz 11 KHG	Erlöse aus KH-Leistungen *

*) Ausbildungsbudget lt. Budgetvereinbarung

2.3 Investitionskostenfinanzierung im Krankenhaus

2.3.1 Grundsätze zur Einzel- und Pauschalförderung

Nach dem Krankenhausfinanzierungsgesetz haben Krankenhäuser, die in einen Landeskrankenhausplan (§ 8 Abs. 1 KHG) aufgenommen sind, Anspruch auf staatliche Förderungen. Grundsätzlich unterscheidet man zwei Arten der Investitionsförderung. Zum einen die Einzel- bzw. Antragsförderung (§ 9 Abs. 1 KHG) und zum anderen die Pauschalförderung (§ 9 Abs. 3 KHG).[19] Die Einzelfördermittel werden auf Antrag für konkrete Investitionsvorhaben der Krankhausträger, die mit den Investitionsprogrammen der Länder abgestimmt sind, gewährt. Mit den Pauschalfördermitteln dagegen können die Krankenhäuser im Rahmen der Zweckbindung frei wirtschaften. Eine gesonderte Antragstellung ist dabei nicht erforderlich.

Durch die Antragsförderung werden in erster Linie die Errichtung von Krankenhäusern einschließlich der Erstausstattung mit den für den Krankenhausbetrieb notwendigen Anlagegütern sowie die Wiederbeschaffung von Anlagegütern mit einer durchschnittlichen Nutzungsdauer von mehr als drei Jahren gefördert (§ 9 Abs. 1 KHG). Daneben (§ 9 Abs. 2 KHG) erfolgt die finanzielle Unterstützung im Wege der Antragsförderung (teilweise länderindividuell unterschiedlich) unter anderem auch für

- die Nutzung von Anlagegütern,
- bestimmte Anlauf- und Umstellungskosten,
- die Lasten aus bestimmten Alt-Darlehen,
- der Ausgleich für die Abnutzung von bestimmten, aus Eigenmitteln des Trägers finanzierten Alt-Anlagegütern,

---

19 In Brandenburg wurde 2013 die Einzel- und Pauschalförderung zusammengeführt zu einer einheitlichen Investitionspauschale (§ 16 BbgKHEG). In Berlin ist die Umstellung auf eine einheitliche Investitionspauschale zum 1. Juli 2015 geplant. In Hessen soll die Förderung ab 2016 in vollem Umfang durch fallbezogene Pauschalen erfolgen, wobei ein Übergangszeitraum bis 2021 geplant ist.

- die Erleichterung der Krankenhausschließung und
- die Umstellung von Krankenhäusern oder einzelnen Abteilungen auf andere Aufgaben.

Durch die Pauschalförderung (§ 9 Abs. 3 KHG) wird die Wiederbeschaffung kurzfristiger Anlagegüter (Nutzungsdauer zwischen drei und fünfzehn Jahren) gefördert. Daneben ist eine vom Grundsatz her antragspflichtige Maßnahme, deren Wert unterhalb einer landesrechtlichen Bagatellgrenze liegt (sog. kleiner Baubedarf), ebenfalls über Pauschalfördermittel finanzierbar.[20]

Die Höhe der Pauschalfördermittel wird unterschiedlich in den einzelnen Bundesländern ermittelt. In der Regel ist der Förderbetrag jedoch leistungsbezogen und aufgabenbezogen (z. B. Fallzahlen, CMI, Berechnungstage, Ausbildungsplätze, Versorgungsstufe).[21] Teilweise wird daneben eine pauschale Grundförderung[22] gewährt.

Die Umsetzung der Vorgaben des Krankenhausfinanzierungsgesetzes erfolgt in landesindividuellen Regelungen (i. W. Landeskrankenhausgesetze). Diese betreffen u. a.

- das Antrags- und Nachweisverfahren
- die Bemessung der Fördermittelhöhe
- den Auszahlungsmodus.

Immer mehr Bundesländer gehen dazu über, das Antragsverfahren für die Förderung nach § 9 Abs. 1 KHG durch eine zweite Pauschale (Baupauschale) zu ersetzen. Dies ist u. A. in Brandenburg, Bremen, Nordrhein-Westfalen und dem Saarland[23] der Fall. Mit der Einführung einer weiteren Pauschale sollen die Nachteile der Antragsförderung (z. B. Intransparenz der behördlichen Entscheidungsfindung, aufwendige Antragsprüfverfahren, Ungerechtigkeit in der Mittelverteilung, fehlende Effizienz der Investitionsentscheidung) beseitigt und eine effiziente Krankenhausförderung ermöglicht werden.[24] Die Grundlage bieten weiterhin Investitionsprogramme auf Länderebene, die eine bedarfsgerechte Versorgung der Bevölkerung sicherstellen sollen, doch wird den Krankenhäusern mehr eigenver-

---

20 Es gelten in der Regel Höchstbetragsgrenzen, teilweise in Abhängigkeit von der Art des Krankenhauses (z. B. Tagesklinik, Krankenhäuser der Grund- oder Regelversorgung, Schwerpunktkrankenhäuser, Fachkliniken)
21 Lt. § 9 Abs. 3 KHG sollen die Pauschbeträge nicht ausschließlich nach der Zahl der im Krankenhausplan aufgenommenen Betten bemessen werden.
22 Bemessungsgrößen sind dabei u. a.: 95 % der Pauschale des Jahres 2004 (Baden-Württemberg), Planbetten lt. Landeskrankenhausplan (Bremen, Niedersachsen, Rheinland-Pfalz, Saarland, Sachsen, Sachsen-Anhalt, Schleswig-Holstein), teilstationäre Plätze (Niedersachsen), tagesklinische Plätze (Sachsen, Sachsen-Anhalt, Schleswig-Holstein)
23 Die Baupauschale im Saarland ist gemäß § 1 der Verordnung zur Pauschalierung der Einzelförderung nach § 30 Abs. 5 SKHG zunächst für die Jahre 2010 bis 2016 zeitlich befristet.
24 Umstellung der Krankenhausinvestitionsförderung. Informationen zur Baupauschale NRW; Ministerium für Arbeit, Gesundheit und Soziales des Landes Nordrhein-Westfalen, Düsseldorf August 2007

antwortliches Handeln und unternehmerische Freiheit zugestanden. So wird im Rahmen der Baupauschale z. B. die Entscheidung über den Investitionszeitpunkt vom Staat auf die einzelnen Krankenhausträger verlagert, denn bei Mittelknappheit entscheidet bisher im Wege der Antragsförderung nach § 9 Abs. 1 KHG die zuständige Landesbehörde, unter Berücksichtigung der öffentlichen Interessen nach pflichtgemäßem Ermessen, welches Krankenhaus die Förderung zu welchem Zeitpunkt erhält (§ 8 Abs. 2 KHG).

Die Ausgestaltung der Pauschalen ist in den einzelnen Bundesländern unterschiedlich. Gemeinsam ist, dass der Unterschied zum Antragsverfahren darin besteht, dass das Krankenhaus einen jährlichen Pauschalbetrag erhält, über deren Verwendung im Rahmen der Zweckbindung ohne Einbeziehung der Förderbehörden weitgehend eigenständig entschieden werden kann. So kann z. B. eine direkte Investition im Jahr des Mittelzuflusses erfolgen oder der Krankenhausträger kann die Pauschalen für Zwecke größerer Investitionsvorhaben über einen gewissen Zeitraum ansammeln. Grundsätzlich ist in der Regel auch ein teilweiser Einsatz der Pauschalen für die Wiederbeschaffung kurzfristiger Anlagegüter möglich (z. B. in Nordrhein-Westfalen, Bremen), wodurch den Krankenhäusern letztendlich die Entscheidung obliegt, ob sie die Mittel für kurzfristige Ersatzinvestitionen, für Geräte oder Baumaßnahmen einsetzen möchten. Daneben bietet die Baupauschale einiger Länder (z. B. Brandenburg, Bremen, Nordrhein-Westfalen, Saarland) sogar die Möglichkeit, die Pauschalmittel an andere Krankenhäuser abzutreten, solange der Versorgungsauftrag des abtretenden Hauses nicht gefährdet ist (z. B. Brandenburg, Bremen, Nordrhein-Westfalen, Saarland).

Die Ermittlung der Baupauschale ist bundesländerunterschiedlich. Sie folgt dabei jedoch ähnlichen Kriterien wie die Ermittlung der Pauschale nach § 9 Abs. 3 KHG, d. h. sie ist in der Regel leistungs- und aufgabenbezogen. Bei der Systemumstellung von Antragsförderung auf Baupauschalen sind häufig der Zeitpunkt der letztmaligen Antragsförderung und die bis zum Umstellungszeitpunkt erfolgte Gesamtförderung für den Einstieg in die Förderung durch die Baupauschale von Bedeutung.

2.3.2 Ausblick

Mit dem Krankenhausreformgesetz (KHRG) 2009 erging ein Entwicklungsauftrag zur Reform der Investitionsfinanzierung. Danach sollen die Krankenhäuser, die in den Krankenhausplan eines Landes aufgenommen sind, eine Investitionsförderung durch leistungsorientierte Investitionspauschalen erhalten (§ 10 Abs. 1 KHG). Ziel ist es, pauschale Investitionsmittel zukünftig leistungsgerecht an die Krankenhäuser zu verteilen. Dazu sollen bundeseinheitliche Investitionsbewertungsrelationen entwickelt und kalkuliert werden, die den Investitionsbedarf der Krankenhäuser pauschaliert abbilden (§ 10 Abs. 2 KHG). Das InEK hat den ersten Katalog der Investitionsbewertungsrelationen 2014 vorgelegt. Das Recht der Länder, eigenständig zwischen der Förderung durch leistungsorientierte Investitionspauschalen und der Einzelförderung von Investitionen einschließlich der Pauschalförderung kurzfristiger Anlagegüter zu entscheiden, bleibt davon jedoch unberührt.

2.4 Abgrenzungsverordnung

Grundsätzlich haben die Krankenhäuser einen Anspruch auf staatliche Förderung der Investitionskosten, sei es durch Antragsförderung oder durch Pauschalförderung. Im Krankenhausfinanzierungsgesetz ist jedoch eine Ausnahme von diesem Grundsatz festgelegt. Diese Ausnahme betrifft die Investitionskosten, die nicht von öffentlicher Seite finanziert werden, sondern im Rahmen der Betriebskostenfinanzierung durch die Krankenkassen zu berücksichtigen sind (§ 17 Abs. 4 Nr. 1 KHG). Es betrifft die Kosten der Wiederbeschaffung von Wirtschaftsgütern mit einer durchschnittlichen Nutzungsdauer von bis zu drei Jahren. Die Konkretisierung dieser Vorgabe, d. h. die Unterscheidung der Anlagegüter hinsichtlich ihrer Finanzierung, erfolgt in der Abgrenzungsverordnung (AbgrV) (§ 3 AbgrV). Insbesondere ist dort festgelegt, dass auch die Instandhaltungskosten in der Regel über die Betriebskosten zu finanzieren sind (§ 4 AbgrV).

Dabei umfasst der Begriff Instandhaltung die Kosten der Erhaltung oder Wiederherstellung von Anlagegütern des Krankenhauses, wenn dadurch das Anlagegut in seiner Substanz nicht wesentlich vermehrt, in seinem Wesen nicht erheblich verändert, seine Nutzungsdauer nicht wesentlich verlängert oder über seinen bisherigen Zustand hinaus nicht deutlich verbessert wird. Dazu gehören auch die Instandhaltungskosten für Anlagegüter, wenn in baulichen Einheiten Gebäudeteile, betriebstechnischen Anlagen und Einbauten oder Außenanlagen vollständig oder überwiegend ersetzt werden (§ 4 Abs. 2 AbgrV).

Anlagegüter, deren durchschnittliche Nutzungsdauer bis zu drei Jahren beträgt, und deren Finanzierung somit über die Betriebskosten erfolgt, werden in der Abgrenzungsverordnung als Gebrauchsgüter bezeichnet. Die gleiche Finanzierung erfolgt auch für Verbrauchsgüter. Als Verbrauchsgüter gelten Wirtschaftsgüter mit Anschaffungs- oder Herstellungskosten ohne Umsatzsteuer unter 150 EUR, die durch bestimmungsgemäße Verwendung aufgezehrt oder unverwendbar werden oder die ausschließlich von Patienten genutzt werden und üblicherweise bei ihm verbleiben.

Für die Zuordnung der Wirtschaftsgüter enthält die Abgrenzungsordnung drei Verzeichnisse betreffend die Gebrauchsgüter, die Anlagegüter mit einer durchschnittlichen Nutzungsdauer von mehr als drei Jahren und die Abgrenzung besonderer Instandhaltungskosten.

Tab. 2.14: Anlagegüter mit einer durchschnittlichen Nutzungsdauer

Anlagegüter mit einer durchschnittlichen Nutzungsdauer:	
Bis zu drei Jahren = Gebrauchsgüter	Mehr als drei Jahre (Anlagegüter i. e. S.)
Klassifizierte Nutzungsdauer laut Verzeichnis I	Klassifizierte Nutzungsdauer laut Verzeichnis II
→ Budget-/Pflegesatzfähig Erlöse nach KHEntgG/FPV bzw. BPflV	→ Förderungsfähig Fördermittel nach dem KHG
Ausnahme: wiederbeschaffte bewegliche Anlagegüter mit Netto-Anschaffungskosten bis 150 EUR gelten als Verbrauchsgüter und sind unmittelbar als Sachaufwand zu erfassen → Erlöse nach KHEntgG/FPV bzw. BPflV	

3 Finanzierung von stationären Pflegeeinrichtung

3.1 Die soziale Pflegeversicherung

Mit Inkrafttreten des Sozialgesetzbuches (SGB) – Elftes Buch (XI) – Soziale Pflegeversicherung am 26. Mai 1994 hat der Gesetzgeber die gesetzliche Grundlage für die Pflegeversicherung als sogenannte fünfte Säule der Sozialversicherung gelegt. Aufgabe der sozialen Pflegeversicherung ist nach § 1 SGB XI die soziale Absicherung des Risikos der Pflegebedürftigkeit durch Einführung einer allgemeinen Versicherungsplicht, die sowohl pflichtversichert und freiwillig Versicherten der gesetzlichen Krankenversicherung als auch privat krankenversicherte Personen umfasst. Nach § 1 Abs. 3 SGB XI sind die Träger der sozialen Pflegeversicherung die Pflegekassen, wobei die Aufgaben der Pflegekassen von den Krankenkassen wahrgenommen wird. Grundprinzip der sozialen Pflegeversicherung ist die Selbstbestimmung (§ 2 SGB XI) des pflegebedürftigen Menschen zu wahren, d. h. dass über die soziale Pflegeversicherung die Hilfe zu einem möglichst selbstständigen und selbstbestimmten Leben in Würde u. a. durch die freie Wahl zwischen Einrichtungen und Diensten sichergestellt werden soll, dabei räumt der Gesetzgeber der häuslichen Pflege (§ 3 SGB XI) klar den Vorrang gegenüber den übrigen Arten der Pflege ein, er tut dies, indem er eine klare Rangfolge der Leistungen der Pflegeversicherung vorgibt:

1. Häusliche Pflege einschl. Pflege durch Familienangehörige und Nachbarn
2. Teilstationäre Pflege
3. Kurzzeitpflege
4. Vollstationäre Pflege

§ 4 SGB XI umschreibt die Art und den Umfang der Leistungen der sozialen Pflegeversicherung. Diese umfassen neben Dienstleistungen auch Sachleistungen und Geldleistungen für den Bedarf an körperbezogenen Pflegemaßnahmen, pflegerischen Betreuungsmaßnahmen[25] und Hilfen bei der Haushaltsführung. Art und Umfang der Leistungen richten sich nach der Schwere der Pflegebedürftigkeit sowie nach der Art der Pflege (häusliche, teilstationäre, vollstationäre Versorgung).

---

25 Änderung durch das Zweite Gesetz zur Stärkung der pflegerischen Versorgung und zur Änderung weiterer Vorschriften (Zweites Pflegestärkungsgesetz-(PSG II) vom 21. Dezember 2015. Vor Neufassung des § 4 SGB XI nur Grundpflege und Hauswirtschaftliche Versorgung.

3.1 Die soziale Pflegeversicherung

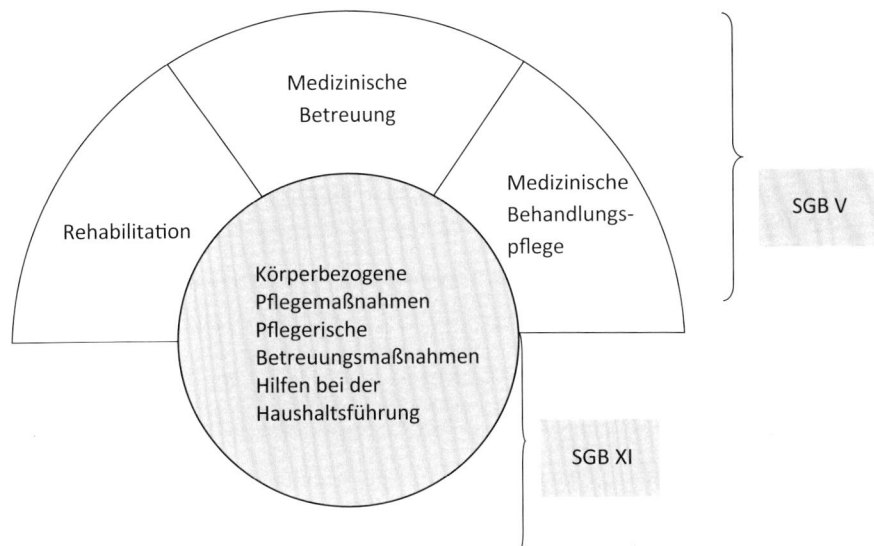

Abb. 3.1: Abgrenzung SGB XI zu SGB V

Da die soziale Pflegeversicherung die pflegerische Versorgung der Bevölkerung als gesamtwirtschaftliche Aufgabe betrachtet, wird den Ländern, Kommunen, den Pflegeeinrichtungen und den Pflegekassen in § 8 SGB XI gemeinsam die Aufgabe zugewiesen, eine leistungsfähige, regional gegliederte, ortsnahe und aufeinander abgestimmte ambulante und stationäre pflegerische Versorgung der Bevölkerung zu gewährleisten. Dabei wird in § 9 SGB XI den Ländern insbesondere die Verantwortung für das Vorhalten einer leistungsfähigen, ausreichenden und wirtschaftlichen pflegerischen Versorgungsstruktur zugewiesen, indem Einzelheiten zur Planung und Förderung der Pflegeeinrichtungen durch das Landesrecht bestimmt wird und indem die finanzielle Förderung der Investitionskosten der Pflegeeinrichtung durch Einsparungen, die sich bei den Trägern der Sozialhilfe durch die Einführung der Pflegeversicherung ergeben, zu gewährleisten ist.

Anspruchsberechtige der Leistungen der sozialen Pflegeversicherung sind Personen, die unter den Pflegebedürftigkeitsbegriff des § 14 SGB XI fallen:

§ 14 Begriff der Pflegebedürftigkeit (In der Fassung des PSG II)

>»(1) Pflegebedürftige *im Sinne dieses Buches sind Personen, die gesundheitlich bedingte Beeinträchtigungen der Selbstständigkeit oder der Fähigkeiten aufweisen und deshalb der Hilfe durch andere bedürfen. Es muss sich um Personen handeln, die körperliche, kognitive oder psychische Beeinträchtigungen oder gesundheitlich bedingte Belastungen oder Anforderungen nicht selbstständig kompensieren oder bewältigen können. Die Pflegebedürftigkeit muss auf Dauer, voraussichtlich für mindestens sechs Monate, und mit mindestens der in § 15 festgelegten Schwere bestehen*
>
>*(2) Maßgeblich für das Vorliegen von gesundheitlich bedingten Beeinträchtigungen der Selbstständigkeit oder der Fähigkeiten sind die in den folgenden sechs Bereichen genannten pflegefachlich begründeten Kriterien:*

1. *Mobilität:*
   Positionswechsel im Bett, Halten einer stabilen Sitzposition, Umsetzen, Fortbewegen innerhalb des Wohnbereichs, Treppensteigen;
2. *Kognitive und kommunikative Fähigkeiten:*
   Erkennen von Personen aus dem näheren Umfeld, örtliche Orientierung, zeitliche Orientierung, Erinnern an wesentliche Ereignisse oder Beobachtungen, Steuern von mehrschrittigen Alltagshandlungen, Treffen von Entscheidungen im Alltagsleben, Verstehen von Sachverhalten und Informationen, Erkennen von Risiken und Gefahren, Mitteilen von elementaren Bedürfnissen, Verstehen von Aufforderungen, Beteiligen an einem Gespräch;
3. *Verhaltensweisen und psychische Problemlagen:*
   Motorisch geprägte Verhaltensauffälligkeiten, nächtliche Unruhe, selbstschädigendes und autoaggressives Verhalten, Beschädigen von Gegenständen, physisch aggressives Verhalten gegenüber anderen Personen, verbale Aggression, andere pflegerelevante vokale Auffälligkeiten, Abwehr pflegerischer und anderer unterstützender Maßnahmen, Wahnvorstellungen, Ängste, Antriebslosigkeit bei depressiver Stimmungslage, sozial inadäquate Verhaltensweisen, sonstige pflegerelevante inadäquate Handlungen;
4. *Selbstversorgung:*
   Waschen des vorderen Oberkörpers, Körperpflege im Bereich des Kopfes, Waschen des Intimbereichs, Duschen und Baden einschließlich Waschen der Haare An- und Auskleiden des Oberkörpers, An- und Auskleiden des Unterkörpers, mundgerechtes Zubereiten der Nahrung und Eingießen von Getränken, Essen, Trinken, Benutzen einer Toilette oder eines Toilettenstuhls, Bewältigen der Folgen einer Harninkontinenz und Umgang mit Dauerkatheter und Urostoma, Bewältigen der Folgen einer Stuhlinkontinenz und Umgang mit Stoma, Ernährung parenteral oder über Sonde, Bestehen gravierender Probleme bei der Nahrungsaufnahme bei Kindern bis zu 18 Monaten, die einen außergewöhnlich pflegeintensiven Hilfebedarf auslösen;
5. *Bewältigung von und selbstständiger Umgang mit krankheits- oder therapiebedingten Anforderungen und Belastungen:*
   a) *in Bezug auf Medikation, Injektionen, Versorgung intravenöser Zugänge, Absaugen und Sauerstoffgabe, Einreibungen sowie Kälte- und Wärmeanwendungen, Messung und Deutung von Körperzuständen, körpernahe Hilfsmittel,*
   b) *in Bezug auf Verbandswechsel und Wundversorgung, Versorgung mit Stoma, regelmäßige Einmalkatheterisierung und Nutzung von Abführmethoden, Therapiemaßnahmen in häuslicher Umgebung,*
   c) *in Bezug auf zeit- und technikintensive Maßnahmen in häuslicher Umgebung, Arztbesuche, Besuche anderer medizinischer oder therapeutischer Einrichtungen, zeitlich ausgedehnte Besuche medizinischer oder therapeutischer Einrichtungen, Besuch von Einrichtungen zur Frühförderung bei Kindern sowie*
   d) *in Bezug auf das Einhalten einer Diät oder anderer krankheits- oder therapiebedingter Verhaltensvorschriften;*
6. *Gestaltung des Alltagslebens und sozialer Kontakte: Gestaltung des Tagesablaufs und Anpassung an Veränderungen, Ruhen und Schlafen, Sich-Beschäftigen, Vornehmen von in die Zukunft gerichteten Planungen, Interaktion mit Personen im direkten Kontakt, Kontaktpflege zu Personen außerhalb des direkten Umfelds.*

(3) Beeinträchtigungen der Selbstständigkeit oder der Fähigkeiten, die dazu führen, dass die Haushaltsführung nicht mehr ohne Hilfe bewältigt werden kann, werden bei den Kriterien der in Absatz 2 genannten Bereiche berücksichtigt.«

Die Gewährung von Leistungen ist abhängig vom Grad der Pflegebedürftigkeit. Durch das PSG II ist ein neuer Pflegebedürftigkeitsbegriff in das SGB XI eingeführt worden. Die soziale Pflegeversicherung unterscheidet nach dem Grad der Pflegebedürftigkeit und definiert hierfür in § 15 Abs. 3 SGB XI fünf Grade der Pflegebedürftigkeit. Die Regelungen gelten ab dem 1. Januar 2017. Nach § 15 SGB XI (1) erhalten Pflegebedürftige nach der Schwere der Beeinträchtigungen der Selbstständigkeit oder der Fähigkeiten einen Grad der Pflegebedürftigkeit (Pflegegrad). Der Pflegegrad wird mit Hilfe eines pflegefachlich begründeten Begutachtungsinstruments ermittelt.

Die Leistungen, die dem Pflegebedürftigen über die soziale Pflegeversicherung finanziert werden, ergeben sich aus § 28 SGB XI. Es handelt sich hierbei um:

- Pflegesachleistungen
- Pflegegeld
- Kombination von Geld- und Sachleistung
- Häusliche Pflege bei Verhinderung der Pflegepersonen
- Pflegehilfsmittel und technische Hilfen
- Tagespflege- und Nachtpflege
- Kurzzeitpflege
- Vollstationäre Pflege
- Pflege in vollstationären Einrichtungen der Hilfe für behinderte Menschen
- Zusätzliche Betreuung und Aktivierung in stationären Pflegeeinrichtungen
- Leistungen zur sozialen Sicherung der Pflegepersonen
- Zusätzliche Leistungen bei Pflegezeit und kurzzeitiger Arbeitsverhinderung
- Pflegekurse für Angehörige und ehrenamtliche Hilfspersonen
- Umwandlung des ambulanten Sachleistungsbetrages
- Entlastungsleistungen
- Leistungen des Persönlichen Budgets
- Zusätzliche Leistungen für Pflegebedürftige in ambulant betreuten Wohngruppen

3.2 Die Finanzierung der stationären Pflegeeinrichtung

3.2.1 Ausgangssituation

Auch für die Leistungen der (zugelassenen) stationären Pflegeeinrichtungen gilt das Prinzip der dualen Finanzierung. Zugelassene Pflegeeinrichtungen sind Pflegeeinrichtungen, mit denen ein Versorgungsvertrag nach § 72 SGB IX besteht. Die Betriebskosten sind von den Kostenträgern, d.h. von den Pflegekassen oder den privaten Pflegeversicherungen und den Pflegebedürftigen zu finanzieren, die Investitionskosten durch öffentliche Förderung bzw. durch den Pflegebedürftigen. Diese Finanzierungsprinzipien sind im Sozialbuch (SGB) – Elftes Buch (XI) – Sozial Pflegeversicherung kodifiziert und stellen sich im Überblick folgendermaßen dar (▶ Tab. 3.1):

Tab. 3.1: Finanzierung der Pflegeinrichtung nach § 82 SGB XI

Betriebskosten		Investitionsaufwendungen (Abs. 2 und 3)
Entgelte für Pflege (Abs. 1 Nr. 1)	Entgelte für Unterkunft und Verpflegung (Abs. 1 Nr. 2)	

Die duale Finanzierung im Bereich der Pflegeversicherung unterscheidet sich zu der der Krankenhausfinanzierung dadurch, dass die Pflegeeinrichtungen – anders als die Krankenhäuser – keinen Anspruch auf Landesförderung haben. Vielmehr ist den einzelnen Bundesländern die Ausgestaltung in Bezug auf das »Ob« und das »Wie« überlassen, so besteht insbesondere auch die Möglichkeit, die Investitionskosten auf die Heimbewohner umzulegen. Als zentrale gesetzliche Grundlagen der dualen Finanzierung der stationären Pflegeversicherung sind folgende Vorschriften zu nennen:

Tab. 3.2: Vorschriften der stationären Pflegeversicherung auf der Grundlage der dualen Finanzierung

§ 9 SGB XI	Verantwortlichkeit der Länder für eine leistungsfähige, zahlenmäßig ausreichende und wirtschaftliche Versorgungsstruktur
§ 82 Abs. 1 Nr. 1 SGB XI	Leistungsgerechte Vergütung für die allgemeine Pflegeleistung
§ 82 Abs. 1 Nr. 2 SGB XI	Angemessenes Entgelt für Unterkunft und Verpflegung
§ 82 Abs. 3 SGB XI	Gesondert berechenbare Investitionsaufwendungen bei geförderten Einrichtungen
§ 82 Abs. 4 SGB XI	Gesondert berechenbare Investitionsaufwendungen bei nicht geförderten Einrichtungen
§ 88 SGB XI	Zusatzleistungen

Aus den genannten Vorschriften heraus ergeben sich auch die unterschiedlichen Kostenträger und die unterschiedlichen Anspruchsgrundlagen für die Vergütung der Pflege bzw. der Pflegeeinrichtung (▶ Tab. 3.3).

Tab. 3.3: Anspruchsgrundlagen für die Vergütung

Investitionskosten	Leistungsaufwendungen (Betriebs- und Versorgungskosten)
Länder	Pflegekassen/Pflegebedürftige/Sozialleistungsträger
Kein Rechtsanspruch auf Förderung	Anspruch auf • leistungsgerechte Pflegevergütung • angemessene Entgelte für Unterkunft und Verpflegung

Tab. 3.3: Anspruchsgrundlagen für die Vergütung – Fortsetzung

Investitionskosten	Leistungsaufwendungen (Betriebs- und Versorgungskosten)
Ermessen der Länder	Vereinbarungsprinzip
Grundsatz der Trägervielfalt	• Schiedsstelle entscheidet im Konfliktfall
• Vorrang gemeinnütziger und privater Träger • Nachrang kommunaler Träger	• Klage beim Sozialgericht ohne Vorverfahren

Die Kostenträger der Pflege stellen sich schematisch wie in folgender Abbildung dar (▶ Abb. 3.2).

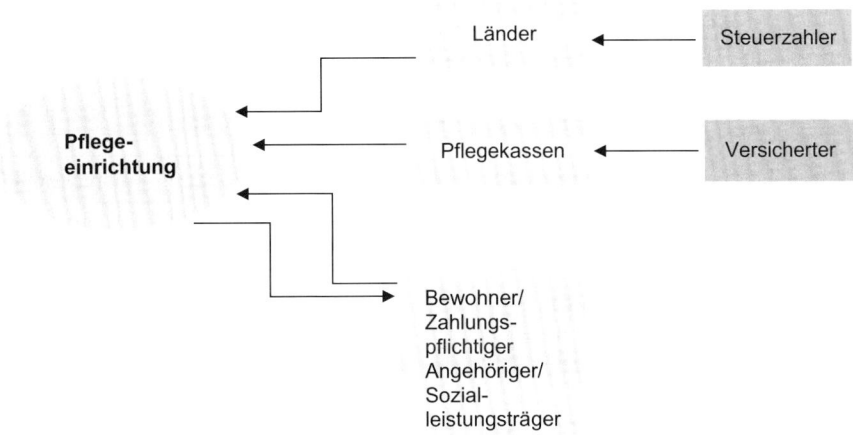

Abb. 3.2: Kostenträger der Pflege

3.2.2 Betriebskostenfinanzierung

Die Vergütung der Betriebskosten der Pflegeeinrichtung ergibt sich als Umkehrschluss zu § 82 Abs. 2 SGB XI und ist im zweiten Abschnitt »Vergütung der stationären Pflege« des SGB XI geregelt. Die Betriebskostenfinanzierung der Pflegeeinrichtung ist zweigeteilt. Zum einen erhält das Pflegeheim eine Pflegevergütung bzw. einen Pflegesatz für die Erbringung der voll- oder teilstationären Pflegeleistungen, für die Betreuung und, soweit bei stationärer Pflege kein Anspruch auf Krankenpflege nach § 37 SGB V besteht, die medizinische Behandlungspflege (§ 84 Abs. 1 S. 3 SGB XI). Zum anderen erhält die Pflegeeinrichtung auch ein Entgelt für Unterkunft und Verpflegung. Daneben besteht für die Pflegeeinrichtung die Möglichkeit, sogenannte Zusatzleistung abzurechnen.

Vergütung für stationäre Pflegeleistungen

Die Leistungen für die Pflege der Bewohner der Pflegeeinrichtung werden über die Pflegevergütung bzw. die Pflegesätze abgegolten. Gemäß § 84 Abs. 2 SGB XI müssen die Pflegesätze leistungsgerecht sein, das heißt, dass sie den Versorgungsaufwand der Pflege, den der Pflegebedürftige nach Art und Schwere seiner Pflegebedürftigkeit benötigt, finanziell abdecken. Das Gesetz sieht fünf Pflegegrade ab dem 1. Januar 2017 vor. Bei der Zuordnung der Pflegebedürftigen zu den Pflegegraden sind in der Regel die Pflegegrade gemäß § 15 SGB XI zugrunde zu legen, die Einstufung erfolgt durch den Medizinischen Dienst der Krankenversicherungen (MDK) oder durch von der Pflegekasse beauftragte Gutachter. Die Einteilung nach Pflegegraden ermöglicht die Berücksichtigung von körperlichen, geistigen und psychischen Einschränkungen.

Grundsätzlich ist die Pflegevergütung durch die soziale Pflegeversicherung über das Pflegegeld zu finanzieren. Allerdings ist das Pflegegeld betragsmäßig limitiert. Mit Inkrafttreten des zweiten Gesetzes zur Stärkung der pflegerischen Versorgung und zur Änderung weiterer Vorschriften – Zweites Pflegestärkungsgesetz – beträgt das Pflegegeld für stationäre Leistungen ab dem 1. Januar 2017:

Tab. 3.4: Pflegegeld für stationäre Leistungen ab 1.1.2017

Pflegegeld für stationäre Leistungen ab 1. Januar 2017	EUR pro Monat
Pflegestufe I	1064
Pflegestufe I (mit Demenz)	1064
Pflegestufe II	1330
Pflegestufe II (mit Demenz)	1330
Pflegestufe III	1612
Pflegestufe III (mit Demenz)	1612
Härtefall	1995
Härtefall (mit Demenz)	1995

(mit Demenz): Gilt für Personen mit dauerhaft erhebliche eingeschränkter Alltagskompetenz im Sinne von § 45 SGB XI – das sind vor allem an Demenz erkrankte Menschen

Soweit die Pflegeeinrichtung ein, für die jeweilige Pflegestufe höheres Entgelt berechnet, ist dieser Mehrbetrag durch den Pflegebedürftigen zu finanzieren, allerdings ist mit Inkrafttreten des PSG II ein »einheitlicher pflegebedingter Eigenanteil« für die Pflegegrade 2 bis 5 eingeführt worden, so dass der pflegebedingte Eigenanteil nicht mit einer zunehmenden Pflegebedürftigkeit steigt. Insofern ist der vom Pflegebedürftigen zu tragende Eigenanteil limitiert, wobei die Eigenanteile werden einrichtungsbezogen ermittelt.

Das Entgelt für die Aufwendungen nach Art, Höhe und Laufzeit wird in einer Pflegesatzvereinbarung, die zwischen der Pflegeeinrichtung und den sogenannten

Leistungsträger geschlossen wird, festgelegt und ist über die Pflegekassen und gegebenenfalls über den Heimbewohner zu finanzieren. Die Pflegesatzvereinbarung ist im Voraus – also prospektiv – vor Beginn der Wirtschaftsperiode der Pflegeeinrichtung für den zukünftigen Pflegesatzzeitraum abzuschließen. Das Verfahren ist in § 85 SGB XI geregelt.

Entgelt für Unterkunft und Verpflegung

Neben dem Entgelt für die Pflege erhält die Pflegeeinrichtung ein Entgelt für Unterkunft und Verpflegung, das »angemessen« zur Leistung (§ 87 SGB XI) sein muss. Durch dieses Entgelt werden die Aufwendungen vergütet, die für die Unterkunft und Verpflegung der Heimbewohner entstehen. Das Entgelt für diese Aufwendungen ist grundsätzlich vom Heimbewohner zu tragen und wird in einer Vereinbarung über Unterkunft und Verpflegung vereinbart, die zwischen dem Pflegeheim und den Kostenträgern (zumeist gemeinsam mit der Pflegesatzvereinbarung) geschlossen wird. Soweit der Heimbewohner dieses Entgelt nicht vollständig bezahlen kann, werden die Aufwendungen (soweit kein Angehöriger in die Finanzierungspflicht fällt) über die Sozialhilfeträger finanziert.

Zusatzleistungen

Die Möglichkeit der Abrechnung von sogenannten Zusatzleistungen durch die Pflegeeinrichtung ist im § 88 SGB XI geregelt. Bei den Zusatzleistungen handelt es sich um Leistungen, die über die notwendigen Leistungen für die Pflege und Unterkunft und Verpflegung hinausgehen. Beispielsweise fallen hierunter besonderer Komfortleistungen im Rahmen der Unterkunft und Verpflegung oder um zusätzliche pflegerisch-betreuende Leistungen. Die inhaltliche Abgrenzung der Zusatzleistungen von den notwendigen Leistungen erfolgt über Rahmenverträge nach § 75 SGB XI.

3.2.3 Investitionskostenfinanzierung

Bundeseinheitliche Rahmenregelung

Die bundeseinheitliche Rahmenregelung zur Investitionskostenfinanzierung für den Bereich der sozialen Pflegeversicherung ist der § 82 Abs. 2 SGB XI. § 82 Abs. 2 SGB XI beinhaltet eine Auflistung von bestimmten »Aufwendungen«, die nicht in den Entgelten für Pflege und Unterkunft und Verpflegung enthalten sein dürfen und die im Umkehrschluss den Investitionsaufwendungen zuzurechnen sind:

> *»(2) In der Pflegevergütung und in den Entgelten für Unterkunft und Verpflegung dürfen keine Aufwendungen berücksichtigt werden für*
>
> *1. Maßnahmen, die dazu bestimmt sind, die für den Betrieb der Pflegeeinrichtung notwendigen Gebäude und sonstigen abschreibungsfähigen Anlagegüter herzustellen, anzuschaffen, wiederzubeschaffen, zu ergänzen, instand zu halten oder instand zu*

setzen; ausgenommen sind die zum Verbrauch bestimmten Güter (Verbrauchsgüter), die der Pflegevergütung nach Absatz 1 Satz 1 Nr. zuzuordnen sind,
2. *den Erwerb und die Erschließung von Grundstücken,*
3. *Miete, Pacht, Nutzung oder Mitbenutzung von Grundstücken, Gebäuden oder sonstigen Anlagegütern,*
4. *den Anlauf oder die innerbetriebliche Umstellung von Pflegeeinrichtungen,*
5. *die Schließung von Pflegeeinrichtungen oder ihre Umstellung auf andere Aufgaben.«*

Nicht zu verwechseln mit der in der Betriebswirtschaftslehre verwendeten Definition von Aufwendungen ist die, für die Investitionskostenfinanzierung im Rahmen der sozialen Pflegeversicherung verwendete Definition von »Aufwendungen«.[26] Der in § 82 Abs. 2 SGB XI verwendete Begriff »Aufwendungen« dient der abschließenden Auflistung von Positionen, die im Zusammenhang mit der Errichtung und dem Betrieb der Pflegeeinrichtung aus Sicht des Gesetzgeber anfallen und zu refinanzieren sind.

Die Finanzierung der Investitionsaufwendungen ist nach den Vorgaben der sozialen Pflegeversicherung Ländersache. Nach § 9 SGB XI sind die Länder für die Vorhaltung einer leistungsfähigen, zahlenmäßig ausreichenden und wirtschaftlichen pflegerischen Versorgung zuständig. Nach dem Wortlaut des § 82 Abs. 2 SGB XI sind die Investitionsaufwendungen entweder durch öffentliche Förderung gem. § 9 SGB XI zu finanzieren oder sie werden – soweit diese Förderung nicht reicht bzw. die Pflegeeinrichtung nicht nach Landesrecht gefördert wird – den Pflegebedürftigen gemäß § 82 Abs. 3 bzw. 4 SGB XI gesondert in Rechnung gestellt.

Aufgrund der Länderhoheit haben sich in den einzelnen Bundesländern zum Teil sehr unterschiedliche Regelungen zur Finanzierung der Investitionsaufwendungen herausgebildet, die in den jeweiligen Landespflegegesetzten niedergelegt sind. In einigen Bundesländern erhalten die Pflegeeinrichtungen im Rahmen der Errichtung der Einrichtungen eine sogenannte Objektförderung in Form von nicht-rückzahlbaren Investitionszuschüssen, in anderen Bundesländer erfolgt die Investitionskostenfinanzierung über eine sogenannte Subjektförderung, bei der die Pflegebedürftigen unter Einbeziehung ihrer eigenen Einkommens- und Vermögensverhältnisse entsprechende Zuwendungen des jeweiligen Bundeslandes (Pflegewohngeld) erhalten.

Gemäß § 82 Abs. 3 SGB XI kann die Pflegeeinrichtung dem Pflegebedürftigen die (Investitions-)Aufwendungen gesondert in Rechnung stellen, allerdings müssen die den Pflegebedürftigen gesondert berechneten Aufwendungen durch die jeweils zuständigen Landesbehörden genehmigt werden, wobei die Einzelheiten hierzu (Art, Höhe, Laufzeit u. a.) durch das jeweilige Landesrecht des Bundeslandes bestimmt wird.

Entscheidungen des Bundessozialgerichts vom 8. September 2011

In vier Entscheidungen vom 8. September 2011 (Aktenzeichen: B 3 P 4/10 R; B 3 P 2/11 R; B 3 P 3/11 R; B 3 P 6/10 R) hat der zuständige III. Senat des Bundesso-

---

26 Gablers Wirtschaftslexikon »Begriff für die von einer Unternehmung während der Abrechnungsperiode verbrauchten Güter und Dienstleistungen, die in der Erfolgsrechnung den Erträgen gegenübergestellt werden« (bewerteter Verbrauch).

zialgerichts (BSG) grundlegende Entscheidungen zu den Investitionsaufwendungen nach § 82 Abs. 2 SGB XI sowie deren Refinanzierung getroffen und einzelne Bestimmungen der landesrechtlichen Regelungen vieler Bundesländer als nicht gesetzeskonform mit der bundesrechtlichen Rahmenbestimmung beurteilt. Den Bundesländern wurde eine Übergangsfrist bis zum 31. Dezember 2012 eingeräumt, die entsprechenden Bestimmungen an die Entscheidungen des BSG anzupassen.

Aus den BSG-Urteilen ergaben sich folgende Eckpunkte:

- Selbstkostendeckungsprinzip für gesondert berechenbare Investitionsaufwendungen
  Für die gesondert berechenbaren Investitionsaufwendungen gilt nicht das (für die Pflegesätze sowie die Entgelte für Unterkunft und Verpflegung geltende) Gebot der Prospektivität des Pflegesatzverfahrens gemäß § 85 Abs. 3 SGB XI; umlagefähig sind nur die tatsächlich anfallenden oder mit Sicherheit anfallenden Aufwendungen
- Keine kalkulatorischen Ansätze
  Kalkulatorische Pauschalen (wie die üblichen Pauschalen für Instandhaltungsaufwendungen) sind mit dem § 82 Abs. 3 SGB XI nicht vereinbar.
- Umlagefähigkeit von Erbbauzinsen
  Die Finanzierung von Grundstückserwerben ist weiterhin nicht refinanzierungsfähig, da das Grundstück keinem Wertverzehr unterliegt. Anders zu beurteilen sind die vom Einrichtungsträger zu zahlenden Pachten, Mieten oder Erbbauzinsen für im Fremdeigentum eines Dritten stehende Grundstücke. Diese Aufwendungen sind nach den Entscheidungen des BSG umlagefähig und damit refinanzierungsfähig.
- Anspruch auf angemessene Eigenkapitalverzinsung
  Das schützenswerte Interesse der Einrichtungsträger an einer angemessenen Eigenkapitalverzinsung wird durch das Gericht unter ausdrücklichem Verweis auf die Eigentumsgarantie des Art. 14 Grundgesetz ausdrücklich bestätigt. Da die Eigenkapitalverzinsung bei den Investitionskosten gem. § 82 Abs. 2 SGB XI nicht aufgeführt ist, sind Eigenkapitalzinsen, sofern deren Finanzierung durch die landesrechtlichen Bestimmungen zu den gesondert berechenbaren Investitionskosten nicht vorgesehen ist (ersatzweise), über das Leistungsentgelt für »Unterkunft« zu finanzieren.
- Die tatsächliche Auslastung der Pflegeeinrichtung ist den Berechnungen zugrunde zu legen
  Die bisher geübte Praxis, die gesondert berechenbaren Investitionsaufwendungen mit einem pauschalen Auslastungsgrad von z. B. 95 % zu berechnen, wurde vom BSG verworfen. Es sind die tatsächlichen Auslastungsgrade – z. B. des Vorjahres – zugrunde zu legen.
- Laufzeit der Zustimmung der zuständigen Landesbehörde regelmäßig ein Jahr
  Die Zustimmungsbescheide der zuständigen Landesbehörden sind in der Regel auf ein Jahr zu begrenzen. Nur so ist nach der Ansicht des Senates die Berücksichtigung der tatsächlichen Aufwendungen möglich

Einzelne Bundesländer haben als Konsequenz aus der Rechtsprechung des BSG ihr Landesrecht geändert. So ist z. B. in NRW durch das Gepa NRW und die APG DVO NRW[27] die Investitionskostenfinanzierung ab 2016 vollständig neu geregelt worden.

3.2.4 Ausbildungsfinanzierung

Bei den Regelungen zur Ausbildungsvergütung im § 82a SGB XI handelt es sich um eine konkretisierende Regelung, die klarstellt, welche Aufwendungen im Rahmen der allgemeinen Pflegeleistungen berücksichtigt werden können (Frye 2013 S. 124). In § 82a Abs. 2 SGB XI ist geregelt, dass die Vergütungen der Personen, die aufgrund eines entsprechenden Ausbildungsvertrages mit der Einrichtung zum Zwecke der Ausbildung (Altenpflege oder Altenpflegehilfe) tätig sind, während der Ausbildungsdauer in der Vergütung der allgemeinen Pflegeleistungen nach §§ 84 Abs. 1, 89 SGB XI berücksichtigungsfähig sind. Die Regelungen des § 82a Abs. 3 und 4 SGBXI dienen dabei der Klarstellung, dass und unter welchen Voraussetzungen auch Umlagen, die im Rahmen eines landesrechtlichen Umlageverfahrens aufgebracht werden, in die Vergütung der allgemeinen Pflegeleistungen mit berücksichtigt werden dürfen.

---

27 GEPA NRW: Gesetz zur Entwicklung und Stärkung einer demografiefesten. teilhabeorientierten Infrastruktur und zur Weiterentwicklung und Sicherung der Qualität von Wohn-und Betreuungsangeboten für ältere Menschen, pflegebedürftigen Menschen, Menschen mit Behinderung und ihre Angehörigen. APG DVO NRW: Verordnung zur Ausführung des Alten- und Pflegegesetztes NRW

4 Rechtliche Grundlagen für die (Externe) Rechnungslegung von Krankenhäusern und stationären Pflegeeinrichtungen

4.1 Vorbemerkung

Die Leistungserbringung im Gesundheitswesen und hier insbesondere die der Krankenhäuser und stationäre Pflegeeinrichtungen ist durch marktspezifische Besonderheiten bestimmt, die auch deutliche Auswirkung auf die Rechnungslegung der Einrichtungen haben. Krankenhäuser haben im Rahmen ihres Versorgungsauftrages die flächendeckende medizinische Versorgung der Bevölkerung zu gewährleisten; dabei ist auf die Wirtschaftlichkeit der Versorgung und die angemessene Vergütung der Leistungserbringer zu achten. Stationäre Pflegeeinrichtungen haben im Rahmen ihres Versorgungsauftrages die erforderlichen Leistungen der Pflege nach §§ 42, 43 SGB XI zu erbringen. Sie arbeiten demnach sachzielorientiert, das zu produzierende »Gut« ist die menschliche Gesundheit bzw. Pflege. Aus dieser Sachzielorientiertheit ergibt sich ein hoher Regulierungsgrad für Krankenhäuser und Pflegeeinrichtungen, der auch den Bereich der Rechnungslegung umfasst. Demzufolge haben Krankenhäuser und Pflegeeinrichtungen neben den allgemeinen Rechnungslegungsvorschriften auch die krankenhaus- und pflegeeinrichtungsspezifischen Rechnungslegungsvorschriften zu beachten. Das Rechnungswesen der Krankenhäuser wird durch die Verordnung über die Rechnungs- und Buchführungspflichten von Krankenhäusern (Krankenhaus-Buchführungsverordnung – KHBV), das Rechnungswesen der Pflegeeinrichtungen durch die Verordnung über die Rechnungs- und Buchführungspflichten der Pflegeeinrichtungen (Pflege-Buchführungsverordnung – PBV) bestimmt.

4.2 Rechnungslegungsvorschriften für Krankenhäuser und Pflegeeinrichtungen

4.2.1 Krankenhaus-Buchführungsverordnung als Rechnungslegungsvorschrift für Krankenhäuser

Vorbemerkung

Die KHBV regelt verbindlich sowohl die interne als auch die externe Rechnungslegung für den größten Teil der knapp 2000 Krankenhäuser in der Bundesrepublik

Deutschland.[28] Zielsetzung der KHBV ist die Schaffung eines einheitlichen Rechnungslegungssystems für Krankenhäuser, das insbesondere die Besonderheiten, die sich aus der dualen Krankenhausfinanzierung nach § 4 KHG[29] ergeben, differenziert abbilden soll. Die KHBV ist eine rechtsformunabhängige Verordnung, die die Rechnungs- und Buchführungspflichten von Krankenhäusern regelt (s. Anlagen 3.1 und 3.3 zur KHBV).

Krankenhäuser, die in den Anwendungsbereich des KHG fallen (Ausnahmen sind § 1 Abs. 2 KHBV genannt), haben daher unabhängig von ihrer Kaufmannseigenschaft, ihrer Rechtsform und ihrer rechtlichen Selbstständigkeit die Vorschriften der KHBV anzuwenden (§ 1 Abs. 1 Satz 1 KHBV; vgl. Graumann und Schmidt-Graumann 2007, S. 184 ff.).

Die KHBV gilt demzufolge auch für Krankenhäuser, die in der Rechtsform der GmbH oder der AG geführt werden. Diese Krankenhäuser haben neben den Vorschriften der KHBV auch die einschlägigen Vorschriften nach dem Handels- und Steuerrecht, sowie die Rechtsformspezifischen Vorschriften des GmbH-Gesetzes oder des Aktien-Gesetzes zu befolgen. Allerdings sieht die KHBV (§ 1 Abs. 3 KHBV) für diese Krankenhäuser zur Vereinfachung ein Wahlrecht vor. So haben Krankenhäuser, die in der Rechtsform der GmbH oder AG betrieben werden, zwar grundsätzlich neben dem Jahresabschluss nach den Vorgaben der KHBV einen Jahresabschluss nach den Vorgaben des HGBs und des GmbHG bzw. AG aufzustellen; machen sie jedoch vom Wahlrecht Gebrauch, anstelle der handelsrechtlichen Gliederungsvorschriften (§§ 266, 268 Abs. 2, 275 HGB) die Gliederungsvorschriften der KHBV[30] anzuwenden, ist nur ein Jahresabschluss aufzustellen. Die größenabhängigen Erleichterungen gelten bei Inanspruchnahme des Wahlrechts nur für die Offenlegung, nicht für Aufstellung und Feststellung (§ 1 Abs. 4 KHBV).

Nach § 4 Abs. 1 KHBV haben die Krankenhäuser zwingend einen Jahresabschluss, der aus Bilanz Gewinn- und Verlustrechnung und Anhang einschließlich des Anlagennachweises besteht, aufzustellen. Bei der KHBV handelt es sich um eine lex specialis, die auf einzelne Vorschriften des HGB hinsichtlich Buchführung, Inventar, Jahresabschluss, Aufbewahrung und Vorlegung von Unterlagen Bezug nimmt, diese teilweise aufgrund der dualen Finanzierung der Krankenhäuser jedoch auch ergänzt. Neben der KHBV haben die Krankenhäuser die Abgrenzungsverordnung (AbgrV) zu beachten. Diese regelt, welche Investitionen Krankenhäuser über Fördermittel bzw. über das Budget zu finanzieren haben. Der Jahresabschluss des Krankenhauses nach den Vorschriften der KHBV stellt somit

---

28 2015 gab es 1956 Krankenhäuser in Deutschland mit 499 351 aufgestellten Betten (Quelle: Statistisches Bundesamt, Wiesbaden 2016)

29 § 4 KHG: »Wirtschaftliche Sicherung der Krankenhäuser«: Die Krankenhäuser werden dadurch wirtschaftlich gesichert, dass 1. ihre Investitionskosten im Wege der öffentlichen Förderung übernommen werden und sie 2. leistungsgerechte Erlöse aus den Pflegesätzen, die nach Maßgabe dieses Gesetzes auch Investitionskosten enthalten können, sowie Vergütungen für vor- und nachstationäre Behandlung für ambulantes Operieren enthalten.«

30 Gliederung nach Anlagen 1-3 der KHBV mit entsprechenden Ergänzungen im Anlagennachweis

einen speziellen Betriebsstättenjahresabschluss eines Plankrankenhauses[31] dar, der sich auf das einzelne »Objekt« Krankenhaus bezieht und der die Vermögens-, Finanz- und Ertragslage der wirtschaftlichen Einheit Krankenhaus abbilden soll.

Besonderheiten bei Kapitalgesellschaften

Krankenhäuser, die in der Rechtsform der Kapitalgesellschaft (GmbH und AG) geführt werden, können neben den Anforderungen des § 1 Abs. 1 KHBV aufgrund des Wahlrechtes des § 1 Abs. 3 KHBV ihren Jahresabschluss auch für Zwecke des Handelsrechtes nach den Gliederungsvorschriften der KHBV aufstellen. Hierbei haben kleine und mittelgroße Kapitalgesellschaften bei der Aufstellung des Jahresabschlusses zu beachten, dass die größenabhängigen Erleichterungen (§ 266 Abs. 1 Satz 3 und § 276 HGB) nicht in Anspruch genommen werden dürfen (§ 1 Abs. 4 KHBV; vgl. Graumann und Schmidt-Graumann 2007, S. 184 ff.). Darüber hinaus sind von den Krankenhäusern in der Rechtsform der Kapitalgesellschaft die Vorschriften des HGB in vollem Umfang zu beachten; dies gilt insbesondere für die ergänzenden Vorschriften für Kapitalgesellschaften (3. Buch 2. Abschnitt §§ 264 ff. HGB), mit der Folge, dass im Anhang umfangreiche erläuternde Angaben zur Bilanz sowie Gewinn- und Verlustrechnung insbesondere in Bezug auf die angewandten Bilanzierungs- und Bewertungsmethoden gemacht werden müssen. Diese Angaben gehen über die Angabepflichten der KHBV deutlich hinaus. Erfahrungsgemäß wenden Krankenhäuser in der Rechtsform der Kapitalgesellschaft das Wahlrecht nach § 1 Abs. 3 KHBV an, wobei diese Krankenhäuser – soweit es sich nicht um kleine Kapitalgesellschaften (§ 267 Abs. 1 HGB) bzw. Kleinstkapitalgesellschaften (§ 267a HGB) handelt – zusätzlich zum Jahresabschluss einen Lagebericht nach § 289 HGB aufstellen müssen, in dem der Geschäftsverlauf einschließlich des Geschäftsergebnisses und die Lage der Krankenhauskapitalgesellschaft so darzustellen ist, dass ein den tatsächlichen Verhältnissen entsprechendes Bild vermittelt wird (§ 289 Abs. 1 Satz 1 HGB).

Tab. 4.1: Größenklassen nach §§ 267, 267a HGB nach Bilanzrichtlinie-Umsetzungsgesetz – BilRUG (vor BilRUG)

	Kleinst-GmbH	Kleine GmbH	Mittelgroße GmbH	Große GmbH
Bilanzsumme (Mio. EUR)	< 0,35 (unverändert)	< 6,00 (< 4,48)	> 6,00–20,00 < (> 4,48–19,25 <)	> 20,00 (> 19,25)
Umsatzerlöse (Mio. EUR)	< 0,70 (unverändert)	< 12,00 (< 9,68)	> 12,00–40,00 < (> 9,68–38,50 <)	> 40,00 (> 38,50)
Mitarbeiter (Köpfe)	< 10 (unverändert)	< 50 (unverändert)	51–250 (unverändert)	> 250 (unverändert)

---

31 Die Krankenhausplanung erfolgt durch die Länder (§ 6 KHG). Krankenhäuser, die in den Landeskrankenhausplan aufgenommen werden, werden als »Plankrankenhäuser« bezeichnet. Die Aufnahme in den Krankenhausplan ist Voraussetzung für die Investitionsförderung (§ 8 KHG). Zudem dürfen Krankenkassen die Krankenhausbehandlung durch Plankrankenhäuser erbringen lassen (§ 108 Nr. 2 SGB V).

Buchführung und Jahresabschluss nach den Vorgaben der KHBV

Nach § 3 KHBV führt das Krankenhaus seine Bücher nach den Regeln der doppelten kaufmännischen Buchführung; im Übrigen gelten die §§ 238 und 239 HGB. Die Konten sind nach dem Kontenrahmen der Anlage 4 der KHBV einzurichten, es sei denn, dass durch ein ordnungsmäßiges Überleitungsverfahren die Umschlüsselung auf den Kontenrahmen der KHBV sichergestellt wird. Für das Inventar gelten die §§ 240 und 241 HGB.

Gemäß § 4 Abs. 1 KHBV besteht der Jahresabschluss aus Bilanz, Gewinn- und Verlustrechnung und dem Anhang einschließlich des Anlagennachweises. Für die einzelnen Bestandteile geben die Anlagen 1 bis 3 der KHBV verbindliche (Mindest-)Mustergliederungen vor. § 5 KHBV enthält Einzelvorschriften zum Jahresabschluss, die insbesondere den Ansatz und die Bewertung von Sonderposten und von Ausgleichsposten für Eigenmittel- und Darlehensförderung regeln. Die Krankenhäuser haben ihren Jahresabschluss innerhalb von vier Monaten nach Ablauf des Geschäftsjahres (Geschäftsjahr ist gleich Kalenderjahr gem. § 2 KHBV) aufzustellen (§ 4 Abs. 2 KHBV), für Krankenhäuser in der Rechtsform der Kapitalgesellschaft gelten zum Teil kürzere Fristen. So ist der Jahresabschluss einer Krankenhauskapitalgesellschaft, die nicht klein ist, innerhalb von drei Monaten nach Ablauf des Geschäftsjahres aufzustellen (§ 264 Abs. 1 Satz 3 HGB; das gilt auch für Kleinstkapitalgesellschaften nach § 267a Abs. 2 HGB).

Für die Aufstellung und den Inhalt des Jahresabschlusses gemäß § 4 Abs. 3 KHBV gelten die §§ 242 bis 256a sowie § 264 Abs. 2, § 265 Abs. 2, 5 und 8, § 268 Abs. 1 und 3, § 270 Abs. 2, § 271, §§ 272, 274, 275 Abs. 4, § 277 Abs. 2, Abs. 3 Satz 1 und Abs. 4 Satz 1 und § 284 Abs. 2 Nr. 1 und 3 des HGB sowie Artikel 28, 42 bis 44 des Einführungsgesetzes zum Handelsgesetzbuch (EGHGB).

Die KHBV enthält auch Vorschriften zur Kosten- und Leistungsrechnung (§ 8 KHBV), auf die in Kapitel 8 näher eingegangen wird; Eine mögliche Befreiung von der Verpflichtung zur Kosten- und Leistungsrechnung ist in § 9 KHBV geregelt.

4.2.2 Pflege-Buchführungsverordnung als Rechnungslegungsvorschrift für stationäre Pflegeeinrichtungen

Vorbemerkung

Die PBV regelt verbindlich die Rechnungslegungs- und Buchführungspflichten von Pflegeeinrichtungen in der Bundesrepublik Deutschland unabhängig von ihrer Rechtsform. Sie ist anzuwenden für sogenannte »zugelassene Pflegeeinrichtungen«. Dies sind ambulante Pflegeeinrichtungen und teil- und vollstationäre Pflegeeinrichtungen, mit denen ein Versorgungsvertrag nach § 72 SGB XI abgeschlossen wurde (§ 1 Abs. 2 PBV, § 72 SGB XI). Zielsetzung der PBV ist die Schaffung eines bundeseinheitlichen Rechnungslegungssystems für Pflegeeinrichtungen, aus dem die für die Prüfung und Begründung von Ansprüchen gegenüber den Kostenträgern (Pflegekasse und Förderbehörden) erforderliche Zahlen und Angaben abgeleitet und nachgewiesen werden können. Dabei sollen zwingende Vorgaben mit dispositiven Elementen verbunden werden (Vortext der Gesetzesvorlage an den Bundesrat in der Bundesratsdrucksache 502/95 vom 08.08 1995 As – Fz-In-R, S. 7).

Pflegeeinrichtungen, die einen Versorgungsvertrag nach § 72 SGB XI abgeschlossen haben, unterliegen daher unabhängig von ihrer Kaufmannseigenschaft, ihrer Rechtsform und ihrer rechtlichen Selbstständigkeit den Rechnungs- und Buchführungspflichten nach den Vorschriften der PBV (s. Anlagen 3.2 und 3.4 zur PBV). Sofern die Pflegeeinrichtungen neben den Leistungen nach SGB XI andere Sozialleistungen im Sinne des SGB I erbringen (sogenannte gemischte Einrichtungen), sind die Rechnungs- und Buchführungspflichten nach der PBV auf die Leistungen beschränkt, für die sie nach dem SGB XI als Pflegeeinrichtungen zugelassen sind (§ 1 Abs. 2 Satz 2 PBV, Bayerischer Kommunaler Prüfungsverband – Geschäftsbericht 1995, S. 194) – für diesen Bereich ist ein sogenannter Teil-Jahresabschluss aufzustellen (§ 4 Abs. 3 PBV). Daneben sind auch die Vorschriften bezüglich der Rechnungs- und Buchführungspflichten nach dem Handels- und Steuerrecht – soweit einschlägig – zu beachten.

Der Jahresabschluss der Pflegeeinrichtung besteht gemäß § 4 Abs. 1 PBV zwingend aus Bilanz, Gewinn- und Verlustrechnung und Anhang einschließlich des Anlagen- und Fördernachweises; sowohl im formalen Aufbau als auch inhaltlich lehnt sich die PBV sehr eng an die KHBV an.

Bei der PBV handelt es sich ebenfalls um eine lex specialis, die auf einzelne Vorschriften des HGB hinsichtlich Buchführung, Inventar, Jahresabschluss, Aufbewahrung und Vorlegung von Unterlagen Bezug nimmt und diese – ebenso wie die KHBV – teilweise ergänzt, mit dem Ziel einer transparenten Darstellung der Finanzierungsmechanismen der Pflegeeinrichtungen. Soweit ein Träger mehrere Pflegeeinrichtungen betreibt, kann für diese ein gemeinsamer Jahresabschluss erstellt werden, allerdings ist für jede Pflegeeinrichtung ein gesonderter Anlagen- und Fördernachweis zu erstellen (§ 4 Abs. 2 PBV). Bei gemischten Einrichtungen besteht insofern ein Wahlrecht bei der Aufstellung des Jahresabschlusses, dass entweder ein auf den Leistungen nach SGB XI begrenzter Jahresabschluss (Teil-Jahresabschluss) erstellt werden kann (§ 4 Abs. 3 Nr. 1 PBV), oder es werden unter Verwendung des Anlagen- und Fördernachweises (s. Anlagen 3a und 3b der PBV) die Erträge und Aufwendungen der Pflegeeinrichtung in einer Teil-Gewinn- und Verlustrechnung so zusammengefasst, dass diese von den anderen Leistungsbereichen der Einrichtung getrennt sind (§ 4 Abs. 3 Nr. 2 PBV).

Besonderheiten bei Kapitalgesellschaften

Pflegeeinrichtungen, die in der Rechtsform der Kapitalgesellschaft geführt werden, können neben den Anforderungen des § 1 Abs. 1 PBV aufgrund des Wahlrechtes des § 8 Abs.1 PBV ihren Jahresabschluss auch für Zwecke des Handelsrechtes nach den Gliederungsvorschriften der PBV aufstellen. Hierbei haben kleine und mittelgroße Kapitalgesellschaften bei der Aufstellung des Jahresabschlusses zu beachten, dass die größenabhängigen Erleichterungen (§ 266 Abs. 1 Satz 3 und § 276 HGB) nicht in Anspruch genommen werden dürfen (§ 8 Abs. 2 Satz 1 PBV; zur Größenklassifizierung wird auf die Abbildung 4.1 weiter oben verwiesen (▶ Abb. 4.1). Darüber hinaus haben diese Pflegeeinrichtungen die Vorschriften des HGB in vollem Umfang zu beachten; dies gilt insbesondere für die ergänzenden Vorschriften für Kapitalgesellschaften (3. Buch 2. Abschnitt §§ 264 ff. HGB). In der Praxis wird das Wahlrecht nach § 1 Abs. 1 PBV von Pflegeeinrichtungen, die in der Rechtsform der Kapitalgesellschaft geführt werden, in der Regel angewendet, wobei diese Pflegeeinrichtungen – soweit es sich nicht um kleine Kapitalgesellschaften (§ 267 Abs. 1 HGB) bzw. Kleinstkapitalgesellschaften (§ 267a HGB) handelt – zusätzlich zum Jahresabschluss einen Lagebericht nach § 289 HGB aufstellen müssen, in dem der Geschäftsverlauf einschließlich des Geschäftsergebnisses und die Lage der Pflegekapitalgesellschaft so darzustellen ist, dass ein den tatsächlichen Verhältnissen entsprechendes Bild vermittelt wird (§ 289 Abs. 1 Satz 1 HGB).

Buchführung und Jahresabschluss nach den Vorgaben der PBV

Nach § 3 PBV führt die Pflegeeinrichtung ihre Bücher nach den Regeln der doppelten kaufmännischen Buchführung; im Übrigen gelten die §§ 238 und 239 HGB. Die Konten sind nach dem Kontenrahmen der Anlage 4 der PBV einzurichten, es sei denn, dass durch ein ordnungsmäßiges Überleitungsverfahren die Umschlüsselung auf den Kontenrahmen der PBV sichergestellt wird. Für das Inventar gelten die §§ 240 und 241 HGB.

Gemäß 4 Abs. 1 PBV besteht der Jahresabschluss aus Bilanz, Gewinn- und Verlustrechnung und dem Anhang einschließlich des Anlagen- und Fördernachweises. Für die einzelnen Bestandteile geben die Anlagen 1 bis 3 der PBV verbindliche (Mindest-) Mustergliederungen vor. Die Pflegeeinrichtungen haben ihren Jahresabschluss innerhalb von sechs Monaten nach Ablauf des Geschäftsjahres (Geschäftsjahr ist gleich Kalenderjahr gem. § 2 PBV) aufzustellen (§ 4 Abs. 1 Satz 2 PBV). Für Pflegeeinrichtungen in der Rechtsform der Kapitalgesellschaft gelten zum Teil kürzere Fristen. So ist der Jahresabschluss einer der Jahresabschluss einer Pflegeeinrichtungskapitalgesellschaft, die nicht klein ist, innerhalb von drei Monaten nach Ablauf des Geschäftsjahres aufzustellen (§ 264 Abs. 1 Satz 3 HGB; Gilt auch für Kleinstkapitalgesellschaften nach § 267a Abs. 2 HGB).

Für die Aufstellung und den Inhalt des Jahresabschlusses nach § 4 Abs.1 Satz 3 PBV die § 242, § 243 Abs. 1 und 2, die §§ 244 bis 256a, § 264 Abs. 2, § 265 Abs. 2, 5 und 8, § 268 Abs. 3, §§ 272, 274, 275 Abs. 4, § 277 Abs. 3 Satz 1 und Abs. 4, § 284 Abs. 2 Nr. 1 und 3 des HGB sowie Artikel 28, 42 bis 44 des EGHGB.

4.2.3 Weitere Rechtsvorschriften mit möglichem Einfluss auf die Rechnungslegung von Krankenhäusern und stationären Pflegeeinrichtungen

Neben dem HGB, der KHBV und der PBV gibt es eine Reihe von weiteren gesetzlichen Normen, die die Rechnungslegung zum Inhalt haben und je nach Rechtsform und Größe von den Krankenhäusern und stationären Pflegeeinrichtungen zu beachten sind. Im Folgenden erfolgt eine kurze Auflistung wesentlicher Rechnungslegungsnormen. Bei den angeführten Normen handelt sich um Mindeststandards. Eine Ausweitung der Rechnungslegungsnormen durch eine Selbstverpflichtung, die z. B. im Gesellschaftsvertrag oder in der Satzung verankert ist, bleibt davon unberührt.

Bürgerliches Gesetzbuch (BGB)

Für Krankenhäuser und stationäre Pflegeinrichtungen, die in der Rechtsform des Vereins oder der Stiftung geführt werden, sind die Vorschriften des BGBs gesetzliche Grundlage für die Rechnungslegung. Für Vereine und Stiftungen ergeben sich i. d. R. keine unmittelbaren Verpflichtungen zur handelsrechtlichen Rechnungslegung, weil die Rechnungslegungsvorschriften des HGB an die Kaufmannseigenschaft (§ 1 HGB) anknüpfen. Lediglich wenn sie ein Handelsgewerbe betreiben, das nach Art und Umfang einen in kaufmännischer Weise eingerichteten Geschäftsbetrieb erfordert, müssen sie das HGB anwenden.

In der Regel handelt es sich hierbei um die Interne Rechnungslegung des Vorstandes gegenüber den Mitgliedern des Vereins (§ 27 Abs. 3 i. V. m. § 666 sowie § 259 Abs. 1 und § 260 Abs. 1 BGB. Für Stiftungen gelten diese Vorschriften in analoger Anwendung des § 86 BGB jedoch nur, soweit nicht die jeweiligen Landesstiftungsgesetze sowie – bei kirchlichen Stiftungen – die Vorschriften der kirchlichen Stiftungsaufsicht keine weiterführenden und klarstellenden Regelungen enthalten. Die Rechnungslegungsvorschriften, die im BGB vorgeschrieben sind, beschränken sich auf die Verpflichtung des Rechnungslegungspflichtigen »[…] eine die geordnete Zusammenstellung der Einnahmen oder der Ausgaben enthaltende Rechnung […]« (§ 259 Abs. 1 BGB) schriftlich mitzuteilen und gegebenenfalls ein (Vermögens-)Bestandsverzeichnis (§ 260 Abs. 1 BGB) vorzulegen.

Besondere Vorgaben zur Form und Gliederung oder der zeitlichen Abfolge zur Vorlage dieser Zusammenstellung oder des Bestandsverzeichnisses macht das BGB nicht. Die herrschende Lehre versteht heute diese Normen als Pflicht zur periodischen Rechenschaftslegung, die jährlich erfolgen sollte.

Ergänzend zu diesen Vorschriften muss aus den Unterlagen des Rechnungslegungspflichtigen sowohl die Zahlungsunfähigkeit als auch die Überschuldung feststellbar sein (§ 42 Abs. 2 Satz 1 BGB i. V. m. §§ 17 ff. InsO). Insofern hat der Rechnungslegungspflichtige auch eine gesetzliche Verpflichtung seinen Liquiditätsstatus zu dokumentieren.

Gesetz über die Rechnungslegung von bestimmten Unternehmen und Konzernen (Publizitätsgesetz – PublG)

Das PublG enthalten Vorschriften zur Rechnungslegung und Offenlegung in Abhängigkeit von der Unternehmensgröße. Für Krankenhäuser und Pflegeeinrichtungen können die Vorschriften des PublG relevant sein, sofern es sich um Nicht-Kapitalgesellschaften (Verein, Stiftung) handelt, die bestimmte Größenmerkmale überschreiten. Ein Unternehmen hat grundsätzlich erstmals für den dritten der aufeinander folgenden Abschlussstichtage Rechnung zu legen, wenn zwei der nachfolgenden Merkmale erfüllt sind: Bilanzsumme über 65 Mio. EUR, Umsatzerlöse über 130 Mio. EUR, mehr als 5000 Arbeitnehmer (§ 2 Abs. 1 Satz 1 PublG).

Soweit Krankenhäuser und Pflegeeinrichtungen von den Vorgaben des PublG erfasst werden, so haben sie nach den Vorgaben des § 5 PublG einen Jahresabschluss und einen Lagebericht aufzustellen, des sich eng an den Vorgaben des Handesrechtes anlehnt, dies gilt auch für die Prüfungspflicht (§ 6 PublG) und die Verpflichtung zur Offenlegung (§ 9 PublG).

Gesetz betreffend die Gesellschaften mit beschränkter Haftung (GmbHG)

Als Handelsgesellschaft unterliegen Krankenhäuser und stationäre Pflegeeinrichtungen, die in der Rechtsform der GmbH geführt werden, kraft Rechtsform über § 6 Abs. 1 HGB den Vorschriften des HGB für alle Kaufleute (§ 13 Abs. 3 GmbHG), wobei für sie noch die ergänzenden Vorschriften für Kapitalgesellschaften (§ 264 ff. HGB) verpflichtend sind. Die Verantwortung bzw. die Sorgfaltspflicht für die ordnungsmäßige Buchführung der GmbH obliegt dabei dem Geschäftsführer (§ 41 GmbHG). Darüber hinaus ergeben sich vornehmlich aus den §§ 42 bis 42a GmbHG weitere Rechnungslegungsvorschriften, wobei § 42 GmbHG Vorgaben zu Bilanzierungsgrundsätzen enthält und § 42a GmbHG die Feststellung des Jahresabschlusses einer GmbH regelt.

Die Vorgaben zu den Bilanzierungsgrundsätzen betreffen zum einen den gesonderten Ausweis von Forderungen gegenüber Gesellschaftern, Ausleihungen an Gesellschaftern und Verbindlichkeiten gegenüber Gesellschaftern bzw. die Nennung derselben als Davon-Vermerk oder im Anhang, soweit kein gesonderter Ausweis erfolgt. Zum anderen wird der Ausweis des Stammkapitals (§ 42 Abs. 1 GmbHG) und die Bilanzierung von Nachschüssen (§ 42 Abs. 2 GmbHG) geregelt.

§ 42 a GmbHG schreibt vor, dass die Gesellschafter der GmbH spätestens bis zum Ablauf von acht Monaten nach dem Bilanzstichtag – bei kleinen GmbHs spätestens bis zum Ablauf von elf Monaten – den Jahresabschluss und den Lagebericht der Gesellschaft festzustellen und über die Gewinnverwendung zu beschließen haben.

Aktiengesetz (AktG)

Auch Krankenhäuser und stationäre Pflegeeinrichtungen in der Rechtsform der Aktiengesellschaften unterliegen als Handelsgesellschaften kraft Rechtsform über § 6 Abs. 1 HGB den Vorschriften des HGB für alle Kaufleute (§ 3 Abs. 1 AktG), wobei für sie ebenfalls wie für GmbHs noch die ergänzenden Vorschriften für Kapitalgesellschaften (§ 264 ff. HGB) verpflichtend sind.

Das AktG beinhaltet in einem gesonderten Teilabschnitt (Fünfter Teil. Rechnungslegung. Gewinnverwendung) Vorgaben zu bestimmten Teilen des Eigenkapitals und der Rücklagenbildung (§ 150 AktG) sowie in den §§ 152 bis 160 AktG

Vorgaben zur Bilanz, zur Gewinn- und Verlustrechnung und zum Anhang. Diese Vorgaben erweitern und konkretisieren die handelsrechtlichen Gliederungsvorschriften für Bilanz und Gewinn- und Verlustrechnungen sowie die handelsrechtlichen Vorschriften für den Anhang.

In den §§ 170 bis 176 AktG sind zusätzlich die Prüfung und die Feststellung des Jahresabschlusses der Aktiengesellschaft geregelt.

5 Der handelsrechtliche Jahresabschluss[32]

5.1 Grundlagen

Sowohl die KHBV als auch die PBV verweisen im Zusammenhang mit den Buchführungs- und Rechnungslegungspflichten auf die Regelungen des Handelsrechts. Insofern sind die Vorschriften des Handelsrechts bezüglich Ansatz, Ausweis und Bewertung maßgeblich für den Jahresabschluss von Krankenhäusern und stationären Pflegeeinrichtungen (Ausnahmen insbesondere lt. PBV für gemischte Einrichtungen; § 4 Abs. 3 PBV). Vor diesem Hintergrund sind die handelsrechtlichen Regelungen Basis für die nachfolgenden Ausführungen; dies unter Berücksichtigung der ergänzenden Regelungen der KHBV und PBV.

Nach § 242 HGB ist jeder Kaufmann verpflichtet, einen das Verhältnis des Vermögens und der Schulden darstellenden Abschluss zu Beginn (Eröffnungsbilanz) und für den Schluss eines jeden Geschäftsjahres (Bilanz) aufzustellen. Daneben hat eine Gegenüberstellung der Aufwendungen und Erträge des Geschäftsjahres (Gewinn- und Verlustrechnung, kurz GuV) zu erfolgen.

Die Aufstellung hat nach den Grundsätzen ordnungsmäßiger Buchführung zu erfolgen (§ 243 HGB). Dabei müssen die Grundsätze der Klarheit und Übersichtlichkeit gewahrt werden. Zudem muss die Aufstellung innerhalb der einem ordnungsgemäßen Geschäftsgang entsprechenden Zeit erfolgen.

Der Jahresabschluss ist in deutscher Sprache und in Euro aufzustellen (§ 244 HGB) und ist vom Kaufmann unter Angabe des Datums zu unterschreiben (§ 245 HGB).

5.1.1 Buchführungspflicht

Hauptanknüpfungspunkt für die Erstellung eines Jahresabschlusses ist die gesetzlich fixierte Buchführungspflicht für alle Kaufleute in § 238 HGB. Danach ist jeder Kaufmann verpflichtet Bücher zu führen und in diesen seine Handelsgeschäfte und die Lage seines Vermögens nach den Grundsätzen ordnungsmäßiger Buchführung ersichtlich zu machen. Die Buchführung muss so beschaffen sein, dass sie einem sachverständigen Dritten innerhalb angemessener Zeit einen Überblick über die

---

[32] Die nachfolgenden Ausführungen basieren im Wesentlichen auf der Arbeitshilfe »Der Jahresabschluss sozialtätiger Unternehmen« (Hrsg. Solidaris Unternehmensberatungs-GmbH, Köln) an deren Erstellung die beiden Autoren maßgeblich mitgewirkt haben.

Geschäftsvorfälle und die Lage des Unternehmens vermitteln kann. Die Geschäftsvorfälle müssen sich dabei in ihrer Entstehung und Abwicklung verfolgen lassen.

Das Führen der Handelsbücher und sonstigen Aufzeichnungen (§ 239 HGB) sollte in »lebendiger Sprache« erfolgen. Die Eintragungen und Aufzeichnungen müssen vollständig, richtig, zeitgerecht und geordnet vorgenommen werden. Es dürfen dabei keine Änderungen derart erfolgen, dass der ursprüngliche Inhalt nicht mehr feststellbar ist. Die geordnete Ablage von Belegen als Bücher ist zulässig, ebenso der Einsatz von Datenträgern.

5.1.2 Inventur und Inventar

Jeder Kaufmann ist nach dem Handelsrecht verpflichtet zu Beginn eines Handelsgewerbes (§ 240 Abs. 1 HGB) und für den Schluss eines jeden Geschäftsjahres (§ 240 Abs. 2 HGB) eine Bestandsaufnahme (Inventur) durchzuführen. Die Inventur stellt die mengen- und wertmäßige Bestandsaufnahme der vorhandenen Vermögens- und Schuldposten am Anfang und Ende des Wirtschaftsjahres dar und ist damit die Voraussetzung einer ordnungsmäßigen Buchführung. Sie ist Grundlage für die Eröffnung und den Abschluss der Buchführung eines Geschäftsjahres und dient der Nachprüfbarkeit der Bilanzansätze auf Vollständigkeit und richtige Bewertung. Somit stellt sie ein Korrektiv zur Buchführung dar. Man unterscheidet dabei die körperliche Inventur von der Buchinventur. Die körperliche Bestandsaufnahme erfolgt bei körperlichen Gegenständen (Bargeld, Vorräte, Anlagevermögensgegenstände) und muss zeitnah (i. Allg. innerhalb einer Frist von 10 Tagen vor/nach Bilanzstichtag) in der Regel durch »messen, zählen, wiegen« durchgeführt werden. Die Buchinventur erfolgt bei unkörperlichen Gegenständen (Forderungen, Verbindlichkeiten) aufgrund von Belegen, Saldenbestätigungen und Kontoauszügen. Da die ordnungsgemäße Durchführung der Inventur in der Regel einen erheblichen organisatorischen und personellen Einsatz erfordert, sehen HGB und Steuerrecht Inventurerleichterungen (Stichprobeninventur, permanente Inventur, Gruppenbewertung u. a.) vor.

Die Dokumentation der Inventur erfolgt im Inventar (§§ 240–241 HGB). Unter Inventar versteht man somit die Aufzeichnung der ordnungsmäßigen Bestandsaufnahme sowie deren Bewertung. Im Inventar werden somit alle Vermögensgegenstände und Schulden nach Art, Menge und Wert ausgewiesen. Ein nicht ordnungsmäßiges Inventar führt auch zur Nichtordnungsmäßigkeit der Buchführung selbst, und zwar nicht nur für das abgelaufene Wirtschaftsjahr, sondern auch für das folgende.

Im Inventar wird das Vermögen nach seiner »Flüssigkeit« geordnet und unterteilt in Anlage- und Umlaufvermögen. Alle Gegenstände, die am Abschlussstichtag dazu bestimmt sind, dem Geschäftsbetrieb auf Dauer zu dienen (Grundstücke, Gebäude, Betriebs- und Geschäftsausstattung), werden dem Anlagevermögen zugeordnet. Das Umlaufvermögen umfasst alle Gegenstände, die am Abschlussstichtag dazu bestimmt sind, dem Geschäftsbetrieb nur vorübergehend zu dienen (Warenvorräte, Forderungen, Geldmittel).

Die Schulden werden im Inventar nach Fälligkeit in langfristige und kurzfristige Schulden unterteilt. Aus der Gegenüberstellung von Vermögen und Schulden ergibt sich das Reinvermögen.

5.1.3 Befreiungsvorschriften

Durch das BilMoG sind Einzelkaufleute, die bestimmte Umsatz- und Ergebnisschwellen nicht überschreiten, von der Pflicht zur Buchführung und Erstellung des Inventars sowie von der Pflicht zur Aufstellung des Jahresabschlusses befreit worden (§ 241a HGB i. V. m. § 242 Abs. 4 HGB). Krankenhäuser und stationäre Pflegeeinrichtungen fallen nicht unter diese Vorschriften, da sie keine Einzelkaufleute sind.

5.1.4 Herleitung von Bilanz und Gewinn- und Verlustrechnung

Die beiden Kernbestandteile des Jahresabschlusses, Bilanz und GuV, werden aus der Buchführung und dem Inventar schrittweise abgeleitet.

In einem ersten Schritt werden die Ergebnisse der Buchführung mit den Ergebnissen der Inventur abgeglichen. Sofern sich hinsichtlich einzelner Posten Unterschiede ergeben, sind die Ergebnisse der Buchführung an die Ergebnisse der Inventur anzugleichen. Unterschiede können sich aus Vorgängen ergeben, die in der Buchhaltung nicht oder nicht zutreffend erfasst worden sind, z. B. weil die Bestände durch Diebstahl oder Schwund gemindert worden sind oder Fehlbuchungen stattgefunden haben (z. B.: Differenz zwischen tatsächlichen Geldbestand in der Kasse am Bilanzstichtag und dem in der Buchhaltung fortgeschriebenen Kassenbestand, wodurch eine Anpassung des Buchbestandes an den tatsächlichen Geldbestand notwendig wird). Aus dieser Sicht stellt das Inventar somit eine Kontrolle und ein Korrektiv der Buchführung dar. Durch die Inventur ist es also möglich, den isolierten »Zahlenkreis« der Buchführung zu verlassen und ihn an der wirtschaftlichen Realität zu messen. Eine sorgfältige Inventur ist somit wesentliche Voraussetzung eines nach den gesetzlichen Vorschriften richtigen Jahresabschlusses.

Im nächsten Schritt werden dann die Schlussstände der einzelnen Konten der Buchhaltung (Schlusssalden) in einer Hauptabschlussübersicht zusammengefasst und den einzelnen Posten der Bilanz und der GuV zugeordnet. Die Bilanz bzw. die GuV stellen somit die Aggregation der einzelnen Schlusssalden der Buchführung nach Berücksichtigung der Inventurergebnisse dar.

Viele bilanzielle Fragen werden erst in einem dritten Schritt gestellt und beantwortet, wenn die Bilanz und die GuV als »Rohlinge« aus der Hauptabschlussübersicht abgeleitet worden sind. Hierzu zählen die Bewertungsfragen (z. B. planmäßige und außerplanmäßige Abschreibungen, Wertberichtigungen) oder die Auflösung und Dotierung der Rückstellungen. Auch mögliche bilanzpolitische Maßnahmen im Rahmen der handelsrechtlich zulässigen Ansatz- und Bewertungsvorschriften werden erst auf der Grundlage dieser »Rohlinge« durchgeführt.

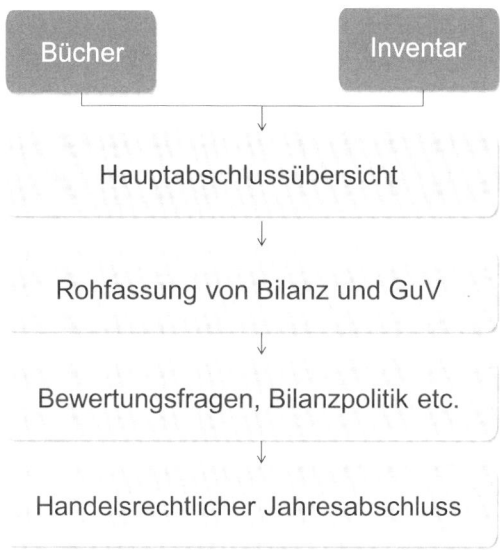

Abb. 5.1: Ableitung des Jahresabschlusses aus Büchern und Inventur

Die Bilanz ist eine Zusammenstellung der betrieblichen Werte in Kontenform. Die Aktivseite kann man als Übersicht über die Werte der mit betrieblichen Mitteln beschafften Vermögensgegenstände, das betriebliche Vermögen, bezeichnen (Mittelverwendungsseite). Die Passivseite gibt Auskunft darüber, aus welchen Quellen die betrieblichen Mittel stammen (Mittelherkunftsseite). Die Summe aller dem Betrieb zur Verfügung stehenden Mittel bezeichnet man als Kapital. Zum Kapital zählen zum einen die von den Unternehmenseignern durch Zuführung von außen oder durch Verzicht auf Gewinnansprüche ohne zeitliche Begrenzung zur Verfügung stehende Kapitalanteile (Eigenkapital). Zum anderen gehören hierzu die von Fremden oder Unternehmenseignern zeitlich begrenzt zur Verfügung gestellten Beträge (Fremdkapital). Hat sich nach Ablauf eines Geschäftsjahres der Wert des gesamten Vermögens geändert, so sind diese Änderungen dem Posten Eigenkapital als Gewinn hinzuzufügen (Werterhöhung des Vermögens) oder als Verlust von ihm abzuziehen, sofern der Fremdkapitalbedarf unverändert geblieben ist und keine Einlagen oder Entnahmen stattgefunden haben. Haben sich dagegen solche Änderungen ergeben, so muss die Vermögensänderung zuerst um die Änderung des Fremdkapitals bzw. um die Einlagen oder Entnahmen berichtigt werden, um den Gewinn bzw. Verlust ermitteln zu können.

Der betriebliche Erfolg kann nicht nur durch den Vergleich des Nettovermögens (= Vermögen abzüglich Schulden) zu Beginn und zum Ende eines Geschäftsjahres ermittelt werden. Jede für die Bestimmung von Gewinn und Verlust relevante (= erfolgswirksame) Wertänderung des Vermögens wird als Aufwand oder Ertrag einer bestimmten Periode zugerechnet. Der Periodenerfolg ist deshalb auch als Saldo zwischen Aufwand und Ertrag bestimmbar. Diese Art der Erfolgsbestimmung, die in der Gewinn- und Verlustrechnung durchgeführt wird, zeigt die einzelnen Entstehungsursachen des Erfolgs.

Bilanz und GuV ergänzen sich durch ihre unterschiedlichen Informationsgehalte gegenseitig. Die in beiden Rechnungen ermittelten Saldogrößen (= Erfolg) sind identisch. In der Bilanz werden die Vermögens- und Schuldwerte sowie das Eigenkapital zum jeweiligen Bilanzstichtag am Schluss eines Geschäftsjahres dargestellt (Zeitpunktbetrachtung). In der GuV werden die Aufwendungen und Erträge eines Geschäftsjahres gegenübergestellt (Zeitraumbetrachtung).

Darüber hinaus haben Krankenhaus- und Pflegeeinrichtungskapitalgesellschaften (§§ 284 bis 288 HGB) und solche Unternehmen, die nach KHBV und PBV Rechnung legen, einen Anhang zu erstellen. Dieser ist eben Bestandteil des Jahresabschlusses und soll die durch die Bilanz sowie die GuV vermittelten Informationen erläutern, ergänzen und gegebenenfalls korrigieren.

5.2 Grundsätze für die Aufstellung

5.2.1 Grundsätze ordnungsmäßiger Buchführung

Die Grundsätze ordnungsmäßiger Buchführung (GoBs) können allgemein verstanden werden als Regeln über die Führung der Bücher sowie die Erstellung des Jahresabschlusses. Sie spielen eine zentrale Rolle in der handelsrechtlichen Rechnungslegung (Generalnormen). Generalnorm für die Buchführung: § 238 Abs. 1 HGB: »Jeder Kaufmann ist verpflichtet, Bücher zu führen und in diesen seine Handelsgeschäfte und die Lage seines Vermögens nach den Grundsätzen ordnungsmäßiger Buchführung ersichtlich zu machen«. Generalnorm für den Jahresabschluss: § 243 Abs. 1 HGB: »Der Jahresabschluss ist nach den Grundsätzen ordnungsmäßiger Buchführung aufzustellen.«; § 264 Abs. 2 Satz 1 HGB: »Der Jahresabschluss der Kapitalgesellschaft hat unter Beachtung der Grundsätze ordnungsmäßiger Buchführung ein den tatsächlichen Verhältnissen entsprechendes Bild der Vermögens-, Finanz- und Ertragslage der Kapitalgesellschaft zu vermitteln.«

Die GoBs sind ein unbestimmter Rechtsbegriff. Sie waren in der Vergangenheit vom Gesetzgeber gar nicht definiert. Sie wurden vielmehr durch Praxis, Rechtsprechung und Literatur aus den durch »vernünftige kaufmännische Beurteilung« gesetzten Normen abgeleitet. Durch das Bilanzrichtlinien-Gesetz vom 19. Dezember 1985 wurde eine Reihe der weitgehend als GoB betrachteten, allgemeinen Bilanzierungsgrundsätze im dritten Buch des HGB (Handelsbücher §§ 238 ff. HGB) kodifiziert. Dennoch existiert immer noch eine Reihe GoBs, die außerhalb der rechtlichen Normen angesiedelt sind (nicht kodifizierte GoBs). Konkretisiert werden sie vor allem durch das Zusammenwirken von Rechtsprechung, betriebswirtschaftlicher Theorie sowie fachkundiger Praxis.

Ein einheitliches System der Grundsätze ordnungsmäßiger Buchführung ist bisher noch nicht aufgestellt worden. Da die GoBs sich im Zeitablauf weiterentwickelt haben und sich noch weiterentwickeln werden (teilweise kodifiziert, teilweise nicht kodifiziert), ist eine überschneidungsfreie Einteilung problematisch. Im

Folgenden erfolgt die Einteilung der GoBs in Rahmengrundsätze, Abgrenzungsgrundsätze und ergänzende Grundsätze.

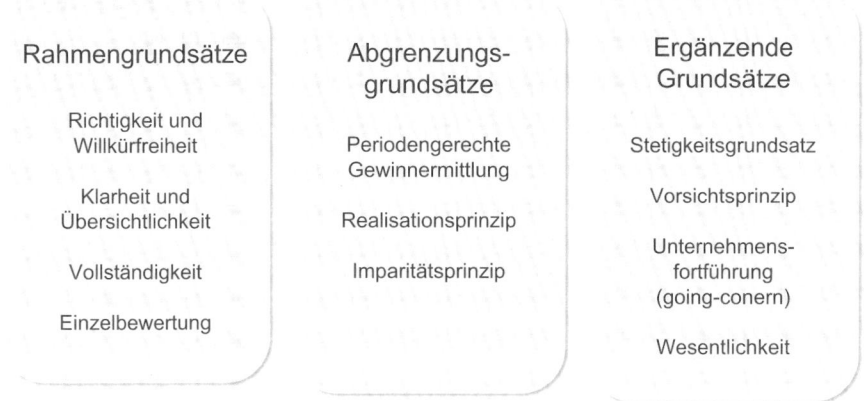

Abb. 5.2: Grundsätze ordnungsmäßiger Buchführung

Rahmengrundsätze

Grundsatz der Richtigkeit und Willkürfreiheit (Bilanzwahrheit)

Der Grundsatz der Bilanzwahrheit ist so zu verstehen, dass die Regeln für die Abbildung der wirtschaftlichen Realität in der Bilanz objektiv und damit intersubjektiv nachprüfbar sind.

Der Grundsatz bezeichnet demnach nicht die Tatsache, dass eine Bilanz die wirtschaftliche Realität, wie sie sich dem Betrachter stellt, tatsächlich fehlerfrei abbildet, denn eine Abbildung ist immer durch die subjektive Sichtweise des Betrachters geprägt. Zudem bestehen ausdrückliche handelsrechtliche Vorschriften, die die Darstellung der tatsächlichen Lage des Bilanzierenden beschränken. So führt die gesetzlich erzwungene Bildung stiller Reserven durch das Anschaffungs- oder Herstellungskostenprinzip (§ 253 Abs. 1 HGB, § 6 Abs. 1 Nr. 1 und 2 EStG) zu einer Einschränkung der Bilanzwahrheit, da der korrekte Einblick in die Vermögenslage des Bilanzierenden aufgrund der höheren Gewichtung anderer Grundsätze (Gläubigerschutz) beschränkt wird.

Zweckmäßiger ist es daher von der Bilanzwahrheit im Sinne der Richtigkeit und Willkürfreiheit zu sprechen. Richtig ist ein Jahresabschluss nur dann, wenn die gesetzlichen und außergesetzlichen Vorschriften beachtet werden. Dennoch kann auch ein vordergründig den gesetzlichen Vorschriften entsprechender Jahresabschluss »unwahr« sein, wenn seine Erstellung der Willkür des Bilanzierenden unterliegt. Von Willkür kann dann gesprochen werden, wenn Ansatz- und Bewertungsentscheidungen bewusst falsche Überlegungen, insbesondere bei der Beurteilung zukunftsbezogener Sachverhalte, zugrunde gelegen haben. So kann z. B.

die Bilanzierung einer Rückstellung dem Grundsatz der Bilanzwahrheit widersprechen, obwohl ihre rechnerische Ermittlung zwar richtig ist, wenn die der Ermittlung zugrundeliegenden Annahmen nicht plausibel und damit willkürlich sind.

Grundsatz der Klarheit

Der Jahresabschluss muss klar und übersichtlich aufgestellt werden (§ 243 Abs. 2 HGB). Eine Darstellung im Jahresabschluss ist formell klar, wenn ein sachverständiger Dritter durch sie nicht verwirrt wird und ein Nachvollziehen in angemessener Zeit möglich ist. Es muss gewährleistet sein, dass gleiche Sachverhalte auch in gleicher Weise im Jahresabschluss dargestellt werden. Abweichungen von bisherigen Darstellungen müssen, sofern sie nicht ohne Weiteres erkennbar sind, dem Adressaten des Jahresabschlusses offengelegt werden. Die Übersichtlichkeit des Jahresabschlusses drückt sich in einer vollständigen, aussagekräftigen und hinreichend tiefen Untergliederung der einzelnen Posten aus. Die Mindestgliederung ist in § 247 Abs. 1 HGB gesetzlich festgelegt. Weiterführende Gliederungsvorschriften für Kapitalgesellschaften ergeben sich aus §§ 266 und 275 HGB.

Grundsatz der Vollständigkeit

Der Grundsatz der Vollständigkeit verlangt, dass alle Informationen, die zur Erreichung des jeweiligen Jahresabschlusszweckes erforderlich sind, über eine Erfassung in Buchführung (§ 239 Abs. 2 HGB) oder im Inventar in den Jahresabschluss eingehen (§ 246 Abs. 1 S. 1 HGB). Danach sind alle aufzeichnungs- und buchführungspflichtigen Vorgänge sowie alle Vermögensgegenstände, Schulden und Rechnungsabgrenzungsposten unter Berücksichtigung aller bekannten Tatsachen – auch der erkennbaren Risiken – zu erfassen.

Die Informationen können entweder als unterjährige Geschäftsvorfälle, über die laufende Buchführung oder aber als Ereignis im Rahmen der Jahresabschlusserstellung Berücksichtigung finden. Bei Tatsachen, die erst nach dem eigentlichen Abschlussstichtag bekannt werden unterscheidet man hinsichtlich ihrer Berücksichtigung im Jahresabschluss zwischen wertaufhellenden und wertbegründenden Tatsachen.

Wertaufhellende Tatsachen, die vom Jahresabschluss erfasst werden müssen, liegen vor, wenn Informationen zwar erst nach dem Abschlussstichtag bekannt werden, das betreffende Ereignis, auf das sich diese Information bezieht, aber bereits vor dem Abschlussstichtag eingetreten ist (§ 252 Abs. 1 Nr. 4 HGB). Grundsätzlich kann sich die Wertaufhellung auch auf Erträge und Aufwendungen des alten Geschäftsjahres beziehen. Einer Bilanzierung hinsichtlich der Erträge steht jedoch zumeist das Realisationsprinzip entgegen, denn wenn es an der Gewinnrealisation am Bilanzstichtag fehlt, kann diese durch die Wertaufhellung auch nicht herbeigeführt werden. Anders verhält es sich dagegen bei Wertaufhellungen betreffend Aufwendungen. Hier sieht das Imparitätsprinzip sogar zwingend eine Berücksichtigung am Bilanzstichtag vor, wenn der Verlust bereits entstanden ist. Da die Entstehung des Verlustes zeitlich vor seiner Realisation liegt, ist die Wertaufhellung hinsichtlich entstandener Verluste eher anzunehmen als hinsichtlich realisierter Gewinne. Fand beispielsweise die Eröffnung eines Insolvenzverfahrens über das Vermögen eines Geschäftspartners/Debitors kurz vor Ende des Geschäftsjahres statt und hat der Bilanzierende erst im neuen Geschäftsjahr davon erfahren, ist diese Tatsache bei der Forderungsbewertung zum Bilanzstichtag des abgelaufenen Geschäftsjahres zu berücksichtigen.

Wertbegründende Tatsachen liegen dagegen vor, wenn die Ereignisse auf die sich die Informationen beziehen, erst nach dem Abschlussstichtag eingetreten sind. Diese Informationen sind nicht im alten Geschäftsjahr, sondern erst im Jahresabschluss des neuen Geschäftsjahres zu berücksichtigen. Die Abgrenzung zwischen wertaufhellenden und wertbegründenden Tatsachen kann jedoch mitunter schwierig sein.

Die Bandbreite der Zeitpunkte, bis zu denen es für notwendig bzw. zulässig erachtet wird, wertaufhellende Tatsachen zu berücksichtigen, reicht dabei vom Zeitpunkt der Aufstellung des Jahresabschlusses (§ 252 Abs. 1 Nr. 4 HGB), über den gesetzlich vorgegebenen letztmöglichen Aufstellungstermin und den Zeitpunkt der Erteilung des Bestätigungsvermerks bis hin zum Zeitpunkt der Feststellung des Jahresabschlusses.

Grundsatz der Einzelbewertung

Der Grundsatz der Einzelbewertung von Vermögensgegenständen und Schulden ist in § 252 Abs. 1 Nr. 3 HGB kodifiziert. Die Einzelbewertung steht im Zusammenhang mit der Einzelbilanzierung und ist vor dem Hintergrund des Saldierungsverbots nach § 246 Abs. 1 HGB zu sehen. Damit soll die Vermischung im Ansatz und der Bewertung einzelner Bilanzobjekte vermieden und die zutreffende Anwendung der Bilanzierungs- und Bewertungsvorschriften objektiv nachprüfbar gemacht werden. So dürfen Wertminderungen einzelner Bilanzierungsobjekte nicht mit Wertsteigerungen anderer ausgeglichen werden. Dies gilt sowohl für Vermögens- als auch für Schuldposten. Wertminderungen sind nach dem Imparitätsprinzip, Wertsteigerungen dagegen nach dem Realisationsprinzip zu berücksichtigen.

Probleme können sich bei der Abgrenzung dessen, was als einzelner Vermögensgegenstand bzw. Schuld anzusehen ist, ergeben. Als Beispiele können hier die unterschiedlichen Bestandteile eines Gebäudes oder die Abgrenzung von Risiken im Rahmen von Gewährleistungsrückstellungen angeführt werden.

Aus Vereinfachungsgründen werden auch durch Gesetz Abweichungen vom Einzelbewertungsgrundsatz erlaubt. So sieht das Gesetz und die Rechtsprechung die Möglichkeit einer Festbewertung (§ 240 Abs. 3, § 256 S. 2 HGB; R 31 Abs. 4 EStR), einer Gruppenbewertung (§ 240 Abs. 4, § 256 S. 2 HGB; R 36 Abs. 4 EStR), von Verbrauchsfolgeverfahren (§ 256 S. 1 HGB), von Pauschalwertberichtigungen zu Forderungen und einer Gesamtrisikobetrachtung im Rahmen von Gewährleistungsrückstellungen ausdrücklich vor.

Daneben ist durch das BilMoG das Saldierungsverbot für den Fall, dass Verpflichtungen gegenüber Arbeitnehmern durch insolvenzgesicherte Vermögenswerte abgedeckt sind, aufgehoben worden; in diesem Fall müssen diese Schulden mit den entsprechenden Vermögenswerten verrechnet werden (§ 246 Abs. 2 Satz 2 HGB).

Abgrenzungsgrundsätze

Aus den Abgrenzungsgrundsätzen ergeben sich Konsequenzen hinsichtlich der Zuordnung von Geschäftsvorfällen zu einem Geschäftsjahr. Im handelsrechtlichen Jahresabschluss werden die Aufwendungen und Erträge der jeweiligen Periode (Geschäftsjahr) entsprechend ihrer wirtschaftlichen Verursachung zusammengefasst. Diese müssen sich nicht unbedingt in Zahlungsströmen des entsprechenden Geschäftsjahres niederschlagen.

Grundsatz der periodengerechten Gewinnermittlung

Nach § 252 Abs. 1 Nr. 5 HGB sind Aufwendungen und Erträge des Geschäftsjahres unabhängig von den Zeitpunkten der entsprechenden Zahlungen im Jahresabschluss zu berücksichtigen. Dieser Grundsatz wird auch als Prinzip der periodengerechten Gewinnermittlung bezeichnet. Periodengerecht bedeutet, dass die Aufwendungen und Erträge in der Periode erfasst werden, zu der sie wirtschaftlich gehören, d. h. in der sie wirtschaftlich verursacht werden (sog. Verursachungsprinzip). Durch dieses Prinzip findet die Abgrenzung zur einfachen Einnahmen-Ausgaben-Rechnung statt. Die verursachungsgerechte Zuordnung und Abgrenzung erfolgt nach sachlichen und zeitlichen Gesichtspunkten.

Die sachliche Abgrenzung hat zur Folge, dass beispielsweise alle der jeweiligen Unternehmensleistung zurechenbaren Vermögensminderungen (z. B. Erbringung von Krankenhaus- oder Pflegedienstleistungen) bzw. -mehrungen der Periode zugerechnet werden, in der die Erträge aus diesen Unternehmensleistungen realisiert bzw. die damit im Zusammenhang stehenden Aufwendungen verursacht werden. Über die sachliche Abgrenzung lässt sich beispielsweise auch die planmäßige Abschreibung von abnutzbaren Gegenständen des Anlagevermögens erklären.

Mit Hilfe der zeitlichen Abgrenzung werden streng zeitraumbezogene Vermögensmehrungen oder -minderungen der Periode zugeordnet, auf die sie sich beziehen, unabhängig davon, ob Zahlungen tatsächlich schon geleistet bzw. eingegangen sind (z. B.: Zinsaufwendungen aus Darlehen, Zinserträge aus Finanzanlagen, Mietaufwendungen oder Mieterträge). Aufgrund der zeitlichen Abgrenzung sind in der Bilanz ggf. Posten der Rechnungsabgrenzung auszuweisen.

Realisationsprinzip

Nach dem Realisationsprinzip sind die sich aus den Geschäftsvorfällen ergebenden Gewinne erst mit dem Zeitpunkt ihrer Realisierung zu erfassen, d. h. wenn sie am Abschlussstichtag realisiert sind (§ 252 Abs. 1 Nr. 4 HGB). So erfolgt z. B. beim Kaufvertrag die Gewinnrealisierung zu dem Zeitpunkt, in dem die Gefahr des zufälligen Untergangs der Kaufsache auf den Käufer übergeht. Bei Dauerschuldverhältnissen (Miete, Pacht, Darlehen) geht man von zeitanteiliger Gewinnrealisierung aus.

Das Realisationsprinzip ist eine Ausprägung des Vorsichtsprinzips und ist unmittelbarer Ausdruck des Gläubigerschutzgedankens. Über das Realisationsprinzip wird der Zeitpunkt definiert, zu dem ein Ertrag aus der Erbringung von Unternehmensleistungen ausgewiesen und ein Gewinn realisiert werden kann. Erträge werden erst dann ausgewiesen, wenn sie »so gut wie sicher« sind. Das bedeutet beispielsweise, dass das Krankenhaus oder die stationäre Pflegeeinrichtung als Erbringer der Dienstleistung das zur Erfüllung der ihm auferlegten Verpflichtung Notwendige getan hat, um einen Gewinn realisieren zu können. Dann wird unabhängig vom tatsächlichen Zahlungseingang, eine Forderung dem Grunde nach begründet und im Jahresabschluss ausgewiesen: Die Krankenhausleistung oder Pflegedienstleistung ist vollständig erbracht und dem Kostenträger in Rechnung gestellt worden. Ein Zahlungseingang ist für die Bilanzierung dieses Geschäftsvorfalls nicht erforderlich.

Unrealisierte Chancen und Hoffnungen sind danach keine Bilanzierungsgrundlagen. Hintergrund ist, dass der Jahresabschluss den Zweck hat, ein vorsichtig ermitteltes, den Gläubigerinteressen beachtendes Jahresergebnis zu ermitteln. Niederschlag hat dieser Gedanke in diversen Bilanzierungs- und Bewertungsvorschriften gefunden, so z. B. im Anschaffungs- oder Herstellungskostenprinzip (§ 253 Abs. 1 S. 1 HGB). Vermögensgegenstände sind grundsätzlich höchstens zu Anschaffungskosten zu bilanzieren, auch wenn möglicherweise ein höherer Marktwert existiert. Dieser darf erst angesetzt werden, wenn durch den Verkauf dieses Vermögensgegenstands der Marktwert realisiert wird.

Imparitätsprinzip

Auch für Verluste gilt, dass sie grundsätzlich entsprechend den Kriterien des Realisationsprinzips im Moment ihrer Realisierung als entstanden gelten. Allerdings wird das Realisationsprinzip hinsichtlich des Zeitpunktes der bilanziellen Verlusterfassung durch das Imparitätsprinzip wesentlich eingeschränkt. So werden Verluste bei Vorliegen bestimmter Voraussetzungen bereits vor ihrer endgültigen Realisierung (z. B. Verkauf von im Wert gefallenen Wertpapieren) zum Zeitpunkt ihres Entstehens berücksichtigt, d. h. antizipiert. Nach dem Imparitätsprinzip werden Gewinne und Verluste somit ungleich (imparitätisch) behandelt.

In den Bilanzierungs- und Bewertungsvorschriften findet sich das Imparitätsprinzip insbesondere in drei Bereichen wieder und zwar beim Niederstwertprinzip, dem Höchstwertprinzip für Schulden sowie im Bereich der Rückstellungen. So ist nach dem Niederstwertprinzip das Anlagevermögen spätestens bei einer dauernden Wertminderung auf den am Bilanzstichtag geltenden Wert abzuschreiben (§ 253 Abs. 2 S. 3 HGB gemildertes Niederstwertprinzip). Für das Umlaufvermögen ist dies bereits bei nur vorübergehender Wertminderung verpflichtend (§ 253 Abs. 3 S. 1,2 HGB strenges Niederstwertprinzip). Das Höchstwertprinzip für Schulden besagt, dass von zwei möglichen Wertansätzen für eine Schuld, der jeweils höhere zu bilanzieren ist. Die Verpflichtung zur Bildung von Rückstellungen für drohende Verluste aus schwebenden Geschäften (§ 249 Abs. 1 S. 1 HGB) verankert das Imparitätsprinzip im Bereich der Rückstellungen. Rückstellungen für ungewisse Verbindlichkeiten sind dagegen nicht Ausdruck des Imparitätsprinzips, sondern des Realisationsprinzips, da diese Verluste bereits entstanden und realisiert sind und nur noch mit einem Unsicherheitsfaktor (z. B. Wahrscheinlichkeit der Inanspruchnahme) belastet sind.

Ergänzende Grundsätze

Stetigkeitsprinzip

Entsprechend dem Grundsatz der Kontinuität sind die auf einen Jahresabschluss angewandten Bilanzierungs- und Bewertungsmethoden im Zeitablauf beizubehalten, da nur so die tatsächliche Entwicklung der wirtschaftlichen Lage des Unternehmens erkennbar bzw. über Jahre hinweg vergleichbar und nicht durch Änderungen in den Methoden der Bilanzierung, der Bewertung und des Ausweises überdeckt bzw. verfälscht wird. Bei der Kontinuität unterscheidet man zwischen materieller Bilanzkontinuität, formeller Bilanzkontinuität und Bilanzidentität.

Materielle Bilanzkontinuität (§ 252 Abs. 1 Nr. 6 HGB) bedeutet, dass die Bewertungsmethoden im Zeitablauf beibehalten werden (sog. Bewertungsstetigkeit). Eine Durchbrechung der Bewertungsstetigkeit ist nur in begründeten Ausnahmefällen möglich (§ 252 Abs. 2 HGB; z. B. Übergang zu Bewertungsvereinfachungsverfahren) und muss dem Bilanzadressaten mitgeteilt werden (Anhangsangabe). Der Stetigkeitsgrundsatz hat nicht nur Bedeutung für die Bewertung bestimmter identischer Vermögensgegenstände und Schulden im Zeitablauf, sondern auch auf die Bewertung unterschiedlicher Vermögensgegenstände und Schulden, sofern die Verhältnisse vergleichbar sind. Daraus folgt, dass Bewertungswahlrechte grundsätzlich gleich auszuüben sind. Eine Verpflichtung zur Bilanzierungsstetigkeit gibt es dagegen nicht. Jedoch sollte auch bei Änderung der Bilanzierungsmethode der Bilanzadressat darüber informiert werden (Anhangsangabe).

Die formelle Bilanzkontinuität (§ 265 Abs. 1 HGB) bezieht sich auf die Beibehaltung der Gliederung des Jahresabschlusses. Die Bilanzidentität (§ 252 Abs. 1 Nr. 1 HGB) besagt, dass Schlussbilanz zum Ende des Geschäftsjahres mit der Eröffnungsbilanz zu Beginn des folgenden Geschäftsjahres übereinstimmen muss.

Vorsichtsprinzip

Das Prinzip der vorsichtigen Gewinnermittlung ist im deutschen Bilanzrecht als vorrangiges Bilanzierungs- und Bewertungsprinzip anzusehen. Es bedeutet, dass sich der Bilanzierende nicht »reicher« rechnen soll als er tatsächlich ist, sondern im Zweifel eher »ärmer«. Seine Ausprägung findet das Vorsichtsprinzip insbesondere im Realisations- und Imparitätsprinzip. Vorsichtige Bilanzierung führt letztendlich dazu, dass von zwei möglichen Wertansätzen eines Vermögensgegenstands der niedrigere und von zwei möglichen Wertansätzen einer Schuld der höhere gewählt wird. Solche stillen Reserven sind in der Regel für den externen Bilanzadressaten nicht erkennbar.

Prinzip der Unternehmensfortführung (Going-concern)

Nach dem Prinzip der Unternehmensfortführung ist bei der Bewertung der Vermögensgegenstände und Schulden von der Fortführung der Unternehmenstätigkeit auszugehen, solange dieser Annahme nicht tatsächliche oder rechtliche Gegebenheiten entgegenstehen (§ 252 Abs. 1 Nr. 2 HGB). Es ist gesetzlich nicht geregelt, ab wann und unter welchen Voraussetzungen man nicht mehr von einer Unternehmensfortführung ausgehen kann. Es ist also grundsätzlich auf den Einzelfall abzustellen. So ist vom Bilanzierenden eine Prognose über die Zukunft der Einrichtung zu stellen, deren Zeithorizont zumindest das nächste Jahr umfassen sollte. Dass es dabei zu Abgrenzungsproblemen kommen kann und Annahmen zu treffen sind, liegt auf der Hand. Diese sollten jedoch plausibel und für Dritte nachvollziehbar sein. Kommt man zu dem Ergebnis, dass die Unternehmensfortführung nicht mehr gewährleistet ist, ist der Ansatz von Zerschlagungswerten notwendig. Für den Normalfall der Unternehmensfortführung sind jedoch die gesetzlich vorgeschriebenen Bilanzierungs- und Bewertungsvorschriften anzuwenden, denn obwohl das Prinzip der Unternehmensfortführung von seiner Stellung im Gesetz her eine reine Bewertungsvorschrift darstellt, ist davon auszugehen, dass es auch für die Frage des Bilanzansatzes gilt.

Wesentlichkeitsgrundsatz (Materiality)

Die Rechnungslegung hat außerdem dem Grundsatz der Wesentlichkeit zu entsprechen. Danach soll der Jahresabschluss nicht mit Information überfrachtet werden, die keinen Informationswert für die Abschlussadressaten haben. Ob bestimmte Angaben im Jahresabschluss gemacht werden, ist danach zu beurteilen, ob sie für die Erreichung des Informationszwecks wesentlich sind oder nicht, d. h. ob ihre Erfassung unterbleiben kann, weil dadurch die Aussagekraft des Jahresabschlusses nicht beeinträchtigt wird.

Der Wesentlichkeitsgrundsatz steht im engen Zusammenhang mit den Grundsätzen der Klarheit und Wirtschaftlichkeit. Es ist zu entscheiden, ob der zusätzliche Nutzen durch die Verbesserung der Information so wesentlich ist, dass der zusätzliche Aufwand ihrer Ermittlung und Darstellung aus wirtschaftlichen Gründen gerechtfertigt ist.

5.2.2 Ansatz-, Gliederungs- und Bewertungsvorschriften für die Aufstellung des Jahresabschlusses

Sachverhalte werden im Rahmen der Jahresabschlusserstellung danach beurteilt,

- ob sie angesetzt werden (Ansatzvorschriften),
- an welcher Stelle sie angesetzt werden (Gliederungsvorschriften) und
- mit welchem Betrag sie angesetzt werden (Bewertungsvorschriften).

Wenn im Folgenden von Bilanzansatz gesprochen wird, beinhaltet dies im Zuge der doppelten kaufmännischen Buchführung natürlich zumeist auch den Ansatz in der Gewinn- und Verlustrechnung.

Ansatzvorschriften

Ob Sachverhalte in der Bilanz anzusetzen sind bzw. angesetzt werden dürfen, bestimmt sich grundsätzlich danach, ob sie

- Vermögensgegenstand,
- Schuld,
- Rechnungsabgrenzungsposten oder
- Bilanzierungshilfe

darstellen (vgl. § 246 Abs. 1 Satz 1: »Der Jahresabschluss hat sämtliche Vermögensgegenstände, Schulden, Rechnungsabgrenzungsposten ... zu enthalten.«). Für Krankenhäuser und stationäre Pflegeeinrichtungen kommen außerdem besondere Posten wie Ausgleichsposten und Sonderposten in Frage. Nachfolgend werden diese grundsätzlichen Bilanzinhalte erläutert. Auf das Eigenkapital als weiteren Bilanzbestandteil wird nicht eingegangen, da es sich als Differenzgröße der anderen Posten ergibt und somit abhängig von Ansatz und Bewertung der übrigen Bilanzposten ist.

Darüber hinaus stellt sich die Frage, ob die einzelnen Sachverhalte in die Bilanz

- aufgenommen werden müssen (Bilanzierungspflicht),
- aufgenommen werden dürfen (Bilanzierungswahlrecht) oder
- nicht aufgenommen werden dürfen (Bilanzierungsverbot).

Hierüber geben im Einzelnen die handelsrechtlichen Vorschriften Auskunft, die insbesondere deutlich durch das Vorsichtsprinzip geprägt sind.

Vermögensgegenstände

Eine gesetzliche Definition eines Vermögensgegenstandes und einer Schuld existiert nicht. In der Literatur und Praxis haben sich jedoch die folgenden Definitionen eines Vermögensgegenstandes und einer Schuld durchgesetzt.

Ein Vermögensgegenstand ist ein Objekt,

- das einen wirtschaftlichen Wert im Sinne eines Nutzens über die abgelaufene Periode hinaus besitzt,
- das (zumindest theoretisch) einzeln verwertbar ist und
- dessen Wert hinreichend quantifizierbar ist.

Daraus folgt, dass z. B. völlig veraltete (medizinische) Geräte, die keinen Nutzen mehr über die abgelaufene Periode hinaus erbringen, ebenso wenig Vermögensgegenstände sein können wie bloße Chancen und Erwartungen des Unternehmens, die nicht konkretisierbar sind.

Neben diesen objektiven Zurechnungskriterien, die die Frage beantworten, wann ein Vermögensgegenstand bilanziert werden kann, ist das wirtschaftliche Eigentum als subjektives Zurechnungskriterium zu beachten. Danach muss ein Vermögensgegenstand auch bei nicht vorhandenem juristischen Eigentum bilanziell erfasst werden, wenn der Bilanzierende die tatsächliche Herrschaft über den Vermögensgegenstand in der Weise ausübt, dass dadurch der juristische Eigentümer auf Dauer (weitgehend) von der Einwirkung auf den Vermögensgegenstand ausgeschlossen werden kann. Der wirtschaftliche Eigentümer kann den Gegenstand wie einen eigenen nutzen und hat für eventuelle Risiken aus der Nutzung selbst aufzukommen. Als Beispiele in diesem Zusammenhang können Leasing, Eigentumsvorbehalt oder Sicherungsübereignung genannt werden.

Schulden

Eine Schuld liegt vor, wenn

- eine (rechtliche oder faktische) Verpflichtung des Bilanzierenden gegenüber einem Dritten besteht,
- diese Verpflichtung mit einer wirtschaftlichen Belastung für das Unternehmen verbunden ist (es kann sich dieser Belastung nicht entziehen) und
- diese Belastung hinreichend quantifizierbar (d. h. zumindest in Bandbreiten zu bewerten) ist.

Schulden werden dabei unterteilt in Verbindlichkeit und Rückstellungen. Die Verbindlichkeiten stellen Verpflichtungen des Unternehmens dar, die dem Grunde und der Höhe nach gewiss sind. Der Ansatz von Rückstellungen ist handelsrechtlich in § 249 HGB geregelt und bezeichnet als Rückstellungen diejenigen Verpflichtungen, die bezüglich der Wahrscheinlichkeit ihres Eintritts und/oder ihrer Höhe nach ungewiss sind. Sowohl für Verbindlichkeiten als auch Verbindlichkeitsrückstellungen besteht handelsrechtlich eine Bilanzierungspflicht.

Fraglich ist vor dem Hintergrund des Vorsichtsprinzips (Imparitätsprinzips), zu welchem Zeitpunkt eine Schuld zu bilanzieren ist. Die höchstrichterliche Rechtsprechung vertritt hier die Ansicht, dass wenn rechtliches Entstehen der Schuld und ihre wirtschaftliche Verursachung zeitlich auseinanderfallen, der jeweils frühere Zeitpunkt für die Bilanzierung maßgeblich ist.

Rechnungsabgrenzungsposten

Hintergrund für die Bilanzierung von Rechnungsabgrenzungsposten (§ 250 HGB) ist der Grundsatz der periodengerechten Gewinnermittlung. Rechnungsabgrenzungsposten treten dabei immer dann auf, wenn es sich um zeitraumbezogene

Leistungen handelt, d. h. um Leistungen, die über den Bilanzstichtag hinausgehen. Der Teil der Leistung, der das zu bilanzierende Geschäftsjahr betrifft, wird als Aufwand bzw. Ertrag erfasst; der Teil der Leistung, der das zukünftige Geschäftsjahr bzw. zukünftige Geschäftsjahre betrifft, wird abgegrenzt und im Folgejahr bzw. in Folgejahren über die Gewinn- und Verlustrechnung erfasst. Man unterscheidet dabei zwei Arten von Rechnungsabgrenzungsposten:

- Transitorische Posten, die bilanziell als aktive oder passiver Rechnungsabgrenzungsposten erfasst werden, nehmen Ausgaben bzw. Einnahmen vor dem Bilanzstichtag auf, die als Aufwand bzw. Ertrag der/den folgenden Perioden zuzurechnen sind.
- Antizipative Posten, die in der Bilanz als sonstige Forderungen bzw. Verbindlichkeiten erscheinen, weisen Erträge bzw. Aufwendungen des abgelaufenen Geschäftsjahres aus, die erst in der/den folgenden Perioden zu Einnahmen bzw. Ausgaben führen.

Bilanzierungshilfen

Gesetzlich gibt es noch andere Objekte, die bilanzierbar sind aber weder Vermögensgegenstände noch Schulden darstellen. Sie werden im Allgemeinen als Bilanzierungshilfen bezeichnet. Es handelt sich dabei um die folgenden Bilanzierungshilfen: Selbst geschaffene immaterielle Vermögensgegenstände des Anlagevermögens (§ 248 Abs. 2 HGB), aktive latente Steuern (§ 274 Abs. 1 Satz 2 HGB) und Disagio (§ 250 Abs. 3 HGB). So stellt z. B. das Disagio keinen echten Vermögensgegenstand dar, da es sich lediglich um vorausgezahlte Zinsen handelt.

Ausgleichsposten/Sonderposten

Diese Posten befinden sich aufgrund von Finanzierungsbesonderheiten in den Bilanzen von Krankenhäusern und stationären Pflegeeinrichtungen.

Bei den Ausgleichsposten handelt es sich um Bilanzposten der Aktiv- und/oder der Passivseite, die aufgrund spezieller Vorschriften der KHBV/PBV (§ 5 Abs. 4 und 5 KHBV; § 5 Abs. 4 und 5 PBV) gebildet werden müssen.

Werden Anlagegüter über (öffentliche) Zuschüsse und Zuwendungen finanziert, wird dies über den auf der Passivseite der Bilanz ausgewiesenen Sonderposten aus Zuschüssen und Zuweisungen zur Finanzierung des Anlagevermögens deutlich. Das Anlagegut wird also mit seinen vollen Anschaffungskosten als Posten auf der Aktivseite erfasst, dem in Höhe der Fremdfinanzierung (öffentliche und sonstige Zuwendungen) auf der Passivseite ein entsprechender Posten gegenübersteht.

Gliederungsvorschriften

Für Kapitalgesellschaften gibt das HGB genaue Gliederungsschemata für die Bilanz und die GuV vor (§§ 266 Abs. 2 und 3, 275 Abs. 2 oder 3 HGB). Darüber hinaus ist eine weitere Untergliederung zulässig, und es dürfen auch neue Posten hinzugefügt werden, wenn ihr Inhalt nicht von einem vorgeschriebenen Posten gedeckt wird (§ 265 Abs. 5 HGB).

Nicht-Kapitalgesellschaften können ihre Gliederung von Bilanz und GuV unter Beachtung der GoB weitgehend frei wählen, sie können sich aber auch an den gesetzlichen Gliederungsschemata orientieren.

Für Krankenhäuser und stationäre Pflegeeinrichtungen sehen die KHBV und PBV (s. Anlagen 3.1 bis 3.4 zur KHBV und PBV) in ihren Anlagen besondere Gliederungsschemata des Jahresabschlusses zwingend vor, wobei die handelsrechtlichen Gliederungsvorschriften durch krankenhaus- und pflegeeinrichtungsspezifische Posten ergänzt werden (zum Wahlrecht nach § 1 Abs. 3 KHBV, § 8 Abs. 1 PBV; ▶ Kap. 4.2).

Zwingend einzuhalten sind die grundlegenden Aufstellungsgrundsätze für den Jahresabschluss, insbesondere die Grundsätze der Klarheit und Übersichtlichkeit (§ 243 Abs. 2 HGB).

§ 247 Abs. 1 HGB beschreibt den Mindestinhalt einer Bilanz (Kontenform). So sind Anlage- und Umlaufvermögen, Eigenkapital und Schulden (Rückstellungen und Verbindlichkeiten) sowie die Rechnungsabgrenzungsposten gesondert auszuweisen und hinreichend aufzugliedern. Daneben ist es insbesondere verboten, Posten der Aktivseite mit denen der Passivseite und Aufwendungen mit Erträgen zu verrechnen (§ 246 Abs. 2 HGB; Saldierungsverbot; Ausnahme: § 246 Abs. 2 Satz 2 HGB: Verrechnungsgebot von Planvermögen).

Tab. 5.1: Aufbau der Bilanz

Aktivseite	Passivseite
A. Anlagevermögen	A. Eigenkapital
B. Umlaufvermögen	B. Schulden
C. Rechnungsabgrenzungsposten	C. Rechnungsabgrenzungsposten

Das Vermögen steht auf der linken Seite der Bilanz. Innerhalb des Anlagevermögens sind solche Vermögensgegenstände erfasst, die dazu bestimmt sind, dauerhaft dem Geschäftsbetrieb zu dienen.

Mit der Aufstellung der Bilanz entscheidet der Bilanzierende an jedem Bilanzstichtag neu über die Zuordnung des Vermögensgegenstandes. Vermögensgegenstände, die nicht dauernd dem Geschäftsbetrieb dienen, werden dem Umlaufvermögen zugeordnet. Dazu zählen die Vermögensgegenstände, die zur Veräußerung, zum Verbrauch oder zur Verarbeitung im betrieblichen Prozess bestimmt sind.

Für die GuV bietet sich grundsätzlich die Konten- oder die Staffelform an, wobei für Krankenhäuser und stationäre Pflegeeinrichtungen über die Vorschriften der KHBV und PBV die Staffelform verpflichtend ist. Diese ermöglicht den Ausweis von Zwischensummen und Zwischenergebnissen, wobei die Erträge und Aufwendungen in bestimmter Weise angeordnet und aussagefähige Zwischenergebnisse ermittelt werden. Die Staffelform der KHBV und der PBV ist an das handelsrechtliche Gesamtkostenverfahren (§ 275 Abs. 2 HGB) angelehnt und an krankenhaus- und pflegeeinrichtungsspezifischen Besonderheiten angepasst. So werden beispielsweise die »Umsatzerlöse« entsprechend den krankenhaus- und pflegeeinrichtungsspezifischen Erfordernissen weiter aufgegliedert und der Personalaufwand, als Hauptaufwandsposten, steht im Gegensatz zur handelsrechtlichen Gliederung in der Reihenfolge vor dem Materialaufwand.

Bewertungsvorschriften

Über die Bewertungsvorschriften bestimmt sich die Höhe der jeweils ausgewiesenen Posten des Jahresabschlusses.

Vermögensgegenstände

Anschaffungskosten, Herstellungskosten

Vermögensgegenstände sind bei ihrem Zugang höchstens zu Anschaffungs- oder Herstellungskosten anzusetzen (§ 253 Abs. 1 S. 1 HGB). Anschaffungskosten sind somit neben den Herstellungskosten der grundlegende Bewertungsmaßstab für Bilanzansätze auf der Aktivseite. Beide sind Grundlage für die Ermittlung von Abschreibungen und stellen gleichzeitig die Bewertungsobergrenze dar (Ausfluss des Vorsichtsprinzips). Die Anschaffungskosten sind in § 255 HGB gesetzlich definiert. Demnach sind Anschaffungskosten die Aufwendungen, die geleistet werden müssen, um einen Vermögensgegenstand zu erwerben und ihn in einen betriebsbereiten Zustand zu versetzen, soweit sie ihm einzeln zurechenbar sind. Daneben sind noch Anschaffungsnebenkosten sowie nachträgliche Erhöhungen und Minderungen zu berücksichtigen.

Vermögensgegenstände können auch unentgeltlich erworben sein. Dies ist bspw. bei Stiftungen der Fall, denen durch Stiftungsakt oder Zustiftungen Sachanlagevermögen übertragen wird, oder bei Krankenhäusern und stationären Pflegeeinrichtungen, die Sachspenden empfangen. Diese unentgeltlich übertragenen Vermögensgegenstände sind dann mit fiktiven Anschaffungskosten zu bewerten, die in der Regel dem Betrag entsprechen, den diese Unternehmen bei entgeltlichem Erwerb hätten aufbringen müssen. Der Gegenposten zum Anlagevermögen stellt in diesen Fällen in der Regel ein Sonderposten zur Finanzierung des Anlagevermögens dar: In der KHBV ist das der Sonderposten aus Zuwendungen zur Finanzierung des Sachanlagevermögens; in der PBV: Sonderposten aus Zuschüssen und Zuweisungen zur Finanzierung des Sachanlagevermögens.

Während sich die Anschaffungskosten auf von Dritten erworbene Vermögensgegenstände beziehen, betreffen die Herstellungskosten (auch hier wäre der Begriff Aufwendungen statt Kosten eher angebracht) die zu aktivierenden Aufwendungen der vom Bilanzierenden selbst geschaffenen Vermögensgegenstände (§ 255 Abs. 2, 2a und 3 HGB; Beispiel für unfertige Leistungen im Krankenhaus sind die Patienten, die über den Bilanzstichtag im Krankenhaus liegen, da die Leistungserbringung noch nicht abgeschlossen ist – sogenannte Überlieger). Sie umfassen die Aufwendungen zur Herstellung eines Vermögensgegenstandes, seine Erweiterung oder für eine über seinen ursprünglichen Zustand hinausgehende wesentliche Verbesserung. Sind die anfallenden Aufwendungen nicht einer dieser drei Kategorien zuzuordnen, handelt es sich um nicht aktivierungsfähigen Erhaltungsaufwand, der sofort in der Periode seines Anfalls aufwandswirksam wird. Pflichtbestandteile sind insbesondere diverse Einzelkosten (Material, Fertigung, Sonderkosten), Wahlbestandteile u. a. diverse Gemeinkosten und Verwaltungskosten.

Wertminderungen (planmäßige, außerplanmäßige Abschreibungen)

Ist die Wertobergrenze des Vermögensgegenstandes durch Festlegung der Anschaffungs- bzw. Herstellungskosten festgelegt, stellt sich die Frage, inwieweit dieser Wert, vor dem Hintergrund des Vorsichtsprinzips, nach unten angepasst werden kann bzw. muss.

Wertminderungen von Vermögensgegenständen werden durch Abschreibungen erfasst. Man unterscheidet dabei in Maßnahmen, die kontinuierlich zur Wertanpassung führen, weil man davon ausgeht, dass abnutzbare Vermögensgegenstände einen vorhersehbaren, planmäßigen Werteverlust erleiden (planmäßige Abschreibungen) und Maßnahmen, die nicht vorhersehbare, unregelmäßige Wertänderungen erfassen sollen (außerplanmäßige Abschreibungen).

Grundlage für planmäßige Abschreibungen (§ 253 Abs. 3 S. 1, 2 HGB) ist die Tatsache, dass man bei Vermögensgegenständen, deren Nutzung zeitlich begrenzt ist und sich über mehrere Perioden verteilt (Vermögensgegenstände mit einjähriger Nutzungsdauer gibt es nach obiger Definition nicht), in jeder Periode, aufgrund des Prinzips der periodengerechten Gewinnermittlung, den Werteverzehr erfassen möchte, der dieser Periode zuzuordnen ist. Am Ende der Nutzungsdauer des Vermögensgegenstandes ist somit der ursprüngliche Wert des Bewertungsobjektes über den Werteverzehr (Abschreibungen) aufwandsmäßig in voller Höhe (wenn der Vermögensgegenstand mit Ablauf seiner betriebsgewöhnlichen Nutzungsdauer keinen Wert mehr besitzt) bzw. bis auf einen Restwert erfasst. Wie die Bemessungsgrundlage (Anschaffungs- oder Herstellungskosten) auf den Abschreibungszeitraum zu verteilen ist, ergibt sich aufgrund des gewählten Abschreibungsverfahrens. Grundsätzlich unterscheidet man die drei Abschreibungsverfahren

- der linearen (gleicher Abschreibungsbetrag in jeder Periode) Methode,
- der degressiven (konstanter Abschreibungsprozentsatz auf den Restbuchwert) Methode sowie
- die Leistungsabschreibung (Abschreibung entsprechend dem Verhältnis Periodenleistung zu Gesamtleistung des Vermögensgegenstandes).

Allerdings gibt es in analoger Anwendung der steuerrechtlichen Vorschriften einige Vereinfachungsregeln für sog. geringwertige Anlagegüter (GWGs), d. h. Anlagegüter, deren Anschaffungs- bzw. Herstellungskosten (AK/HK) bestimmte Beträge nicht überschreiten. Anlagegüter mit AK/HK

- bis 150 EUR netto können im Jahr der Anschaffung direkt als Aufwand gebucht werden.
- über 150 EUR und bis 410 EUR können im Jahre des Zugangs in voller Höhe abgeschrieben, in einem jahresbezogenen Sammelposten, der über fünf Jahre aufwandswirksam aufzulösen ist, zusammengefasst oder einzeln aktiviert und über die betriebsgewöhnliche Nutzungsdauer abgeschrieben werden. Das Wahlrecht zur Sofortabschreibung für Anlagegüter bis 410 EUR oder zur Bildung eines Sammelpostens für Anlagegüter bis 1000 EUR kann für alle in einem Geschäftsjahr zugegangenen Anlagegüter nur einheitlich ausgeübt werden (§ 6 Abs. 2a EStG).
- über 401 EUR bis 1000 EUR können ebenfalls in einem Sammelposten zusammengefasst oder einzeln aktiviert werden.

Für nicht vorhersehbare, unregelmäßige Wertminderungen gibt es die Möglichkeit der außerplanmäßigen Abschreibung. Die Erfassung dieser Wertminderungen ist Ausfluss des Vorsichtsprinzips in der Form des Imparitätsprinzips. Hier findet das Niederstwertprinzip Anwendung, wobei man bei seiner Anwendung unterscheidet, ob ein Vermögensgegenstand zum Anlage- oder Umlaufvermögen zu rechnen ist.

Für Vermögensgegenstände des Umlaufvermögens ist demnach eine Abwertung nach § 253 Abs. 4 S. 1, 2 HGB zwingend, wenn der für diese Gegenstände aus dem Börsen- oder Marktpreis abgeleitete Wert bzw. der beizulegende Wert am Bilanzstichtag unterhalb der fortgeführten (um planmäßige Abschreibungen verminderte) Anschaffungs- und Herstellungskosten liegt (strenges Niederstwertprinzip).

Im Bereich der Vermögensgegenstände des Anlagevermögens ist danach zu unterscheiden, ob der beizulegende Wert am Bilanzstichtag nur vorübergehend unter die fortgeführten Anschaffungs- und Herstellungskosten gefallen ist oder voraussichtlich dauerhaft die fortgeführten Anschaffungs- und Herstellungskosten unterschritten werden. Handelt es sich um eine voraussichtlich dauerhafte Wertminderung, so ist auf diesen Wert abzuschreiben. Ist die Wertminderung voraussichtlich nur vorübergehend, ist der Wert der fortgeführten Anschaffungs- und Herstellungskosten beizubehalten, es sei denn, es handelt sich um Finanzanlagen, bei denen außerplanmäßige Abschreibungen auch bei voraussichtlich nicht dauernder Wertminderung vorgenommen werden können (gemildertes Niederstwertprinzip). Hintergrund dieser Vorschrift ist, dass Vermögensgegenstände des Anlagevermögens dazu bestimmt sind, auf Dauer dem Geschäftsbetrieb zu dienen und nicht zur Veräußerung gedacht sind. Eine vorübergehende Wertminderung wird somit nicht zu einem Verlust führen, der antizipiert werden müsste.

Werterhöhungen (Zuschreibungen)

Die Möglichkeit der Erfassung von Werterhöhungen von Vermögensgegenständen ist im deutschen Bilanzrecht eng begrenzt. So stellen, wie bereits oben erwähnt, die Anschaffungs- und Herstellungskosten die Bewertungsobergrenze dar. Die Erfassung von Werterhöhungen erfolgt durch Zuschreibungen. Voraussetzung ist, dass der beizulegende Wert am Bilanzstichtag den bilanzierten Wert übersteigt. Dies ist nur möglich infolge von außerplanmäßigen Abschreibungen, wenn der Grund für die außerplanmäßige Abschreibung weggefallen ist. Eine Zuschreibung zu Vermögensgegenständen, die ausschließlich planmäßig abgeschrieben wurden, ist nicht möglich, da der Grund der planmäßigen Abschreibung (normaler Werteverzehr) vom Grundsatz her nicht weggefallen sein kann.

Wird nach den für alle Kaufleute geltenden Vorschriften des HGB Rechnung gelegt, besteht durch das BilMoG eine Zuschreibungspflicht (§ 253 Abs. 5 HGB), wie sie zuvor auch schon die ergänzenden Vorschriften für Kapitalgesellschaften vorsahen. Die Möglichkeit der Schaffung von stillen Reserven wurde dadurch eliminiert.

Bewertungsvereinfachungsverfahren

Das Handelsrecht sieht unter bestimmten Voraussetzungen für bestimmte Vermögensgegenstände Bewertungsvereinfachungsverfahren vor (z. B. Durchschnittsbewertung, Verbrauchsfolgeverfahren, Festbewertung). Diese stellen eine Ausnahme vom Grundsatz der Einzelbewertung dar, weil eine Einzelbewertung entweder nicht möglich ist oder zu einer unzumutbaren Arbeitsbelastung führen würde.

Forderungsbewertung

Forderungen werden regelmäßig zu ihrem Nennwert bewertet. Zweifelhafte Forderungen, d. h. Forderungen, bei denen begründete Anhaltspunkte dafür vorliegen, dass mit einer nur teilweisen Begleichung gerechnet werden kann, sind um den wahrscheinlichen Forderungsausfall abzuschreiben. Steht die Uneinbringlichkeit einer Forderung fest, ist sie in voller Höhe abzuschreiben.

Schulden

Verbindlichkeiten sind grundsätzlich mit ihrem Erfüllungsbetrag anzusetzen (§ 253 Abs. 1 Satz 2 HGB. Handelt es sich dabei um eine Geldverpflichtung ist der Geldbetrag anzusetzen, der bei Fälligkeit zu leisten ist. Handelt es sich um eine Sachleistungsverpflichtung ist der Betrag anzusetzen, der aufgewendet werden muss, um die Sachleistungsverpflichtung zu erfüllen. Notwendige Wertanpassungen können sich für den Fall ergeben, dass die Verzinsungsvereinbarung betreffend die Verbindlichkeit unter bzw. über dem üblichen Zinsniveau liegt.

Rentenverpflichtungen ohne erwartete Gegenleistung sind mit ihrem Barwert, Rückstellungen mit dem nach vernünftiger kaufmännischer Beurteilung notwendigen Erfüllungsbetrag anzusetzen. Die gesetzlich vorgeschriebene Bewertung der Rückstellung ist sehr allgemein gehalten, woraus sich gewisse Ermessensspielräume ergeben. Analog zur Bewertung von Verbindlichkeiten kann hier grundsätzlich auf den (wahrscheinlichen) Erfüllungsbetrag abgestellt werden, es sollten auch Erfahrungen der Vergangenheit herangezogen werden. Der Erfüllungsbetrag ist bei Rückstellungen mit einer Restlaufzeit von mehr als einem Jahr zudem mit einem der

Restlaufzeit entsprechenden durchschnittlichen Marktzinssatz der vergangenen sieben Jahre abzuzinsen (§ 253 Abs. 2 Satz 1 HGB).

Durch die Bildung einer Rückstellung entsteht ein Aufwand, der den laufenden (oder vergangenen) Perioden wirtschaftlich zuzuordnen ist. Wird in den nachfolgenden Perioden die der Rückstellung zugrundeliegende Verpflichtung tatsächlich beglichen, hat dies in Höhe des in Anspruch genommenen zurückgestellten Betrags keine Ergebniswirkung. Entfällt dagegen in einer späteren Periode der Grund für die Rückstellungsbildung, ist sie in dieser Periode entsprechend ertragswirksam aufzulösen.

6 Einzelheiten zum Jahresabschluss

Der Jahresabschluss des Krankenhauses oder der stationären Pflegeeinrichtung besteht aus der Bilanz, der Gewinn- und Verlustrechnung und dem Anhang einschließlich des Anlagennachweises und Fördernachweises, die nach den Vorschriften der KHBV und der PBV aufzustellen sind (der Fördernachweis ist nur für Einrichtungen, die unter den Anwendungsbereich der PBV fallen verpflichtend). Er ist bei Kapitalgesellschaften um einen Anhang zu erweitern und hat unter Beachtung der Grundsätze ordnungsmäßiger Buchführung ein den tatsächlichen Verhältnissen entsprechendes Bild der Vermögens-, Finanz- und Ertragslage der Gesellschaft zu vermitteln (Generalnorm des § 264 Abs. 2 HGB i. V. m. § 4 Abs. 3 KHBV, § 4 Abs. 1 PBV). Für Krankenhäuser und stationäre Pflegeeinrichtungen, die die Merkmale für mittelgroße bzw. große Kapitalgesellschaften erfüllen, ist zusätzlich die Aufstellung eines Lageberichts verpflichtend.

Im Folgenden werden die in den Anlagen 1 und 2 der KHBV und PBV aufgeführten Posten des Jahresabschlusses inhaltlich erläutert und zu ihrer Bewertung Stellung genommen.

6.1 Die einzelnen Posten der Bilanz

Die Bilanz ist eine Zusammenstellung der betrieblichen Werte in Kontenform, es handelt sich um eine Zeitpunktrechnung. Bezugspunkt ist der jeweilige Abschlussstichtag. In der Regel ist dies der 31. Dezember eines jeweiligen Jahres (Wirtschaftsjahr = Kalenderjahr). Einige Unternehmen wählen auch ein hiervon abweichendes Wirtschaftsjahr.

In der Bilanz werden Bestandsgrößen ausgewiesen. Die Aktivseite stellt eine Übersicht über die Werte des mit betrieblichen Mitteln beschafften Vermögens dar (Mittelverwendungs- oder Vermögensseite). Die Passivseite gibt Auskunft darüber, aus welchen Quellen die betrieblichen Mittel stammen (Mittelherkunfts- oder Kapitalseite). Die Summe aller dem Betrieb zur Verfügung stehenden Mittel bezeichnet man als Kapital. Das Kapital, das zeitlich begrenzt mit einer Rückzahlungsverpflichtung zur Verfügung gestellt wird, ist sogenanntes Fremdkapital und das Kapital, das ohne zeitliche Begrenzung, d. h. ohne Rückzahlungsverpflichtung gewährt wird, ist Eigenkapital.

Als wesentliche Ergänzung zum handelsrechtlichen Gliederungsschema sehen die KHBV und die PBV die Erfassung von Sonderposten vor (§ 5 KHBV, § 5 PBV). Die Sonderposten sind Ausfluss der Finanzierungsstrukturen bzw. der damit verbundenen Bruttobilanzierung des von Dritten finanzierten Anlagevermögens. Sie sind weder klassisches Eigenkapital noch Fremdkapital, sondern sind gedanklich vom Buchwert des Anlagevermögens abzuziehen, da die vom Eigentümer zu tragenden Anschaffungskosten in einer um diese Sonderposten verminderten Höhe angefallen sind.

Eigenkapital kann entweder von außen zugeführt werden (z. B. durch Einlagen der Gesellschafter oder Stifter) oder durch die Einbehaltung von Gewinnen gebildet werden. Das Eigenkapital dient dabei der langfristigen Finanzierung sowie der Erhaltung der Bestands- und Arbeitsfähigkeit des Unternehmens. Dem Eigenkapital kommen eine Verlustauffangfunktion sowie eine Haftungsfunktion zu.

Tab. 6.1: Gliederung der Bilanz nach Anlage 1 der KHBV*

Aktivseite	Passivseite
A. Anlagevermögen	A. Eigenkapital
I. Immaterielle Vermögensgegenstände	B. Sonderposten aus Zuwendungen zur Finanzierung des Sachanlagevermögens
II. Sachanlagen	C. Rückstellungen
III. Finanzanlagen	D. Verbindlichkeiten
B. Umlaufvermögen	E. Ausgleichsposten aus Darlehensförderung
I. Vorräte	F. Rechnungsabgrenzungsposten
II. Forderungen und sonstige Vermögensgegenstände	
III. Wertpapiere des Umlaufvermögens	
IV. Schecks, Kassenbestand, Bundesbank- und Postgiroguthaben, Guthaben bei Kreditinstituten	
C. Ausgleichsposten nach dem KHG	
D. Rechnungsabgrenzungsposten	
E. Aktiver Unterschiedsbetrag aus der Vermögensverrechnung	
F. Nicht durch Eigenkapital gedeckter Fehlbetrag	

* bis zur Ebene der römischen Ziffern 6

6.1.1 Aktivseite

Anlagevermögen

Innerhalb des Anlagevermögens sind nur Vermögensgegenstände auszuweisen, die bestimmt sind, dauernd dem Geschäftsbetrieb zu dienen, d. h. zur dauerhaften Nutzung im Unternehmen eingesetzt werden. Entscheidend ist nicht die Art des Vermögensgegenstandes, sondern seine wirtschaftliche Zweckbestimmung. Mit Aufstellung der Bilanz entscheidet der Bilanzierende an jedem Bilanzstichtag neu über die Zuordnung des Vermögensgegenstandes. Vermögensgegenstände, die im Rahmen des Produktionsprozesses verarbeitet werden oder verkauft werden sollen, dürfen nicht dem Anlagevermögen zugeordnet werden, da sie dem Geschäftsbetrieb nicht dauernd dienen. Z. B. dürfen Grundstücke, die veräußert werden sollen, nicht als Anlagevermögen ausgewiesen werden, sondern sind zwingend dem Umlaufvermögen zuzuordnen.

Die Bewertung des Anlagevermögens erfolgt zu Anschaffungs- oder Herstellungskosten vermindert um die Abschreibung und erhöht um die Zuschreibungen (▶ Kap. 5.2.2).

Das Anlagevermögen wird in die Posten immaterielle Vermögensgegenstände, Sachanlagen und Finanzanlagen unterteilt.

Mittelgroße und große Kapitalgesellschaften, aber auch Krankenhäuser und stationäre Pflegeeinrichtungen, haben als Bestandteil des Anhangs einen Anlagespiegel aufzustellen.[33] Dieser Anlagespiegel gibt zusätzlich zur Bilanz Informationen über die historischen Anschaffungskosten und die kumulierten Abschreibungswerte des Anlagevermögens.

Immaterielle Vermögensgegenstände

Immaterielle Vermögensgegenstände sind Gegenstände, die nicht materiell bzw. körperlich sind. Entsprechend ihrer beabsichtigten Verwendung können immaterielle Vermögensgegenstände sowohl dem Anlagevermögen als auch dem Umlaufvermögen zugeordnet werden. Falls die Absicht zur dauernden Verwendung besteht, hat der Ausweis innerhalb des Anlagevermögens zu erfolgen.

Mit dem BilMoG wurde die Möglichkeit eröffnet, selbst geschaffene immaterielle Vermögensgegenstände des Anlagevermögens bilanziell zu erfassen (§ 248 Abs. 2 HGB).[34]

Die immateriellen Vermögensgegenstände werden nach § 266 Abs. 2 HGB[35] wie folgt unterteilt.

---

33 Anlage 3 zur KHBV; Anlage 3a zur PBV; Bei Krankenhäusern und stationären Pflegeeinrichtungen in der Form der Kapitalgesellschaft sind bei Inanspruchnahme des Wahlrechtes nach § 1 Abs. 3 KHBV/§ 8 Abs. 1 PBV die in der Anlage 3/3a vorgesehenen Anlagennachweise um die Posten »Immaterielle Vermögensgegenstände« und »Finanzanlagen« (einschließlich Unterposten) entsprechend der HGB-Gliederung zu ergänzen.
34 Einschränkungen dieser Möglichkeit sind in § 248 Abs. 2 Satz 2 HGB aufgeführt.
35 Entsprechende Unterteilung auch in den Anlagen 1 der KHBV und PBV

Selbst geschaffene gewerbliche Schutzrechte und ähnliche Rechte und Werte; entgeltlich erworbene Konzessionen, gewerbliche Schutzrechte und ähnliche Rechte und Werte sowie Lizenzen an solchen Rechten und Werten

Unter Konzessionen fallen z. B. LKW- und Taxikonzessionen, Wegerechte, Wassernutzungsrechte. Gewerblich Schutzrechte umfassen Patente, Lizenzen, Warenzeichen und Urheberrechte. Nutzungsrechte, Nießbrauchrechte sowie Bezugsrechte werden als ähnliche Rechte erfasst. Ungeschützte Erfindungen, Software, Rezepte und Kundenkarteien zählen zu den ähnlichen Werten.

Geschäfts- oder Firmenwert

Der Geschäfts- oder Firmenwert ist der positive Unterschiedsbetrag zwischen dem beim Unternehmenskauf bezahlten Kaufpreis und dem Zeitwert der einzelnen bilanzierten und nicht bilanzierten Vermögensgegenstände und Schulden des Unternehmens (Substanzwert). Der positive Unterschiedsbetrag resultiert dabei z. B. aus dem so erworbenen »guten Namen« des Unternehmens, dem Kundenstamm, aber auch aus der Absatzorganisation oder der guten Ortslage des Unternehmens, die sich jeweils nicht in den bilanzierten Vermögenswerten widerspiegeln.

Geleistete Anzahlungen

Hier werden geleistete Anzahlungen auf immaterielle Vermögensgegenstände ausgewiesen. Darunter werden Vorausleistungen bzw. Vorauszahlungen für Vermögensgegenstände des Anlagevermögens aufgrund eines Vertrags oder einer sonstigen Verabredung verstanden. Es handelt sich um schwebende Geschäfte, da der geschlossene Vertrag noch nicht vollständig erfüllt ist. Beispielsweise kommt es vor, dass ein Krankenhausträger die Entwicklung einer speziellen Software in Auftrag gibt und die beauftragte Firma hierfür eine Anzahlung erhält.

Sachanlagen

Sachanlagen sind körperliche Vermögensgegenstände, die dazu bestimmt sind, dem Geschäftsbetrieb dauernd zu dienen. In Anlehnung an das Handelsrecht lassen sich die Sachanlagen nach den Anlagen 1 der KHBV und PBV wie folgt unterteilen. [36]

Grundstücke, grundstücksgleiche Rechte mit Betriebsbauten einschließlich der Betriebsbauten auf fremden Grundstücken

Grundstücke, grundstücksgleiche Rechte mit Wohnbauten einschließlich der Wohnbauten auf fremden Grundstücken

---

36 Nach § 266 Abs. 2 HGB werden die drei Posten der KHBV/PBV zusammengefasst unter der Bezeichnung »Grundstücke, grundstücksgleiche Rechte und Bauten einschließlich der Bauten auf fremden Grundstücken«

6.1 Die einzelnen Posten der Bilanz

Grundstücke, grundstücksgleiche Rechte ohne Bauten

Innerhalb dieser Posten werden alle unbebauten und bebauten Grundstücke ausgewiesen, sowie die Gebäude und (Betriebsbauten, Wohnbauten und sonstige Bauten) deren Einrichtungen, auch Gebäude auf fremden Grundstücken. Zu diesem Posten gehören aber auch Anbaurechte und Erbbaurechte. Technische Einrichtungen wie zum Beispiel Fahrstühle und Heizungen, die in einem engen Funktionszusammenhang mit dem Gebäude stehen sind hier ebenfalls auszuweisen. Da Grundstücke nicht abnutzungsfähig sind, werden diese planmäßig nicht abgeschrieben.

Technische Anlagen[37]

Unter diesem Posten werden Vermögensgegenstände bilanziert, welche unmittelbar der Leistungserbringung dienen, wie z. B. Lastenaufzüge, Kühlanlagen.

Einrichtungen und Ausstattungen[38] (ohne Fahrzeuge)/Fahrzeuge

Innerhalb dieses Postens werden Vermögensgegenstände ausgewiesen, die keinem anderen Posten zuzuordnen sind und die nicht unmittelbar der Leistungserbringung dienen. Der Posten umfasst z. B. Büroeinrichtungen und Fahrzeuge.
In der PBV erfolgt der Ausweis der »Fahrzeuge« in einem gesonderten Posten.

Geleistete Anzahlungen und Anlagen im Bau

Unter geleistete Anzahlungen werden Vorleistungen bzw. Vorauszahlungen für Vermögensgegenstände des Anlagevermögens verstanden.
Unter Anlagen im Bau werden am Bilanzstichtag noch nicht fertig gestellte und noch nicht betriebsbereite Anlagen ausgewiesen. Hierbei kann es sich um Eigenfertigung (z. B. eigene Bauleistungen) oder um Fremdbezug (z. B. Leistungen durch Handwerksfirmen bzw. Bauträger) handeln.

Finanzanlagen[39]

Unter diesem Posten sind auszuweisen Anteile an verbundenen Unternehmen, Beteiligungen und Wertpapiere des Anlagevermögens, also Wertpapiere, die längerfristig als Kapitalanlage gehalten werden sollen. Daneben erfolgt auch der Ausweis

---

37 Nach § 266 Abs. 2 HGB: »Technische Anlagen und Maschinen«
38 Nach § 266 Abs. 2 HGB: »Andere Anlagen, Betriebs- und Geschäftsausstattung«
39 Die Unterpostenbezeichnungen sind nach den Anlagen 1 der KHBV und PBV identisch mit denen nach § 266 Abs. 2 HGB, mit Ausnahme der HGB-Postenbezeichnung »sonstige Ausleihungen«, die in den Anlagen 1 der KHBV und PBV durch die Bezeichnung »sonstige Finanzanlagen« ersetzt wird.

von Ausleihungen und sonstigen Finanzanlagen wie z. B. Darlehen und Kautionen und von Rückdeckungsansprüchen aus abgeschlossenen Lebensversicherungsverträgen.[40]

Für die sonstigen Finanzanlagen sieht die KHBV zusätzlich einen »Davon«-Vermerk für die Finanzanlagen vor, die beim Gesellschafter bzw. dem Krankenhausträger gehalten werden.

Bewertung des Anlagevermögens

Die Bewertung des Anlagevermögens erfolgt grundsätzlich zu Anschaffungs- bzw. Herstellungskosten. Bei Vermögensgegenständen des Anlagevermögens, deren Nutzung zeitlich begrenzt ist oder deren Wert einer wirtschaftlichen Abnutzung unterliegt (dies sind sämtliche immaterielle Vermögensgegenstände und Sachanlagen mit Ausnahme von Grundstücken), sind die Anschaffungs- bzw. Herstellungskosten um planmäßige Abschreibungen zu mindern. Dies bedeutet, dass die Anschaffungs- bzw. Herstellungskosten planmäßig auf den voraussichtlichen Nutzungszeitraum des Vermögensgegenstandes verteilt werden. In der Regel wird die lineare Abschreibungsmethode angewendet, hierbei werden die Anschaffungs- bzw. Herstellungskosten gleichmäßig auf die geschätzte Nutzungsdauer verteilt.

Beim Anlagevermögen gilt im Bereich der Finanzanlagen das sogenannte gemilderte Niederstwertprinzip. Dies bedeutet, dass bei lediglich vorübergehender Wertminderung unter den Buchwert zum Bilanzstichtag (fortgeführte Anschaffungs- bzw. Herstellungskosten) dieser beibehalten bzw. planmäßig fortgeführt werden darf. Dabei handelt es sich um ein Wahlrecht, bei dem zwar eine Abschreibung auf den niedrigeren Markt- bzw. Börsenwert am Bilanzstichtag vorgenommen werden darf, aber nicht zwingend notwendig ist, wenn davon auszugehen ist, dass die Wertminderung nicht von Dauer ist.

In der Praxis ist die lineare Abschreibung weitverbreitet. Die Abschreibung ist grundsätzlich tagegenau »pro rata temporis« vorzunehmen. Im Jahre der Anschaffung sind die Anlagegüter entsprechend nur zeitanteilig abzuschreiben.

Die Festlegung der betriebsgewöhnlichen Nutzungsdauer erfolgt in der Regel auf Basis von Schätzungen, bei denen die Erfahrungen der Vergangenheit berücksichtigt werden. Oftmals werden die von der Finanzverwaltung veröffentlichten Amtlichen Abschreibungstabellen zu Rate gezogen, so wird auch eine Tabelle für das Gesundheitswesen veröffentlicht.

Umlaufvermögen

Begriff des Umlaufvermögens ist nicht gesetzlich definiert. Innerhalb des Umlaufvermögens werden Vermögensgegenstände erfasst, die weder zum Anlagevermögen gehören noch Rechnungsabgrenzungsposten sind. Somit werden innerhalb des Umlaufvermögens Vermögengenstände ausgewiesen, die dem Geschäftsbetrieb

---

40 Ggfs. saldierter Ausweis aufgrund von Planvermögen nach § 246 Abs. 2 HGB

nicht dauerhaft dienen. Das Umlaufvermögen wird nach den Anlagen 1 der KHBV und PBV untergliedert in

- Vorräte,
- Forderungen und sonstige Vermögensgegenstände,
- Wertpapiere des Umlaufvermögens[41] sowie
- Schecks, Kassenbestand, Bundesbank- und Postgiroguthaben, Guthaben bei Kreditinstituten.[42]

Vorräte

Die Vorräte umfassen alle Vermögensgegenstände, die vom Unternehmen zur Weiterverarbeitung oder zum Verkauf erworben oder hergestellt wurden. Ausschlaggebend ist dabei die wirtschaftliche Betrachtungsweise. Innerhalb des Postens Vorräte (KHBV) erfolgt die Unterteilung in die folgenden Posten:

1. Roh-, Hilfs- und Betriebsstoffe
2. Unfertige Erzeugnisse, Unfertige Leistungen
3. Fertige Erzeugnisse und Waren
4. Geleistete Anzahlungen

Roh-, Hilfs- und Betriebsstoffe

Unter diesen Posten fallen alle Stoffe, die in das Fertigungsprodukt eingehen und dessen Hauptbestandteil bilden. Bei einem Dienstleistungsbetrieb werden hierunter Stoffe erfasst, die für die Herstellung der Dienstleistung notwendig sind, z. B. Arzneimittel, Implantate, Lebensmittel.

Hilfsstoffe gehen ebenfalls in das Fertigungsprodukt ein, stellen aber keinen Hauptbestandteil dar (z. B. Schrauben, Nahtmaterial). Unter Betriebsstoffe versteht man Stoffe, die bei der Herstellung mittel- oder unmittelbar verbraucht werden wie z. B. Heizöl.

Unfertige Erzeugnisse, unfertige Leistungen[43]

Unter unfertigen Erzeugnissen, unfertigen Leistungen versteht man alle Vorräte an noch nicht verkaufsfähigen Produkten und Leistungen, für die allerdings schon Aufwendungen entstanden sind. Unfertige Erzeugnisse findet man vor allem in Fertigungsbetrieben, unfertige Leitungen vornehmlich in Dienstleistungsbetrieben.

---

41 Lt. § 266 Abs. 2 HGB: »Wertpapiere«
42 Lt. Anlage 1 PBV: »Kassenbestand, Guthaben bei Kreditinstituten und Schecks«; Lt. § 266 Abs. 2 HGB: »Kassenbestand, Bundesbankguthaben, Guthaben bei Kreditinstituten und Schecks«
43 Gesonderter Posten lt. Anlage 1 der PBV nicht vorgesehen

Unfertige Leistungen stellen auch die Überlieger im Krankenhaus dar, d. h. Patienten, deren Behandlung sich über den Bilanzstichtag hinaus erstreckt. Aufgrund des Übergangs von der tagesbezogenen Abrechnung zur fallbezogenen Abrechnung können für diese Patienten die Erlöse nicht mehr stichtagsgerecht abgerechnet werden. Insofern steht dem Personal- und Sachaufwand für die erbrachte Leistung kein Umsatzerlös gegenüber. Insofern stellt die Erfassung der unfertigen Leistung Überlieger und die damit verbundene Ertragsbuchung ein Korrekturposten zu den bis zum Bilanzstichtag angefallenen Aufwendungen dar und ist Ausfluss der periodengerechten Gewinnermittlung.[44]

Fertige Erzeugnisse und Waren

Vorräte, die nach ihrem Zustand als fertig gestellt gelten bzw. geeignet zur Weiterveräußerung sind und die im eigenen Unternehmen be- bzw. verarbeitet wurden, werden innerhalb dieses Postens ausgewiesen.

Waren sind die Handelswaren, die vom Unternehmen fremdbezogen wurden und im unveränderten Zustand weiterveräußert werden sollen.

Geleistete Anzahlungen

Hier werden die Anzahlungen auf Vorräte erfasst.

Forderungen und sonstige Vermögensgegenstände

Forderungen und sonstige Vermögensgegenstände (KHBV, PBV) sind:

1. Forderungen aus Lieferungen und Leistungen
2. Forderungen an Gesellschafter bzw. den Krankenhausträger (KHBV)
　　Forderungen an Gesellschafter oder Träger der Einrichtung (PBV)
3. Forderungen nach dem Krankenhausfinanzierungsrecht (KHBV)
4. Forderungen gegen verbundene Unternehmen
5. Forderungen gegen Unternehmen, mit denen ein Beteiligungsverhältnis besteht
6. Forderungen aus öffentlicher Förderung (PBV)
7. Forderungen aus nicht-öffentlicher Förderung (PBV)
8. Eingefordertes, noch nicht eingezahltes Kapital
9. Sonstige Vermögensgegenstände

Unter Forderungen und sonstigen Vermögensgegenständen versteht man Geldforderungen, die aus dem Umsatzprozess bzw. dem Leistungsprozess stammen, zum Bilanzstichtag jedoch noch nicht zu einer Einzahlung geführt haben.

---

44 Bei der Bewertung der unfertigen Leistung Überlieger werden die Erlöse gemäß der Verweildauer dem entsprechenden Berichtsjahr zugeordnet. Dem gegenüber stehen vereinfacht ermittelte Kosten je Relativgewicht. Diese werden ebenfalls gemäß der Verweildauer dem entsprechenden Berichtsjahr zugeordnet. Nach dem Prinzip der verlustfreien Bewertung wird der jeweils niedrigere Wert aus Kosten und Erlösen angesetzt.

Entsprechend der Anlagen 1 der KHBV und PBV ist es vorgeschrieben, die Restlaufzeiten der Forderungen mit einer Restlaufzeit von mehr als einem Jahr als »Davon«-Vermerk unter diesem Bilanzposten auszuweisen.[45]

Forderungen aus Lieferungen und Leistungen

Die Forderungen aus Lieferungen und Leistungen stellen den Gegenwert bzw. Anspruch aus gegenseitigen Verträgen betreffend den Umsatz- bzw. Leistungsprozess dar. Das Unternehmen hat dabei durch Lieferung oder Leistung seinen Vertragsteil bereits erfüllt, die Erfüllung (Zahlung) seitens des Abnehmers steht allerdings noch aus. Die im gesamten Geschäftsjahr über das Konto Forderungen aus Lieferungen und Leistungen abgewickelten Beträge entsprechen grundsätzlich den als Umsatzerlösen auszuweisenden Erträgen.[46] Durch die mit dem BilRUG eingeführte Ausweitung der Umsatzerlösdefinition (vgl. die untenstehenden Erläuterungen zum GuV-Posten »Umsatzerlöse«) erweitert sich auch der Ausweis der Forderungen aus Lieferungen und Leistungen um die im Zusammenhang mit diesen Umsatzerlösen am Bilanzstichtag noch nicht beglichenen Geldforderungen. So sind Zuschussforderungen, soweit es sich um Zuschüsse handelt, die mit einer Leistung an den Mittelgeber verbunden sind und soweit nicht ein gesonderter Ausweis unter einem anderen Bilanzposten vorgeschrieben ist[47], unter diesem Posten auszuweisen.

Forderungen an Gesellschafter bzw. den Krankenhausträger/Träger der Einrichtung

Den Posten »Forderungen an Gesellschafter« findet man nur in Bilanzen von Kapitalgesellschaften (§ 42 Abs. 3 GmbHG). Es werden hier alle kurzfristigen Forderungen an den Gesellschafter ausgewiesen. Erfolgt kein gesonderter Ausweis in einem eigenen Posten so muss eine entsprechende Anhangsangabe erfolgen. Alternativ sind die auf den Gesellschafter entfallenden Beträge als »Davon-Vermerke« jeweils bei den übrigen Posten der Forderungen und sonstigen Vermögensgegenstände anzugeben. Der gesonderte Ausweis dieser Forderungen soll ihre besondere Wertigkeit dokumentieren.

Das gilt auch für die »Forderungen an den Krankenhausträger« (KHBV) bzw. »Forderungen an Träger der Einrichtung« (PBV). Diese Posten können dann zum Tragen kommen, wenn das Krankenhaus bzw. die stationäre Pflegeeinrichtung als rechtlich unselbstständiger Bereich innerhalb eines größeren Rechtsträgers betrie-

---

45 Handelsrechtlich kann diese Angabe für Kapitalgesellschaften auch im Anhang erfolgen (§§ 268 Abs. 4, 284 Abs. 1 HGB)
46 Beispielsweise Krankenhausleistungen sowie Wahlleistungen und ambulante Leistungen des Krankenhauses; Allgemeine Pflegeleistungen, Unterkunfts- und Verpflegungsleistungen sowie Zusatzleistungen der stationären Pflegeeinrichtung.
47 Forderungen aus öffentlicher/nicht-öffentlicher Förderung (PBV)

ben wird. Ausgewiesen werden hier alle kurzfristigen Forderungen an den Krankenhausträger bzw. Träger der Einrichtung.

Forderungen gegen andere Trägereinrichtungen (keine gesonderten Posten des HGB und der KHBV/PBV)

Diesen Posten findet man nur bei Teilabschlüssen innerhalb eines Rechtsträgers. Er bezeichnet die Forderungen zwischen den einzelnen Bilanzierungskreisen des Rechtsträgers, die bei der Erstellung des Jahresabschlusses des Rechtsträgers mit den Posten Verbindlichkeiten gegenüber anderen Trägereinrichtungen aufgerechnet werden.

Der Ausweis erfolgt nur für das Umlaufvermögen zuzuordnende Forderungen.

Forderungen nach dem Krankenhausfinanzierungsrecht (nur KHBV)

Dieser Posten umfasst die Forderungen nach dem KHEntgG, der BPflV (z. B. Forderungen im Zusammenhang mit der geschlossenen Entgelt- oder Budgetvereinbarung) sowie nach dem KHG (Forderungen im Rahmen des Ausbildungsbudgets nach § 17a KHG oder betreffend die Fördermittel nach KHG). Er ist durch den Vermerk »davon nach der BPflV« bzw. »davon nach dem KHEntgG« zu ergänzen.

Forderungen gegen verbundene Unternehmen

Innerhalb dieses Postens werden sämtliche kurzfristige Forderungen gegen verbundene Unternehmen ausgewiesen. Unter verbundenen Unternehmen (§ 271 Abs. 2 HGB) versteht man Unternehmen, die neben dem bilanzierenden Unternehmen in einen Konzernabschluss einzubeziehen sind, unabhängig davon, ob ein Konzernabschluss letztendlich aufgestellt wird oder nicht.

Forderungen gegen Unternehmen, mit denen ein Beteiligungsverhältnis besteht

In diesem Posten sind alle dem Umlaufvermögen zurechenbaren Forderungen gegen Unternehmen, mit denen ein Beteiligungsverhältnis besteht auszuweisen. Dies sind solche Unternehmen, an dem das bilanzierende Unternehmen kapitalmäßig beteiligt ist. Im Handelsrecht erfolgt der Ausweis als Beteiligungsunternehmen ab einer Beteiligung von 20 % (Beteiligungsvermutung) (§ 271 Abs. 1 HGB).

Forderungen aus öffentlicher/nicht-öffentlicher Förderung (PBV)

Die PBV verlangt unter diesem Posten den gesonderten Ausweis von Forderungen sowohl im Zusammenhang mit der Investitionskostenförderung als auch im Rahmen der Betriebskostenförderung.

Eingefordertes, noch nicht eingezahltes Kapital

Dieser Posten ist durch das BilMoG in die Gliederungen nach KHBV und PBV eingefügt worden. Er steht im direkten Zusammenhang mit der nach BilMoG veränderten Darstellung des Eigenkapitals. Er beinhaltet die Forderungen auf den Anteil des gezeichneten Kapitals, der zwar von den Anteilseignern schon eingefordert wurde, der aber bis zum Bilanzstichtag noch nicht liquiditätsmäßig geflossen, d. h. eingezahlt worden ist. Noch nicht eingeforderte Anteile am gezeichneten Kapital sind dagegen nicht als Forderung auszuweisen, sondern offen im ersten Posten der Bilanz auf der Passivseite vom gezeichneten Kapital abzusetzen (§ 272 Abs. 1 Satz 3 HGB).

Sonstige Vermögensgegenstände

In dem Bilanzposten »sonstige Vermögensgegenstände« werden sämtliche kurzfristige Vermögensgegenstände erfasst, die keinem anderen Posten zugeordnet werden können wie z. B. Forderungen aus Arbeitnehmerdarlehen, Forderungen an Zuschussgeber[48], Forderungen an Ärzte.

Wertpapiere des Umlaufvermögens

Innerhalb dieses Postens werden alle Wertpapiere erfasst, deren Anschaffung mit der Maßgabe erfolgt, nur vorübergehend bzw. kurzfristig als Liquiditätsreserve gehalten zu werden. Hier steht nicht die beteiligungsbedingte Einflussnahme im Vordergrund, sondern die Finanzierungs- bzw. Gewinnerzielungsabsicht. Die Wertpapiere des Umlaufvermögens[49], die nach KHBV und PBV in einem Posten ausgewiesen werden, werden handelsrechtlich in zwei Unterposten unterteilt.

Anteile an verbundenen Unternehmen

Hier werden nur die Anteile ausgewiesen, die an Unternehmen gehalten werden, die in einen Konzernabschluss einzubeziehen wären. Es handelt sich allerdings um Anteile, die lediglich kurzfristig gehalten werden sollen.

Sonstige Wertpapiere

Hier werden sämtliche Wertpapiere erfasst, die nicht dem Anlagevermögen zugeordnet werden und die auch nicht Anteile an verbundenen Unternehmen darstellen. Es handelt sich hierbei beispielsweise um Aktien, Pfandbriefe oder Schuldverschreibungen.

---

48 Nach PBV gesonderter Ausweis im Posten »Forderung aus öffentlicher bzw. nicht-öffentlicher Förderung«.
49 Bezeichnung des Postens nach § 266 Abs. 2 HGB »Wertpapiere«

Schecks, Kassenbestand, Bundesbank-und Postgiroguthaben, Guthaben bei Kreditinstituten (KHBV)/Kassenbestand, Guthaben bei Kreditinstituten und Schecks (PBV)

Innerhalb dieses Postens werden alle kurzfristig bzw. sofort fälligen liquiden Mittel des Unternehmens erfasst.

Zum »Kassenbestand« zählt neben dem in sämtlichen Haupt- und Nebenkassen befindlichen in- und ausländischen Bargeld auch der Bestand an Briefmarken und Francotyp-Werten.

»Guthaben bei Kreditinstituten« sind sämtliche Bestände an täglich fälligen Guthaben, aber auch Festgelder bzw. Tagesgelder mit fest vereinbarter Laufzeit. Erhaltene Schecks, die zum Bilanzstichtag noch nicht eingelöst bzw. nicht gutgeschrieben worden sind, sind im Posten »Schecks« auszuweisen.

Bewertung des Umlaufvermögens

Die Bewertung der Vermögensgegenstände des Umlaufvermögens erfolgt zu Anschaffungskosten bzw. zum niedrigeren Markt- oder Börsenpreis am Bilanzstichtag (strenges Niederstwertprinzip). Die Bewertung nach dem strengen Niederstwertprinzip ist zwingend vorzunehmen, auch wenn mit einer baldigen Wertaufholung zu rechnen ist.

Die Vorräte sind somit zu Anschaffungskosten bzw. dem niedrigeren Marktpreis am Bilanzstichtag zu bewerten. Forderungen und sonstigen Vermögensgegenstände sind mit ihrem Nennwert (Rechnungs- bzw. Abrechnungsbetrag) anzusetzen, wobei für erwartete Ausfallrisiken entsprechende Wertberichtigungen vorzunehmen sind. Kassenbestände, Guthaben bei Kreditinstituten, Schecks sind grundsätzlich mit ihrem Nennwert zu aktivieren.

Ausgleichsposten nach dem KHG[50]

Ausgleichsposten nach dem KHG sind:

1. Ausgleichsposten aus Darlehensförderung
2. Ausgleichsposten für Eigenmittelförderung

Bei diesen Posten handelt es sich um Bilanzposten, die aufgrund der KHBV/PBV grundsätzlich in der Bilanz von Krankenhäusern und stationären Pflegeeinrichtungen auftreten können. Formal stellen die Ausgleichsposten Bilanzierungshilfen dar.

Ausgleichsposten beruhen darauf, dass bestimmte Anlagegüter, die nach heutigen gesetzlichen Vorschriften des Krankenhausfinanzierungsgesetzes bzw. des

---

50 Bezeichnung des Postens nach PBV »Ausgleichsposten«

Sozialgesetzbuches XI förderungsfähig wären, vor dem Inkrafttreten dieser Gesetze beschafft und mit Eigenmitteln oder über Darlehen finanziert wurden. Zu unterscheiden ist daher zwischen dem Ausgleichsposten für Eigenmittelförderung und dem Ausgleichsposten aus Darlehensförderung.

Die betreffenden Einrichtungen sollen wirtschaftlich nicht schlechter gestellt werden als Einrichtungen, die nach Inkrafttreten von KHG bzw. SGB XI die betreffenden Anlagegüter mit Fördergeldern beschafft haben.

Zwar spricht die PBV von Ausgleichsposten, doch hat dies seinen Ursprung in der weitgehend unkritischen Übernahme der Vorschriften der KHBV und hat für Einrichtungen, die der PBV unterliegen, keine praktische Relevanz.

Ausgleichsposten aus Darlehensförderung (§ 5 Abs. 4 KHBV)

Der Ausgleichsposten für Darlehensförderung dient der Neutralisierung von Unterschiedsbeträgen zwischen

- den jährlichen Abschreibungsbeträgen auf die mit Darlehen finanzierten Anlagegüter, die vor In-Kraft-Treten des KHG (1972) zur unmittelbaren stationären Krankenversorgung beschafft wurden und nach den heutigen gesetzlichen Vorschriften förderungsfähig nach dem KHG wären, und
- den erhaltenen Fördermitteln zur Finanzierung der Tilgungsanteile dieser Darlehen.

Je nachdem, welcher Betrag höher ist, erscheint der Ausgleichsposten auf der Aktiv- oder Passivseite der Bilanz.

Ausgleichsposten für Eigenmittelförderung (§ 5 Abs. 5 KHBV)

Der Ausgleichsposten für Eigenmittelförderung stellt einen bilanziellen Korrekturposten zum Eigenkapital dar. Er soll Abschreibungen auf das Anlagevermögen ausgleichen, welches vor Inkrafttreten des KHG (1972) zur unmittelbaren stationären Krankenversorgung beschafft wurde und den förderungsfähigen Investitionen nach dem KHG entspricht. Der Ausweis dieses Postens erfolgt immer auf der Aktivseite.

Rechnungsabgrenzungsposten[51]

Rechnungsabgrenzungsposten (KHBV) sind:

1. Disagio
2. Andere Abgrenzungsposten

---

51 Lt. Anlage 1 PBV sind keine Unterposten vorgesehen.

Disagio

Ein Wahlrecht zum Ausweis als aktiver Rechnungsabgrenzungsposten besteht beim Disagio, also beim Unterschiedsbetrag zwischen dem Nenn- bzw. Rückzahlungsbetrag eines Darlehens und dem tatsächlichen Auszahlungsbetrag. Ein Disagio darf entweder im Jahr der Darlehensaufnahme direkt als Aufwand ergebniswirksam erfasst werden oder als aktiver Rechnungsabgrenzungsposten bilanziert und zeitanteilig über die Laufzeit des Darlehens aufgelöst werden.

Andere Rechnungsabgrenzungsposten

Auf der Aktivseite der Bilanz werden innerhalb dieses Bilanzpostens Auszahlungen vor dem Bilanzstichtag ausgewiesen, die Aufwand für eine bestimmte Zeit nach dem Bilanzstichtag darstellen. Es handelt sich also um Beträge, die für zukünftige Perioden vorausbezahlt werden. Als Beispiele hierfür können vorausgezahlte Mieten oder Versicherungsprämien angeführt werden. Die bereits im Geschäftsjahr bezahlten Beträge sind dabei zeitanteilig auf das abgelaufene Geschäftsjahr und das neue Geschäftsjahr aufzuteilen.

Die Bewertung des aktiven Rechnungsabgrenzungspostens erfolgt zum Nennwert, also in Höhe der getätigten Auszahlungen für den Zeitraum nach dem Bilanzstichtag.

Aktiver Unterschiedsbetrag aus der Vermögensverrechnung

Dieser Posten ist durch das BilMoG neu in das Gliederungsschema aufgenommen worden. Er kann bei der Verrechnung von Schulden mit den entsprechenden Vermögenswerten aus Altersversorgungsverpflichtungen oder vergleichbaren langfristigen Verpflichtungen gegenüber Arbeitnehmern entstehen und zwar dann, wenn der Zeitwert der zu verrechnenden Vermögenswerte (Planvermögen) höher ist als die entsprechenden Schulden. Voraussetzung ist, dass die zuzurechnenden Vermögenswerte dem Zugriff aller übrigen Gläubiger entzogen, d. h. insolvenzgesichert sind.[52]

6.1.2 Passivseite

Eigenkapital

Die Mittel, die dem Krankenhaus oder der Pflegeeinrichtung ohne zeitliche Begrenzung vom Eigentümer zur Verfügung gestellt werden, bilden das Eigenkapital. Rechnerisch ermittelt wird es als Saldo aus den Posten der Aktivseite und den übrigen Posten der Passivseite. Falls die übrigen Posten der Passivseite höher sind als die Posten der Aktivseite, so ist ein »negatives Eigenkapital« als letzter Posten auf der Aktivseite als »Nicht durch Eigenkapital gedeckter Fehlbetrag« auszuweisen.

---

52 § 246 Abs. 2 Satz 2 und 3 HGB

Die Veränderungen im Eigenkapital ergeben sich aus Zuführungen von außen (z. B. bei einer GmbH durch Einlagen des Gesellschafters, bei Stiftungen durch den Stifter oder Dritte) bzw. Entnahmen der Eigentümer oder durch die Einbehaltung bzw. Verrechnung der Jahresergebnisse (Thesaurierung).

Die Bewertung des Eigenkapitals erfolgt grundsätzlich zum Nennbetrag bzw. Nennwert.

Eigenkapital (KHBV, PBV) ist:

1. Eingefordertes Kapital
   Gezeichnetes Kapital abzgl. nicht eingeforderter ausstehender Einlagen
2. Kapitalrücklagen
3. Gewinnrücklagen
4. Gewinnvortrag/Verlustvortrag
5. Jahresüberschuss/Jahresfehlbetrag

Eingefordertes Kapital, gezeichnetes Kapital abzgl. nicht eingeforderter ausstehender Einlagen

Das gezeichnete Kapital ist das Haftungskapital der Gesellschaft. In Höhe des Haftungskapitals ist die Haftung der Gesellschafter für Verbindlichkeiten der Kapitalgesellschaft beschränkt (§ 272 Abs. 1 Satz 1 HGB).

Das gezeichnete Kapital heißt bei der AG Grundkapital und muss mindestens 50 TEUR betragen. Bei der GmbH wird das gezeichnete Kapital als Stammkapital mit einer Mindesthöhe von 25 TEUR ausgewiesen.

Die nicht eingeforderten ausstehenden Einlagen auf das gezeichnete Kapital sind von dem Posten »Gezeichnetes Kapital« offen abzusetzen; der verbleibende Betrag ist als Posten »Eingefordertes Kapital« in der Hauptspalte der Passivseite auszuweisen. Der Ausweis des eingeforderten noch nicht eingezahlten Betrags erfolgt unter den Forderungen unter entsprechender Postenbezeichnung (§ 272 Abs. 1 Satz 3 HGB).

Kapitalrücklagen

Als Kapitalrücklage sind gemäß § 272 Abs. 2 HGB Beträge auszuweisen, die bei der Ausgabe von Aktien, Schuldverschreibungen, Wandlungsrechten und Optionen über den Nennbetrag hinaus erzielt werden. Auszuweisen sind auch Zuzahlungen der Gesellschafter für die Gewährung von Vorzügen sowie sonstige Zuzahlungen der Gesellschafter. In die Kapitalrücklage werden somit Beträge eingestellt, die der Gesellschaft von außen durch die Anteilseigner zufließen.

Gewinnrücklagen

Gemäß § 272 Abs. 3 HGB sind in die Gewinnrücklage nur die Beträge einzustellen, die im Geschäftsjahr oder in früheren Geschäftsjahren aus dem Ergebnis gebildet worden sind. Dazu gehören auch aus dem Ergebnis zu bildende gesetzliche oder auf Gesellschaftsvertrag oder Satzung beruhende Rücklagen und andere Gewinnrücklagen. Auf der Grundlage von entsprechenden Beschlüssen können auch Entnahmen aus Gewinnrücklagen erfolgen, bspw. zum Ausgleich von Verlusten oder in Form von Gewinnausschüttungen.

Gewinnvortrag/Verlustvortrag

Beträge aus den Jahresergebnissen früherer Jahre, die noch keiner Ergebnisverwendung zugeführt worden sind, werden als Gewinn- bzw. Verlustvortrag ausgewiesen. Sobald durch die entsprechenden Gremien[53] über die Verwendung beschlossen worden ist, ist dieser Posten aufzulösen.

Jahresüberschuss/Jahresfehlbetrag

In der Bilanz wird ein Jahresüberschuss/Jahresfehlbetrag ausgewiesen, wenn über die Ergebnisverwendung noch keine Beschlussfassung getroffen worden ist.

Sonderposten aus Zuwendungen zur Finanzierung des Sachanlagevermögens (KHBV)/Sonderposten aus Zuschüssen und Zuweisungen zur Finanzierung des Sachanlagevermögens (PBV)

Tab. 6.2: Sonderposten (KHBV, PBV)

Sonderposten aus Zuwendungen zur Finanzierung des Sachanlagevermögens (KHBV)	Sonderposten aus Zuschüssen und Zuweisungen zur Finanzierung des Sachanlagevermögens (PBV)
1. Sonderposten aus Fördermitteln nach dem KHG	1. Sonderposten aus öffentlichen Fördermitteln für Investitionen
2. Sonderposten aus Zuweisungen und Zuschüssen der öffentlichen Hand	2. Sonderposten aus nicht-öffentlicher Förderung von Investitionen
3. Sonderposten aus Zuwendungen Dritter	

Sonderposten aus Zuwendungen, Zuschüssen und Zuweisungen zur Finanzierung des Sachanlagevermögens entsprechen in Höhe ihres Bilanzansatzes dem Teil des Anlagevermögens, der mit Fördermitteln nach dem Krankenhausfinanzierungsgesetz, mit Fördermitteln der öffentlichen Hand oder mit Zuwendungen Dritter finanziert worden ist. Die Sonderposten auf der Passivseite stellen somit einen Gegenposten zu dem Teil des Anlagevermögens dar, der nicht aus eigenwirtschafteten Mitteln oder Fremdkapital finanziert worden ist.

---

53 AktG: Hauptversammlung; GmbH: Gesellschafterversammlung

Wird ein Anlagegut mit Fördermitteln nach KHG (§ 5 Abs. 3 KHBV), öffentlichen Fördermitteln (§ 5 Abs. 2 KHBV) oder Zuweisungen Dritter angeschafft, so sind diese Mittel als Sonderposten gesondert auszuweisen. Das Anlagegut wird entsprechend der aufgewendeten Anschaffungs- bzw. Herstellungskosten aktiviert und entsprechend der Nutzungsdauer planmäßig abgeschrieben. Der Sonderposten wird im Investitionszeitpunkt in Höhe des geförderten Teils der Anschaffungs- bzw. Herstellungskosten des korrespondierenden Anlagegutes passiviert. Über den Nutzungszeitraum erfolgt dann die planmäßige Auflösung des Sonderpostens analog dem geförderten Teil der Abschreibung des hieraus finanzierten Anlagegutes und führt somit in dieser Höhe zur ihrer Neutralisierung.

Spenden sind als Sonderposten nur dann zu erfassen, wenn sie ausdrücklich bzw. zweckgebunden zur Finanzierung von Anlagegütern gegeben worden sind.

Rückstellungen

Rückstellungen sind ungewisse Verbindlichkeiten, die in ihrer Höhe und/oder dem Grunde nach zum Bilanzstichtag noch nicht feststehen. Der Ansatz von Rückstellungen in der Bilanz resultiert aus den Grundsätzen der periodengerechten Gewinnermittlung und aus dem Vorsichtsprinzip. Zu unterscheiden ist zwischen Verbindlichkeits- und Aufwandsrückstellungen.[54]

Ergibt sich der Rückstellungsgrund aus einer Verpflichtung des Kaufmanns gegenüber Dritten, so handelt es sich um eine Verbindlichkeitsrückstellung. Eine Aufwandsrückstellung steht im Gegensatz zur Verbindlichkeitsrückstellung nicht im Zusammenhang mit einer Drittverpflichtung des Kaufmanns nach außen. Es liegt vielmehr eine Verpflichtung des Kaufmanns gegenüber »sich selbst« vor. Es werden Ausgaben antizipiert, die der Kaufmann in Zukunft tätigen muss, um sein Unternehmen zu erhalten.

In der Regel erfolgt der Ausweis der Rückstellungen (KHBV) in drei Posten:[55]

1. Rückstellungen für Pensionen und ähnliche Verpflichtungen
2. Steuerrückstellungen
3. Sonstige Rückstellungen

Rückstellungen für Pensionen und ähnliche Verpflichtungen

In diesem Posten sind alle Rückstellungen zu erfassen, die sich als ungewisse Verbindlichkeiten gegenüber den Arbeitnehmern oder deren Angehörige ergeben. Auf die Art der Leistung oder die Art der Finanzierung kommt es hierbei grundsätzlich nicht an.

---

54 Mit Einführung des BilMoG ist die Möglichkeit der Bildung von Aufwandsrückstellungen deutlich reduziert worden und beschränkt sich auf die Rückstellung für unterlassene Instandhaltung (§ 249 Abs. 1 Satz 2 Nr. 1 HGB).
55 Lt. Anlage 1 PBV sind keine Unterposten vorgesehen.

Für eine laufende Pension oder eine Anwartschaft auf eine Pension auf Grund einer unmittelbaren Zusage braucht eine Rückstellung nicht gebildet zu werden, wenn der Pensionsberechtigte seinen Rechtsanspruch nach dem 31. Dezember 1986 erworben hat oder sich ein vor diesem Zeitpunkt erworbener Anspruch nach dem 31. Dezember 1986 erhöht. Für mittelbare (indirekte) Verpflichtungen braucht eine Rückstellung in keinem Fall gebildet zu werden.[56]

Steuerrückstellungen

Unter diesem Posten werden alle ungewissen Steuerschulden der Einrichtung bis zum Erlass eines Steuerbescheides erfasst. Liegt jedoch ein Steuerbescheid vor und die Steuerschuld ist noch nicht beglichen, so ist diese als sonstige Verbindlichkeit zu passivieren.

Sonstige Rückstellungen

Hier werden alle Rückstellungen ausgewiesen, die nicht unter die beiden obigen Posten fallen. Es wird eine Vielzahl unterschiedlicher Rückstellungen erfasst wie z. B. Prozesskosten, Jahresabschlusskosten, Bürgschaftsverpflichtungen, Noch nicht genommener Jahresurlaub der Mitarbeiter. Für Kapitalgesellschaften, die nicht klein sind, erfolgt eine weitere Aufschlüsselung des Postens im Anhang.

Bewertung der Rückstellungen

Rückstellungen sind mit dem nach vernünftiger kaufmännischer Beurteilung notwendigen Erfüllungsbetrag anzusetzen. Die gesetzlich vorgeschriebene Bewertung der Rückstellung ist sehr allgemein gehalten, woraus sich gewisse Ermessensspielräume ergeben. Analog zur Bewertung von Schulden kann hier grundsätzlich auf den (wahrscheinlichen) Erfüllungsbetrag abgestellt werden, es sollten auch Erfahrungen der Vergangenheit herangezogen werden. Der Erfüllungsbetrag ist bei Rückstellungen mit einer Restlaufzeit von mehr als einem Jahr zudem mit einem der Restlaufzeit entsprechenden durchschnittlichen Marktzinssatz der vergangenen sieben Jahre (bzw. für Altersversorgungsverpflichtungen zehn Jahre) abzuzinsen.[57] Abweichend von diesem Grundsatz dürfen Rückstellungen für Altersversorgungsverpflichtungen oder vergleichbare langfristig fällige Verpflichtungen (z. B. Jubiläumsrückstellungen) pauschal mit dem durchschnittlichen Marktzinssatz abgzinst werden, der sich bei einer angenommenen Restlaufzeit von 15 Jahren ergibt.[58]

---

56 Wahlrecht des Artikel 28 Abs. 1 EGHGB. Sollte vom Wahlrecht Gebrauch gemacht werden, müssen Kapitalgesellschaften die nicht ausgewiesenen Rückstellungen für laufende Pensionen, Anwartschaften auf Pensionen und ähnliche Verpflichtungen jeweils im Anhang in einem Betrag angeben (Artikel 28 Abs. 2 EGHGB).
57 § 253 Abs. 2 Satz 1 HGB
58 § 253 Abs. 2 Satz 2 HGB

Verbindlichkeiten

Verbindlichkeiten sind zum Bilanzstichtag feststehende Verpflichtungen, die hinsichtlich der Höhe und des Grundes bestimmt sind und zu einer wirtschaftlichen Belastung des Unternehmens führen. Verbindlichkeiten werden grundsätzlich ohne Bezug auf ihre Fristigkeit ausgewiesen. Bei Kapitalgesellschaften erfolgt der Ausweis unter der zusätzlichen Angabe der Restlaufzeit bis zu einem Jahr und von mehr als einem Jahr als »Davon-Vermerk«.[59] Dies gilt auch für den Ausweis nach KHBV und PBV.

Nach Gläubigergruppen lassen sich die Verbindlichkeiten (HGB) wie folgt untergliedern:

1. Anleihen, davon konvertibel
2. Verbindlichkeiten gegenüber Kreditinstituten
3. erhaltene Anzahlungen auf Bestellungen
4. Verbindlichkeiten aus Lieferungen und Leistungen
5. Verbindlichkeiten aus der Annahme gezogener Wechsel und der Ausstellung eigener Wechsel
6. Verbindlichkeiten gegenüber verbundenen Unternehmen
7. Verbindlichkeiten gegenüber Unternehmen, mit denen ein Beteiligungsverhältnis besteht
8. Sonstige Verbindlichkeiten
   davon aus Steuern,
   davon im Rahmen der sozialen Sicherheit

Anleihen

Anleihen sind langfristige Darlehen, die am öffentlichen Kapitalmarkt aufgenommen werden. Beispiele für Anleihen sind Schuldverschreibungen, Wandel- und Optionsanleihen, Gewinnschuldverschreibungen.

Verbindlichkeiten gegenüber Kreditinstituten

Innerhalb dieses Postens werden alle Verbindlichkeiten gegenüber Kreditinstituten erfasst, unabhängig von ihrer Fristigkeit und vom Sitz des Kreditinstitutes. Zinsverbindlichkeiten fallen genauso hierunter wie Darlehen und Kontokontokredite.

Erhaltenen Anzahlungen auf Bestellungen

Als Anzahlungen werden Anzahlungen ausgewiesen, die aufgrund abgeschlossener Liefer- und Leistungsverträge geleistet werden, die jedoch von keiner Seite voll-

---

[59] Alternativ kann die Angabe auch im Anhang erfolgen in dem zusätzlich auch der Betrag der Verbindlichkeiten mit einer Restlaufzeit über fünf Jahren genannt werden muss.

ständig erfüllt worden sind. Es handelt sich bei dem zugrundeliegenden Geschäft um ein schwebendes Geschäft. Der Ausweis erfolgt nur bei Anzahlungen, die sich auf Umsatzerlösen aus Lieferungen und Leistungen beziehen.

Andere Anzahlungen (z. B. auf Gegenstände des Anlagevermögens) werden unter den sonstigen Verbindlichkeiten erfasst. Eine Saldierung mit den Vorräten, die für den Auftrag, für den die Anzahlung geleistet wurde, angeschafft oder hergestellt wurden, ist nicht zulässig (Saldierungsverbot). Diese Anzahlungen dürfen jedoch vom Posten Vorräte offen abgesetzt werden (§ 268 Abs. 5 S. 2 HGB).

Verbindlichkeiten aus Lieferungen und Leistungen

Hier werden alle Verpflichtungen aus gegenseitigen Verträgen ausgewiesen, die von einer Vertragspartei bereits einseitig erfüllt sind. Es handelt sich um alle Verpflichtungen aus Geschäften (Liefer-, Dienstleistungsverträge, Dauerschuldverhältnisse) mit externen Lieferanten.

Verbindlichkeiten gegenüber verbundenen Unternehmen

Innerhalb dieses Postens werden sämtliche Verbindlichkeiten ausgewiesen, deren Gläubiger ein verbundenes Unternehmen ist. Unter verbundenen Unternehmen (§ 271 Abs. 2 HGB) versteht man Unternehmen, die neben dem bilanzierenden Unternehmen in einen Konzernabschluss einzubeziehen sind, unabhängig davon, ob ein Konzernabschluss letztendlich aufgestellt wird oder nicht.

Verbindlichkeiten gegenüber Unternehmen, mit denen ein Beteiligungsverhältnis besteht

In diesem Posten sind alle Verbindlichkeiten gegenüber Unternehmen, mit denen ein Beteiligungsverhältnis besteht, auszuweisen, d. h. Unternehmen, an dem das bilanzierende Unternehmen kapitalmäßig beteiligt ist. Im Handelsrecht erfolgt der Ausweis als Beteiligungsunternehmen ab einer Beteiligungsquote von 20 % (Beteiligungsvermutung) (§ 271 Abs. 1 HGB).

Sonstige Verbindlichkeiten

Dieser Posten stellt einen Sammel- bzw. Auffangposten dar. Es werden sämtliche Verbindlichkeiten ausgewiesen, die keinem anderen Posten zuzuordnen sind. Beispiele für sonstige Verbindlichkeiten sind Verbindlichkeiten gegenüber Mitarbeitern aus der Lohn- und Gehaltsabrechnung, Verbindlichkeiten aus Steuern, aus Aufsichtsrats- und Beiratsvergütungen, aus Provisionen, aus Überzahlungen. Für den Ausweis der Verbindlichkeiten im Rahmen der sozialen Sicherheit und aus Steuern gilt jeweils ein gesonderter Davon-Vermerk.

Die Gliederungsschemata der KHBV und PBV weisen gegenüber dem Gliederungsschema nach HGB branchenspezifische Erweiterungen auf. Diese stellen sich wie folgt dar.

Verbindlichkeiten (KHBV)

1. Verbindlichkeiten gegenüber Kreditinstituten
2. Erhaltene Anzahlungen
3. Verbindlichkeiten aus Lieferungen und Leistungen
4. Verbindlichkeiten aus der Annahme gezogener Wechsel und der Ausstellung eigener Wechsel
5. *Verbindlichkeiten gegenüber Gesellschaftern bzw. dem Krankenhausträger*
6. *Verbindlichkeiten nach dem Krankenhausfinanzierungsrecht*
7. *Verbindlichkeiten aus sonstigen Zuwendungen zur Finanzierung des Anlagevermögens*
8. Verbindlichkeiten gegenüber verbundenen Unternehmen
9. Verbindlichkeiten gegenüber Unternehmen, mit denen ein Beteiligungsverhältnis besteht
10. Sonstige Verbindlichkeiten

Verbindlichkeiten (nach PBV):

1. Verbindlichkeiten aus Lieferungen und Leistungen
2. Verbindlichkeiten gegenüber Kreditinstituten
3. Erhaltene Anzahlungen
4. Verbindlichkeiten aus der Annahme gezogener Wechsel und der Ausstellung eigener Wechsel
5. *Verbindlichkeiten gegenüber Gesellschaftern oder dem Träger der Einrichtung*
6. Verbindlichkeiten gegenüber verbundenen Unternehmen
7. Verbindlichkeiten gegenüber Unternehmen, mit denen ein Beteiligungsverhältnis besteht
8. *Verbindlichkeiten aus öffentlichen Fördermitteln für Investitionen*
9. *Verbindlichkeiten aus nicht-öffentlicher Förderung für Investitionen*
10. Sonstige Verbindlichkeiten
    davon aus Steuern,
    davon im Rahmen der sozialen Sicherheit

Verbindlichkeiten gegenüber dem Gesellschafter bzw. dem Krankenhausträger (KHBV)/- oder dem Träger der Einrichtung (PVB)

Dieser Posten wird nur bei Kapitalgesellschaften ausgewiesen und ergibt sich aus dem GmbH-Gesetz.[60] Unabhängig von der Art und der Fristigkeit der Verbindlichkeit werden innerhalb dieses Postens sämtliche Verbindlichkeiten gegenüber

---

60 § 42 Abs. 3 GmbHG

dem Gesellschafter ausgewiesen. Erfolgt kein gesonderter Ausweis in einem eigenen Posten, so muss eine entsprechende Anhangsangabe erfolgen. Alternativ sind die auf den Gesellschafter entfallenden Beträge als »Davon-Vermerke« jeweils bei den übrigen Posten der Verbindlichkeiten anzugeben. Der gesonderte Ausweis dieser Verbindlichkeit soll ihre besondere Wertigkeit dokumentieren.

Das gilt auch für die »Verbindlichkeiten gegenüber dem Krankenhausträger« (KHBV) bzw. »Verbindlichkeiten gegenüber dem Träger der Einrichtung« (PBV). Diese Posten können dann zum Tragen kommen, wenn das Krankenhaus bzw. die stationäre Pflegeeinrichtung als rechtlich unselbstständiger Bereich innerhalb eines größeren Rechtsträgers betrieben wird. Unabhängig von der Art und der Fristigkeit der Verbindlichkeit werden innerhalb dieses Postens sämtliche Verbindlichkeiten gegenüber dem Träger der Einrichtung ausgewiesen.

Verbindlichkeiten gegenüber anderen Trägereinrichtungen (keine gesonderten Posten des HGB/der KHBV/PBV)

Diesen Posten findet man nur bei Teilabschlüssen innerhalb eines Rechtsträgers. Er bezeichnet die Verbindlichkeiten zwischen den einzelnen Bilanzierungskreisen des Rechtsträgers, die bei der Erstellung des Jahresabschlusses des Rechtsträgers mit den Posten Forderungen gegen andere Trägereinrichtungen aufgerechnet werden.

Unabhängig von der Art und der Fristigkeit der Verbindlichkeit werden innerhalb dieses Postens sämtliche Verbindlichkeiten gegenüber anderen Trägereinrichtungen ausgewiesen.

Verbindlichkeiten nach dem Krankenhausfinanzierungsrecht (KHBV)/ Verbindlichkeiten aus öffentlichen Fördermitteln für Investitionen (PBV)

Dieser Posten in den Bilanzen von Krankenhäusern beinhaltet Verbindlichkeiten aus Fördermitteln nach dem KHG (Einzel- und/oder Pauschalfördermittel), Verbindlichkeiten im Rahmen der Ausbildungsfinanzierung nach § 17a KHG sowie aus Ausgleichsbeträgen nach KHEntgG bzw. BPflV. Der Ausweis des Postens ist durch den Vermerk »davon nach der BPflV« bzw. »davon nach dem KHEntgG« zu ergänzen.

Für den Ausweis der noch nicht verwendeten Fördermittel für Investitionen von öffentlichen Fördermittelgebern gilt für Einrichtungen, die der PBV unterliegen, eine entsprechend angepasste Postenbezeichnung.

Verbindlichkeiten aus sonstigen Zuwendungen zur Finanzierung des Anlagevermögens (KHBV)/-aus nicht-öffentlicher Förderung (PBV)

Ausgewiesen werden in diesem Posten Verbindlichkeiten aus noch nicht verwendeten Zuwendungen Dritter für Investitionen außerhalb der Förderung nach KHG. Für Einrichtungen im Anwendungsbereich der PBV betrifft dieser Posten die noch nicht verwendeten Mittel aus der nicht-öffentlichen Förderung von Investitionsmaßnahmen durch Dritte.

Bewertung der Verbindlichkeiten

Verbindlichkeiten sind grundsätzlich mit ihrem Erfüllungsbetrag anzusetzen (§ 253 Abs. 1 Satz 2 HGB). Handelt es sich dabei um eine Geldverpflichtung ist der Geldbetrag anzusetzen, der bei Fälligkeit zu leisten ist. Handelt es sich um eine Sachleistungsverpflichtung, ist der Betrag anzusetzen, der aufgewendet werden muss, um die Sachleistungsverpflichtung zu erfüllen. Notwendige Wertanpassungen können sich für den Fall ergeben, dass die Verzinsungsvereinbarung betreffend die Verbindlichkeit unter bzw. über dem üblichen Zinsniveau liegt.

Ausgleichsposten aus Darlehensförderung (KHBV)

Der Ausgleichsposten für Darlehensförderung dient der Neutralisierung von Unterschiedsbeträgen zwischen

- den jährlichen Abschreibungsbeträgen auf die mit Darlehen finanzierten Anlagegüter, die vor Inkrafttreten des KHG (1972) zur unmittelbaren stationären Krankenversorgung beschafft wurden und nach den heutigen gesetzlichen Vorschriften förderungsfähig nach dem KHG wären, und
- den erhaltenen Fördermitteln zur Finanzierung der Tilgungsanteile dieser Darlehen.

Je nachdem, welcher Betrag höher ist, erscheint der Ausgleichsposten auf der Aktiv- oder Passivseite der Bilanz.

Passive Rechnungsabgrenzungsposten

Einzahlungen vor dem Bilanzstichtag, die einen Ertrag für eine bestimmte Zeit nach diesem Stichtag darstellen, werden als passive Rechnungsabgrenzungsposten ausgewiesen. Als Beispiel wären erhaltene Pflegegeld- oder Mietvorauszahlungen zu nennen.

Passive Rechnungsabgrenzungsposten werden in Höhe der Einzahlungen bewertet, die dem Zeitraum nach dem Bilanzstichtag zuzuordnen sind.

6.2 Bilanzvermerke

Haftungsverhältnisse

Nach § 251 HGB sind unter der Bilanz Verbindlichkeiten aus der Begebung und Übertragung von Wechseln, aus Bürgschaften, Wechsel- und Scheckbürgschaften und aus Gewährleistungsverträgen anzugeben. Anzugeben sind auch Haftungsverhältnisse aus der Bestellung von Sicherheiten für fremde Verbindlichkeiten. Sie sind auch anzugeben, wenn ihnen gleichwertige Rückgriffsforderungen gegenüberstehen.

Wird der Bilanzierende aus den Haftungsverhältnissen in Anspruch genommen oder ist mit einer Inanspruchnahme ernsthaft zu rechnen, ist die entsprechende Verpflichtung als Rückstellung oder Verbindlichkeit in die Bilanz aufzunehmen.

Sonstige Bilanzvermerke (z. B. Treuhandgelder)

Bei Krankenhäusern oder Pflegeeinrichtungen kann es vorkommen, dass im Rahmen ihrer gemeinnützigen Tätigkeit die treuhänderische Verwaltung fremden Vermögens notwendig wird. Dabei ergeben sich zwei Möglichkeiten des Ausweises im Jahresabschluss.

- Einerseits kann das treuhänderisch verwaltete Vermögen im Vermögen des Bilanzierenden innerhalb der Bilanz auf der Aktivseite erfasst werden, wobei gleichzeitig eine Verbindlichkeit gegenüber dem Treugeber auf der Passivseite auszuweisen ist.
- Andererseits besteht die Möglichkeit des Ausweises unter der Bilanz als Bilanzvermerk, sowohl unter der Aktivseite (Treuhandvermögen) als auch unter der Passivseite (Treuhandverpflichtung).

6.3 Die einzelnen Posten der Gewinn- und Verlustrechnung

Die Gewinn- und Verlustrechnung ist eine Gegenüberstellung der Aufwendungen und Erträge einer Periode. Sie gibt Aufschluss über die erfolgswirksamen Veränderungen eines Unternehmens, über das Jahresergebnis und dessen Quellen.

Die Gewinn- und Verlustrechnung bildet zusammen mit der Bilanz den Jahresabschluss. Beides sind Rechnungslegungsinstrumente, die sich gegenseitig ergänzen und gleichrangig nebeneinanderstehen. Genau wie in der Bilanz wird aus der Gewinn- und Verlustrechnung heraus der Erfolg des Unternehmens ermittelt. Im Gegensatz zur Bilanz handelt es sich jedoch bei der Gewinn- und Verlustrechnung um eine Zeitraumrechnung, es wird der Erfolg einer Periode (Geschäftsjahr) ermittelt. Die Bilanz stellt dagegen eine zeitpunktbezogene (Bilanzstichtag) Darstellung dar.

Der Erfolg ergibt sich in der Gewinn- und Verlustrechnung aus dem Saldo der Aufwendungen und Erträge. In der Bilanz ergibt sich dagegen der Erfolg aus dem Abgleich des Eigenkapitals am Beginn des Geschäftsjahres erhöht bzw. vermindert um Einlagen und Entnahmen mit dem Eigenkapital am Ende des Geschäftsjahres.

Die Darstellung der Gewinn- und Verlustrechnung ist zwingend nach den Anlagen II der KHBV oder PBV vorgegeben, die sich allerdings immer an dem handelsrechtlichen Aufbau einer Staffelform nach dem Gesamtkostenverfahren orientieren.

Die Gliederungsschemata nach KHBV und PBV unterscheiden sich vom handelsrechtlichen Gliederungsschema[61] insbesondere durch Erweiterungen, die insbesondere der einheitlichen Abbildung der Finanzierungssystematik in den Gewinn- und Verlustrechnungen von Krankenhäusern und Pflegeeinrichtungen geschuldet sind. Sie werden nachfolgend mit dem Klammerzusatz KHBV oder PBV versehen an der entsprechenden Stelle im Gliederungsschema erläutert.

Diese Posten werden zunehmend freiwillig auch von anderen Unternehmen im Non-Profit-Bereich, deren Investitionsfinanzierung häufig auch über Drittmittel erfolgt, als Erweiterung des handelsrechtlichen Gliederungsschemas übernommen.

Umsatzerlöse

Durch das Bilanzrichtlinie-Umsetzungsgesetz (BilRUG)[62] wurden die Umsatzerlöse handelsrechtlich neu definiert. Die Begrenzung auf Erlöse im Zusammenhang mit dem Umsatz von für die gewöhnliche Geschäftstätigkeit des Unternehmens typischen Erzeugnissen, Waren und Dienstleistungen ist weggefallen. Somit betreffen die Umsatzerlöse nach BilRUG alle Erlöse aus dem Verkauf und der Vermietung oder Verpachtung von Produkten sowie aus der Erbringung von Dienstleistungen der Kapitalgesellschaft. Dies bedeutet eine deutliche Ausweitung der Umsatzerlöse, da unter diesem Posten[63] auch die bisher unter den sonstigen betrieblichen Erträgen auszuweisenden Erlöse zu erfassen sind. Dazu zählen u. a. Mieterträge, Verkaufserlöse, Erlöse aus Dienstleistungen, die nicht aus der typischen Geschäftstätigkeit stammen (Erträge aus Hilfs- und Nebenbetrieben) aber auch Zuschussertrage, die mit einer Gegenleistung an den Mittelgeber verbunden sind. Da auch der Posten außerordentliche Erträge aus der GuV-Gliederung gestrichen wurde, sind auch ihrer Art bzw. Höhe nach außergewöhnliche Erträge, solange sie im Zusammenhang mit einem Leistungsaustausch stehen, zukünftig unter den Umsatzerlösen auszuweisen. Erlösschmälerungen wie z. B. Rabatte, Skonti sind von den Umsatzerlösen ebenso abzusetzen wie direkt mit dem Umsatz verbundene Steuern.

Bei bestimmten Branchen wird aufgrund eigener Verordnungen der Begriff der Umsatzerlöse ersetzt. Nach den Gliederungsvorschriften der Anlage 2 werden die Umsatzerlöse für Krankenhäuser (KHBV) und stationären Pflegeeinrichtungen (PBV) wie folgt vorgegeben (▶ Tab. 6.3).

---

61 § 275 Abs. 2 HGB (Gesamtkostenverfahren)
62 Das BilRUG ist am 23. Juli 2015 in Kraft getreten und ist erstmals zwingend für Geschäftsjahre, die nach dem 31. Dezember 2015 beginnen, anzuwenden.
63 In der KHBV und PBV wurde dafür ein gesonderter GuV-Unterposten 4a eingeführt »Umsatzerlöse nach § 277 Abs. 1 HGB«.

Tab. 6.3: Umsatzerlöse nach KHBV und PBV

Umsatzerlöse nach der KHBV	Umsatzerlöse nach PBV
1. Erlöse aus Krankenhausleistungen	1. Erträge aus ambulanter, teilstationärer und vollstationärer Pflege sowie aus Kurzzeitpflege
2. Erlöse aus Wahlleistungen	2. Erträge aus Unterkunft und Verpflegung
3. Erlöse aus ambulanten Leistungen des Krankenhauses	3. Erträge aus Zusatzleistungen und Transportleistungen nach PflegeVG
4. Nutzungsentgelte der Ärzte	4. Erträge aus der gesonderten Berechnung von Investitionskosten gegenüber Pflegebedürftigen
a. Umsatzerlöse nach § 277 des Handelsgesetzbuchs, soweit nicht in den Nummern 1 bis 4 enthalten *davon aus Ausgleichsbeträgen für frühere Geschäftsjahre*	a. Umsatzerlöse nach § 277 Abs. 1 des Handelsgesetzbuchs, soweit nicht in den Nummern 1 bis 4 enthalten

Erhöhung oder Verminderung des Bestandes an fertigen und unfertigen Erzeugnissen/Leistungen

Innerhalb des Vorratsvermögens sind die Bestände an fertigen und unfertigen Erzeugnissen/Leistungen auszuweisen. Ihre Veränderung spiegelt sich im GuV-Posten Erhöhung oder Verminderung des Bestandes an fertigen und unfertigen Erzeugnissen/Leistungen wider. Der Posten kann dabei sowohl Ertrag (Erhöhung) als auch Aufwand (Verminderung) sein.

Dieser Posten ist Ausfluss der periodengerechten Gewinnermittlung und stellt im Falle einer Bestandserhöhung einen Korrekturposten zu den in der Gewinn- und Verlustrechnung erfassten und für diese Vorräte angefallenen Aufwendungen (Personal- und Sachaufwand) dar. Dadurch kommt es erst mit Abgang der Vorräte, d. h. im Moment der Realisierung der Erlöse (Bestandsminderung) zu einer Ergebnisbelastung durch die zur Herstellung der Vorräte notwendigen Aufwendungen.

In Jahresabschlüssen von Krankenhäusern hat der Posten im Zusammenhang mit der Umstellung der Finanzierung von tagesbezogenen Entgelten zu fallbezogenen Entgelten zunehmende Bedeutung bekommen. Im Ergebnis findet sich in diesem Posten die Veränderung der Überlieger wieder (▶ Kap. 6.1.1).

Andere aktivierte Eigenleistungen

Der Ausweis selbst erstellter Anlagegüter, die aktiviert werden, erfolgt unter dem Posten »Andere aktivierte Eigenleistungen«. Dieser Posten stellt einen Korrekturposten zu den in der Gewinn- und Verlustrechnung erfassten und für diese Anlagegüter angefallenen Aufwendungen (Personalaufwand/Sachaufwand) dar. Diese Aufwendungen stellen bei der Aktivierung der Anlagegüter die Herstellungskosten dar.

Zuweisungen und Zuschüsse der öffentlichen Hand, soweit nicht unter 11. (KHBV)[64]/Zuweisungen und Zuschüsse zu Betriebskosten (PBV)[65]

Die unter diesem Posten auszuweisenden Mittel betreffen nicht Fördermittel zur Finanzierung von Investitionen ins Anlagevermögen, sondern Betriebsmittelzuschüsse, die der Förderung von laufenden Aufwendungen dienen.

Sonstige betriebliche Erträge

Bei den sonstigen betrieblichen Erträgen handelt es sich um einen Sammelposten. In diesem Posten werden die Erträge ausgewiesen, die weder mit der Veräußerung von Produkten noch mit der Erbringung von Dienstleistungen in Zusammenhang stehen und die keinem anderen Ertragsposten zugeordnet werden können.

Da sich durch das BilRUG der Umfang der Umsatzerlöse deutlich erweitert hat, reduziert sich im Gegenzug der Umfang der sonstigen betrieblichen Erträge, was den handelsrechtlichen Jahresabschluss betrifft. So werden beispielsweise die nach bisheriger Umsatzerlösdefinition als sonstiger betrieblicher Ertrag auszuweisenden Personalkostenerstattungen und Mieterträge[66] entsprechend der Definition nach BilRUG innerhalb der Umsatzerlöse erfasst. Entsprechendes gilt für periodenfremde Erträge.

Unter diesen Posten fallen somit z. B. die Erträge aus dem Abgang von Gegenständen des Anlagevermögens, aus der Auflösung von Rückstellungen und Wertberichtigungen, aus Spenden und echten Zuschüssen sowie Schadensersatzleistungen.

Die bisher im Posten »außerordentliche Erträge« zugewiesenen Erträge werden, sofern sie nicht den Umsatzerlösen zuzuordnen sind, ebenfalls hier ausgewiesen (z. B. Erträge aus Teilbetriebsveräußerungen sowie Verschmelzungsgewinne).

Für Erträge aus Ausgleichsbeträgen für frühere Geschäftsjahre, die auch in diesem Posten ausgewiesen werden, gilt ein gesonderter »Davon-Vermerk«.

Personalaufwand

Als Personalaufwand sind alle Aufwendungen auszuweisen, die für im Unternehmen angestellte Mitarbeiter aufgewendet werden. Aufwendungen für Honorar-

---

64 Unter Nr. 11 werden im Gliederungsschema nach KHBV die Erträge aus Investitionskostenzuschüssen erfasst.
65 Im Gliederungsschema nach PBV steht dieser Posten als Nr. 5 nach den Umsatzerlösen (Nr. 1 bis 4a) und vor dem Posten Nr. 6. Erhöhung oder Verminderung des Bestandes an fertigen und unfertigen Erzeugnissen/unfertigen Leistungen.
66 Bei einem Unternehmen, zu deren gewöhnlicher Geschäftstätigkeit nicht die Personalgestellung und die Vermietung gehörten.

kräfte fallen somit nicht unter diesen Posten, sondern stellen Sachaufwand dar. Im Gegensatz zu der handelsrechtlichen GuV-Gliederung ist in den Gliederungsschemata der KHBV und PBV der Personalaufwand als Hauptaufwandsposten in der Gewinn- und Verlustrechnung dem Materialaufwand vorangestellt. Handelsrechtlich (§ 275 Abs. 2 HGB; Gesamtkostenverfahren und nach den Vorgaben der KHBV und der PBV ist folgende Unterteilung vorgeschrieben:

a. Löhne und Gehälter
b. soziale Abgaben und Aufwendungen für Altersversorgung und für Unterstützung (KHBV)
   davon für Altersversorgung
c. Sozialabgaben, Altersversorgung und sonstige Aufwendungen (PBV)

Löhne und Gehälter

Sämtliche Bruttobezüge der von den Mitarbeitern (Arbeiter, Angestellte, Geschäftsführung) bezogenen Löhne und Gehälter werden innerhalb dieses Postens erfasst. Erfasst werden neben den laufenden Bezügen auch die Sachbezüge (Dienstwagen, Mahlzeiten u. a.), also sämtliche Bezüge, die durch das Arbeitsverhältnis bedingt sind und vom Arbeitgeber auf der Lohnsteuerkarte des Mitarbeiters bescheinigt werden müssen.

Soziale Abgaben und Aufwendungen für Altersversorgung und für Unterstützung, davon für Altersversorgung (KHBV)/Sozialabgaben, Altersversorgung und sonstige Aufwendungen (PBV)

Zu den sozialen Abgaben gehören alle Arbeitgeberanteile zur Renten-, Kranken- und Arbeitslosenversicherung, die Berufsgenossenschaftsbeiträge und die Beiträge zur Insolvenzversicherung für Versorgungszusagen und Altersteilzeitarbeitsverhältnisse.

Bei den Aufwendungen für Altersversorgung und für Unterstützung werden sämtliche Aufwendungen für Pensionszahlungen, Zuführungen zur Pensionsrückstellungen und Aufwendungen für Zusatzversorgungskassen und für Pensionssicherungsvereine ausgewiesen. Als »Davon-Vermerk« sind zudem die Aufwendungen für die Altersversorgung in den Abschlüssen für Einrichtungen, die der KHBV unterliegen, gesondert auszuweisen.

Materialaufwand

Aufgrund der Neudefinition der Umsatzerlöse erfährt auch dieser Posten eine deutliche Ausweitung, da der Materialaufwand alle diejenigen Aufwendungen umfasst, die im Zusammenhang mit der Erzielung von Umsatzerlösen anfallen. Dies betrifft beispielsweise die mit den Erträgen aus Hilfs- und Nebenbetrieben korrespondierenden Aufwendungen, wie u. a. der Materialaufwand für Speisen oder die Nebenkosten der Vermietung.

Der Posten Materialaufwand wird nach KHBV und PBV mehrfach untergliedert.

Tab. 6.4: Materialaufwand nach KHBV und PBV

Materialaufwand (KHBV)	Materialaufwand (PBV)
a. Aufwendungen für Roh-, Hilfs- und Betriebsstoffe	a. Lebensmittel
b. Aufwendungen für bezogene Leistungen	b. Aufwendungen für Zusatzleistungen
	c. Wasser, Energie, Brennstoffe
	d. Wirtschaftsbedarf, Verwaltungsbedarf

Aufwendungen für Roh-, Hilfs- und Betriebsstoffe (KHBV)

Ausgewiesen werden alle Aufwendungen für Roh-, Hilfs- und Betriebsstoffe. Inventurdifferenzen werden ebenfalls innerhalb dieses Postens ausgewiesen.

Aufwendungen für bezogene Leistungen (KHBV)

Dieser Posten beinhaltet die Aufwendungen, die für den Bezug von Fremdleistungen geleistet werden, soweit sie für den Produktionsprozess benötigt werden bzw. der Erzielung von Umsatzerlöse dienen.

Aufwendungen für Zusatzleistungen (PBV)

In diesem Posten werden Aufwendungen für Zusatzleistungen erfasst, die außerhalb der Zusatzleistungen nach Pflegeversicherungsgesetz[67] abgerechnet werden.

Aufwendungen für zentrale Dienstleistungen; Steuern, Abgaben Versicherungen; Sachaufwendungen für Hilfs- und Nebenbetriebe; Mieten, Pachten, Leasing (PBV)

Diese Posten sind ausschließlich in der GuV-Gliederungssystematik der PBV vorgesehen. Der gesonderte Ausweis der entsprechenden Posten ist möglicherweise vor dem Hintergrund einer höheren Transparenz/Klarheit für den Bilanzadressaten zu sehen. Da in der KHBV für diese Posten kein gesonderter Ausweis vorgeschrieben ist, werden sie in der Regel den sonstigen betrieblichen Aufwendungen zugewiesen.[68]

---

[67] Ausweis erfolgt unter den Umsatzerlösen (PBV GuV-Gliederungsschema Nr. 3).
[68] Es sei denn, die entsprechenden Aufwendungen dienen dem Leistungserstellungs-/-erbringungsprozess und sind aufgrund dessen dem Materialaufwand zuzuordnen.

Erträge und Aufwendungen des Investitionsbereichs

Erträge aus Zuwendungen zur Finanzierung von Investitionen (KHBV)/ Erträge aus öffentlicher und nicht-öffentlicher Förderung von Investitionen (PBV)

Innerhalb dieses Postens werden alle Zuschüsse und Zuwendungen Dritter erfasst, die dem Unternehmen zur Finanzierung von Investitionen in einem Geschäftsjahr zugewendet werden. Die Fördermittel nach dem KHG werden in einem zusätzlichen »Davon-Vermerk« gesondert ausgewiesen.

Erträge aus der Einstellung von Ausgleichsposten aus Darlehensförderung und für Eigenmittelförderung/Aufwendungen aus der Zuführung zu Ausgleichsposten aus Darlehensförderung/Erträge aus der Auflösung des Ausgleichspostens für Darlehensförderung/Aufwendungen aus der Auflösung der Ausgleichsposten aus Darlehensförderung und für Eigenmittelförderung (jeweils KHBV)

Die Einstellung und Auflösung der Ausgleichsposten aus Eigenmittel- bzw. Darlehensförderung erfolgt über vier verschiedene, gesondert ausgewiesene GuV-Posten (▶ Kap. 6.1.1).

Der Entwicklung der Ausgleichsposten für Eigenmittelförderung und Darlehensförderung entspricht der Entwicklung der Abschreibungen auf das Vermögen, welches vor Inkrafttreten des KHG (1972) zur unmittelbaren stationären Krankenversorgung beschafft wurde und gemäß den heutigen gesetzlichen Vorschriften förderungsfähig nach dem KHG wäre.

Zwar enthält die Gewinn- und Verlustrechnung nach PBV auch Aufwands- und Ertragsposten betreffend die Ausgleichsposten aus Darlehensförderung und für Eigenmittelförderung[69], doch hat dies seinen Ursprung in der weitgehend unkritischen Übernahme der Vorschriften der KHBV und hat für Einrichtungen, die der PBV unterliegen, insofern keine praktische Relevanz.

Erträge aus der Auflösung von Sonderposten/Verbindlichkeiten nach dem KHG und aufgrund sonstiger Zuwendungen zur Finanzierung des Anlagevermögens (KHBV)/Erträge aus der Auflösung von Sonderposten (PBV)

Dieser Ertragsposten dient zur Neutralisierung der Abschreibungen des Anlagevermögens, das aus Zuweisungen und Zuschüssen finanziert wurde.

---

69 Erträge aus der Erstattung von Ausgleichsposten aus Darlehens- und Eigenmittelförderung (PBV GuV-Gliederungsschema Nr. 17); Aufwendungen aus der Zuführung zu Ausgleichsposten aus Darlehensförderung (PBV GuV-Gliederungsschema Nr. 19)

Aufwendungen aus der Zuführung zu Sonderposten/Verbindlichkeiten nach dem KHG und aufgrund sonstiger Zuwendungen zur Finanzierung des Anlagevermögens (KHBV)/Aufwendungen aus der Zuführung zu Sonderposten/Verbindlichkeiten (PBV)

Diesen Posten findet man in der Gewinn- und Verlustrechnung von Krankenhäusern und Pflegeeinrichtungen, da die KHBV und PBV die Buchung der Fördermittel über die GuV verbindlich vorschreibt. Die hier ausgewiesenen Aufwendungen dienen zur Neutralisierung der erfolgswirksam vereinnahmten Erträge aus Zuwendungen zur Finanzierung von Investitionen.

Aufwendungen für die nach dem KHG geförderte Nutzung von Anlagegegenständen (KHBV)

Dieser Posten betrifft die Aufwendungen für die Nutzung von Anlagegütern, die ihrer Art nach förderfähig wären. Für die Verwendung der Fördermittel ist allerdings in der Regel die Zustimmung der zuständigen Landesbehörde erforderlich, die eine wirtschaftliche Verwendung der Fördermittel voraussetzt.[70]

Aufwendungen für nach dem KHG geförderte, nicht aktivierungsfähige Maßnahmen (KHBV)

Dieser Posten betrifft Aufwendungen für Maßnahmen, die durch Fördermittel finanziert werden, jedoch aufgrund ihrer Art (i. d. R. Instandhaltungsaufwand) direkt den Aufwand belasten, da sie handelsrechtlich nicht zu aktivieren sind.

Da Fördermittel vom Grundsatz her nur für aktivierungspflichtige Maßnahmen gewährt werden dürfen, ist dieser Posten in den Gewinn- und Verlustrechnungen von Krankenhäusern grundsätzlich nicht belegt.

Abschreibungen

Nach der KHBV und der PBV werden die Abschreibungen zweifach – allerdings unterschiedlich - unterteilt.

---

[70] Z. B. § 14 LKG Rheinland-Pfalz; § 21 Abs. 6 KHGG NRW; § 32 SKHG; § 14 DVBayKrG; § 17 LKG Baden-Württemberg.

Tab. 6.5: Abschreibungen nach KHBV und PBV

Abschreibungen (KHBV)	Abschreibungen (PBV)
a. auf immaterielle Vermögensgegenstände des Anlagevermögens und Sachanlagen	a. auf immaterielle Vermögensgegenstände und Sachanlagen
b. auf Vermögensgegenstände des Umlaufvermögens, soweit diese die im Krankenhaus üblichen Abschreibungen überschreiten	b. auf Forderungen und sonstige Vermögensgegenstände

Abschreibungen auf immaterielle Vermögensgegenstände des Anlagevermögens und Sachanlagen (KHBV)

Hierunter werden alle Abschreibungen auf die genannten Bilanzposten erfasst, also sowohl die planmäßigen wie auch die außerplanmäßigen Abschreibungen des Geschäftsjahres.

Abschreibungen auf Vermögensgegenstände des Umlaufvermögens, soweit diese die im Krankenhaus üblichen Abschreibungen überschreiten (KHBV)

Abschreibungen auf Vermögensgegenstände wie z. B. Forderungen aus Lieferungen und Leistungen werden gesondert unter diesem Posten ausgewiesen, soweit diese die üblichen Abschreibungen auf Vermögensgegenstände des Umlaufvemögens überschreiten.

Für die Posten der Gewinn- und Verlustrechnung nach der PBV gelten, trotz leicht veränderter Bezeichnung, inhaltlich die gleichen Zuordnungen.

Sonstige betriebliche Aufwendungen (KHBV)/Sonstige ordentliche Aufwendungen (PBV)

Auch hierbei handelt es sich um einen Sammelposten, der sämtliche Aufwendungen enthält, die den anderen Aufwandsposten nicht zuzuordnen sind.

Als Folge der neuen Umsatzerlösdefinition nach BilRUG hat auch dieser Posten in seiner Zusammensetzung eine Veränderung erfahren. Einerseits werden die Aufwendungen, die im Zusammenhang mit der Erbringung von Umsatzerlösen anfallen, unter dem Materialaufwand ausgewiesen, was tendenziell zu einer Minderung des Postens »sonstige betriebliche Aufwendungen« führt. Andererseits werden die bisherigen außerordentlichen Aufwendungen, die nicht in Zusammenhang mit Umsatzerlösen anfallen, aufgrund des Wegfalls des GuV-Postens »außerordentliche Aufwendungen« nunmehr unter diesem Posten erfasst.

Ausgewiesen werden z. B. die Aufwendungen aus dem Abgang von Gegenständen des Anlagevermögens, Verwaltungsaufwendungen, Abgaben und Versicherungen. Die periodenfremden Aufwendungen gehören ebenfalls dazu.

Gleiches gilt für die Aufwendungen für Instandhaltung, Instandsetzung und Ersatzbeschaffung, die jedoch im GuV-Gliederungsschema nach der PBV in einem gesonderten Posten zu erfassen sind.[71] Für Aufwendungen aus Ausgleichsbeträgen für frühere Geschäftsjahre, die ebenfalls in diesem Posten ausgewiesen werden, gilt ein gesonderter »Davon-Vermerk«.

Erträge und Aufwendungen des Finanzbereichs

Erträge aus Beteiligungen

Dividenden, Gewinnanteile sowie sonstige Erträge aus Beteiligungen werden hier ausgewiesen. Die Erträge, die von verbundenen Unternehmen kommen, sind in den Einrichtungen, die der KHBV unterliegen, zusätzlich als »Davon-Vermerk« auszuweisen.

Erträge aus anderen Wertpapieren und aus Ausleihungen des Finanzanlagevermögens (KHBV)/Erträge aus Finanzanlagen (PBV)

Dividenden, Gewinnanteile sowie sonstige Erträge aus Finanzanlagen werden hier ausgewiesen. Auch hier erfolgt für die Erträge, die von verbundenen Unternehmen stammen in der GuV nach KHBV, ein zusätzlicher Ausweis als »Davon-Vermerk«.

Sonstige Zinsen und ähnliche Erträge (KHBV)/Zinsen und ähnliche Erträge (PBV)

In diesem Posten werden sämtliche Zinsen für Einlagen bei Kreditinstituten, für Forderungen an Dritte und für Wertpapiere des Umlaufvermögens ausgewiesen. Unter den ähnlichen Erträgen fallen z. B. Erträge aus einem Agio, Kreditprovisionen.

Ein »Davon-Vermerk« für Erträge von verbundenen Unternehmen gilt nach KHBV auch hier.

Abschreibungen auf Finanzanlagen und auf Wertpapiere des Umlaufvermögens

Dieser Posten umfasst sämtliche Abschreibungen auf die oben genannten Bilanzposten. Abschreibungen in diesem Posten sind vor dem Hintergrund des (strengen) Niederstwertprinzips zu sehen. Sie resultieren z. B. aus der Tatsache, dass am Bilanzstichtag der Kurswert von Wertpapieren unterhalb des Buchwertes liegt und somit zwingend die Abschreibung des Buchwertes auf den niedrigeren Kurswert erfolgen muss.

---

71 Aufwendungen für Instandhaltung und Instandsetzung (PBV GuV-Gliederungsschema Nr. 21)

Zinsen und ähnliche Aufwendungen

Sämtliche Aufwendungen für Zinsen für die Inanspruchnahme von kurz- und langfristigen Verbindlichkeiten werden innerhalb dieses Postens ausgewiesen. Ausgewiesen werden auch Verwaltungskostenbeiträge für diese Verbindlichkeiten, Bereitstellungsgebühren und Umsatzprovisionen.

Die Zinsen, die an verbundene Unternehmen geleistet werden, sind in der Gewinn- und Verlustrechnung nach KHBV als »Davon-Vermerk« gesondert anzugeben. Dort gilt auch ein »Davon-Vermerk« für die Zinsaufwendungen, die für Betriebsmittelkredite anfallen.

Von den Steuern bis zum Jahresüberschuss/Jahresfehlbetrag

Da durch das BilRUG, hat sich die Gliederung der nachfolgenden Posten der Gewinn- und Verlustrechnung deutlich verkürzt. Sie stellt sich für das Gliederungsschema nach KHBV im Vergleich zum Gliederungsschema nach HGB wie folgt dar.

Tab. 6.6: KHBV und HGB (§ 265 Abs. 2) nach BilRUG

KHBV	HGB
27. Steuern, davon vom Einkommen und vom Ertrag	14. Steuern vom Einkommen und vom Ertrag
28. Jahresüberschuss/Jahresfehlbetrag	15. (Ergebnis nach Steuern
	16. sonstige Steuern
	17. Jahresüberschuss/Jahresfehlbetrag

Steuern, davon vom Einkommen und vom Ertrag

Aufwendungen für Körperschaftsteuer, Gewerbesteuer und Kapitalertragsteuer werden innerhalb dieses Postens ausgewiesen. Innerhalb dieses Postens werden zudem – abweichend zum Handelsrecht[72] – auch alle übrigen Steuern ausgewiesen, wie z. B. Kfz-Steuer, Grundsteuer.

Die PBV sieht einen gesonderten Ausweis von Steuern im Gliederungsschema nicht an dieser Stelle, sondern innerhalb des Postens »Steuern, Abgaben und Versicherungen« vor.

---

72 Der Ausweis der übrigen Steuern erfolgt im HGB-Abschluss unter dem GuV-Posten »sonstige Steuern« Daneben sieht das Handelsrecht eine Zwischensumme »Ergebnis nach Steuern« vor, in der das Jahresergebnis vor dem Abzug der sonstigen Steuern ausgewiesen wird.

Jahresüberschuss/Jahresfehlbetrag

Als Saldo der vorangehenden Aufwendungen und Erträge wird der Jahresüberschuss bzw. der Jahresfehlbetrag ausgewiesen. Erfolgt die Aufstellung des Jahresabschlusses unter Berücksichtigung der vollständigen oder teilweisen Ergebnisverwendung (Einstellung in/Entnahme aus Rücklagen)[73], so wird als letzter Posten der Bilanzgewinn bzw. der Bilanzverlust ausgewiesen.

6.4 Anhang

Bei Kapitalgesellschaften ist der Anhang ein weiterer Pflichtbestandteil des Jahresabschlusses. Ebenso schreiben die KHBV und die PBV einen Anhang vor, der insbesondere was den Umfang der Angaben anbetrifft, gegenüber dem Anhang nach HGB, eine deutliche Reduzierung vorsieht.

Der Anhang soll die durch die Bilanz und Gewinn- und Verlustrechnung dem Jahresabschlussadressaten vermittelten Informationen näher erläutern, er soll sie ergänzen, konkretisieren, gegebenenfalls korrigieren. Daneben soll er die Bilanz von der Überfrachtung mit bestimmten Angaben entlasten (Wahlrecht für einige Angaben zur Angabe in Bilanz oder Anhang).

Die Erläuterungsfunktion des Anhangs wird durch Informationen erfüllt, die die Posten der Bilanz und der Gewinn- und Verlustrechnung kommentieren und interpretieren z. B. Erläuterungen bestimmter Forderungen/Verbindlichkeiten, Aufschlüsselung der sonstigen Rückstellungen, Aufgliederung der Umsatzerlöse nach bestimmten Tätigkeitsbereichen.

Die Ergänzungsfunktion kommt in den Posten/Angaben zum Ausdruck, die keinen unmittelbaren Bezug zur Bilanz und Gewinn- und Verlustrechnung aufweisen z. B. durchschnittliche Zahl der beschäftigten Arbeitnehmer (die Ermittlung erfolgt nach § 267 Abs. 5 HGB), Bezüge der Organe (Geschäftsführung, Aufsichtsgremien), Haftungsverhältnisse und sonstige bilanzielle Verpflichtungen einschließlich der nicht in der Bilanz enthaltenen Geschäfte.

Die Korrekturfunktion kommt dann zum Tragen, wenn Informationen in den Anhang aufgenommen werden müssen, da das Bild, das Bilanz und Gewinn- und Verlustrechnung zusammen vermitteln, nicht den tatsächlichen Verhältnissen entspricht. Die Anhangsangaben dienen dann dazu, das den tatsächlichen Verhältnissen entsprechende Bild im Zusammenwirken mit Bilanz und Gewinn- und Verlustrechnung zu vermitteln.

Die Entlastungsfunktion wird in der Weise vom Anhang übernommen, dass Informationen, anstatt in der Bilanz bzw. in der Gewinn- und Verlustrechnung

---

73 Dafür sind bei Kapitalgesellschaften entsprechende Gremienbeschlüsse zwingende Voraussetzung; bei anderen Rechtsformen (z. B. Stiftung und Verein) empfiehlt sich ebenfalls eine entsprechende Beschlussfassung.

erfasst zu werden, im Anhang aufgenommen werden, um Bilanz bzw. Gewinn- und Verlustrechnung übersichtlicher zu gestalten.

Im Anhang müssen insbesondere die auf die Posten der Bilanz oder der Gewinn- und Verlustrechnung angewandten Bilanzierungs- und Bewertungsmethoden (§ 284 Abs. 2 Nr. 1 HGB) angegeben werden. Daneben sind die Abweichungen von Bilanzierungs- und Bewertungsmethoden anzugeben und zu begründen sowie deren Einfluss auf die Vermögens-, Finanz- und Ertragslage gesondert darzustellen (§ 284 Abs. 2 Nr. 3 HGB bzw. § 284 Abs. 2 Nr. 2 HGB in der Fassung nach BilRUG).

Der Anhang ist nach KHBV und PBV um einen Anlagennachweis zu ergänzen (Gliederung entsprechend Anlage 3 zur KHBV bzw. Anlage 3a zur PBV). Der Anlagennachweis stellt die Entwicklung der einzelnen Posten des Anlagevermögens dar. Ausgenommen sind dabei die immateriellen Vermögensgegenstände sowie die Finanzanlagen.[74] Dabei werden ausgehend von den gesamten Anschaffungs- und Herstellungskosten, die Zugänge, Abgänge, Umbuchungen und Zuschreibungen des Geschäftsjahres sowie die Abschreibungen, entsprechend der Aufgliederung der Anschaffungs- und Herstellungskosten, gesondert aufzuführen.

Zusätzlich ist nach der PBV das geförderte Anlagevermögen in einem Fördernachweis, getrennt für Förderungen nach Landesrecht und sonstige Fördergeber, darzustellen (Gliederung entsprechend Anlage 3b zur PBV).

Durch das BilRUG wurden auch die Vorschriften über den Anhang verändert. Dies betrifft jedoch insbesondere die sonstigen Pflichtangaben nach § 285 HGB und ist insoweit nur für Krankenhäuser und Pflegeeinrichtungen in der Rechtsform der Kapitalgesellschaften relevant.

Bei den Änderungen durch das BilRUG sind insbesondere folgende Aspekte hervorzuheben:

- Die Erläuterungen zu einzelnen Posten der Bilanz und GuV müssen jetzt in der gleichen Reihenfolge erfolgen, wie die Posten in der Bilanz und Gewinn- und Verlustrechnung aufgelistet sind (§ 284 Abs. 1 HGB in der Fassung nach BilRUG).
- Für den Anlagennachweis ist zukünftig ein Gliederungsschema vorgegeben, welches in der Struktur dem Gliederungsschema nach KHBV und PBV, bis auf die zusätzliche Angabe für immaterielle Vermögensgegenstände und Finanzanlagen, entspricht (§ 284 Abs. 3 HGB in der Fassung nach BilRUG).
- Als Folge der Streichung des außerordentlichen Bereichs in der Gewinn- und Verlustrechnung sind Erträge und Aufwendungen von außergewöhnlicher Größenordnung oder außergewöhnlicher Bedeutung, soweit sie nicht von untergeordneter Bedeutung sind, anzugeben (§ 285 Nr. 31 HGB in der Fassung nach BilRUG) sowie
- einzelne Erträge und Aufwendungen hinsichtlich ihres Betrags und ihrer Art, die einem anderen Geschäftsjahr zuzurechnen sind (periodenfremde Aufwendun-

---

[74] Für Krankenhäuser und Pflegeeinrichtungen, die das Wahlrecht nach § 1 Abs. 3 KHBV bzw. § 8 Abs. 1 PBV wahrnehmen, müssen den Anlagennachweis um die Posten Immaterielle Vermögensgegenstände und Finanzanlagen erweitern.

gen und Erträge), soweit sie nicht von untergeordneter Bedeutung sind, zu erläutern (§ 285 Nr. 32 HGB in der Fassung nach BilRUG).
- Vorgänge von besonderer Bedeutung, die nach dem Schluss des Geschäftsjahres eingetreten und weder in der Gewinn- und Verlustrechnung noch in der Bilanz berücksichtigt sind, sind unter Angabe ihrer Art und ihrer finanziellen Auswirkung zukünftig im Anhang anzugeben (§ 285 Nr. 33 HGB in der Fassung nach BilRUG).
- Zukünftig ist im Anhang auch der Vorschlag für die Verwendung des Ergebnisses oder der Beschluss über seine Verwendung anzugeben (§ 285 Nr. 34 HGB in der Fassung nach BilRUG).

Bezüglich der Pflichtangaben nach KHBV, PBV und GmbHs sowie der Änderungen durch das BilRUG verweisen wir auf die Checkliste im Anhang 2.

6.5 Lagebericht

Weder die KHBV noch die PBV sehen die Aufstellung eines Lageberichtes vor. Soweit es sich bei der Trägereinrichtung eines Krankenhauses oder einer Pflegeeinrichtung jedoch um eine mittelgroße oder große Kapitalgesellschaft handelt, ist ein Lagebericht aufzustellen. Beim Lagebericht handelt es sich um ein eigenständiges Rechnungslegungsinstrument, d. h. der Lagebericht ist nicht Bestandteil des Jahresabschlusses. Der Lagebericht soll die Jahresabschlussinformationen verdichten und sowohl eine zeitliche als auch sachliche Ergänzung des Jahresabschlusses darstellen. Zudem soll er über zusätzliche Informationen einen Interessensausgleich zwischen den Lageberichtsadressaten und dem berichterstattenden Unternehmen schaffen und durch einen standardisierten Aufbau eine Vergleichbarkeit der Lageberichte der Unternehmen untereinander ermöglichen.

Der Inhalt des Lageberichtes ist in § 289 HGB geregelt (§ 289 HGB in der Fassung nach BilRUG).

Tab. 6.7: Lagebericht nach HGB

Darstellung	• Geschäftsverlauf und Geschäftsergebnis • Lage gemäß den tatsächlichen Verhältnissen
Analyse	• Geschäftsverlauf • Lage
	gemäß Umfang und Komplexität der Geschäftstätigkeit und unter Einbeziehung bedeutsamer finanzieller Leistungsindikatoren. Zusätzlich für große GmbHs: unter Einbeziehung nichtfinanzieller Leistungsindikatoren (z. B. Umwelt- und Arbeitnehmerbelange), soweit für den Geschäftsverlauf und die Lage von Bedeutung

Tab. 6.7: Lagebericht nach HGB – Fortsetzung

Beurteilung Erläuterung	• Voraussichtliche Entwicklung • Wesentliche Chancen und Risiken unter Angabe der zugrundeliegenden Annahmen

Darstellung	• Bereich Forschung und Entwicklung
	• Bestehende Zweigniederlassungen der Gesellschaft
	• in Bezug auf Finanzinstrumente:
	  – Risikomanagementziele und -methoden einschl. der Methoden zur Absicherung von Sicherungsgeschäften
	  – Preisänderungs-, Ausfall-, Liquiditätsrisiken, Risiken aus Zahlungsstromschwankungen

Durch das BilRUG wurde die Darstellung der Vorgänge von besonderer Bedeutung vom Lagebericht in den Anhang verschoben.

Vertiefende und konkretisierende Hinweise zu Aufstellung des Lageberichtes enthält der DRS 20 des Deutschen Rechnungslegungs-Standards Committee e. V., Berlin.[75] DRS 20 sieht folgende Gliederung für den Lagebericht vor:

1. Grundlagen der Gesellschaft/des Unternehmens/des Konzerns
2. Wirtschaftsbericht
   a. Gesamtwirtschaftliche und branchenbezogene Rahmenbedingungen
   b. Geschäftsverlauf einschl. Geschäftsergebnis und Lage der Gesellschaft/des Unternehmens/des Konzerns
   c. Lage: Ertragslage, Finanzlage, Vermögenslage
   d. Finanzielle und nichtfinanzielle Leistungsindikatoren
3. Nachtragsbericht
4. Prognose-, Chancen- und Risikobericht (einschl. Risikomanagementsysteme, Risiken)
5. Risikoberichterstattung in Bezug auf die Verwendung von Finanzinstrumenten (soweit nicht in 4. integriert)

Bei der auf den DRS 20 basierenden Lageberichterstattung sind die Grundsätze der Wesentlichkeit und der Informationsabstufung zu beachten.

Durch die Anwendung des Grundsatzes der Wesentlichkeit sind bei der Aufstellung des Lageberichtes insbesondere diejenigen Informationen zu beachten, die

---

75 Das Deutsche Rechnungslegungs-Standards Committee (DRSC) hat den Auftrag, Grundsätze für eine ordnungsgemäße Konzernrechnungslegung zu entwickeln, den Gesetzgeber bei der Fortentwicklung der Rechnungslegung zu beraten, die Bundesrepublik Deutschland in internationalen Rechnungslegungsgremien zu vertreten und Interpretationen der internationalen Rechnungslegungsstandards im Sinn des § 315 Abs. 1 HGB zu erarbeiten. Wenn die beschlossenen Standards zur Konzernrechnungslegung in deutschsprachiger Fassung vom Bundesministerium der Justiz nach § 342 Abs. 2 HGB bekannt gemacht worden sind, haben sie die Vermutung für sich, Grundsätze ordnungsmäßiger Buchführung der Konzernrechnungslegung zu sein. Sie sind für Konzernabschlüsse verpflichtend, die Anwendung auch für den Einzelabschluss wird empfohlen.

aus Sicht des Lageberichtsadressaten von besonderer Bedeutung sind. Durch den Grundsatz der Informationsabstufung wird im Standard zwischen kapitalmarktorientierte und nicht-kapitalmarktorientierten Unternehmen unterschieden. Zudem orientiert sich der Detaillierungsgrad der zu machenden Angaben an der Art der Geschäftstätigkeit, der Größe des Unternehmens sowie an der Inanspruchnahme des Kapitalmarktes. Kapitalmarktorientierte Unternehmen haben damit Zusatzanforderungen zu erfüllen.

Der im Standard noch enthaltene Gliederungspunkt zum Nachtragsbericht, wird zukünftig durch die Verlagerung der Nachtragsberichterstattung in den Anhang (§ 285 Nr. 33 HGB in der Fassung nach BilRUG) nicht mehr relevant sein. Ansonsten ergeben sich durch BilRUG bezüglich des Lageberichts keine materiellen Änderungen.

Bezüglich der Inhalte des Lageberichts verweisen wir auf die Checkliste Lagebericht in Anhang 3 (▶ Anhang 3).

7 Prüfung des Jahresabschlusses

7.1 Rechtsgrundlagen für Jahresabschlussprüfungen

Der vom Bilanzierenden aufgestellte Jahresabschluss kann der Prüfung durch einen unabhängigen, sachverständigen Dritten unterworfen werden. Diese Prüfung dient letztlich dazu, die Übereinstimmung des aufgestellten Jahresabschlusses (und des Lageberichtes) mit

- den gesetzlichen Vorschriften (handelsrechtliche und branchenspezifische Vorschriften (insbesondere KHBV, PBV) und
- den durch das Unternehmen selbst auferlegten Vorschriften (z. B. durch Satzung, Gesellschaftsvertrag, Geschäftsordnung)

zu bestätigen. Dafür wird in der Regel ein Wirtschaftsprüfer oder vereidigter Buchprüfer hinzugezogen.

7.2 Prüfungspflicht

Die gesetzliche Prüfungspflicht ist in den verschiedensten Vorschriften und Normen geregelt. So bestimmt § 316 HGB die Pflicht zur Prüfung der Jahresabschlüsse von mittelgroßen und großen Kapitalgesellschaften sowie von Personengesellschaften in der Form der Kapitalgesellschaft und Co. KG. Kleine Kapitalgesellschaften sind gemäß § 316 Abs. 1 HGB von der Pflichtprüfung ausgenommen.

Daneben gibt es insbesondere Prüfungsnormen für Genossenschaften (§ 53 Abs. 2 GenG), Kreditinstitute, Versicherungen (§§ 340k, 341k HGB) sowie Unternehmen, die unter das Publizitätsgesetz fallen (§ 6 PublG).

Des Weiteren ordnen bestimmte Landeskrankenhausgesetze für Krankenhäuser, die unter das KHG fallen, unabhängig von ihrer Rechtsform eine Prüfungspflicht in Anlehnung an die handelsrechtlichen Vorschriften an, so in Hamburg (§ 29 HmbKHG), Hessen (§ 16 HKHG), Nordrhein-Westfalen (§ 30 KHGG NRW), Saarland (§ 20 SKHG), Sachsen (§ 35 SächsKHG) und Thüringen (§ 30 ThürKHG).

7.3 Freiwillige Jahresabschlussprüfung

Außerhalb der gesetzlich geregelten Prüfungspflicht für Jahresabschlüsse ist es jederzeit möglich, sich als Unternehmen auch freiwillig einer Jahresabschlussprüfung zu unterziehen. Das setzen auch viele sozialtätige Unternehmen (z. B. Krankenhäuser und Pflegeeinrichtungen in der Rechtsform der Stiftung) um, die sich in der Satzung oder aufgrund eines Beschlusses des jeweiligen Aufsichtsgremiums diese Pflicht selbst auferlegen. Dabei werden Gegenstand, Art und Umfang der Prüfung vertraglich mit dem Abschlussprüfer im Einzelnen vereinbart.

Die freiwillige Prüfung kann je nach Vereinbarung bis auf das Niveau einer handelsrechtlichen Pflichtprüfung ausgeweitet werden. Eine Jahresabschlussprüfung auf Pflichtprüfungsniveau stellt aber auch entsprechend höhere Ansprüche an die Qualität des aufgestellten Jahresabschlusses des Bilanzierenden.

Aufgrund der sich ändernden Rahmenbedingungen (Wettbewerb um knappe Mittel, gesetzlich fixierte Qualitätsansprüche etc.) werden auch sozialtätige Unternehmen zunehmend nicht umhinkommen, eine freiwillige Prüfung gemäß den Vorgaben der §§ 317 ff. HGB durchführen zu lassen. Hinweise hierauf ergeben sich aus den Verlautbarungen[76] des Instituts der Wirtschaftsprüfer in Deutschland e. V.[77] Düsseldorf, aus Vorgaben von Dachverbänden (bspw. im Rahmen von Mustersatzungen) und aus Anforderungen von Banken (vgl. das Ratingverfahren im Zusammenhang mit den rechtlichen Vorgaben durch Basel II).

7.4 Auswahl des Abschlussprüfers

Grundsätzlich gilt, dass gesetzlich verpflichtende Jahresabschlussprüfungen Vorbehaltsaufgabe für Wirtschaftsprüfer und Wirtschaftsprüfungsgesellschaften sind. Allerdings dürfen sie dann nicht als Abschlussprüfer tätig sein, wenn Ausschlussgründe (§ 319 Abs. 2 bis 5 HGB), insbesondere die Besorgnis der Befangenheit, bestehen.

Ausschlussgründe sind insbesondere

- kapitalmäßige und/oder personelle Verflechtungen des Abschlussprüfers mit dem zu prüfenden Unternehmen,
- finanzielle Abhängigkeit vom zu prüfenden Unternehmen,

---

[76] IDW PS 750: Prüfung von Vereinen; IDW RS HFA 14 Rechnungslegung von Vereinen, IDW PS 740 Prüfung von Stiftungen
[77] Das IDW ist die Interessenvertretung des Berufsstands der Wirtschaftsprüfer, die die Arbeit der Wirtschaftsprüfer und Wirtschaftsprüfungsgesellschaften fördert und unterstützt und fachspezifische Aus- und Fortbildung durchführt. Das IDW legt in seinen Verlautbarungen (z. B. Prüfungsstandards, Rechnungslegungshinweise) die Berufsauffassung dar, nach der Wirtschaftsprüfer unbeschadet ihrer Eigenverantwortlichkeit ihrer Tätigkeit nachgehen.

- keine wirksame Bescheinigung über die Teilnahme an der Qualitätskontrolle nach § 57 a WPO (d. h. die Qualitätsprüfung durch den Berufsstand ist nicht erfolgt oder wurde nicht bestanden),
- die Mitwirkung des Prüfers bei der Buchführung und Jahresabschlusserstellung.

Ergänzend zum letztgenannten Punkt ist nach einem BGH-Urteil von 1997 die gleichzeitige Prüfung und Beratung eines Wirtschaftsprüfers oder einer Wirtschaftsprüfungsgesellschaft zulässig, solange sich die Beratung auf das Unterbreiten von Bilanzierungsvorschlägen und Handlungsalternativen erstreckt. Dies wurde bei den »besonderen Ausschlussgründen für Unternehmen von öffentlichem Interesse« in § 319a Abs. 1 Nr. 2 HGB durch das Bilanzrechtsreformgesetz in 2004 auch gesetzlich verankert.

Wer letztlich den Abschlussprüfer bestimmt, regelt sich teilweise über die einschlägigen Gesetze (z. B. HGB, AktG i. V. m. GmbHG), teilweise über die Statuten des Unternehmens. Empfehlenswert ist die Bestellung des Abschlussprüfers durch das Aufsichtsgremium.

7.5 Gegenstand, Art und Umfang der Jahresabschlussprüfung

Gegenstand, Art und Umfang der gesetzlichen Jahresabschlussprüfung werden in der zentralen Prüfungsnorm des § 317 HGB geregelt und durch den Berufsstand der Wirtschaftsprüfer in Prüfungsstandards[78] konkretisiert.

So ist Gegenstand der Jahresabschlussprüfung die Ordnungsmäßigkeit der Rechnungslegung bestehend aus Buchführung und Jahresabschluss. Die Prüfung soll sich insbesondere darauf erstrecken, ob die gesetzlichen Vorschriften oder die ergänzenden Bestimmungen aus Gesellschaftsvertrag bzw. Satzung hinsichtlich Ansatz, Ausweis und Bewertung der Jahresabschlussposten beachtet wurden und die Buchführung nachvollziehbar, unveränderlich, vollständig, richtig, zeitgerecht und geordnet ist.

Der Lagebericht ist daraufhin zu prüfen, ob er im Einklang mit dem Jahresabschluss steht, insgesamt eine zutreffende Lagedarstellung vermittelt und die Chancen und Risiken der zukünftigen Entwicklung zutreffend darstellt.

Für freiwillige Jahresabschlussprüfungen werden Gegenstand, Art und Umfang der Jahresabschlussprüfung einzelvertraglich festgelegt. Dabei können die freiwilligen Prüfungen durchaus in Gegenstand, Art und Umfang den gesetzlichen Jahresabschlussprüfungen entsprechen.

---

78 Z. B. IDW PS 200: Ziele und allgemeine Grundsätze der Durchführung von Jahresabschlussprüfungen; IDW PS 201: Rechnungslegungs- und Prüfungsgrundsätze für die Jahresabschlussprüfung

7.6 Ziel der Jahresabschlussprüfung

Ziel der Prüfung ist es u. a., Prüfungsaussagen mit hinreichender Sicherheit treffen zu können

- zur Ordnungsmäßigkeit der Rechnungslegung,
- zu Unregelmäßigkeiten und bestandsgefährdenden Tatsachen und
- zur Lagebeurteilung durch die gesetzlichen Vertreter des Unternehmens.

Diese sollen in einem Prüfungsbericht und im Bestätigungsvermerk dokumentiert und gegenüber dem Auftraggeber bzw. Aufsichtsgremium in einer Schlussbesprechung mündlich erläutert werden. Ziel ist es, dadurch eine höhere Verlässlichkeit der Rechnungslegung und eine bessere Glaubwürdigkeit auf Seiten der Jahresabschlussadressaten zu erreichen.

Wichtig in diesem Zusammenhang ist, dass der infolge der Prüfung erteilte Bestätigungsvermerk keine Gewähr für die zukünftige Lebensfähigkeit des Unternehmens oder die Effektivität und die Wirtschaftlichkeit der Unternehmensführung darstellt. Die Jahresabschlussprüfung stellt somit keine Prüfung der (zukünftigen) Wirtschaftlichkeit dar. Auch ist sie keine Unterschlagungsprüfung, da auch diese, wie eine Wirtschaftlichkeitsprüfung, einen anderen Prüfungsansatz erforderlich machen würde.

Die Abschlussprüfung ist eine Stichprobenprüfung, die im Wesentlichen im Rahmen von Systemprüfungen stattfindet.[79] Daneben entscheidet bzw. beurteilt der Abschlussprüfer die Prüfungsinhalte zum Teil im Rahmen des pflichtgemäßen Ermessens. Dadurch besteht insgesamt – selbst bei ordnungsgemäßer Prüfungsplanung und -durchführung – ein Restrisiko, dass wesentliche falsche Angaben in Jahresabschluss und Lagebericht nicht entdeckt werden.

7.7 Durchführung der Jahresabschlussprüfung

Für die Durchführung von Abschlussprüfungen gibt es keine gesetzlichen Bestimmungen, d. h. der Abschlussprüfer bestimmt nach pflichtgemäßem Ermessen die Art und den Umfang der Prüfungsdurchführung.

Vor dem Hintergrund

- allgemeiner Berufsgrundsätze (Unabhängigkeit, Gewissenhaftigkeit, Verschwiegenheit, Eigenverantwortlichkeit, Unparteilichkeit),

---

79 Konzept der hinreichenden Sicherheit

- fachlicher Grundsätze (z. B. Wirtschaftsprüferordnung und Prüfungsstandards des IDW) und
- der Grundsätze der Wirtschaftlichkeit und Wesentlichkeit

bestimmt der Abschlussprüfer sein Prüfungsvorgehen im Rahmen eines risikoorientierten Prüfungsansatzes.

So hat sich der Abschlussprüfer ausreichend Kenntnisse über die Geschäftstätigkeit sowie das wirtschaftliche und rechtliche Umfeld des zu prüfenden Unternehmens zu verschaffen.

Er hat eine Prüfungsplanung zur Sicherung einer wirtschaftlichen Prüfungsdurchführung und eines angemessenen Prüfungsablaufes in sachlicher, zeitlicher und personeller Hinsicht aufzustellen. Dabei soll sichergestellt sein, dass alle Bereiche des Prüfungsgegenstands angemessen berücksichtigt werden und mögliche Problemfelder erkannt werden. Die Planung und die Durchführung der Prüfung sollen mit kritischer Grundhaltung geschehen, wobei besonderes Misstrauen gegenüber den gesetzlichen Vertretern in der Regel jedoch nicht erforderlich ist.

Der Abschlussprüfer hat durch eine Kombination von Systemprüfungen (darin Prüfung des internen Kontrollsystems) aussagebezogene Prüfungshandlungen (Plausibilitäts- und Einzelfallprüfungen) ausreichende Prüfungsnachweise für seine Prüfungsfeststellungen und -aussagen einzuholen.

Diese Nachweise, die unter Umständen auch durch Verwertung von Arbeiten Dritter (Sachverständige, externe Prüfer) erlangt werden können, sind kritisch zu würdigen hinsichtlich ihrer Richtigkeit und Überzeugungskraft. Liegen Hinweise für Verstöße vor, sind ergänzende Prüfungshandlungen durchzuführen.

Abschließend sind auch die Auswirkungen von Ereignissen nach dem Abschlussstichtag in die Bildung des Gesamturteils über die Ordnungsmäßigkeit der Rechnungslegung mit einzubeziehen.

Die Dokumentation seiner Arbeit erfolgt in den Arbeitspapieren, im Prüfungsbericht und im Bestätigungsvermerk.

Die Prüfung dient nicht der Aufdeckung und Aufklärung strafrechtlicher Tatbestände. Auch besteht keine Verpflichtung zur Prüfung der Offenlegung des Jahresabschlusses. Die Einhaltung anderer gesetzlicher Vorschriften (z. B. Steuer-, Arbeits-, Wettbewerbsrecht) ist nur insofern zu prüfen, soweit sich daraus üblicherweise Rückwirkungen auf den zu prüfenden Jahresabschluss und den Lagebericht ergeben.

Dies alles geschieht vor dem Hintergrund der Wesentlichkeit. Das bedeutet, dass eine Rechnungslegung nur dann ordnungsgemäß ist, wenn sie keine wesentlichen Fehler oder Falschdarstellungen enthält. Von Wesentlichkeit spricht man dann, wenn Fehler oder Falschdarstellungen die Entscheidungen eines sachkundigen Adressaten des Jahresabschlusses beeinflussen.

Die Prüfung des Lageberichts erfolgt im engen Zusammenhang mit der Prüfung des Jahresabschlusses. Sie ist einerseits vergangenheitsorientiert (Angaben zum Geschäftsverlauf und der Lage des Unternehmens sowie ihre Analyse im Wirtschaftsbericht) und andererseits zukunftsorientiert (Prognose, Erläuterung und Beurteilung der voraussichtlichen Entwicklung des Unternehmens mit ihren Chancen und Risiken). Der Prüfung des Lageberichtes ist dabei zumindest die gleiche Bedeutung beizumessen wie der des Jahresabschlusses.

7.8 Ergebnis der Jahresabschlussprüfung

7.8.1 Berichterstattung

Die Berichterstattung bei gesetzlichen Jahresabschlussprüfungen ist im HGB kodifiziert (§ 321 HGB). Zudem ist sie in einem Prüfungsstandard IDW PS 450 (Grundsätze ordnungsmäßiger Berichterstattung bei Abschlussprüfungen) umfassend konkretisiert.

Im Prüfungsbericht findet eine zusammenfassende Darstellung der Arbeit des Abschlussprüfers statt. Der Abschlussprüfer fasst dort Gegenstand, Art und Umfang, Feststellungen und Ergebnisse seiner Prüfung insbesondere für jene Organe des Unternehmens zusammen, denen die Aufsicht über das Unternehmen obliegt. Der Prüfungsbericht hat somit die Aufgabe, durch Dokumentation der Prüfungsergebnisse die Überwachung des Unternehmens zu unterstützen.

Der Abschlussprüfer hat seine Berichterstattung gewissenhaft, unparteiisch und in der gebotenen Klarheit, d. h. verständlich und übersichtlich, durchzuführen. Vorweg sollte der Bericht Aussagen zum Prüfungsauftrag enthalten und grundsätzliche Feststellungen (Lage des Unternehmens, Unregelmäßigkeiten) treffen. Nach der Darstellung von Gegenstand, Art und Umfang der Prüfung sollten als Kernbestandteile die Feststellungen und Erläuterungen zur Rechnungslegung folgen, indem auf die Ordnungsmäßigkeit der Rechnungslegung eingegangen wird und die Aufgliederung und Erläuterung von Posten des Jahresabschlusses erfolgt.

Nach diversen Landeskrankenhausgesetzen umfasst die Prüfung des Jahresabschlusses von Krankenhäusern, unabhängig von ihrer Rechtsform, auch die Prüfung der zweckentsprechenden Verwendung der pauschalen Fördermittel nach KHG und der sonstigen Teile des Rechnungswesens, worüber im Prüfungsbericht berichtet werden muss.

Bei einer freiwilligen Prüfung des Risikofrüherkennungssystems (verpflichtend nur bei Aktiengesellschaften, § 91 Abs. 2 AktG) ist hierüber ebenso zu berichten wie über das Ergebnis einer eventuellen Erweiterung des Prüfungsauftrages (z. B. Prüfung der Aufstellung der Erlöse (gemäß § 4 Abs. 3 Satz 7 KHEntgG) und der Verwendung des Ausbildungsbudgets (Vermerk des Abschlussprüfers nach § 17a Abs. 7 Satz 2 KHG) in Krankenhäusern, Prüfung der Ordnungsmäßigkeit der Geschäftsführung (gemäß § 53 HGrG)).

7.8.2 Prüfungsurteil

Der Bestätigungsvermerk und die Bescheinigung beschreiben die Aufgabe des Abschlussprüfers und grenzen diese gegenüber der Verantwortlichkeit der gesetzlichen Vertreter des Unternehmens für die Buchführung, den Jahresabschluss und den Lagebericht ab. Sie stellen Gegenstand, Art und Umfang der Prüfung dar und fassen das Prüfungsergebnis in einer Beurteilung zusammen. Dabei ist zu beachten, dass ein Bestätigungsvermerk nur bei Pflichtprüfungen bzw. bei freiwilligen Abschlussprüfungen, die nach Art und Umfang dem einer Pflichtprüfung entsprechen, erteilt werden darf. In allen anderen Fällen kommt die Bescheinigung zum Tragen.

Der Bestätigungsvermerk und die Bescheinigung geben somit ein Gesamturteil über das Ergebnis einer nach den Berufsgrundsätzen ordnungsgemäß durchgeführten Prüfung ab und beurteilen die Ordnungsmäßigkeit von Buchführung, Jahresabschluss und Lagebericht. Sie sind jeweils nach Abschluss der materiellen Prüfung zu erteilen. Aus berufsständischer Sicht ist dabei der IDW PS 400 (Grundsätze für die ordnungsgemäße Erteilung von Bestätigungsvermerken bei Abschlussprüfungen) zu beachten.

Man unterscheidet zwischen einem

- uneingeschränktem Bestätigungsvermerk,
- eingeschränktem Bestätigungsvermerk,
- einer Versagung des Bestätigungsvermerks aufgrund von Einwendungen gegen den Jahresabschluss und
- einer Versagung des Bestätigungsvermerks, weil der Abschlussprüfer nicht in der Lage ist, ein Prüfungsurteil abzugeben.

Die gleiche Differenzierung, mit Ausnahme der Unterscheidung bei der Versagung, gilt auch für die Bescheinigung.

Ein uneingeschränktes Prüfungsurteil beinhaltet die Gesamtaussage, dass die Prüfung auf Basis des erteilten Auftrages zu keinen Einwendungen geführt hat und die Rechnungslegung (Buchführung und Jahresabschluss) und ggf. der Lagebericht den gesetzlichen, gesellschaftsvertraglichen bzw. satzungsmäßigen Vorschriften entspricht. Des Weiteren dürfen sich keine Prüfungshemmnisse ergeben, d. h. alle wesentlichen Teilbereiche der Rechnungslegung müssen mit hinreichender Sicherheit beurteilbar sein.

Ein eingeschränktes Prüfungsurteil wird als Ergebnis der Prüfung erteilt, wenn sich wesentliche Beanstandungen gegen abgrenzbare Teile der Rechnungslegung und des Lageberichts bzw. Prüfungshemmnisse ergeben, jedoch insgesamt noch ein positives Fazit gezogen werden kann. Die Einschränkung muss begründet und so dargestellt werden, dass ihre Tragweite erkennbar wird. Gründe für eine Einschränkung können z. B. die unterlassene bzw. fehlerhafte Korrektur von Vorjahresmängeln oder wesentliche Verstöße gegen Ansatz-, Bewertungs- und Ausweisvorschriften oder Anhangsangaben sein.

Einen Bestätigungsvermerk bzw. eine Bescheinigung ist zu versagen, wenn die wesentlichen Beanstandungen gegen die Rechnungslegung, die sich auf den Jahresabschluss als Ganzes auswirken, so zahlreich oder bedeutend sind, dass eine Einschränkung nicht mehr angemessen ist bzw. die Prüfungshemmnisse so wesentlich sind, dass keine positive Gesamtaussage mehr möglich ist. Eine Versagung muss auch erfolgen, wenn der Abschlussprüfer nach Ausschöpfung aller angemessenen Möglichkeiten zur Klärung des Sachverhaltes nicht in der Lage ist, überhaupt eine Gesamtaussage zu treffen, d. h. ein Prüfungsurteil abzugeben. Die Versagungsgründe müssen dann im Prüfungsurteil, das nicht mehr als Bestätigungsvermerk zu bezeichnen ist, beschrieben und erläutert werden.

7.8.3 Mündliche Berichterstattung

In Anlehnung an die im KonTraG[80] vorgenommenen Neuregelungen über die Zusammenarbeit zwischen Aufsichtsrat und Abschlussprüfer wird i. d. R. auch in sozialtätigen Unternehmen den Mitgliedern des Aufsichtsgremiums als Auftraggeber der Jahresabschlussprüfung der schriftlich verfasste Prüfungsbericht ausgehändigt (vgl. § 170 Abs. 3 AktG). Außerdem berichtet der Abschlussprüfer als Gast der sog. Bilanzsitzung des Aufsichtsgremiums mündlich über die Abschlussprüfung (§ 171 Abs. 1 AktG). Dabei orientiert er sich an den berufsrechtlichen Vorgaben (IDW PS 470: Grundsätze für die Kommunikation des Abschlussprüfers mit dem Aufsichtsorgan). Diese Handhabung empfiehlt sich auch bei freiwilligen Prüfungen; der Abschlussprüfer ist hier zur Teilnahme an der entsprechenden Bilanzsitzung aufzufordern.

Inhaltlich wird der Abschlussprüfer insbesondere

- Auftrag und Prüfung,
- die rechtlichen und wirtschaftlichen Besonderheiten des Geschäftsjahres,
- die wirtschaftliche Lage des Unternehmens,
- wesentliche Prüfungsaussagen,
- sonstige für das Aufsichtsgremium bedeutsame Feststellungen und
- sein Prüfungsergebnis

darstellen. Dabei kommen auch

- Sachverhalte im Zusammenhang mit Rechnungslegung und Prüfung und
- Hinweise auf die Ausrichtung der Prüfungs- und Überwachungstätigkeit des Aufsichtsgremiums

zur Sprache.

Für die Mitglieder des Aufsichtsgremiums des sozialtätigen Unternehmens besteht in dieser Sitzung die Möglichkeit eines direkten mündlichen Dialogs mit dem Abschlussprüfer, der auch die Beantwortung von über den Prüfungsgegenstand hinausgehenden Fragen zulässt.

---

80 Gesetz zur Kontrolle und Transparenz im Unternehmensbereich vom 1. Mai 1998

8 Grundlagen der Kosten-, Leistungs-, Erlös und Ergebnisrechnung (KLEE-Rechnung)

Wenn früh morgens der Verwaltungsdirektor zu seinem Dienstbeginn über die Aufnahme- und Pflegestationen in sein Büro geht, wenn der Ärztliche oder Pflege-Direktor täglich kurz in der Personalabteilung vorbeischaut, dann doch hoffentlich, um Kontakt- und Beziehungspflege zu betreiben und nicht, um sich davon zu überzeugen, ob das Krankenhaus ökonomisch auch den Tag gut bestehen wird.

Solch ein Besichtigungs- oder Ansichts(-karten-)wesen mag personalpolitisch wichtig und gewollt sein, zur Unternehmungsführung sind weitere und vor allem andere qualifizierte Vorgehensweisen und Instrumente erforderlich. Bei der Frage nach qualifizierten, ökonomisch bewährten und vor allem wirkungsorientierten Instrumenten wird die Antwort nicht so einfach ausfallen. Ökonomisch betrachtet wird man antworten: Es kommt darauf an! Aber worauf kommt es denn an? Welche Einflussfaktoren wirken auf die Unternehmungsführung und die entsprechenden Instrumente und Ziele. Und gibt es so ein umfassendes System überhaupt? Und kann solch ein einheitliches System den unterschiedlichen Professionen, Fachgruppen und Menschen in unterschiedlichen Positionen helfen, Entscheidungen zu treffen oder zu managen? Während sich der Arzt an Wiedereinweisungsraten und Mortalitätsquoten hält und zufrieden ist, wenn alle gegen Null streben, mag die Pflegedirektion auf die Dekubitusrate Wert legen und die Einhaltung der Vollkräftestatistik verfolgen. Bei dem Ziel der Verwaltung oder des Managements nennen wir das Jahresergebnis, den Jahresüberschuss oder EBITDA (earnings before interest, taxes, depreciation and amortization).

Diese unterschiedlichen Wahrnehmungen, differenzierten Zielvorstellungen und deren Gestaltung führen zu folgenden vier wesentliche Anforderungen:

1. Es wäre gut und wichtig, ein wesentliches System der Dokumentation als Grundlage zu haben und anzustreben, aus dem die Daten generiert werden können.
2. Die Realität und Abbildung müssen übereinstimmen, damit Interpretationen und Erkenntnisse auch tatsächlich die Wirkungen erzielen, die man meint erzielen zu können, da sonst Handlungen in die Leere laufen. Ein hoher Krankenstand der Mitarbeiter bedeutet eine hohe Ausfallquote, mehr Überstunden oder die Einstellung von Aushilfen oder Springern und damit mehr Kosten. Kann man aber von der hohen Ausfallquote auf eine hohe Demotivation der Mitarbeiter schließen oder weist eine erhöhte Ausfallquote auf die Belastung im Beruf hin? Allein mit diesen Überlegungen wird deutlich, dass hohe Anforderungen an die Daten gestellt werden.

3. Das System wird von Menschen für Menschen gestaltet. Die beteiligten Personen müssen dieses System gleichermaßen kennen, analysieren und anwenden können: Diejenigen, die es erstellen und gestalten, müssen davon ausgehen, dass die Personen, die es nutzen ebenso interpretieren und nutzen, so dass bei der Erstellung und Weitergabe von Daten unterschiedliche Anforderungen und Interpretationsspielräume beachtet werden müssen.
4. Der Ablauf: Hohe Krankenstand – hohe Ausfallquote – erhöhte Personalkosten – weniger Überschuss oder Gewinn ist nicht für jeden Krankenhausmitarbeiter sofort nachvollziehbar und kann unter Umständen unterschiedliche Reaktionen hervorrufen, die durchaus kontraproduktiv für die betreffenden Institutionen sein können.
5. Das System sollte eines vor allem als Ziel haben: Entscheidungen sollten auf der Grundlage dieses Systems erfolgen können.

Im Vordergrund steht hier der ökonomische Aspekt zum Aufbau einer Analyse. Die inhaltliche Komponente der konkreten Ausgestaltung sprengt den Rahmen dieser Untersuchung, kann aber an anderer Stelle dieser Buchreihe nachgelesen werden (z. B. Zapp et.al. 2014 Kapitel 4 in Zapp et al. »Betriebswirtschaftliche Grundlagen im Krankenhaus« dieser Reihe; Zapp et.al. 2015 Kapitel 4 in Zapp et al. »Rechnungswesen und Finanzierung im Krankenhaus« dieser Reihe).

Als ein wesentliches System wird das Dokumentations- und Berichtssystem in Form des Rechnungswesens angesehen, das die Ökonomie in den Mittelpunkt ihrer Analysen stellt und darauf aufbauend weitergehende Managementscheidungen ableitet. Ausgangspunkt und Ursprung aller weiteren Überlegungen ist dabei die Buchführung, die als internes Rechnungswesen in die Kostenrechnung überführt wird, um Aussagen für das Management sicherzustellen. Das externe Rechnungswesen wird in Form der Bilanz und Gewinn-und Verlustrechnung aufgebaut und wurde im ersten Teil dieses Buches behandelt (s. o.).

Im Krankenhaus sollen so durch die Verfahren der Kostenrechnung Sachverhalte erfasst, abgebildet und analysiert werden. Deshalb sind Erklärungen und Erläuterungen, Begründungen und Vorgehensweisen der Kostenrechnung notwendig, um eine einheitliche Grundlage zu schaffen – sowohl für das Management als auch für die Ausführungsebene.

Die Aufnahme und Versorgung der Patienten, der Einkauf von Arzneimitteln, Patiententransporte und die Erlöseinnahmen stellen einen ständigen wechselnden und interdependenten Prozess dar, der sich in der Zahlungsmittelbeschaffung und -verwendung, dem Transformationsprozess (Wertschöpfung), der Zahlungsmittelfreisetzung und der Ablösung der finanziellen Verpflichtung niederschlagen.

Das Betriebswirtschaftliche Rechnungswesen, versucht diese Bewegungen durch Zahlenwerte abzubilden, um daraus Entscheidungen für Aktivitäten, Prozesse und Handlungen effektiv und effizient abzuleiten.

8.1 Begriffsbestimmung

Ausgangspunkt ist die Kostenrechnung, die auf den Leistungen aufbaut und diese mit Geldeinheiten hinterlegt. Wenn aber produziert (also etwas geleistet wird), dann sollen auch Erlöse erzielt werden. Wenn die Leistungen in bewerteten Kosten niedriger sind als die erzielten Erlöse, so errechnet sich ein positives Ergebnis, sind die Kosten höher, errechnet sich ein negatives Ergebnis (Schweitzer und Küpper 2011; Männel 1992a; 1992b). Als Akronym ergibt sich so aus den Einzelbegriffen Kosten – Leistungen – Erlöse – Ergebnis der Begriff KLEE-Rechnung.

Strukturorientiert unterscheidet sich die KLEE-Rechnung in die Perspektive

a) funktional,
b) instrumental und
c) institutionell.

zu a) Die funktionale Ausrichtung generiert die Informationen über sachzielbezogene bewertete Güterverbräuche und Güterentstehungen.

zu b) Die instrumentale Perspektive versteht die KLEE-Rechnung als einen Informationsgenerator, der durch einen spezifischen strukturellen Aufbau nach festgelegten Regeln quantitative auf bestimmte Entscheidungen und andere Anwendungen bezogene Informationen bereitstellt.

zu c) Die institutionelle Perspektive fasst die Aufgaben der KLEE-Rechnung zusammen in einer Stelle, einer Abteilung oder einem Bereich. Hierarchisch können die Einheiten als Linie, Stab oder Zentraleinheit geführt werden.

Im weiteren Verlauf sollen die Definitionen herausgearbeitet werden.

8.1.1 Kosten

Kosten basieren auf den Merkmalen

- mengenmäßiger Verbrauch an Gütern,
- Sachzielbezogenheit des Güterverbrauchs und
- Bewertung des sachzielbezogenen Güterverbrauchs.

Kosten sind definiert als »der bewertete sachzielbezogene Güterverbrauch einer Abrechnungsperiode« (Schweitzer und Küpper 2011, S. 17). Analysiert man die genannten Eigenschaften weiter, unterscheidet sich der Kostenbegriff hinsichtlich der Bewertung des sachzielbezogenen Güterverbrauchs in einen

- wertmäßigen Kostenbegriff und in einen
- pagatorischen Kostenbegriff (ebenda).

Der pagatorische Kostenbegriff setzt bei den ursprünglichen Anschaffungskosten an und berücksichtigt die Ausgaben als tatsächlich gezahlte Marktpreise (Wöhe und Döring 2013). Der wertmäßige Kostenbegriff bestimmt den Kostenwert auf der Grundlage der Lenkung der Wirtschaftsgüter in ihrer optimalen Verwendungsweise, so dass die Funktion der Gewichtung des sachzielbezogenen Güterverbrauchs mit Blick auf das angestrebte Ziel in den Fokus gerät (Schweitzer und Küpper 2011 und die dort angegebene Literatur). Im Gegensatz zum pagatorischen Kostenbegriff können die Werte des Güterverbrauchs die tatsächlichen Auszahlungen sein, ein Tageswert oder Verrechnungswert.

8.1.2 Leistungen

Leistungen können wie der Kostenbegriff mengenmäßig als Kombination der Produktionsfaktoren oder wertmäßig als Ergebnis der Leistung und damit als Erlös aufgefasst werden.

Die Sozialwissenschaften definieren Leistung als menschliches Verhalten und Handeln. Durch diese Aktivitäten wird ein Beitrag zur Annäherung an ein Ziel erreicht bzw. eine Anstrengung ausgelöst (vgl. Zapp et al. 2000).

Die Leistungen in Dienstleistungsunternehmungen (wie Krankenhaus oder Altenheim) bestehen primär in der Verbesserung des Gesundheitszustandes oder des Wohlbefindens der Patienten oder Bewohner. Da diese Primärleistungen nicht quantitativ messbar sind, können so Kosten und Preise nicht zugerechnet werden. Daher werden die Sekundärleistungen berücksichtigt, wie die pflegerischen, diagnostischen, therapeutischen und Versorgungsleistungen und die Verweildauer (Schmidt-Rettig und Westphely 1992; Eichhorn, 2008).

Leistungsrechnung meint hier die Mengenrechnung; für die Wertleistung wird der Erlösbegriff verwendet (anders. Haberstock, der unter Leistungen das Produkt versteht und dann unterscheidet in intern gefertigte Produkte (Innenaufträge, z. B. Bau eines Schreibtisches) und Produkte für den externen Markt (Operationen, Untersuchungsgeräte)).

8.1.3 Erlöse

Der Erlös ist als Nettomarktwert der innerhalb einer Periode abgesetzten Wirtschaftsgüter definiert und ergibt sich aus dem Verkaufspreis unter Abzug aller Erlösschmälerungen zuzüglich der Erlöse aus neutralen Geschäftsfällen (Kilger 1987).

Schweitzer und Küpper (2011) sehen den Erlösbegriff als Gegenstück zum Kostenbegriff mit folgenden Merkmalen an:

- Mengenmäßige Entstehung von Gütern,
- Sachzielbezogenheit der Güterentstehung und
- Bewertung der Güterentstehung.

Analog zum Kostenbegriff unterscheiden sich auch hier der pagatorische und wertmäßige Erlösbegriff. Bei den pagatorischen Erlösen werden alle Einnahmen (sowohl bar als auch kreditorisch) als Erlös bezeichnet, die aus der Veräußerung von Gütern und Dienstleistungen resultieren. Da dieser Begriff auch erfolgsunwirksame Einnahmen enthält, kommt er nicht als Gegenbegriff der Kostenrechnung in Frage.

Die Leistungen (als mengenmäßige Interpretation) und die Erlöse (als Wertzuwachs verstanden) sind in Abbildung 8.1 dargestellt. Das Sachziel hat neben dem Formalziel in Dienstleistungsunternehmungen (wie Krankenhaus, Altenheim etc.) eine hohe Bedeutung hat, so dass die Dokumentation der Erfüllung des Sachziels in Form von Dokumentation von Art und Umfang des Outputs wichtig ist. Die Abbildung der Erlöse der vereinnahmten leistungswirtschaftlichen Entgelte zum Belegen der Erfüllung des Formalziels ist durch die Rechnungserstellung einfacher (Hummel und Männel 2000).

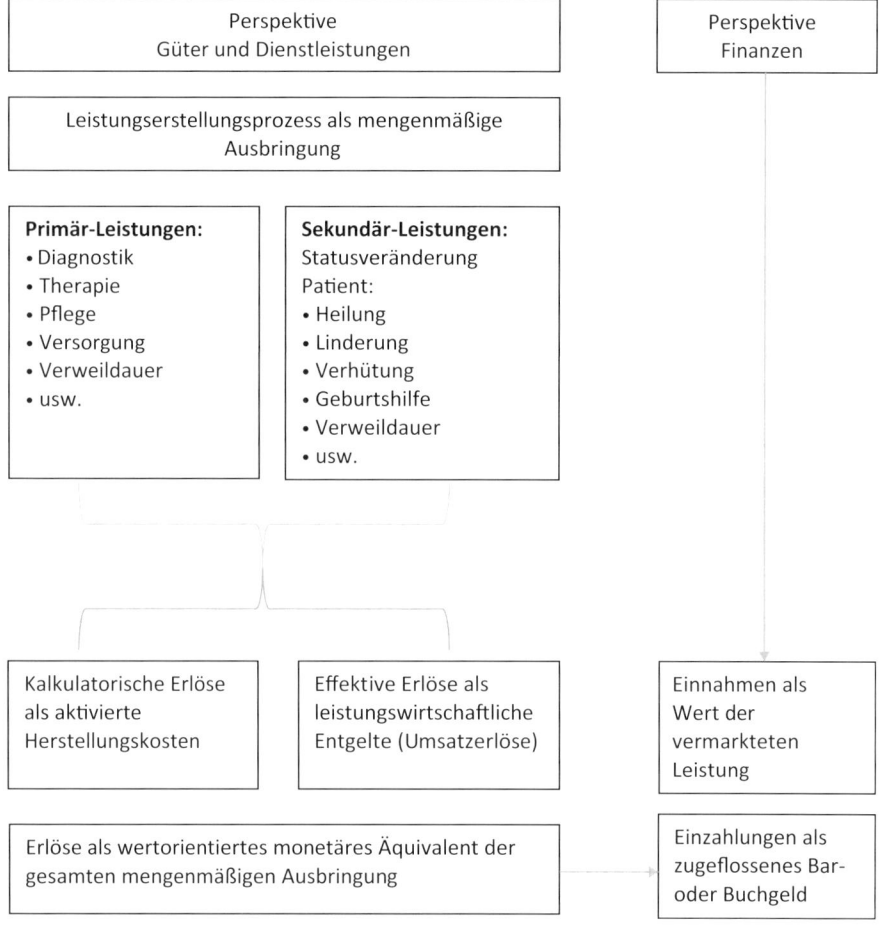

Abb. 8.1: Beziehung zwischen Leistung und Erlös im Krankenhaus (Quelle: In Anlehnung an Hummel und Männel 2000, S. 86)

8.1.4 Ergebnis

Das Ergebnis errechnet sich durch die Subtraktion von Erlös minus Kosten, die auf Leistungen beruhen.

Der Ergebnisbegriff steht dabei zum einen für die »Finalwirkung der Beschaffungs-, Produktions- und Absatzaktivitäten« der Unternehmung und wird zum anderen als »Beurteilungskriterium für die Effizienz der Unternehmensführung« verwandt (Helm, 1992, S. 671), wobei das Ergebnis aus unterschiedlichen Perspektiven betrachtet werden kann (Voll- oder Teilkosten; s. u.).

Weiterhin kann sich das extern orientierte (Jahres-)Ergebnis vom internen (KLEE-)Ergebnis unterscheiden. Während das extern-orientierte Ergebnis den unternehmerischen Gesamterfolg als Überschuss der Erträge über die Aufwendungen als Unternehmungserfolg darstellt, zeigt das intern-orientierte Ergebnis durch die Gegenüberstellung von Erlösen und Kosten den unmittelbar aus der Leistungserstellung heraus resultierenden betrieblichen Erfolg (Männel 1992c). Darüber hinaus ist die Liquidität (Schweitzer und Küpper 2011) ebenso zu berücksichtigen, wie die optimale Leistungserstellung zur Zufriedenheit der Patienten, Bewohner, Klienten zu beachten ist.

8.2 Begriffsmerkmale

In der KLEE-Rechnung muss das Prinzip der Entsprechung beachtet werden, indem sich das Entscheidungsproblem und Rechnungsmethode entsprechen müssen.

Gelingt es, eine KLEE-Rechnung so zu strukturieren, dass sie die Generierung von Kosten und Erlösen im Sinne des Postulats des Entsprechungsprinzips von Entscheidung und Rechnung ermöglicht, dann ist dieses Rechnungssystem als entscheidungsspezifisch zu klassifizieren. Die mit diesem Kostenrechnungssystem ermittelten Informationen über Kosten und Erlöse werden als entscheidungsrelevant bezeichnet. Nach dem heutigen Erkenntnisstand genügt eine KLEE-Rechnung nur dann diesen Anforderungen, wenn

- das Rechnungskonzept selbst entscheidungsspezifisch und
- die ermittelten Kosten- und Erlösinformationen entscheidungsrelevant sind.

Damit bleibt festzuhalten, dass die Frage der DRG-Kalkulation ein anderes System der Eruierung von Kosten und Erlösen erfordert als die Frage, ob das Krankenhaus bestimmte Blutuntersuchungen durch ein Fremdlabor erbringen lassen soll oder nicht.

8.2.1 Zwingende Merkmale

Um eine KLEE-Rechnung zu beschreiben, können zwingende (originäre) von fakultativen (abgeleiteten) Merkmalen unterschieden werden (hierzu ausführlich Hummel und Männel 2000):
Die KLEE-Rechnung ist ...

... Teil des Rechnungswesens und wird als internes Rechnungswesen bezeichnet:

Sie erfasst Daten und informiert über den innerbetrieblichen Prozess der Leistungserstellung oder Produktion.

Diese Informationen werden in der Regel nur an Führungskräfte der Unternehmung (also nicht an Außenstehende) weitergeleitet.

... eine Realgüterorientierte Rechnung.

Die pagatorische Rechnung (lat. Pagare = zahlen) knüpft an Zahlungsvorgänge an und befasst sich mit Geldströmen zwischen der Unternehmung und ihrer Umwelt (Lieferanten, Kunden, Kapitalgeber, Staat).

Wirtschaftliche Tätigkeiten einer Unternehmung, die nach außen gerichtet sind, sind mit Zahlungsmittelbewegungen verbunden (z. B. Kauf von Rohstoffen, Verkauf von Produkten).

Im Gegensatz dazu baut die für die interne Nutzung aufgebaute KLEE-Rechnung auf Realgüterströme auf, die bei Gütermengen anfangen. Es gibt Geschäftsvorfälle, wie etwa den Einkauf von Arzneimitteln gegen bar, die sich mittels beider Abbildungsweisen darstellen lassen. Denn in diesem Fall kann man sowohl Geldfluss, der durch die Bezahlung der Arzneimittel eintritt, wie auch den Realgüterfluss (den Rohstoffzugang) im Rechnungswesen erfassen. Beide Anknüpfungspunkte (der pagatorischen und kalkulatorischen) gestatten die Erfassung des wirtschaftlichen Vorgangs »Kauf von Rohstoffen gegen bar«. Andere Transaktionen, wie etwa die Rückzahlung eines Bankkredits, stellen einen Zahlungsstrom dar.

Der Verbrauch von Produktionsfaktoren und die damit gekoppelte Erzeugung von Produkten und Dienstleistungen sind für sich betrachtet rein güterwirtschaftliche Vorgänge. Die gilt es in der KLEE-Rechnung abzubilden. Die Kostenerfassung ist abgestellt auf den mengenmäßigen Verbrauch oder die zeitliche Inanspruchnahme der Produktionsfaktoren. Dabei wird der Verbrauch bewertet und in Geldeinheiten ausgedrückt, um die Verbrauchsmengen heterogener Produktionsfaktoren vergleich- bzw. rechenbar zu machen (Äpfel und Birnen kann man nicht addieren, wohl aber deren Geldwerte).

... eine vorwiegend kurzfristige Rechnung.

Die Vorgänge sind kurzfristig zu beurteilen, um klare schnelle Entscheidungen treffen zu können für ein operatives Handeln. Davon zu unterscheiden ist die

Investitionsrechnung, die langfristig angelegt ist. Eine damit verbundene Diskontierung der Rechengrößen findet in der KLEE-Rechnung zunächst nicht statt. Diese analysiert mehr mit einer gegebenen Kapazität oder Betriebsmittelausstattung. Die Anschaffung eines Computertomografen ist eine Investitionsanalyse. Der optimale Ablauf der Patientenströme, die Frage nach Erlössteigerungen oder Kostensenkungen ist Aufgabe der KLEE-Rechnung.

... eine Ergebnisrechnung.

In der KLEE-Rechnung ermittelt man durch Gegenüberstellung des Wertes der erzeugten Leistungen und des Wertes der verbrauchten Produktionsfaktoren ein Ergebnis. Es werden drei Bereiche unterschieden:

1. Der im Produktionsfaktorverbrauch wertmäßig erfassende Kostenrechnung spricht von Kosten.
2. Die in den erzeugten Produkten wertmäßig erfassende Leistungsrechnung sind Erlöse.
3. Die Gegenüberstellung von Kosten und Leistungen ist das Ergebnis.

Das Betriebsergebnis deckt sich in der Regel nicht mit dem Jahreserfolg, wie er in der GuV-Rechnung im Rahmen des Jahresabschlusses ermittelt wird, und zwar auch dann nicht, wenn sich beide Rechnungen auf dasselbe Jahr beziehen.

Die extern orientierte Gewinn- und Verlust-Rechnung soll vor allem außenstehende Kapitalgeber, die über keine Möglichkeiten eines Einblicks in das Betriebsgeschehen verfügen, über den Jahreserfolg informieren, damit sie entscheiden können, ob sich eine Anlage ihres Kapitals in die Unternehmung (weiterhin) lohnt. Die Betriebsergebnisrechnung als Realgüterbetrachtung wendet sich an die Führungskräfte in der Unternehmung und soll sie bei der Lenkung der Betriebsprozesse unterstützen.

... eine vorwiegend regelmäßige laufende Rechnungsmethode.

Nach dem Wiederholungscharakter (der Rechnungshäufigkeit) kann man fallweise und laufende Rechnungen trennen: Die Erstellung eines Finanzstatus oder die Investitionsrechnungen sind fallweise Berechnungen. Die KLEE-Rechnung erfolgt laufend.

... eine freiwillig durchgeführte Rechnungsmethode.

Die Einrichtung und Durchführung einer KLEE-Rechnung beruht auf freien Entschlüssen der Unternehmungsleitung. Im Krankenaus wird ein internes Rechnungswesen in der Krankenhausbuchführungsverordnung (KHBV) vorgeschrieben.

8.2.2 Fakultative Merkmale

Die KLEE-Rechnung kann...

... Vor- und/oder Nachrechnung sein.

Eine Nachrechnung oder Ist-Kosten-Betrachtung bezieht sich auf eine zurückliegende vergangene Periode; eine Vorrechnung (oder Plan- oder Prognose-Rechnung) auf ein zukünftiges Geschehen.

... Stück- und/oder Periodenrechnung sein.

Die KLEE-Rechnung kann stück- oder periodenbezogen durchgeführt werden. Die Stückrechnung berechnet, was eine Leistungseinheit (ein Stück, ein Auftrag, ein Fall, aber auch ein Patient oder Bewohner) kostet und was sich als Ergebnis einstellt.

Die Periodenrechnung errechnet, wie viele Kosten für ein bestimmtes Bezugsobjekt (z. B. für eine Produktart oder -gruppe, einen Geschäftsbereich oder die Gesamtunternehmung) in einer Periode (z. B. in einem Monat) angefallen sind und welche Ergebnisse sich daraus ergeben.

... Voll- und/oder Teilkostenrechnung sein.

Die Vollkostenrechnung oder Vollkosten- und Nettoergebnisrechnung, verteilt sämtliche Kosten letztendlich auf einen Patienten, Kunden oder ein produziertes Stück. Eine Alternative dazu ist das Rechnen mit einer Teil- und Bruttoergebnisrechnung (zu den Details siehe unten).

... Ermittlungs- und/oder Entscheidungsrechnung sein.

Die Ermittlungsrechnung muss vollständig, korrekt, nachprüfbar und objektiv sein und wird oft im Nachhinein durchgeführt. Der Prozess des Faktorverzehrs und der Leistungsentstehung soll stück- bzw. periodenbezogen möglichst realitätsgetreu und klar strukturiert dargestellt werden.

Die Entscheidungsrechnung stellt vor allem auf einen Informationsbedarf für relevante Entscheidungen ab. Sie dient der Vorbereitung bzw. zahlenmäßigen Fundierung unternehmerischer Dispositionen. Nicht generelle Informationen, sondern die Eignung einer Information für einen ganz bestimmten Verwendungszweck ist wesentlich. Wenn beispielsweise von der Reinigung zu entscheiden ist, ob ihre Leistungen selbst erzeugt oder fremd bezogen werden sollen, so müssen die Kosten der beiden zur Wahl stehenden Handlungsmöglichkeiten in einer Entscheidungsrechnung verglichen werden.

... in buchhalterischer oder statistisch-tabellarischer Form durchgeführt werden.

Die KLEE-Rechnung kann buchhalterisch durchgeführt werden und orientiert sich so an der doppelten Buchführung, der Betriebsbuchhaltung. Eine andere Form ist die statistisch-tabellarischer Form. Beide Formen müssen die Daten der Finanzbuchhaltung auf die Belange der KLEE-Rechnungen umformatieren.

8.3 Anforderungen

Anforderungen an die KLEE–Rechnung sind nicht isoliert zu verstehen, sondern sind miteinander verbunden und dennoch nicht immer aufgrund von Zielkonflikten gleichermaßen zu erfüllen (Zapp 2007; Zapp und Torbecke 2005; Zapp 2004).

a) Querschnittsorientierte Anforderungen
Sie sind eine generelle Zielperspektive und umfassen folgende Tatbestände:

- Wirtschaftlichkeitsüberlegungen sind immer in ökonomischen Systemen zu berücksichtigen.
- Klarheit und Übersichtlichkeit soll auch Nicht-Ökonomen helfen, Inhalte zu verstehen und Ergebnisse zu interpretieren.
- Schnelligkeit und Einfachheit sind für eine qualifizierte Datenerfassung und -aufbereitung wichtig.

b) Rechnungsorientierte Anforderungen
Folgende Anforderungen sind dabei zu beachten:

- Rechenoperationen, Rechenkonzeptionen und Rechensysteme sollen objektiv gestaltet sein, damit die Daten richtig, genau, realitätstreu, sicher und nachvollziehbar den Entscheidungsträgern zur Verfügung gestellt werden können.
- Ein ständiger Wechsel der Erfassungs- und Darstellungsformen soll vermieden werden, weil sonst die Aussagefähigkeit der Daten erschwert und Vergleiche und Analysen eingeschränkt werden. Die angewandten Systeme und Verfahren bedürfen daher einer Einheitlichkeit oder Stetigkeit.
- Die KLEE-Rechnung ist flexibel anzulegen, so dass rechtlichen Änderungen oder strukturelle Veränderungen einfach zu integrieren sind.

c) Benutzerorientierte Anforderungen
Personen sollen für ihre Entscheidungen folgende Informationen erhalten mit folgenden Anforderungen:

- Relevanz: Daten teilen das mit, was man in einer bestimmten Situation kennen muss, um ein Problem lösen zu können.
- Adäquanz: Daten stellen darauf ab, dass Informationen verwertet und entsprechend der Probleme zu ihrer Lösung eingesetzt werden können.
- Aktualität: Daten zielen auf den Zeitpunkt ab, der notwendig ist, um Handlungsanweisungen zeitgerecht ableiten und einleiten zu können.

8.4 Funktionen

Die Funktionen können unterschiedlich analysiert und systematisiert werden; hier wird eine dichotome Darstellung gewählt mit zwei großen Funktionsbereichen, die sich in sich wieder unterteilen.

8.4.1 Darstellung des Unternehmungsprozesses

Die vergangenheitsorientierte Abbildung des Unternehmungsprozesses stellt die klassische Abbildungsfunktion der KLEE-Rechnung dar. Dabei steht die Dokumentation der KLEE-Rechnung als Ausgangsmodul im Vordergrund, denn die Benennung von Kosten, Leistungen und Erlösen und den daraus sich errechnenden Ergebnissen ist Grundlage weiterer Aktivitäten. Grundlage der Dokumentation ist die Erfassung der Daten als Ermittlungs- und Transparenzfunktion (Selke 1997). Sind die entsprechenden Größen ermittelt, dokumentiert und abgebildet, dann ist die Weitergabe dieser Daten an die entsprechenden Stellen wichtig (Informationsfunktion).

Um Informationen bereitzustellen, die nach Inhalt, Umfang und zeitlicher Struktur dem Anspruch nach Entscheidungsrelevanz bestmöglich entsprechen, ist der Entscheidungsbezug wichtig. Je mehr die KLEE-Rechnung somit die Detailliertheit, die Differenziertheit, die Präzision, die zeitliche Struktur und die Strukturmängel von Entscheidungsprozessen berücksichtigt, umso größer ist ihre Bedeutung als Unternehmungsführungsinstrument (Schweitzer und Küpper 2011).

8.4.2 Lenkung des Unternehmungsprozesses

Neben der Darstellungsfunktion mit der Dokumentation und Information ist darauf aufbauend die Lenkung eine zweite wesentliche Funktion. Im Sinne der Kybernetik kann über ein Rechnungssystem gesteuert (als Frühwarnsystem) oder geregelt werden (über Planung, Kontrolle und Abweichungsanalyse).

Die Kybernetik (»Steuermannskunst«) befasst sich mit der Lenkung, Regelung und Steuerung von Systemen (Unterguggenberger 1974). Lenkung ist dabei der Oberbegriff über Regelung und Steuerung (Zapp et al. 2000; Zapp et al. 2002; Zapp und Oswald 2010; Zapp et al. 2014). Unter Steuerung wird die zielgerichtete

Verhaltensbeeinflussung von Systemen nach dem Prinzip des feed forward und unter Regelung wird eine Verhaltensbeeinflussung von Systemen nach dem Prinzip des feed back verstanden (Bleicher und Meyer 1976).

Lenkung unterscheidet folglich mit der Steuerung und Regelung zwei Lenkungsmechanismen, die es Systemen ermöglichen, auf von außen wirkende Störgrößen zu reagieren (▶ Abb. 8.2) Sie werden durch Führungstätigkeiten forciert.

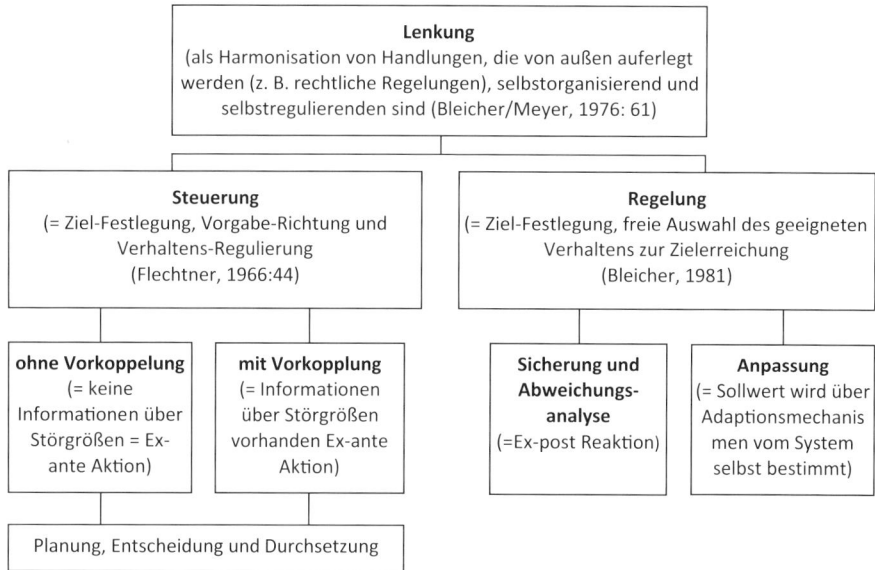

Abb. 8.2: Lenkung als Oberbegriff (Quelle: In Anlehnung Zapp 2004; Zapp 2009).

Die Steuerung richtet das System auf ein Ziel aus, indem ein optimaler Pfad bestimmt und festgelegt wird. Voraussetzung dafür sind Informationen, die unter anderem die KLEE-Rechnung liefert. Kennzeichnend für die Steuerung ist, dass diese Informationen bzw. Störgrößen im Gegensatz zur Regelung vor Eintritt in das System aufgefangen werden. Erhält die Steuereinrichtung (Krankenhausleitung, Controller usw.) keine detaillierten Informationen über diese Störgrößen, d. h. finden keine Vorkopplungen statt, ist eine Reaktion darauf nicht möglich. Folglich kann nur gesteuert werden, wenn keine Störungen auftreten (Zahn und Kapmeier 2002). Bei der Steuerung mit Vorkopplungen dagegen stehen die Störinformationen der Steuereinrichtung vor Erreichen des Systems zur Verfügung, was beispielsweise mittels Frühwarnsystem möglich ist (Hahn 2001; Krystek 1992). Folglich können frühzeitig Reaktionsstrategien herausgearbeitet werden (Zapp 2004).

Bei der Regelung, die die Elemente Sicherung und Abweichungsanalyse bzw. die Kontrolle und die Anpassung umfasst, wird zugelassen, dass Störgrößen die Unternehmung erreichen. Erst dann erfolgt eine Reaktion darauf in Form einer Kurskorrektur (ebenda). Die Kontrolle dient der Ermittlung von Abweichungen des vorgegebenen Solls von dem tatsächlichen Ist. Insbesondere im Krankenhaus können Planungen nur einen Teil sämtlicher Eventualitäten bedenken wie beispielsweise die OP-Planung. Das Krankenhaussystem muss aber in der Lage sein, bei unerwarteten Ereignissen, die auf das System treffen und zu Turbulenzen führen, entsprechend immanente Maßnahmen zu ergreifen (Zapp et al. 2002; Zapp et al. 2014).

Für die KLEE-Rechnung bedeutet dies konkret, dass sie den zukünftigen Unternehmungsprozess abbilden muss und dementsprechend als Vorrechnung zu konzipieren ist (Selke 1997). Vorrechnungen (= Prognosekostenrechnungen) sind dadurch gekennzeichnet, dass sie nach bestimmten Rechenverfahren bereits vor Beginn der Planperiode die zukünftig zu erwartenden Kosten berechnen (Schweitzer und Küpper 2008). Die KLEE-Rechnung stellt somit den Verantwortlichen in der Planungsfunktion entscheidungsrelevante Prognoseinformationen zur Verfügung (Selke 1997).

Die Prognoserechnung – ergänzt um eine Nachrechnung (Ist-Rechnung) – ermöglicht es, Abweichungen zu ermitteln und zu untersuchen, um sodann Kontrollinformationen abzuleiten. Da mit Hilfe dieser Abweichungsinformationen zukünftige Prognosefehler verhindert werden können, kommt ihnen eine handlungslogische Entscheidungsfunktion zu. Bei regelmäßig wiederkehrenden Abweichungsinformationen sollte also eine zielorientierte Anpassung von Prozessen und Verhaltensweisen erfolgen.

Aus der Sicht der Führung kann das Arbeitsergebnis sach-rational in den Vordergrund gestellt werden (Lokomotionsergebnis), indem die richtigen Informationen zum richtigen Zeitpunkt, am richtigen Ort bereitstehen. Zahlen, Daten, Fakten und Informationen können auch zur Motivation oder zur Teamentwicklung eingesetzt werden und die sozio-emotionale Funktion stärken. Mitarbeiter denken verschieden, sie sind unterschiedlich sozialisiert und unterschiedlich anzusprechen; sie sind geprägt von ihrem jeweiligen Beruf und sind deshalb differenziert zu motivieren. Bei der Konzipierung von Budgets ist gerade letzteres intensiv zu berücksichtigen.

Damit ergeben sich zwei Ebenen der Lenkung. Um eine arbeitsteilige Leistungserstellung in einer Unternehmung erfolgreich durchzuführen, ist einerseits die Zielerreichung als sach-rationale Lokomotion und andererseits die sozio-emotionale Zielerreichung als individuelle Anreizbildung (Motivation) und Gruppenbindung (Kohäsion) zu beachten. Dies kann folgendermaßen dargestellt werden:

a) Die Lenkung von Prozessen der Planrealisation und
b) die Lenkung von Verhaltensprozessen der Mitarbeiter.

Die Lokomotionsfunktion umfasst die Aufgaben, sachbezogen die Mitarbeiter einer Unternehmung initiativ und steuernd auf das Ziel auszurichten, ihre Fähigkeiten auf dieses hin zu koordinieren und damit die Lösung von Aufgaben voranzutreiben (Bleicher und Meyer 1976). Dazu werden relevante Informationen zur Aufgabenerfüllung, die erforderlichen Ressourcen bereitgestellt usw.

Ein weiterer Aufgabenbereich der Lenkung umfasst jene Aufgaben, welche die Motivation der einzelnen Mitarbeiter im Blick haben sowie den Zusammenhalt, die

Rücksichtnahme und die Aufrechterhaltung der inneren Harmonie der Arbeitsgruppe (Kohäsion) zum Inhalt haben (Bleicher und Meyer 1976; Schweitzer und Küpper 2011).

Die nachfolgende Abbildung (▶ Abb. 8.3) stellt abschließend die beschriebenen Funktionen der Kosten- und Ergebnisrechnung im Überblick dar.

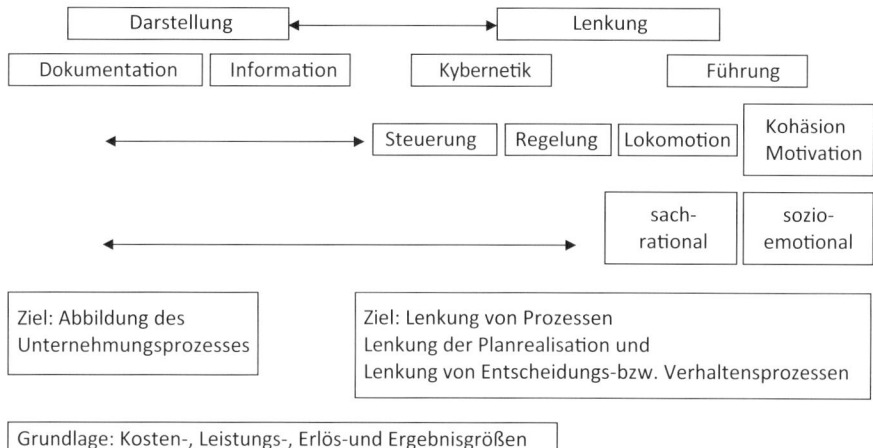

Abb. 8.3: Funktionen der Kosten-, Leistungs-, Erlös- und Ergebnisrechnung (in Anlehnung an Zapp 2008)

8.5 Ausgewählte Gesundheitsbereiche

An dieser Stelle erfolgen Ausführungen zu den Bereichen Ambulanz und Rehakliniken, zu den Bereichen Krankenhaus und Pflegeeinrichtungen wird auf die Ausführungen weiter oben verwiesen (▶ Kap. 2 und ▶ Kap. 3).

8.5.1 Ambulanzen

Ambulante ärztliche Behandlungen können durch einen niedergelassenen Arzt in seiner Arztpraxis oder im und am Krankenhaus in den Ambulanzen erbracht werden. Unterschieden wird hier zwischen der Ambulanz der Krankenhausärzte in Form der Ermächtigungs- und Chefarztambulanz und der Ambulanz des Krankenhauses, der sogenannten Institutsambulanz oder Institutsermächtigung (Arnold 2008, S. 620). Sämtliche Ambulanzarten sind einzubeziehen, wenn es um die Frage der Ausgestaltung einer Kosten-, Leistungs-, Erlös- und Ergebnisrechnung geht (Zapp 2009, S. 168 ff.).

Ambulanzarten

Im Rahmen der Ermächtigungsambulanz können Krankenhausärzte vom Zulassungsausschuss der Kassenärztlichen Vereinigung unter bestimmten Voraussetzungen zur Teilnahme an der vertragsärztlichen Versorgung von gesetzlich Versicherten ermächtigt werden (§ 116 SGB V). Häufig bezieht sich die Ermächtigung auf vertragsärztliche Einzelleistungen wie z. B. Gastroskopien. Geprüft wird zuvor, ob eine ambulante ärztliche Versorgung der Patienten ohne die besonderen Untersuchungs- und Behandlungsmethoden und Kenntnisse von hierfür geeigneten Krankenhausärzten nicht sichergestellt werden kann (Münzel und Zeiler 2008, S. 39). Durch die Ermächtigung gehen sämtliche vertragsärztliche Rechten und Pflichten für die betroffenen Leistungsbereiche auf den Arzt über. Verbindliche Abrechnungsgrundlage der Vertragsärzte für ambulante Leistungen der GKV bildet der Einheitliche Bewertungsmaßstab (EBM).

Die Grundsätze zur persönlichen Leistungserbringung gelten auch im Medizinischen Versorgungszentrum (MVZ) eines Krankenhauses: Die Ärzte müssen für die dort erbrachte Leistung legitimiert sein, d. h. eine KV-Zulassung nach § 95 Abs. 2 Satz 7 SGB V vorweisen können oder als Weiterbildungsassistent oder Vertreter nach § 32 Ärzte-ZV ermächtigt sein (DKG 2013, S. 511). Medizinische Versorgungszentren sind nach § 95 Absatz 1 SGB V fachübergreifende ärztlich geleitete Einrichtungen, in denen Ärzte als Angestellte oder Vertragsärzte tätig sind. Durch die Möglichkeit der MVZ-Gründung auch durch Krankenhäuser im Jahr 2004, hat der Gesetzgeber einen wichtigen Schritt zur Öffnung des ambulanten Bereichs für Krankenhäuser unternommen.

Die Chefarztambulanz beschränkt sich auf die privatärztliche Versorgung von Patienten. Hier kommt ein Behandlungsvertrag zwischen dem Chefarzt und dem Privatpatienten zustande. Der angestellte Chefarzt eines Krankenhauses kann nach erfolgter Zustimmung durch das Krankenhaus seine »eigenen« Patienten behandeln. Die Abrechnung der privatärztlichen Leistungen erfolgt durch ihn nach den Bestimmungen der Gebührenordnung für Ärzte (GOÄ).[81] Wie auch der ermächtigte Arzt handelt der Chefarzt demnach nicht im Rahmen seiner Dienstpflicht, sondern in Ausübung von Nebentätigkeit. Für die Inanspruchnahme von Räumen, Einrichtungen, Material und Personal des Krankenhauses zahlt der Arzt dem Krankenhaus ein Nutzungsentgelt (Kostenerstattung und Vorteilsausgleich) (Arnold 2008, S. 628).

Eine Sonderform der Ambulanz der Krankenhausärzte stellt die Ambulanz der Berufsgenossenschaft (BG-Ambulanz) dar, in der Patienten am Krankenhaus durch angestellte Durchgangsärzte (D-Ärzte) versorgt werden (DKG 2013, S. 513).

---

81 Vom Begriff des »Privatpatienten« ist der Begriff des »Selbstzahlers« abzugrenzen. Hierbei handelt es sich um einen Patienten, der selbst die Rechnung erhält, ohne Einschaltung einer gesetzlichen oder privaten Krankenversicherung und unabhängig davon, welche Leistungen er in Anspruch nimmt (z. B. ein Patient aus dem Ausland). Er muss also nicht zwangsläufig eine Chefarztbehandlung fordern, sondern kann auch GKV-Leistungen in Anspruch nehmen.

Leistungen der Krankenhausambulanz

Das Krankenhaus als Institution darf eine ambulante Behandlung von gesetzlich versicherten Patienten nach den Bestimmungen der Gesetzlichen Krankenversicherung (SGB V) oder nach Ermächtigung durch die Zulassungsausschüsse erbringen (Arnold 2008, S. 630 f.). Teilweise werden dafür besondere Qualifikationen vorausgesetzt (z. B. § 135 Absatz 2 SGB V). Eine ambulante Behandlung im Sinne des SGB V liegt vor, sofern die Behandlung keine Unterbringung des Patienten im Krankenhaus erfordert. Der Patient besucht und verlässt das Krankenhaus für diagnostische oder therapeutische Zwecke demnach am selben Tag. Je nach Berechtigung können insbesondere folgende Tätigkeitsfelder der Institutsambulanz unterschieden werden (Arnold 2008, S. 630 ff.):

- Notfallversorgung gemäß § 75 Abs.1 SGB V
- Ambulantes Operieren gemäß § 115 b SGB V
- Ambulante Behandlungen durch Krankenhäuser bei Unterversorgung gemäß § 116a SGB V
- Ambulante spezialfachärztliche Versorgung gemäß § 116b SGB V
- Hochschulambulanzen gemäß § 117 SGB V
- Ambulante psychiatrische und psychotherapeutische Versorgung gemäß § 118 SGB V
- Ambulante geriatrische Versorgung gemäß § 118a SGB V
- Ambulante sozialpädiatrische Behandlungen von Kindern gemäß § 119 SGB V
- Krankenhaus-Sachleistungen wie Leistungen der physikalischen Therapie gemäß § 124 SGB V
- Fachambulanzen und Polikliniken § 311 Abs. 2 SGB V

Das Entgelt für die Institutsleistung wird mit der GKV abgerechnet und steht dem Krankenhaus zu – unabhängig davon, ob das Krankenhaus das Entgelt für die Leistung teilweise oder ganz direkt dem Arzt zukommen lässt. Der behandelnde Arzt handelt in Erfüllung seiner Dienstpflicht und nicht in Ausübung von Nebentätigkeit (Arnold 2008, S. 630).

Ambulanzkostenrechnung

Die rechnerische Abbildung der Leistungen der Ambulanzen sollte sich an der KLEE-Rechnung mit seinen Rechnungssystemen orientieren (Zapp 2009, S. 168 ff.). Dabei kommt es auf die jeweilige Zielsetzung an, wie eine Ambulanzkostenrechnung auszugestalten ist. Generell geht es um die Erfolgsermittlung der Ambulanz als Geschäftsfeld und um die Beurteilung der Wirtschaftlichkeit der Leistungserstellung. Die Lenkung der Ambulanz hat dabei unter Beachtung der steigenden Bedeutung einer sektorenübergreifenden Versorgung zu erfolgen, was u. a. auch Preiskalkulationen für die ambulanten Module erforderlich macht (z. B. für eine gute Verhandlungsposition bei Verhandlungen zur Integrierten Versorgung). Folgende Fragen muss sich der Verantwortliche der Ambulanz beantworten (Schmidt-Rettig 2007, S. 26):

1. Sind die Erlöse für ambulante Leistungen kostendeckend?
2. Wie hoch/niedrig darf der Angebotspreis sein/Preisuntergrenze?
3. Ist es ökonomisch zielführend, das ambulante Leistungsangebot auszubauen?
4. Welche Leistungen sollen mit welchem ökonomischen Ergebnis zukünftig angeboten werden?

Daneben besteht nicht erst seit Einführung des DRG-Systems im Jahr 2003, sondern seit Gültigkeit der Krankenhausbuchführungsverordnung (KHBV) im Jahr 1980 die gesetzliche Verpflichtung, Ambulanzkosten von den pflegesatzfähigen Kosten zu trennen. Ambulante Leistungen gehören nicht zu den allgemeinen voll- und teilstationären Krankenhausleistungen und sind darüber hinaus von den vor- und nachstationären Leistungen abzugrenzen.

In Abhängigkeit der betriebswirtschaftlichen Fragestellung muss im ersten Schritt die Wahl der Bezugsgröße in Form der Kostenstelle (Sprechstundeneinheit, Medizinische Institution) oder des Kostenträgers (Einzelleistungen, der Behandlungsfall, der Abrechnungsfall) erfolgen (Schmidt-Rettig 2007, S. 26). Die Anlage 5 der Krankenhausbuchführungsverordnung (KHBV) sieht für Leistungen der Ambulanz die Kostenstellengruppe 929[82] vor. Diese wird häufig nach Fachabteilungen weiter differenziert. Werden hier lediglich ambulante Leistungen erbracht (dazu zählen auch Notfallbehandlungen, Leistungen für stationäre Patienten anderer Krankenhäuser), stellen diese eine vollständig abzugrenzende Kostenstelle dar. Insofern hier auch Leistungen für stationäre Patienten abgebildet werden (z. B. Aufnahmeuntersuchungen, Erstversorgung von Notfällen, Behandlung stationärer Patienten der eigenen Abteilung), ist eine Kostentrennung vorzunehmen (DKG, GKV, PKV (2016)). Die für ambulante Leistungen anfallenden Kosten sind als nicht pflegesatzrelevant auszugliedern und dem ambulanten Bereich zuzuordnen. Ebenso ist bei den gemischten Kostenstellen der Medizinischen Institutionen wie Röntgen, Labor, Funktionsdiagnostik usw. zu verfahren (Kostenstellengruppe 92, ▶ Tab. 8.1). Sie sammeln die Kosten für Leistungen der Diagnostik und Therapie ambulanter und stationärer Patienten. Nicht nur zum Zwecke der DRG-Kalkulation, sondern auch zur Wirtschaftlichkeitskontrolle der Ambulanz sind die Geschäftsfelder kostenrechnerisch voneinander zu trennen.

Ob die Kostenabgrenzung im Rahmen der Ambulanzrechnung zu Voll- oder Teilkosten vorzunehmen ist, hängt davon ab, für welchen Zweck sie eingesetzt wird. Das Institut für das Entgeltsystem im Krankenhaus (InEK) trifft diesbezüglich keine Vorgabe (DKG, GKV, PKV (2016)). Priorisiert wird die kostenrechnerische Abgrenzung auf Grundlage der modifizierten Vollkostenmethode, wonach die Fixkosten, die in der Regel als Gemeinkosten verteilt werden, besonders behandelt werden. Nach dem Veranlassungsprinzip dürfen hiernach nur die Kosten der

---

82 Davon zu unterscheiden ist die Kostenstellegruppe 980 Ambulanzen der KHBV, die keine Leistungsbereiche abbildet, sondern rechentechnischer Natur ist.

Tab. 8.1: Ambulante Leistungen im Bereich der Medizinischen Institutionen nach KHBV (Quelle: Anlage 5 KHBV)

Kostengruppe	Kostenstelle
920	Röntgendiagnostik und -therapie
921	Nukleardiagnostik und -therapie
922	Laboratorien
923	Funktionsdiagnostik
924	Sonstige diagnostische Einrichtungen
925	Anästhesie, OP-Einrichtungen und Kreisszimmer
926	Physikalische Therapie
927	Sonstige therapeutische Einrichtungen
928	Pathologie
929	Ambulanzen

Nutzzeiten des ambulanten Bereichs verrechnet werden. Die Leerzeiten werden von der Verrechnung ausgeschlossen und dem stationären Bereich zugeordnet (z. B. Personalkosten für den Nachtdienst/Bereitschaftsdienst). Auf die variablen Kosten, die meistens den ambulanten Leistungen als Einzelkosten direkt zugerechnet werden können, trifft diese Überlegung nicht zu (Zapp 2009, S. 165; Schmidt-Rettig 2007, S. 27).

Liegen nicht genügend Daten für eine kostenrechnerische Abgrenzung vor, sollte die Trennungsrechnung mittels gewichteter Leistungsstatistiken durchgeführt werden (DKG, GKV, PKV (2016)). Hierbei wird die Anzahl der ambulanten Leistungen ins Verhältnis zur erbrachten Anzahl stationärer Leistungen gesetzt. Die Leistungsbewertung erfolgt auf der Grundlage eines gängigen Leistungskatalogs (z. B. GOÄ, DKG-NT[83] oder EBM). Da gleiche Untersuchungen bei stationären und ambulanten Patienten wegen des geringeren Mobilitätsgrades der stationären Patienten zeitaufwendiger sind, ist eine separate Gewichtung der stationären Leistungen durch die Festlegung eines krankenhausindividuellen Mobilitätsfaktors vorzunehmen. Ungewichtete Leistungsstatistiken sollten lediglich für die Abgrenzung der nicht DRG-relevanten Kosten herangezogen werden, wenn keine Gewichtung der Statistiken möglich ist. Ausschließlich aufgrund unzureichender Informationen, wodurch keine der vorherigen Methoden Anwendung finden kann,

---

83 Tarifwerk der Deutschen Krankenhausgesellschaft (DKG-NT). Hauptanwendungsgebiete: Die Liquidation erbrachter ambulanter Leistungen des Krankenhauses (Institutsleistungen), die Liquidation konsiliarärztlicher Leistungen des Krankenhauses bei Leistungserbringung für stationäre Patienten anderer Krankenhäuser sowie die Kostenerstattung vom Arzt an das Krankenhaus, wenn die Gebührenordnung für Ärzte (GOÄ) Grundlage der Honorarberechnung durch den Arzt ist.

sollte das Erlösverfahren verwendet werden. Hier erfolgt die Ausgliederung der nicht DRG-relevanten Leistungen auf Grundlade der erzielten Erlöse aus ambulanter Tätigkeit im Krankenhaus (DKG, GKV, PKV (2016)).

An die Kosten- und Leistungsrechnung schließt sich die Erlös- und Ergebnisrechnung an. Hier werden den Ambulanzkosten die Erlöse aus der Kostenerstattung der Krankenhausärzte und die Erlöse der Institutsambulanzen gegenübergestellt.

Nicht nur aufgrund der steigenden Bedeutung des ambulanten Bereichs für Krankenhäuser als Einnahmequelle, sondern auch mit Blick auf die Überlegungen einer Umstellung des Finanzierungssystems in Teilbereichen auf ambulante Fallpauschalen (z. B. § 20 AOP-Vertrag - Ambulantes Operieren), sollte eine Ambulanzkostenrechnung frühzeitig auf- bzw. ausgebaut werden.

8.5.2 Fach- und Rehakliniken

Nach § 107 Abs. 2 SGB V sind Vorsorge- oder Rehabilitationskliniken stationäre Einrichtungen, die medizinische Leistungen zur Vorsorge sowie zur Linderung von Krankheiten erbringen oder der Anschlussbehandlung (AHB) nach einem Krankenhausaufenthalt zur Sicherung des Behandlungserfolgs dienen. Im allgemeinen Sprachgebrauch werden Vorsorge- oder Rehabilitationskliniken auch als Rehakliniken oder Fachkliniken bezeichnet. Davon abzugrenzen sind Fachkrankenhäuser, die sich auf eine bestimmte akutmedizinische Leistung spezialisiert haben (z. B. Fachkrankenhaus für Urologie, Herzchirurgie). Hierbei handelt es sich um Krankenhäuser im Sinne des § 107 Abs. 1 SGB V. In einigen Leistungsbereichen ist die Grenze zwischen den Behandlungssektoren jedoch nicht eindeutig zu ziehen (Preusker 2013, S. 3), was gleichzeitig als ein Indikator für die zunehmende Vernetzung von Akutmedizin und Rehabilitation (DRV 2009, S. 13) gewertet werden kann: Rehakliniken versorgen im Rahmen akutrehabilitativer Maßnahmen Patienten, die früher in Krankenhäusern betreut wurden. Auch langzeitbeatmungspflichtige Patienten werden in neurologischen Rehabilitationskliniken versorgt und nicht in den ähnlich strukturierten Intensivstationen der Krankenhäuser. Die (Früh-)Rehabilitation wird andererseits seit Inkrafttreten des SGB IX im Jahr 2001 in § 39 Abs. 1 SGB V explizit als Bestandteil der Krankenhausbehandlung beschrieben und mittlerweile von einer Vielzahl von Krankenhäusern angeboten. Für den Patienten ist diese Entwicklung positiv zu werten, da eine Rehabilitation parallel zur akutmedizinischen Behandlung die Aussichten auf einen Behandlungserfolg erhöhen kann (Stier-Jarmer et al. 2002, S. 190). Neben der stationären Versorgung werden Rehabilitationsleistungen auch zunehmend ambulant erbracht (DRV 2009, S. 13).

Rehabilitationsleistungen

Allgemein umfassen die Leistungen zur medizinischen Rehabilitation die ärztliche Behandlung und die Versorgung mit Arznei-, Verband-, Heil- und Hilfsmitteln (§ 26 Abs. 2 SGB IX). Je nach Behandlungsbedarf werden Bewegungstherapien, arbeitsbezogene Maßnahmen, Gesundheitsbildung und Patientenschulung, Psychologische Diagnostik und Beratung, Entspannungsverfahren, Ergotherapie, Physikalische Therapie, Ernährungsberatung sowie soziale, sozialrechtliche und berufliche Beratung angeboten. Kennzeichnend für die medizinische Rehabilitation ist eine individuell geplante therapeutische Arbeit unter aktiver Mitarbeit des Patienten im Sinne einer »Hilfe zur Selbsthilfe« (DRV 2009, S. 12). Träger medizinischer Rehabilitationsleistungen ist vorherrschend die Gesetzliche Rentenversicherung (GRV), gefolgt von der Gesetzlichen Krankenversicherung (GKV) und der Gesetzlichen Unfallversicherung (GUV).[84] Das SGB IX bildet die allgemeine gesetzliche Grundlage der Rehabilitation. Die explizierte Regelung erfolgt trägerabhängig durch verschiedene SGB-Gesetze.[85]

Von der medizinischen Rehabilitation (§§ 26-32 SGB IX) ist die berufliche Rehabilitation zu unterscheiden. Diese sogenannten »Leistungen zur Teilhabe am Arbeitsleben« zielen darauf ab, die Betroffenen durch Umschulungen, Weiterbildungen usw. wieder in den beruflichen Alltag zu integrieren (§§ 33-43 SGB IX). Finanziert werden sie größtenteils von den vorgenannten Trägern sowie der Bundesagentur für Arbeit. Früher unter dem Begriff der sozialen Rehabilitation geläufig, bezeichnet man heute als dritte Form der Rehabilitation die »Leistungen zur Teilhabe von behinderten Menschen in der Gemeinschaft« (§§ 55-58 SGB IX). Hierzu zählt u. a. die Wohnungshilfe, Betreutes Wohnen, Haushaltshilfe, heilpädagogische Leistungen.

Finanzierung

Die Vergütung der stationären, medizinischen Rehabilitationsleistungen erfolgt gemäß § 111 SGB V Abs. 5 SGB V über indikationsspezifische, tagesgleiche Pflegesätze oder vereinzelnd über eine vollpauschalierte Vergütung je Fall (mit Verweildauerkorridor), die zwischen den Einrichtungen und den Kostenträgern frei verhandelt werden. Das jeweilige Entgelt beinhaltet nicht nur die Betriebskosten der Rehakliniken, sondern soll auch die Investitionskosten decken. Neben dem Kostendeckungsprinzip gilt der Grundsatz der Wirtschaftlichkeit bei der Erbringung von Rehaleistungen (§ 69 SGB IV). Damit ist die Finanzierung grundsätzlich »monistisch«. Das Krankenhausfinanzierungsgesetz gilt für Rehakliniken nicht. Eine zentrale oder staatliche Bedarfsplanung durch die Bundesländer wie im Krankenhaussektor entfällt daher ebenso wie der Kontrahierungszwang mit den Kostenträgern (SVR 2014, S. 252). Ein Sicherstellungsauftrag seitens der Rehabilitationsträger hingegen besteht: Nach § 19 SGB IX sind die Träger dafür verantwortlich, dass Rehakliniken in ausreichender Zahl zur Verfügung stehen. Voraussetzung ist, dass die entsprechenden Einrichtungen über ein zertifiziertes,

---

84 Siehe weitere in § 6 SGB IX.
85 Für die gesetzliche Krankenversicherung bildet das SGB V, für die gesetzliche Rentenversicherung das SGB VI, für die gesetzliche Unfallversicherung das SGB VII, für die Jungenhilfe das SGB II, für die Sozialhilfe das SGB XII und für die Bundesagentur für Arbeit das SGB II sowie das SGB III die gesetzliche Basis.

einrichtungsinternes Qualitätsmanagement verfügen (§ 20 SGB IX). Eine Zertifizierung bildet damit Voraussetzung für eine Belegung durch einen Sozialleistungsträger.

Reha-Kostenrechnung

Eine gesetzliche Verpflichtung zur Führung einer Kosten- und Leistungsrechnung besteht für Rehakliniken nicht. Zugrunde gelegt wird jedoch oftmals der Konten- und Kostenstellenrahmen der Krankenhausbuchführungsverordnung (s. Anlage 4 und Anlage 5 der KHBV). Rehakliniken und Krankenhäuser ähneln sich von ihrer Struktur her in vielen Bereichen, so dass sich allgemeine Überlegungen zur Kostenrechnung von Krankenhäusern auf Rehakliniken übertragen lassen. Die Kostenarten sind (abgesehen von den Fördermittelkonten) vergleichbar, der Fixkostenanteil ist mit ca. 80 % (Spendl 2010, S. 77) sogar noch höher als im Akutbereich mit rund 60 % (Statistisches Bundesamt 2014, S. 7). Der spartenförmige Aufbau der Einrichtungen mit ihren unterschiedlichen internen Dienstleistern als Vorkostenstellen (Diagnostik, Therapie, Versorgung) und den Fachbereichen als Endkostenstellen (z. B. Orthopädie, Psychosomatik, Onkologie) stellt gleichermaßen hohe Anforderungen an eine innerbetriebliche Leistungsverrechnung wie im Krankenhaus (vgl. hierzu ein Praxisbeispiel in Zapp 2005). Spezifika ergeben sich im Rehabereich insbesondere durch die verhältnismäßig freien Gestaltungsspielräume bei der Entgeltvergütung (Gerlach et al. 2014, S. 252). Krankenhäuser verhandeln mit den Krankenkassen im Rahmen *einer* Budgetverhandlung lediglich ein Mengengerüst (Case-Mix-Punkte)[86], aus dem sich durch die Multiplikation mit dem *landeseinheitlichen* Festpreis (Basisfallwert) das Jahresbudget ergibt. Rehakliniken müssen aufgrund der unterschiedlichen Träger oft *mehrere* Verhandlungsgespräche führen und dort *individuelle* Entgelte vereinbaren, die sich an den Preisen der Konkurrenz orientieren (Marktpreisvergleich). Darüber hinaus ist der Aufenthalt der Patienten zeitlich budgetiert (zur indikationsspezifischen Behandlungsdauer vgl. DRV 2009, S. 15). Nicht nur angesichts der gegenwärtigen Vereinbarungsmöglichkeit von Fallpauschalen[87] mit der GKV, sondern auch mit Blick auf die zunehmenden Diskussionen zur Weiterentwicklung des Vergütungssystems hin z. B. zu Tagespauschalen[88] auf Basis von Fallgruppen, ist neben einer aussagefähigen Kostenstellenrechnung die Einführung einer Kostenträgerrechnung auf Vollkostenbasis aus betriebswirtschaftlicher Sicht dringend geboten. Nur so lässt sich die Preisuntergrenze eines Falles oder Behandlungspfades bestimmen.

---

86 Mit Ausnahme einiger Entgeltbereiche wie z. B. die Entgelte nach § 6 Abs. 1 KHEntgG
87 Die derzeit abrechenbaren Reha-Fallpauschalen sind nicht vergleichbar mit den DRG-Fallpauschalen. Sie werden klinikindividuell und nicht auf Basis eines einheitlichen Patientenklassifikationssystems kalkuliert.
88 Nach dem Gutachten des Sachverständigenrats für die Konzertierte Aktion im Gesundheitswesen stellen »[...] zeitinvariante Fallpauschalen in der [...] medizinischen Rehabilitation (sowie Komplexpauschalen) [...] kein geeignetes Instrument zur Verbesserung der Qualität [...] dar [...]« (SVR 2003, S. 41). Die Verweildauerreduzierung ist nicht primäres Ziel der medizinischen Rehabilitation.

Gleichzeitig ist der Aufbau einer Teilkostenrechnung für die interne Leistungssteuerung notwendig (Zapp und Grundmann 2010, S. 10 ff.). Für beide Formen sind die Voraussetzungen einer Leistungserfassung einschließlich einer korrekten und prozessorientierten Leistungszuordnung innerhalb des Tagesgeschehens zu erfüllen, z. B. mit Hilfe des Katalogs für therapeutische Leistungen (KTL). Das Instrument dokumentiert, was die Patienten während des Aufenthalts an Leistungen in Bezug auf die Leistungsverteilung, die Leistungsmenge und die Leistungsdauer erhalten (DRV 2014). Die KTL findet ebenso als Instrument zur Qualitätssicherung Anwendung und ist Bestandteil der Reha-Entlassungsberichte.

9 Vorgehensweise der KLEE-Rechnung

Auf der Begriffsbestimmung aufbauend haben sich Teilbereiche der KLEE-Rechnung herausgebildet. Ein ganzheitlich-ausgerichtetes Konzept des internen Rechnungswesens umfasst neben der traditionellen Kostenrechnung eine Leistungsrechnung, eine Erlösrechnung und die beides mathematisch-verbindende Ergebnisrechnung. Die Kostenrechnung und die Erlösrechnung sind dabei als eigenständiger Teilbereich etabliert. Die Leistungsrechnung als Ergänzung zur Grundlage für die Generierung der Kosten bewegt sich oft zu sehr im Hintergrund, so dass den Leistungen eine größere Bedeutung für Managemententscheidungen zugestanden werden muss, als das bisher in der Kostenrechnung erfolgt. Das Akronym müsste also um ein weiteres K ergänzt und erweitert werden: KLEEK.

Tab. 9.1: Bereiche der Kosten-, Leistungs-, Erlös- und Ergebnisrechnung (Quelle: In Anlehnung an Männel 1992c; Zapp 2004)

Kosten-, Leistungs-, Erlös-und Ergebnis-und Kontroll-Rechnung: KLEE-K				
Leistungs-rechnung	Kosten-rechnung	Erlösrechnung	Ergebnisrechnung	Kontroll-rechnung
Leistungsarten	Kostenarten	Erlösarten	Nach Arten der Kosten, Leistungen, Erlöse	**Kontroll-rechnung** Nach Arten, Stellen, Trägern und Quellen
Leistungsstellen	Kostenstellen	Erlösstellen	Nach Unternehmungsbereichen	
Leistungsträger	Kostenträger	Erlösträger	Nach Patienten usw.	
Perioden-bezogen	Perioden-bezogen	Perioden-bezogen		
Stückbezogen	Stück-bezogen	Stück-bezogen		
		Erlösquellen	Nach Sozialleistungs-trägern	
Kostenlenkung				

9.1 Kostenrechnung

Die Kostenrechnung ist als Teil des internen Rechnungswesens eine kurzfristig ausgerichtete kontroll- und planungsorientierte, an Vergangenheitsdaten ausgerichtete und entscheidungszentrierte Rechnung. Dazu erfasst sie sämtliche Kosten und Leistungen periodisch und verrechnet sie nach einem Prinzip auf einzelne Bereiche und Stellen.

Ihre vier Hauptrechnungen sind Kostenrechnungsstufen, die von der Kostenarten-, über die Kostenstellen- und Kostenträgerrechnung zur Kostenkontrolle oder -lenkung führen. Im Rahmen dieser Stufen ist die Kostenkontrolle und -lenkung als abschließende Stufe angefügt (Zapp 2008); die meisten Autoren gehen von einer Dreiteilung aus und vernachlässigen die Kostenkontrolle und -lenkung. Somit wird die Kostenrechnung als Rückkoppelungsprozess gesehen, da die einzelnen Kostenstufen durch Abweichungsanalysen Kontroll- und Veränderungsprozessen ausgesetzt werden.

Die einzelnen Kostenstufen lassen sich wie folgt systematisieren:

- Kostenartenrechnung: Welche Kosten sind angefallen?
- Kostenstellenrechnung: Wo die Kosten sind angefallen?
- Kostenträgerrechnung: Wofür die Kosten sind angefallen?
- Kostenkontrolle: Welche Kosten sind nicht optimal?

Die Genauigkeit der Kosten wird durch die beiden Phasen der Kostenerfassung und der Kostenverteilung sichergestellt: Die Kostenerfassung um die Messung der Verbrauchsmengen und Güterpreise, so bezeichnet die Kostenverteilung die Zuordnung der zuvor definierten und erfassten Einzel- und Gemeinkosten auf Kostenstellen bzw. auf Prozesse und Kostenträger (Schweitzer und Küpper 2011).

Folgende Abbildung (▶ Abb. 9.1) verschafft einen Überblick über die Kostenrechnungsstufen und Kostenrechnungsphasen der Kostenrechnung.

9.1.1 Kostenarten

Aufgabe der Kostenartenrechnung

Die Kostenartenrechnung ist der erste Teil der Kostenrechnung und unterscheidet Personal- von Sachkosten. Sie werden täglich, monatlich, pro Quartal oder in einem Jahreszeitraum erfasst und für weitere Analysen aufbereitet mit folgenden Aufgaben (Ebert 2012; Männel 1992a; Haberstock, 2008):

- Erfassung und Ermittlung anfallender Kosten in der entsprechenden unternehmungsspezifischen Kostenartensystematik
- Vorbereitung der Zuordnung der Kostenarten auf die Kostenstellen und Kostenträger

9 Vorgehensweise der KLEE-Rechnung

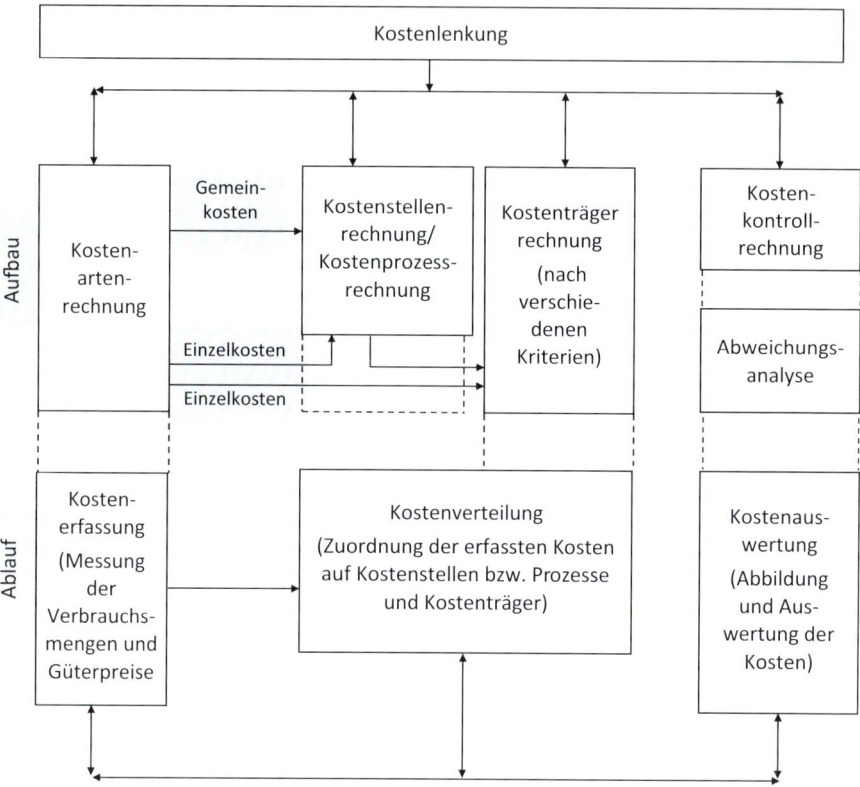

Abb. 9.1: Überblick über die Kostenrechnungsstufen (Quelle: Zapp 2008 und in Anlehnung an Zapp 2004)

- Vorbereitende Tätigkeiten einer kostenartenorientierten Planung und Kontrolle für optimierte geplante bzw. standardisierte Betriebsabläufe
- Bereitstellung von entscheidungsrelevanten Informationen

Systematik der Kostenartenrechnung

Eine differenzierte auf die Unternehmung zugeschnittene Systematik sollte über erfassungs- und anwendungsorientierte Richtlinien festgelegt werden (Preißler und Preißler 2014; Schweitzer und Küpper 2011). Dabei wird der Detaillierungsgrad vom Informationsbedarf ab Jahresbeginn bestimmt, da spätere Änderungen zeitverzögert vorgenommen werden und damit ein hoher Anpassungsaufwand entsteht. Werden zum Beispiel Überstunden innerhalb der Dienstart Ärzte nicht systematisch hinterlegt, werden die Kosten unter Personalkosten erfasst und nicht mehr differenziert ausgewiesen.

9.1 Kostenrechnung

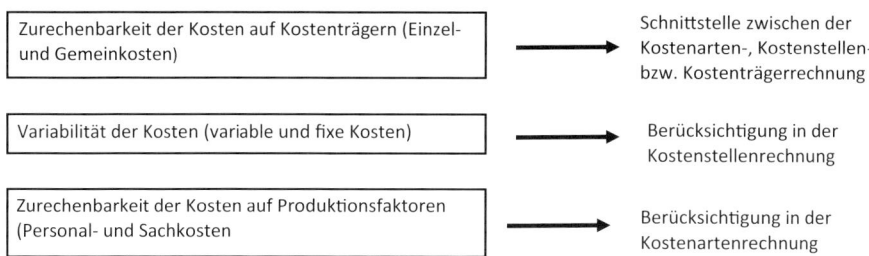

Abb. 9.2: Systematisierungsmöglichkeiten der Kostenarten (eigene Darstellung in Anlehnung an: Weber 1990, Zapp 2005)

- Kosten unterschiedlicher Zurechenbarkeit
  Die Kostenverteilung der Kostenarten in der Kostenstellen- und Kostenträgerrechnung geschieht nach der Zurechenbarkeit; indem die Kosten in Einzel- und Gemeinkosten differenziert werden. Einzelkosten werden einem Bezugsobjekt direkt zugerechnet; Gemeinkosten sind dagegen dem jeweiligen Bezugsobjekt nicht zurechenbar. Deshalb sind zum einen Kostenstelleneinzel- und Kostenstellengemeinkosten und zum anderen Kostenträgereinzel- und Kostenträgergemeinkosten zu unterscheiden (Schweitzer und Küpper 2011).
- Kosten unterschiedlicher Beschäftigungsgrade (Variabilität der Beschäftigung)
  Die Beschäftigung wird als wichtigste Kosteneinflussgröße zur Produktion von Gütern und Dienstleistungen betrachtet. Es lassen sich beschäftigungsabhängige – fixe – von beschäftigungsunabhängigen – variablen – Kosten unterscheiden. Bei Veränderung der Ausbringungsmenge der Leistungen bleiben die fixen Kosten in ihrer Höhe konstant, die variablen Kosten können sich in ihrer Höhe ändern (Schweitzer und Küpper 2011). Bei einer Reduzierung der Bettenauslastung um 10 % sind ein Teil der Kosten fix (z. B. das Personal der Krankenhausleitung), ein Teil der Kosten variabel (z. B. Arzneimittel;) (Keun und Prott 2008).
- Kosten unterschiedlicher Produktionsfaktorarten
  Die Kostenarten werden nach der Inanspruchnahme von Produktionsfaktoren und Dienstleistungen differenziert, wobei die größten Kostenblöcke, die Sach- und die Personalkosten sind. Weiter lassen sich Dienstleistungskosten, Materialkosten, Gebühren und Beiträge unterscheiden.

Diese Systematik stellt die grundlegende Gliederungsform des Kostenartenplans dar (Brombach, und Walter 1998).

Für eine Kostenuntergliederung kommt eine Vielzahl von Kriterien in Betracht, über die nachfolgende Abbildung (▶ Abb. 9.3) einen Überblick verschafft.

9 Vorgehensweise der KLEE-Rechnung

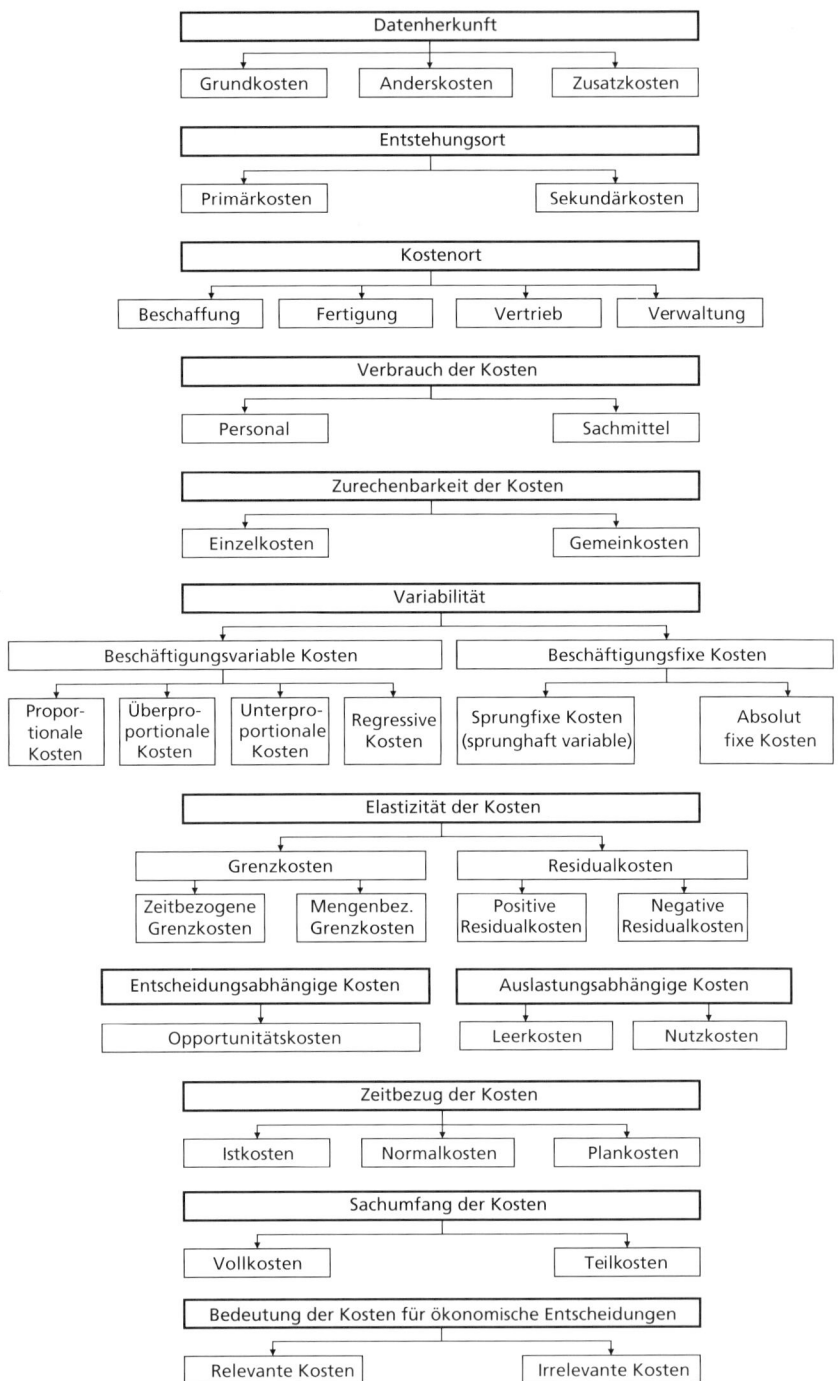

Abb. 9.3: Kostensystematisierung (Zapp 2008)

Grundsätze der Kostenartenrechnung

Bei der Struktur der Kostenartenrechnung sind folgende Grundsätze zu beachten:

- Grundsatz der Eindeutigkeit in Form der eindeutigen Zuordnung (Eindeutigkeit oder Reinheit)
- Die anfallenden Kosten sind in die Struktur der Kostenarten eindeutig und zweifelsfrei entsprechend der gewählten Systematik zuzuordnen.
- Grundsatz der Überschneidungsfreiheit
  In jeder Abrechnungsperiode sind aus Gründen der Vergleichbarkeit die gleichen Kostengüter der gleichen Kostenart zuzuordnen.
- Grundsatz der Vollständigkeit
  In der Kostenartenrechnung sind sämtliche Kosten zu berücksichtigen, die der Sachzielerreichung und der Periodenzugehörigkeit erfüllen.
- Grundsatz der Periodenzugehörigkeit
  Die Kosten sind der betreffenden Periode zuzuordnen.
- Grundsatz der Wirtschaftlichkeit
  Bei der Bildung Kostenarten ist die Wirtschaftlichkeit zu berücksichtigen. Die Differenzierung der Kostenarten ist so durchzuführen, dass die Kostenartenrechnung in einer ökonomisch sinnvollen Weise erfolgt (Haberstock 2008).

9.1.2 Kostenstellenrechnung

Aufgabe der Kostenstellenrechnung

Die Kostenstellenrechnung umfasst folgende Aufgaben mit ihren Zielsetzungen (Schweitzer und Küpper 2011):

- Planung der Kosten pro Stelle,
- Lenkung von Entscheidungen und Prozessen,
- Vorbereitung der Verteilung der Kosten auf die Kostenträger und
- Bewertung von Halb- und Fertigerzeugnissen.

Einfluss auf die Kosten nehmen vor allem die notwendigen Informationen für Entscheidungen und das Verhalten der Ausführungsebene (Schweitzer und Küpper 2011).
Die Kostenplanung ist Voraussetzung für Kontrolle und Lenkung der Leistungserstellung. Die Kontrolle wird durch eine Abweichungsanalyse der geplanten Soll-Kosten zu den tatsächlichen Ist-Kosten je Kostenstelle erreicht. So werden die Kostenabweichungen und die Orte dieser Abweichungen sichtbar und damit kann die Möglichkeit zur Lenkung aufgrund der vorgenommenen Analyse durchgeführt werden (Schweitzer und Küpper 2011). Die Kostenstellenrechnung ist das Bindeglied zwischen Kostenarten- und Kostenträgerrechnung.

Systematik der Kostenstellenbildung

Eine Kostenstelle kann als ein betrieblicher Teilbereich aufgefasst werden, auf den die Kosten in Form der unterschiedlichen Kostenarten aufgelistet werden (Zimmermann 2001), so dass die Kosten für die Kostenstelle erfasst, ausgewiesen, geplant und kontrolliert (Hummel und Männel 2000) und eine Abbildung der komplexen betrieblichen Leistungserstellung möglich ist (Weber 1990).

Die Kostenstellenbildung kann unterschiedlich strukturiert sein: Funktionale strukturierte Kostenstellen weisen die Arbeitsschritte des Prozesses auf (Aufnahme, Station, OP, Verwaltung), räumliche Kostenstellen lassen sich nach Betriebsstätten gliedern, organisatorische nach den Verantwortungsbrechen (Küche, Handwerker, Chirurgische Klinik (Zimmermann 2001).

Wesentlich für die Kostenstellenbildung im Gesundheitsbereich ist die Strukturierung nach der rechnerischen Vorgehensweise, die sich wie folgt einteilen lässt (▸ Tab. 9.2; ▸ Kap. 9.5; vgl. Zapp 2004).

Tab. 9.2: Kostenstellenkategorien (nach KHBV)

Nach Krankenhausbuchführungs-verordnung (KHBV)		Kostenstellenkategorien	
Nr.	Kostenellengruppen	Ablauforientiert	Abrechnungsorientiert
90	Geneinsam genutzte Kostenstellen	Hilfskostenstelle	Vorkostenstelle
91	Versorgungseinrichtungen		
92	Medizinische Institutionen		
93–95	Pflegebereich – Normalbereich	Hauptkostenstelle	Endkostenstelle
96	Pflegefachbereiche – Abweichende Pflegeintensität		
97	Sonstige Einrichtungen	Nebenkostenstelle	
98	Ausgliederungen		

Von einer ablauforientierten Kategorie spricht man, wenn die Hauptleistung, die am Markt abgesetzt wird, die stationäre Behandlung der Patienten ist, die in den Hauptkostenstellen erbracht wird. Als Hilfskostenstellen werden die Kostenstellen bezeichnet, die ihre Leistungen an andere Kostenstellen abgeben und damit indirekt an der Hauptleistung beteiligt sind (z. B. das Labor in der Kostenstellengruppe 92 oder die physikalische Therapie). Die Kostenstellen, die nicht am Hauptleistungserstellungsprozess des Krankenhauses beteiligt sind, sind die Nebenkostenstellen (z. B. die Kosten für die Ausbildung oder für Forschung und Lehre) (Hentze und Kehres 2008).

Eine abrechnungsorientierte Kategorie liegt vor, wenn die Vorkostenstellen auf die Kostenstellen verrechnet werden, für die sie Leistungen erbracht haben. Die Unterscheidung zwischen Vor- und Endkostenstellen wird unter dem Aspekt der Weiterverrechnung der Kosten vorgenommen. Von den Vorkostenstellen werden die Kosten auf die Endkostenstellen durch die Innerbetriebliche Leistungsverrechnung verteilt. Die Endkostenstellen verrechnen die Kosten auf den Kostenträger (Schweitzer und Küpper 2011).

Für die Kostenrechnung im Krankenhaus liegt der Kostenstellenrahmen der Krankenhausbuchführungsverordnung (KHBV), in der Anlage 5 der KHBV zu Grunde. Jede Kostenstelle ist als ein selbstständiger Verantwortungsbereich darzustellen, um so eine eindeutige Beziehung zwischen der Kostenstelle, der erbrachten Leistung und den anfallenden Kosten zu gestalten. Dadurch wird eine zweifelsfreie und eindeutige Zuordnung der Kosten ermöglicht.

Der Differenzierungsgrad bei der Kostenstellenbildung ist abhängig von betriebsindividuellen Faktoren. Dabei sind unter anderem die Betriebsgröße, die Branche, das Produktionsprogramm und -verfahren, die organisatorische Gliederung, die angestrebte Genauigkeit der Kalkulation und die Möglichkeit der Kostenkontrolle von Bedeutung. Bei der Bildung der Kostenstellen ist generell die Wirtschaftlichkeit und Übersichtlichkeit zu beachten.

Die theoretischen Ausführungen beschränken sich auf die Aufzählung und Beschreibung der Gliederungskriterien, was in der praktischen Anwendung dazu führt, dass nicht alle Aspekte der Gliederung gleichzeitig und gleichrangig verwendet werden können. Hier sind Prioritäten zu setzen, die sich auf die primäre Zielsetzung der Kostenrechnung beziehen. Diese primäre Zielsetzung zielt auf die strukturgleiche oder strukturähnliche Darstellung des Leistungserstellungsprozesses ab (Mussing 1998).

Die Komplexität der Leistungserstellung erfordert vielfach eine Vereinfachung bei der kostenrechnerischen Abbildung; hier sind Kompromisse zu bilden. Eine interdisziplinäre genutzte Abteilung oder ein Wohnbereich, in dem Bewohner mit unterschiedlichen Pflegestufen wohnen, kann nur als Kostenstelle oder Kostenbereich abgebildet werden, wenn eine Kostenträgerrechnung existiert, um die Gemeinkosten trägerspezifisch verrechnen zu können.

Daher ist es sinnvoll, mehrere Kostenstellen zu einem Kostenstellenbereich zusammenzufassen und einem Verantwortungsbereich zu unterstellen.

Grundsätze der Kostenstellenrechnung

Als allgemeine Grundsätze der Kostenstellenbildung sind folgende Aspekte zu beachten (Preißler und Dörrie 1987; Hummel und Männel 2000; Kilger 1987):

1. Identität von Kostenstelle und Verantwortungsbereich
2. Proportionale Beziehungen von Kosten und Leistungen.
3. Zweifelsfreie Zuordnung
4. Beachtung der Wirtschaftlichkeit

1)   Identität von Kostenstelle und Verantwortungsbereich

Jede Kostenstelle soll durch einen Ansprechpartner vertreten sein, der die Verantwortung für diese Kostenstelle übernimmt. Ausgangspunkt für diese Regelung ist das organisatorisches Prinzip: Aufgabe, Kompetenz und Verantwortung in einer Hand! Die Aufgabe umschreibt das Tätigkeitsfeld der betreffenden Abteilung oder des zuständigen Klinikleiters. Die Kompetenz gibt die Einflussnahme an, Maßnahmen einzuleiten und Einfluss zu nehmen.

2) Proportionale Beziehungen von Kosten und Leistungen

Proportionalität soll die Kostensteigerung in Abhängigkeit zur Leistungssteigerung deutlich machen.

Solche Proportionalitäten werden auch als Bezugsgrößen bezeichnet. Mit Steigerung der Belegungstage steigen auch die (variablen) Kosten. Die Wahl der richtigen Bezugsgröße gelingt umso wirksamer, je homogener die Arbeitsplätze gestaltet sind.

3) Zweifelsfreie Zuordnung der Kosten

Die Kostenarten müssen sich ohne Probleme entsprechenden Kostenstellen eindeutig zuordnen lassen.

4) Beachtung der Wirtschaftlichkeit

Die Kostenstellenbildung unterliegt der Wirtschaftlichkeitsbetrachtung. Da bei Differenzierung auch die Datenerfassung und der Arbeitsaufwand steigen, ist hier eine Abwägung genau vorzunehmen.

9.1.3 Kostenträgerrechnung

Aufgaben

Die Kostenträgerrechnung hat folgende Aufgaben (Hentze und Kehres 2010):

1. Preisbildung: Angebotspreise und Preisuntergrenzen sind zu bestimmen. Ist das Entgelt wie bei den DRGs vorgegeben, gilt die Preisbildung nur bei der Berechnung externer Leistungen.
2. Wirtschaftlichkeitskontrolle: Die Wirtschaftlichkeitskontrolle wird vor allem in der Kostenstellenrechnung durchgeführt, sollte aber auf Kostenträger übertragen werden, um hier eine Abstimmung des Leistungsprogramms sicherstellen zu können (Vornbaum und Omau 1992).
3. Planung, Lenkung und Analyse des Leistungsprogramms: Die Kostenträgerrechnung stellt Erlös- und Kosteninformationen bereit. Für die Planung, Lenkung und Analyse des Leistungsprogramms ist es notwendig, die Kostenträgerstückrechnung um die Kostenträgerzeitrechnung zu ergänzen und daraus die kurzfristige Erfolgsrechnung (Kostenträgerergebnisrechnung) abzuleiten (Hentze und Kehres 2010).

Systematik der Kostenträger

Der Kostenträger umfasst die betrieblichen Leistungen, die einen Güter- und Leistungsverzehr ausgelöst haben. Hierbei kann es sich um Absatzleistungen oder innerbetriebliche Leistungen handeln. Im Allgemeinen wird als Kostenträger eine selbstständige Produkt- und Leistungseinheit deklariert (Coenenberg et al. 2009). Die Vielschichtigkeit der Kostenträger zeigt folgende Tabelle (▶ Tab. 9.3).

Tab. 9.3: Darstellung der Kostenträger (Quelle: In Anlehnung an Zapp 2004)

Hauptkriterien	Unterkriterien	Beispiele
Tageweise	Abteilung	• Haupt- oder Belegabteilung • Besondere Einrichtungen
	Versorgungsart	• Voll- oder Teilstationär
	Basiskosten	• Verwaltungskosten • Fixkosten
Fallweise	Nach bestimmten DRGs	• Differenzierte DRGs • Überschreitung obere Grenzverweildauer • Geschlechterspezifisch • Altersspezifisch
Leistungsorientiert	Nach Entgelten	• DRGs • Ambulante OPs • Vor- oder Nachstationär
Patientenorientiert	Nach Patientennamen	• Einzelfallspezifisch

Die Berechnungen der Kostenträger können unterschiedlich durchgeführt werden, entweder pro Stück als Kalkulation oder pro Periode als Ergebnisrechnung.

Kostenträgerstückrechnung (Kalkulation)

Die Kostenträgerstückrechnung rechnet die Kosten einzelnen Kostenträgern zu und führt somit über die Kostenermittlung die Preisberechnung durch.

Als Verfahren lassen sich drei Hauptgruppen (Zimmermann 2001) unterscheiden (▶ Abb. 9.4).

Diese Verfahren lassen sich im Krankenhaus oder Altenheim wiederfinden: Die Bezugsgrößenkalkulation wird bei der Berechnung von Leistungen, die eine DRG/Fallgruppe betreffen, angewendet. Die Divisionskalkulation bietet sich (nur) für die Kalkulation tagesgleicher Pflegesätze an (Altenheime, Rehakliniken).

Die *Divisionskalkulation* ermittelt die Kosten einer Leistungseinheit als Ergebnis der Division der Gesamtkosten durch die Gesamtzahl der hergestellten oder abgesetzten Leistungseinheiten. Eine Kostenstellenrechnung ist hier nicht zwingend erforderlich. Zudem erfolgt keine Unterteilung der Kosten in Einzel- und Gemeinkosten

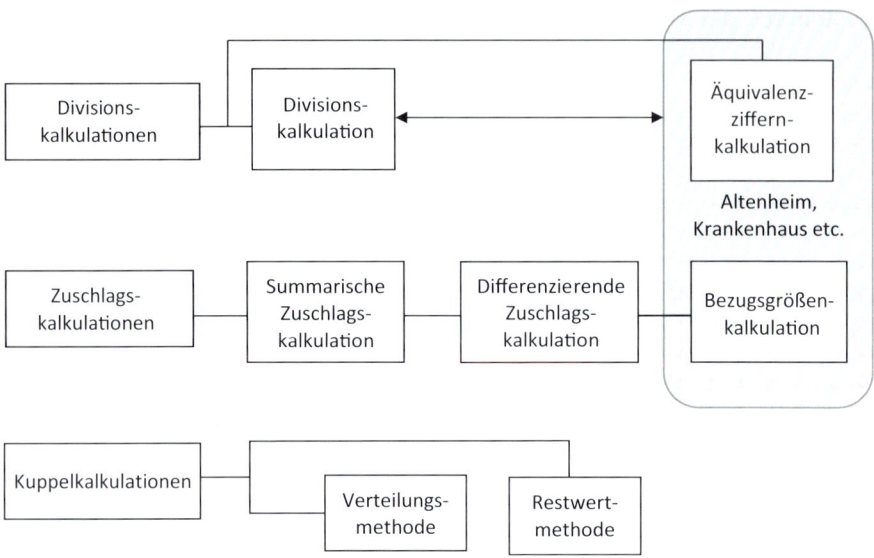

Abb. 9.4: Kalkulationsverfahren (Eigene Darstellung in Anlehnung an: Haberstock 2008; Zapp 2005, 2008)

(Eisele und Knobloch 2011; Haberstock 2008). Bei der einstufigen Divisionskalkulation werden die Gesamtkosten einer Abrechnungsperiode durch die zugehörige Leistungsmenge dividiert. Somit erhält man die Selbstkosten pro Stück. Folgende Voraussetzungen gelten idealerweise als Voraussetzung einer einstufigen Divisionskalkulation zu erfüllen: Es wird nur eine Leistungsart hergestellt und die Produktmenge sollte mit der Absatzmenge übereinstimmen (keine Lagerbestände; ebenda). Die Berechnung tagesgleicher Pflegesätze erfolgt nach diesem Verfahren der Divisionskalkulation. Die Berechnung der Stückkosten bei der Speiseherstellung wird nach dem Beköstigungstag errechnet; das ist eine Äquivalenzziffernrechnung.

Die *Äquivalenzziffernkalkulation* wird bei der Berechnung differenzierter, aber artverwandter Dienstleistungen, Produkte bzw. Sorten angewendet. Die Kosten werden dabei in einem bestimmten Verhältnis zu den unterschiedlichen Leistungsarten gesetzt. Dabei geben die Äquivalenzziffern an, in welchem Verhältnis die Produkte zu einem fiktiven Einheitsprodukt stehen. Diese Gewichtungsfaktoren lassen somit einen wertorientierten Vergleich zu. Dabei ist die Wahl der richtigen Bezugsgröße von wesentlicher Bedeutung (Eisele und Knobloch 2011; Zimmermann 2001).

Für die Berechnung der Selbstkosten werden Äquivalenzziffern für jede Erzeugnisart ermittelt. Durch Multiplikation der Äquivalenzziffer mit der relevanten Leistungsmenge je Sorte werden die unterschiedlichen Ausgangs-Mengeneinheiten in Einheits-Mengeneinheiten des fiktiven Einheitsproduktes (Rechnungseinheit) umgerechnet und addiert. Dividiert man diese Summe durch die Gesamtkosten, errechnen sich daraus die Kosten je Rechnungseinheit. Multipliziert man diese Kosten mit den Rechnungseinheiten der jeweiligen Sorte, erhält man als Resultat die Gesamtkosten pro Sorte.

Die Äquivalenzziffernkalkulation ist dann einsetzbar, wenn durch Verordnung Äquivalenzziffern vorliegen; zum Beispiel GOÄ-Punkte. Durch diese Darstellung der Kostenverhältnisse können artverwandte Leistungen der Diagnostik vergleichbar gemacht werden. Im diagnostischen Bereich werden Leistungen durch Zeit- oder Punktwerte gewichtet (Maltry und Strehlau-Schwoll 1997).

Die *Zuschlagskalkulation* wird bei heterogenen Produktionsprogrammen angewendet. Die Leistungen weisen eine unterschiedliche Kostenstruktur auf, so dass die Kosten durch Zuschläge auf Einzelkosten bezogen werden. Diese Unterteilung von Einzel- und Gemeinkosten ist zwar möglich, aber aufwendig – vor allem wird durch die Zuschläge die Berechnung ungenau (Keun und Prott 2008; Maltry und Strehlau-Schwoll 1997).

Die *Bezugsgrößenkalkulation* verrechnet die Kosten durch spezifische Bezugsgrößen zwischen Leistungen und Kosten. Als Bezugsgrößen können hier genannt werden: der Personaleinsatz pro Minute in verschiedenen Kostenstellen, oder der mengenmäßige Sachmittelbedarf.

Als spezielle dritte Kalkulationsform ist die *Kuppelkalkulation* zu nennen, die aber die geforderte verursachungsgerechte Verteilung der Kosten auf die Kostenträger nicht zulässt.

Wesentlich sind für die Gesundheitseinrichtungen die Äquivalenzziffern- und die Bezugsgrößenkalkulation.

Kostenträgerzeitrechnung (Betriebsergebnisrechnung)

Nicht nur die Ermittlung des Stückerfolgs ist wichtig, sondern der Erfolg oder Teilbeitrag einzelner Unternehmungsbereiche zum Gesamterfolg: Den Umsatzerlösen von Abteilungen oder Verantwortungsbereichen werden die Kosten der erbrachten Leistungen gegenübergestellt, womit die Kostenträgerzeitrechnung zu einer kurzfristige Erfolgsrechnung ausgeweitet werden kann (Röhrig und Schnee 1995). Die Kostenträgerstückrechnung will die Kosten einer produzierenden Leistungseinheit errechnen, während die Kostenträgerzeitrechnung die angefallenen Kosten eines Kostenträgers in einem bestimmten Zeitraum errechnet.

Kostenträgerstückrechnung im DRG-System

Kostenartenbezogene Zuordnung

Auf der Grundlage des testierten Jahresabschlusses der zu betrachtenden Periode werden im Rahmen einer Vollkostenrechnung auf Istkostenbasis alle DRG-relevanten Kosten (= Rohfallkosten) unter Berücksichtigung sämtlicher DRG-relevanter Leistungen proportional den DRG-Fällen (DRGs) zugeordnet. Die Summensaldenlisten der Aufwandskonten der Kontenklassen 6 und 7 der KHBV werden mit den in der Gewinn- und Verlustrechnung ausgewiesenen Aufwendungen abgeglichen. Eventuelle Differenzen sind in der Kostenartenrechnung durch entsprechende Korrekturbuchungen zu beheben.

Die Rohfallkosten umfassen nur pflegesatzfähige Kosten, so dass periodenfremde und außerordentliche Aufwendungen herausgerechnet und auf einer Abgrenzungskostenstelle gesammelt werden müssen. Ebenso sind Investitionskosten mit Ausnahme der Abschreibungen für Gebrauchsgüter und Zinsaufwendungen mit Ausnahme der Zinsen für Betriebsmittelkredite als nicht DRG-relevante Aufwendungen abzugrenzen.

Die vorgenommenen Bereinigungen werden in der Kostenartenrechnung und in der Kostenstellenrechnung parallel nachvollzogen.

Bereinigungen in den Kostenstellen umfassen u. a. die Kosten für Leistungen der Psychiatrie, Psychosomatik und Psychotherapeutischen Medizin, Kosten für ambulante Leistungen einschl. ambulantes Operieren gem. § 115b SGB V, Kosten der Leistungen an Dritte, Kosten der Personalverpflegung, Kosten aus Vermietung und Verpachtung, Kosten für die Besetzung des Notarztwagens, Kosten ergänzender Leistungsbereiche, Kosten für wissenschaftliche Lehre und Forschung und Kosten der Ausbildungsstätten und Kosten der Ausbildungsvergütung.

Neben den Gemeinkosten sollen Einzelkosten den Behandlungsfällen direkt zugeordnet werden (vgl. DKG, GKV, PKV (2007).

Tab. 9.4: Kostenartenverdichtung (nach: DKG, GKV, PKV (2016), Anlage 4.1, S. 243) Zapp (2009)

Kostenartengruppe (Zusammenfassung der Kostenarten zu Gruppen nach Vorgabe des Kalkulationshandbuchs)	Kostenart
Kostenartengruppe 1	Personalkosten des Ärztlichen Dienstes
Kostenartengruppe 2	Personalkosten des Pflegedienstes
Kostenartengruppe 3	Personalkosten des Funktionsdienstes und des medizinisch-technischen Dienstes
Kostenartengruppe 4a	Sachkosten für Arzneimittel
Kostenartengruppe 4b	Sachkosten für Arzneimittel (Einzelkosten/Istverbrauch)
Kostenartengruppe 5	Sachkosten für Implantate und Transplantate
Kostenartengruppe 6a	Sachkosten des medizinischen Bedarfs (ohne Arzneimittel, Implantate und Transplantate)
Kostenartengruppe 6b	Sachkosten des medizinischen Bedarfs (Einzelkosten/Istverbrauch; ohne Arzneimittel, Implantate und Transplantate)
Kostenartengruppe 6c	Sachkosten für von Dritten bezogene medizinische Behandlungsleistungen
Kostenartengruppe 7	Personal- und Sachkosten der medizinischen Infrastruktur
Kostenartengruppe 8	Personal- und Sachkosten der nichtmedizinischen Infrastruktur

Kostenstellenbezogene Zuordnung

Die DRG-relevanten Gemeinkosten werden im Rahmen der Kostenstellenrechnung verrechnet. Ausgangspunkt zur Kostenverteilung ist die Personalkostenverrechnung, da die Personalkosten zum Teil auf Sammelkostenstellen gebucht werden. Von dort werden die entsprechenden Personalkosten entsprechend des zeitlichen Einsatzes der Mitarbeiter auf die einzelnen direkten Kostenstellen verteilt. Dabei stehen zeitliche Verteilungsgrundlagen im Vordergrund. Das Kalkulationshandbuch unterscheidet zwischen direkten und indirekten Kostenstellen: Direkte Kostenstellen, die ihre Leistungen direkt am Patienten erbringen, sind beispielsweise Leistungen der Pflegefachbereiche, medizinische Institutionen und der OP-Bereich. Indirekte Kostenstellen erbringen Leistungen ohne Patientenbezug. Dabei lassen sich indirekte Kostenstellen der medizinischen Infrastruktur (z. B. gemeinsame Kostenstellen der Fachabteilungen, Zentralsterilisation, Qualitätsmanagement) von indirekten Kostenstellen der nicht medizinischen Infrastruktur (z. B. Verwaltung, Werkstätten) unterscheiden.

Im Rahmen der Kostenstellenverteilung werden die Kosten der indirekten Kostenstellen auf die direkten und ggf. auf die abzugrenzende Kostenstelle (z. B. ambulanter Betrieb) übergeleitet und letztere wiederum der Abgrenzungskostenstelle zugeordnet.

In einem nächsten Schritt erfolgt eine Kostenartenzusammenfassung der direkten Kostenstellen zu definierten Kostenartengruppen, um die Einheitlichkeit der Datenübermittlung sicherzustellen und die Kalkulationsarbeiten zu vereinfachen. Folgende Kostenartengruppen sind vorgesehen (▶ Tab. 9.5).

Tab. 9.5: Kostenstellenverdichtung (nach: DKG, GKV, PKV (2016), Anlage 6, S. 253), Zapp (2009)

Kostenstellengruppe (Zusammenfassung der Kostenstellen zu Gruppen nach Vorgabe des Kalkulationshandbuchs)	Kostenstelle
Kostenstellengruppe 1	Normalstation
Kostenstellengruppe 2	Intensivstation
Kostenstellengruppe 3	Dialyseabteilungen
Kostenstellengruppe 4	OP-Bereich
Kostenstellengruppe 5	Anästhesie
Kostenstellengruppe 6	Kreißsaal
Kostenstellengruppe 7	Kardiologische Diagnostik/Therapie
Kostenstellengruppe 8	Endoskopische Diagnostik/Therapie
Kostenstellengruppe 9	Radiologie
Kostenstellengruppe 10	Laboratorien
Kostenstellengruppe 11	Übrige diagnostische und therapeutische Bereiche

Tab. 9.5: Kostenstellenverdichtung (nach: DKG, GKV, PKV (2016), Anlage 6, S. 253), Zapp (2009) – Fortsetzung

Kostenstellengruppe (Zusammenfassung der Kostenstellen zu Gruppen nach Vorgabe des Kalkulationshandbuchs)	Kostenstelle
Kostenstellengruppe 12	Therapeutische Bereiche
Kostenstellengruppe 13	Patientenaufnahme

Kostenfallbezogene Zuordnung

In einem letzten Arbeitsschritt werden auf der Grundlage proportionaler Bezugsgrößen die verdichteten Kosten fallbezogen zugeordnet, wobei die Bezugsgrößen kostenarten- und kostenstellenspezifisch geordnet werden (▶ Tab. 9.6).

Wenn zusätzlich auch die Einzelkosten den DRG-relevanten Fällen zugeordnet sind, sind alle Behandlungskosten im fallbezogenen Datensatz nach der Struktur der direkten Kostenstellen des einzelnen Krankenhauses hinterlegt. Die Datensätze werden an das DRG-Institut übermittelt.

Einrichtungsbezogene Daten und Angaben zur Kalkulation ergänzen die Informationen, die dann als Datenübermittlung an die ausgewiesene Datenannahmestelle der Selbstverwaltung elektronisch übermittelt werden. Die Kostendaten der einzelnen Krankenhäuser werden zu den jeweiligen DRGs als Grundlage der eigentlichen Relativgewichtsermittlung zusammengefasst.

Grundsätze der Kostenträger

Da von der Kostenträgerrechnung wichtige und richtungsweisende Entscheidungen ausgehen, ist die Zurechnung der Kosten auf die Kostenträger wesentlich. Nur so können der Kostenwert, die Leistungen in Menge und Qualität richtig benannt werden.

Folgende Anforderungen sind dabei zu beachten:
Die Kostenverteilung soll

a) dem wirtschaftlichen Kosten-Nutzen-Denken entsprechen unter Beachtung von Kosten-Nutzen-Kriterien,
b) sich anderen Personen, Verantwortungsbereichen gegenüber argumentativ vertreten lassen und der intersubjektiven Nachprüfbarkeit standhalten,
c) dem Anspruch der Personen und Verantwortungsträger erfüllen (s. o. und Hinweise bei Hummel und Männel 2000, S. 53; Olfert 2010; Schweitzer und Küpper 2011; zum Beispiel »Kostenzurechnungsproblematik«, »Prinzipien der Kostenträgerrechnung« und »Prinzipien der Kosten- und Erlösverteilung«).

Tab. 9.6: Modulares Schema zur Ermittlung der Behandlungskosten (Quelle: DKG, GKV, PKV (2016), S. 201)

			Kostenartengruppen										
			Personalkosten ärztlicher Dienst	Personalkosten Pflegedienst	Personalkosten med.-techn. Dienst/Funktionsdienst	Sachkosten (Arzneimittel)	Sachkosten Arzneimittel (Einzelkosten/Istverbrauch)	Sachkosten Implantate und Transplantate	Sachkosten übriger med. Bedarf	Sachkost. übriger med. Bedarf (Einzelkosten/Istverbrauch)	Sachkosten für von Dritten bezogene medizinische Behandlungsleistungen	Personal- und Sachkosten medizin. Infrastruktur	Personal- und Sachkosten nicht medizinische Infrastruktur
			1	2	3	4a	4b	5	6a	6b	6c	7	8
			Personalkosten			Sachkosten						Infrastrukturkosten	
Kostenstellengruppen	1	Normalstation (Bettenführende)						X					
	2	Intensivstation											
	3	Dialyse						X					
	4	OP-Bereich (Medizinische Institutionen)	X										
	5	Anästhesie	X					X					
	6	Kreißsaal	X					X					
	7	Kardiologie	X										
	8	Endoskopie	X										
	9	Radiologie	X										
	10	Laboratorien	X						(X)				
	11	Diagnosti. Bereiche							X				
	12	Therapeut. Bereiche							X				
	13	Patientenaufnahme							X				

Legende: X = Nicht relevant
(X) = Bei Knochenmarktransplantation relevant
(▓) = DRG-relevante Kosten

Erfolgsrechnung

Gesamtkostenverfahren

Das Gesamtkostenverfahren stellt den nach Kostenarten erfassten Gesamtkosten einer Periode den Periodenumsatz gegenüber. Da für abgesetzte Produkte Erlöse erzielt werden, müssen zusätzlich die Bestandsveränderungen bei Halb- und Fertigfabrikaten berücksichtigt werden, damit sich die gesamten Kosten auf der einen und die gesamten Erlöse auf der anderen Seite auf dieselbe Produktionsmenge beziehen. Damit kann das Betriebsergebniskonto bei Anwendung des Gesamtkostenverfahrens wie folgt dargestellt werden:

Tab. 9.7: Gesamtkostenverfahren

Vorzeichen	Bezeichnungen
	Nettoerlös
+	Bestandserhöhung;
–	Bestandsverminderung
–	Herstellkosten der gefertigten Erzeugnisse
–	Vertriebskosten der verkauften Erzeugnisse
=	Betriebsergebnis

Der Vorteil dieser Methode ist der relativ einfache Aufbau und die Herleitung aus der Buchführung. Nachteilig sind keine Informationen über die Kosten- und Erfolgsanalyse der einzelnen Produktarten oder Produktgruppen, da die Gesamtkosten einer Abrechnungsperiode nicht auf Kostenträger verteilt werden. Es ist somit nicht erkennbar, in welchem Umfang die verschiedenen Produkte zur Erzielung des Periodenerfolgs beitragen. Um Bestandsveränderungen vornehmen zu können, ist eine Inventur der unfertigen und fertigen Erzeugnisse notwendig.

Umsatzkostenverfahren

Das Umsatzkostenverfahren stellt eine Absatzerfolgsrechnung dar, in der der Betriebserfolg als Differenz zwischen Erlösen und Selbstkosten der in einer Abrechnungsperiode abgesetzten Produkte ermittelt wird. Dabei sind die Erlöse und die Kosten nach Produktarten oder Produktgruppen gegliedert, so dass sich so der Erfolg der einzelnen Produkte ermitteln lässt.

Tab. 9.8: Umsatzkostenverfahren

Vorzeichen	Bezeichnungen
	Nettoerlös
.	Selbstkosten der abgesetzten Erzeugnisse und Dienstleistungen
=	Betriebsergebnis

Im Gegensatz zum Gesamtkostenverfahren müssen beim Umsatzkostenverfahren für alle abgesetzten Produkte und nicht nur für die Bestandsveränderungen die Kosten je Produktionseinheit ermittelt werden. Demnach gehen die Ergebnisse der Kostenträgerstückrechnung in vollem Umfang in die Periodenrechnung ein, so dass die Erfolge der einzelnen Erzeugnisse und Erzeugnisgruppen einfacher feststellbar sind. Dazu ist eine differenzierte Kostenstellenrechnung notwendig, die eine Durchführung einer Kostenträgerstückrechnung ermöglichen soll.

9.1.4 Kostenlenkung

Die *Kostenplanung* erfordert eine Voraus-Rechnung als Plankostenrechnung, in der zunächst die für eine Planperiode erwarteten zukünftigen Kosten erfasst und anschließend auf die Kostenstellen und Kostenträger verteilt werden. Diese Vorrechnung ist neben der Nachrechnung (Istkostenrechnung), Abweichungsermittlung und -analyse ein Bestandteil des Plankostenrechnungssystems (Schweitzer und Küpper 2011).

Auf der Basis strategischer Ziele wird die Leistungsplanung (Phasen I bis III) durchgeführt, um darauf die über die Kostenplanung in den Teilschritten der Personalkostenplanung, Sachkostenplanung und Kostenträgerkostenplanung mit den Hilfsmitteln Ableitung aus Vergangenheitswerten, Schätzung durch Kostenplaner, Ableitung aus externen Richtwerten und Planung auf der Grundlage analytischer Studien und Berechnungen aufzubauen (Hentze und Kehres 2008; ▸ Tab. 9.9).

Tab. 9.9: Teilschritte der Leistungs- und Kostenplanung im Krankenhaus (Quelle: In Anlehnung, aber weiterentwickelt: Zapp und Bettig 2004; Hentze und Kehres 2008; Zapp 2009, 2008)

Phase	Vorgehen	Bezeichnung	Inhalt		Frage
1	Leistungsplanung	Leistungsprogrammplanung	Hier werden die Leistungen im Kontext mit dem Leistungsprogramm festgelegt. Die Marktleistungen und die darauf aufbauenden eigenständigen Betriebsleistungen (z. B. Diagnostik und Therapie) werden in den verschiedenen Kostenstellen geplant.		WAS
2		Belegungsplanung	Hier werden Planungen differenziert nach Kliniken/Fachabteilungen aus Vergangenheitswerten durchgeführt unter Berücksichtigung erkennbarer bzw. geplanter Veränderungen (= Marktleistungen).		WIEVIEL
3		Leistungsplanung	Hier wird konkrete Patientenstruktur abgeleitet und geplant (z. B. im Diagnostikbereich Anzahl der geplanten CT-Untersuchungen)		
4	Erlösplanung	Erlösplanung	Auf der Grundlage der Phasen 1–3 werden die Erlöse geplant.		
5	Kostenplanung	Planung der Personalkosten	Die Personaleinsatzplanung wird durch die Personalbedarfsrechnung (Mengenplanung) durchgeführt. Planung der Kosten des Personaleinsatzes in Anlehnung an beispielsweise tarifliche Bestimmungen (BAT, AVR) Gestaltung des Dienstplanes.		MIT WELCHEM AUFWNAD

Tab. 9.9: Teilschritte der Leistungs- und Kostenplanung im Krankenhaus (Quelle: In Anlehnung, aber weiterentwickelt: Zapp und Bettig 2004; Hentze und Kehres 2008; Zapp 2009, 2008) – Fortsetzung

Phase	Vorgehen	Bezeichnung	Inhalt	Frage
6	Kostenplanung	Planung der Sachkosten	• Differenzierung zwischen variablen (leistungsbezogenen) und fixen (zeitraumbezogenen) Kosten. • Darauf aufbauend findet die leistungsbezogene Sachkostenplanung je Kostenstelle differenziert nach Kostenarten durch die Definition von Bezugsgrößen statt (z. B. Beköstigungstage) und die mengenmäßige Ausprägung der Bezugsgrößen im Planungszeitraum (z. B. geplante Beköstigungstage). • Ermittlung der geplanten Sachkosten durch die Multiplikation der Planbezugsgröße mit den Kosten (abgeleitet z. B. aus dem Speiseplan und den Einkaufspreisen der Lebensmittel). • Keine Bezugsgröße bei mengenbezogener Sachkostenplanung. • Kosten werden bestimmt durch die Betriebsgröße (z. B. Gebäudereinigung, Heizung) oder Disposition (z. B. Beratung, Instandhaltung).	MIT WELCHEM AUFWAND
7	Kostenträgerplanung	Planung der Kostenträgerkosten	Ermittlung der Plankosten je Kostenträger und Abrechnungsperiode zur Bestimmung der Selbstkostenpreise je Kostenträger auf der Grundlage der Ergebnisse der Kostenarten- und Kostenstellenrechnung und mit den Methoden der Kostenträgerstückrechnung	
8	Kontrollplanung	Kontrolle	Hier werden auf der Grundlage der Plan-Daten (Kosten und Erlöse) diese Elemente kontrolliert.	

Ein weiterer Schwerpunkt der Kostenlenkung ist neben der Kostenplanung die Kostenkontrolle. Sie baut auf den bereits festgestellten Kostendaten auf (Schweitzer und Küpper 2011) und dient der Bereitstellung von Informationen zur Realisation der Unternehmungspläne, da »Planung ohne Kontrolle [...] sinnlos [ist] und Kontrolle ohne Planung unmöglich« (Wild 1974, S.44).

Die Kostenkontrolle läuft dabei in mehreren Phasen ab. Zunächst sind die Schwerpunkte der Kontrolle festzulegen (Prozesse, Kostenstellen, Kliniken, Unternehmensbereiche, Fälle, Fallgruppen usw.), bei denen potentielle Abweichungen mit Lenkungsrelevanz auftreten können. Als zweites ist das Kontrollverfahren auszuwählen, indem die Bereiche untersucht werden, deren Analyse Anpassungsmaßnahmen erkennen lassen dürften und zu einer Verbesserung künftiger Prognosen führen werden. Die Klärung von Ursachen bei unwirtschaftlichen Ergebnissen ist wichtig, um Ansätze von Verbesserungen erkennen zu können (Hentze und Kehres 2008): In der Praxis treten als Ursachen häufig auch einfache Zähl- bzw. Kontierungs-, Übertragungs-, Verarbeitungs- oder Programmfehler auf. In der letzten Phase werden schließlich Anpassungsmaßnahmen formuliert, eingeleitet und umgesetzt (Schweitzer und Küpper 2011).

9.2 Leistungsrechnung

Der mengenmäßige Begriff ist Ausgangspunkt der Leistungsrechnung. Leistungen sind dabei sachzielbezogen, wenn zwischen ihnen und dem Sachziel eine Beziehung besteht. Das ist bei Krankenhausleistungen der Fall, die durch ein Entgelt (z. B. DRG-Erlöse) vergütet werden. Erträge, die dagegen nicht im Rahmen des Produktionsprogramms einer Unternehmung und damit nicht sachzielorientiert erwirtschaftet werden, dürfen nicht als Leistungen in die Kosten- und Leistungsrechnung für diesen betrachteten Bereich eingehen. Ebenso sind nicht betriebsbedingte Tätigkeiten zu vernachlässigen. Die Leistungserfassung der benötigten Daten (Mengen, Zeiten u. ä.) erfolgt dabei am Ort des Verbrauchs – im Krankenhaus zum Beispiel in der Physiotherapie (Männel 1992b). Die sachzielbezogenen Leistungen werden dann mit Kosten bewertet und korrespondieren so als Kosten im Rahmen des Erstellungsprozesses mit den betrieblichen Leistungen (Plinke 1993). Die Leistungen sollten einer Kostenstelle eindeutig zurechenbar sein, da sonst aufgrund von Kostendaten Fehlhandlungen impliziert werden (Zapp 2004). Bei differenzierten und komplexen Abläufen ist diese Deckungsgleichheit oft nur kostenträgerorientiert möglich. Auf interdisziplinär geführten Stationen müssen die unterschiedlichen Krankheitsbilder (Leistungen) den Kosten entsprechen oder es erfolgt eine Differenzierung nach der Prozesstiefe (Low-Care-Stationen, die nach pflegeintensiven Patienten strukturiert werden; vgl. Zapp 2009; Zapp und Oswald 2009).

Die Bedeutung der Leistungsrechnung liegt in der Ergänzung der Kostenrechnung und kann somit wesentliche Fragen berücksichtigen (▶ Tab. 9.10).

Die Leistungsrechnung ist insbesondere für Nichtökonomen eher nachvollziehbarer und transparenter als direkt oder unmittelbar monetär quantifizierte Outputs, die in der Regel die Krankenhausleistung für Ihre Entscheidungen benötigt.

Tab. 9.10: Ansprüche der Leistungsrechnung (Quelle: In Anlehnung an Zapp et al. 2000; Zapp 2009).

W-Fragen	Zusammenhängend	Erläuterung	Begrifflichkeit
Wer	Wer erbringt	Welche Dienstartengruppe erbringt die Leistung, z. B. Pflege oder Technik	Personalkostenart
Welche	mit welchen Mitteln	Die zur Leistungserstellung benötigten Sachmittel, z. B. OP-Besteck	Sachkostenart
Wo	wo	Die Leistungsstelle, in der die Leistung erbracht wird, z. B. der Wohnbereich	Leistungsstelle, sollte mit Kostenstelle übereinstimmen
An wen	für wen	Der Leistungsträger, der die Leistung empfängt, zum Beispiel der Bewohner	Leistungsempfänger = Kostenträger
Wann	wann	Der Zeitpunkt der Leistungserstellung, z. B.: im Bereitschaftsdienst	Uhrzeit, Tag
Was	welche Leistung?	Die Art der Leistung; z. B.: • eine Mahlzeit: Verpflegungsleistung • ein Bad: Pflegeleistung • ein Telefon: Wahlleistung • eine Theaterbegleitung: Zusatzleistung Ist die Leistungsart eine abzurechnende Leistung, dann stimmen Leistungsart und Leistungsträger überein.	Leistungsart = Leistungsträger → Kostenträger

9.3 Erlösrechnung

Die Erlösrechnung erfasst und strukturiert alle durch die Erstellung und Verwertung von Leistungen zufließenden Werte (Liessmann 1997). Analog zur Kostenrechnung kann hier unterschieden werden in Erlösarten-, Erlösstellen- und Erlösträgerrechnung – ergänzt um die Erlösquellenrechnung, die festhält, von welchen absatzwirtschaftlichen Potentialen (im Krankenhaus DRGs) einer Unternehmung Erlöse zufließen (Männel 1992c). Im Rahmen der Erlösträgerrechnung werden einer Gesundheitsunternehmung die zufließenden Erlöse den Objekten zugerechnet, die sich direkt als Einzelerlöse erfassen lassen. Die sich anschließende Erlösstellenrechnung zeigt auf, welchen Unternehmungsbereichen die erzielten Erlöse zuzuordnen sind. Nachfolgende Abbildung zeigt die Differenzierungsmöglichkeiten der Erlöse.

Tab. 9.11: Klassifikationsmöglichkeiten von Erlösen (Quelle: In Anlehnung an Schweitzer und Küpper 2011; Zapp 2008a).

Merkmal	Ausprägung	Beispiel
Erlösart	Dienstleistungen	DRGs, Boni, Skonti
Erlösbereich, -stelle	Bereich I, Bereich II	Chirurgie oder konservative Kliniken
Erlösträger	Produkt A, Produkt B	DRG X, Y, Z, Patienten, Fälle
Erlösquelle	Finanzierungsquellen	Erlöse von den Krankenkassen AOK, BKK Erlöse aus Fördermitteln

Die Erlöse können aber auch tiefergehender strukturiert werden (▶ Tab. 9.12).

Tab. 9.12: Strukturierungsmöglichkeiten von Erlösen (Quelle: In Anlehnung an Schweitzer und Küpper 2011; Zapp 2008a)

Merkmal	Ausprägung	Beispiel
Art der Ausbringungsgüter	• Produkterlöse • Sachmittel-, Anlageerlöse • Arbeitserlöse • Informationserlöse • Nominalerlöse • Vermietererlöse	• DRG-Erlös • Apothekenartikel, Rückstellungszinsen • Konsiliarleistung • Softwareentwicklung, Beratungsleistung • Zins-, Dividendenerlöse • Mieteinnahmen für die Mitnutzung medizinischer Geräte eines anderen Krankenhauses oder ambulant tätiger Ärzte
Bezugsgröße	• Stückerlöse • Periodenerlöse	• DRG-Erlöse • Sämtliche Erlöse für stationäre Leistungen
Wertansatz	• Pagatorische Erlöse • Nichtpagatorische (kalkulatorische) Erlöse	• DRG-Erlös • Innerbetriebliche Erlöse z. B. für Röntgenleistungen
Zurechenbarkeit	• Einzelerlöse • Gemeinerlöse[89]	• DRG-Erlös • Integrierte Versorgung
Veränderlichkeit	• Variable Erlöse • Fixe Erlöse	• DRG-Erlös • Pauschale Fördermittel

---

89 Gemeinerlöse stellen Erlöse dar, die durch die absatzwirtschaftliche Leistungsverbundenheit bedingt sind und die oftmals bereits dann wegfallen, wenn eine der über diesen gemeinsamen Wertzuwachs miteinander verbundenen Leistungen nicht erbracht wird (vgl. Schweitzer und Küpper 2011).

9.4 Ergebnisrechnung

Die externe Ergebnisrechnung ermittelt ihr Ergebnis durch Gewinn- und Verlustrechnung, indem in der Gewinn- und Verlustrechnung die Aufwendungen den Erträgen einer Unternehmung gegenübergestellt werden. Die interne Ergebnisrechnung (Betriebsergebnisrechnung) errechnet ihr Ergebnis durch die Gegenüberstellung von Erlösen und Kosten. Das Ergebnis kann dabei als Vollkosten- und Nettoergebnisrechnung oder als Teilkosten- und Bruttoergebnisrechnung (Deckungsbeitragsrechnung) aufgebaut sein (Helm 1992).

Die Ergebnisrechnung mit ihren Teildisziplinen Kosten, Leistungen, Erlösen dient vor allem drei Zielen (nach Coenenberg et al. 2009):

a) Das Transparenzziel soll die Datenlage offenlegen, um darauf aufbauend Entscheidungen treffen und Planungen vornehmen zu können.
b) Das Lenkungsziel soll durch die Analyse der Datenlage erreicht werden. Diese erfolgt in zweifacher Perspektive: Die sachliche Ausrichtung der Unternehmung stellt das Leistungsgeschehen in den Vordergrund (Lokomotion) und stimmt die einzelnen Bereiche der Unternehmung auf das Gesamtziel ein.[90]
Das Ziel der Verhaltensbeeinflussung setzt bei den MitarbeiterInnen an, um diese als Individuen oder als Team oder Gruppe (Kohäsion) zu motivieren.
c) Das Erfolgszuweisungsziel soll den Gesamtunternehmungserfolg sicherstellen. Dazu können Teilergebnisse bezogen auf Sparten, Divisionen, Center usw. eingesetzt werden, um so die Teilbereiche zu fördern.

---

90 Schmalenbach hat hierzu den Begriff der pretialen Lenkung geprägt, bei dem es um die Idee einer (fiktiven) Übertragung des Marktes auf die Unternehmung geht. Die Bereiche sollen wie selbständige Unternehmungen ihre Entscheidungen treffen und sich dabei an ihren Bereichserfolgen orientieren. Über die Festlegung der Verrechnungspreise soll erreicht werden, dass die dezentralen Entscheidungen zugleich zur Maximierung des Gesamterfolges der Unternehmung führen. vgl. Schmalenbach, E. (1947), S. 28 ff; Coenenberg et al. 2009; Küpper et al. 2013.

10 Innerbetriebliche Leistungsverrechnung

10.1 Begriffliche Bestimmung: Leistung versus Erlös

Leistungen stellen immer einen mengenmäßigen Ansatz dar. Sind Geldwerte maßgeblich – werden die Leistungen also bewertet –, sollte der Erlösbegriff gewählt werden. Der Güterverzehr oder der Leistungsverzehr bezieht sich auf folgende Bereiche (Schweitzer und Küpper 2011):

a) auf den Absatzbereich und
b) auf die Innerbetriebliche Leistungsverrechnung.
c) Schließlich kann man noch die Bestandsrechnung benennen, die sich auf die Erhöhung oder Verminderung des Bestandes an fertigen und unfertigen Erzeugnissen bezieht.

Um diese Aufgaben qualifiziert ausfüllen zu können, sind die erfassten und ermittelten Gemeinkosten über Leistungen den Kostenstellen bzw. Kostenträgern zuzuordnen. Diese Zuordnung erfolgt nach bestimmten Regeln (vgl. zu diesem Kapitel 10 grundlegend Hesse et al. 2013 a).

10.2 Regeln der Innerbetrieblichen Leistungsverrechnung

Generell können zwei Gruppen unterschieden werden, die Kosten und Leistungen verteilen (▶ Tab. 10.1).

Tab. 10.1: Differenzierung von Zurechnungs- und Anlastungsregeln (Quelle: In Anlehnung an Selke, S. 1997)

Regeln Beziehung	Regeln der Kosten- und Leistungszurechnung	Regeln der Kosten- und Leistungsanlastung
Art	Natürlich	Künstlich
Zweck	Bestimmung der Beziehung zwischen Kosten und Leistungen	Festlegung der Beziehung von Kosten und Leistungen

Ausprägungen	1. Ursachenorientiert
	  1.1 Verursachung
	  1.2 Proportionalität
	  1.3 Kausalität
	  1.4 Final
	2. Identität
	3. Marginalität
		3.1 Durchschnittsorientiert
		3.2 Tragfähigkeitsorientiert

10.2.1 Kosten- und Leistungszurechnung

Die Zurechnungsprinzipien versuchen, eine isomorphe Abbildung der Beziehungen zwischen Kosten/Leistungen und der Dienstleistung oder dem Produkt als Bezugsobjekt herzustellen und sind somit als »natürliche« gekennzeichnet.

Nach der *Ursachenorientierung* trägt jeder Kostenträger und jedes Kalkulationsobjekt die Kosten, die er oder es verursacht hat. Der Begriff der Verursachungsgerechtigkeit lässt oftmals keine klaren Regeln erkennen, nach denen die Kostenverteilung ablaufen könnte, und stellt somit eine pseudonormative Leerformel dar (Hummel und Männel 2000). Die Problematik wird durch die Fixkosten deutlich, die als Block z. B. von der gesamten Unternehmung ausgelöst werden und somit nur schwer ursachenorientiert verteilt oder zugerechnet werden können.

Die *Proportionalität* verrechnet aufgrund nachgewiesener proportionaler Beziehungen Kosten und Leistungen (Rummel 1949; Hummel und Männel 2000), d. h. die Verrechnung erfolgt durch eine realitätsorientierte Abhängigkeit der Kosten von bestimmten Einflussgrößen und betrifft vor allem die Gemeinkosten in Kostenstellen oder von Kostenträgern.

Die *Kausalität* verrechnet nach Ursache-Wirkungs-Beziehungen, wonach die Ursache der Kostenentstehung der Leistungserstellungsprozess ist (Kilger 1987): Deshalb werden nur die von der jeweiligen Bezugsgrößenmenge abhängigen Kosten zugerechnet (Selke 1997). Kilger (1987) spricht auch vom Funktional- bzw. Relevanzprinzip.

Die *Finalität* (Kosiol 1972) ist eine Mittel-Zweck-Beziehung und keine Ursache-Wirkungs-Beziehung (Selke 1997). Die Kosten der Betriebsbereitschaft werden im Verhältnis der zeitlichen oder räumlichen Inanspruchnahme auf die Leistungseinheiten verteilt, da der Anfall dieser Kosten das Mittel für den angestrebten Zweck der Erzeugung bestimmter Produkte ist. Diese Beziehung wird auch als Veranlassung bezeichnet.

Die *Identität* (Riebel 1994) setzt bei der Entscheidung an. Die Entstehung der Produkte oder das Ergebnis der Dienstleistung kann nicht als Ursache für Kosten angesehen werden, weil eine Ursache vor der Wirkung liegt. Somit kann das Ergebnis, das am Ende eines Leistungserstellungsprozesses liegt, nicht Ursache für Kosten sein. Kosten können auch nicht die Ursache für eine Leistungsentstehung sein, weil sonst durch Kosten irgendetwas entstehen müsste.

Aufgrund von Entscheidungen (Ursache) für Produktionsfaktoren folgen zwei Wirkungen:

1. Produktionsfaktoren werden in Anspruch genommen oder verzehrt.
2. Durch diese Kombination entsteht ein Produkt oder ein Dienstleistungsergebnis.

Kosten und Leistungen verbindet keine Ursache-Wirkung, sondern Kosten und Leistungen werden quasi gekoppelt und beruhen so auf einer Entscheidung, die den Güterverbrauch und (!) die Leistungsentstehung auslöst.

Kosten können nur dann zugerechnet werden, wenn Kosten und Erlöse durch dieselbe Entscheidung (als Identität) ausgelöst werden. Entscheidungen von Personen/des Managements sind die Kostenbestimmungsfaktoren. Kosten verbleiben bei diesen Personen, die diese Entscheidung ausgelöst haben.

Die *Marginalität* baut auf die Identität auf und rechnet einem Kalkulationsobjekt die Kosten zu, die durch die Existenz dieses Kalkulationsobjekts zusätzlich ausgelöst werden – bei Nichtexistenz dieses Kalkulationsobjekts aber auch überhaupt nicht angefallen wären. Die relevanten Kosten werden hier stark in den Mittelpunkt gestellt (Schweitzer und Küpper 2011; Hummel und Männel 2000).

10.2.2 Kosten- und Leistungsanlastung

Anlastung unterscheidet in

a) durchschnittsorientierte Verteilung und
b) die Verteilung nach der Tragfähigkeit

Die *Durchschnittsorientierung* dividiert den Kostenblock durch homogene Untereinheiten auf. Die Kosten und Erlöse werden durchschnittlich auf die Leistungseinheiten oder sonstige Bezugsgrößen verteilt.

Die *Tragfähigkeit* wird durch die Belastbarkeit des Ergebnisses bestimmt, durch den Überschuss der Erlöse über die direkt zurechenbaren Kosten gemessen oder es wird der Bruttoerlös genommen.

10.3 Typen der Leistungsverrechnung

Kostenstellen können in unterschiedlichem Maße innerbetriebliche Leistungen erstellen und erbringen:

a) Leistungen materieller Art: Röntgenbilder, Brunnen im Garten des Krankenhauses
b) Leistungen immaterieller Art: Forschungs- und Entwicklungsarbeiten, Planung
c) Vorhaltung und Verfügbarmachung betrieblicher Potentiale: Überlassen von Räumlichkeiten

Die Erfassung dieser innerbetrieblichen Leistungsverflechtung ist aus zwei Gründen heraus wichtig:

1. Ermittlung der Selbstkosten der Kostenträger, um möglichst genaue Aussagen über die Inanspruchnahme von Kostenstellen machen zu können
2. Informationsbereitstellung darüber, ob Fremd- oder Eigenbezug wirtschaftlich sinnvoll ist

Wesentlich sind zwei Verrechnungsmöglichkeiten: Im Vordergrund stehen einseitige, mehrstufige Leistungsverrechnungen, die über mehrere aufeinanderfolgende Stufen erfolgen. Beispielhaft kann hier auf den Fahrdienst verwiesen werden,

- der Fahrdienste für die Handwerker übernimmt, deren Leistungen für andere Kostenstellen anfallen,
- der Fahrdienste für die Apotheke übernimmt, die wiederum Leistungen z. B. auf Stationen erbringt.

Die Kosten des Fahrdienstes werden verrechnet auf die Handwerker und erhöhen hier die Kosten. Diese erhöhten Kosten wiederum werden verrechnet auf andere Kostenstellen, für die die Handwerker tätig sind.

Die zweite Verrechnungsmöglichkeit ist die wechselseitige Leistungsverflechtung. So leistet eine Fachabteilung Dienste für die Patienten in dieser Abteilung und gleichzeitig nimmt die Abteilung auch Konsilarleistungen entgegen (Hummel und Männel 2000; Hentze und Kehres 2008; Zapp et al. 2015; i.e. Zapp et al., »Controlling und Reporting im Krankenhaus« dieser Reihe S. 51 f.)

10.4 Verfahren der Innerbetrieblichen Leistungsverrechnung

10.4.1 Einseitige Leistungsverrechnung

Durch das *Kostenartenverfahren* werden die innerbetrieblichen Leistungen in Hauptkostenstellen verrechnet und beinhaltet die Erfassung der angefallenen Einzelkosten. Die leistenden Kostenstellen werden mit den Einzelkosten entlastet, die leistungsempfangenden Kostenstellen werden belastet in Form von Gemeinkosten (vgl. Olfert 2010).

In das *Kostenstellenumlageverfahren* werden die Gemeinkosten der innerbetrieblichen Leistung miteinbezogen (ebenda). Die Umlage der Kosten der Hilfsbetriebe geschieht bei einheitlichen Stellenleistungen nach der Divisionskalkulation, so dass die von der empfangenen Kostenstelle abgenommene Menge mit den Leistungseinheitskosten multipliziert wird. Durch die Zuschlagskalkulation werden die empfangenden Kostenstellen belastet mit den Stellen-Einzelkosten direkt und die Gemeinkosten durch einen Kalkulationszuschlag auf den Lohn bzw. das Material (vgl. Buggert 1994).

Das *Kostenstellenausgleichsverfahren* verrechnet die Einzelkosten der innerbetrieblichen Leistung mit der empfangenden Kostenstelle und die Gemeinkosten der leistenden Kostenstelle werden auf die empfangene Kostenstelle verrechnet (vgl. Olfert 2010). Auf der Basis von Kalkulationsgrundsätzen werden die Stellenleistungen ermittelt und diesen neben den Löhnen und Materialkosten auch die lohnbezogenen Gemeinkosten der Kostenstelle zugerechnet (vgl. Buggert 1994).

Das *Kostenträgerverfahren* wird angewendet für die Ermittlung der Kosten aktivierbarer Eigenleistungen und für die Durchführung von Wirtschaftlichkeitsvergleichen zwischen Eigenfertigung und Fremdbezug. Die ermittelten Kosten der Ausgliederungsstelle werden auf zwei Weisen verteilt: In einer Ausgliederungsstelle werden die nicht aktivierungspflichtigen Leistungen mit den leistungsempfangenden Kostenstellen verrechnet. Die Kosten der aktivierungspflichtigen Leistungen werden erfasst und abgerechnet, bevor die Leistungen aktiviert werden (Olfert 2010).

10.4.2 Gegenseitige Leistungsverrechnung

Mit dem *Gleichungsverfahren* wird ein Verrechnungspreis bei einer gegenseitigen Kostenstellenbelieferung bestimmt, der sehr genau ist. Die Zahl der Gleichungen kann sehr hoch sein, da die Bewegungen zwischen den Kostenstellen berechnet werden müssen (Hummel und Männel 2000; Hentze und Kehres 2008).

Beim *Iterationsverfahren* werden die Verrechnungspreise durch einen sich wiederholenden (iterativen) Prozess verrechnet. Die einzelnen Prozessstufen oder Iterationen nehmen eine vollständige innerbetriebliche Leistungsverrechnung vor, so dass sich mit den Iterationen die Verrechnungspreise immer »genauer« annähern (Hummel und Männel 2000; Langenbeck 2011).

Beide Verfahren sind sehr aufwendig. Es ist immer aus Wirtschaftlichkeitsgründen zu prüfen, ob solch aufwendige Verfahren für ein ökonomisches Handeln Anreize schaffen.

11 Systeme der KLEE-Rechnung

Nach welchen Regeln Kosten erfasst und ausgewertet werden, hängt von den Rechnungszielen ab. Ist der realisierte Erfolg einer Leistung oder einer Fachabteilung von Interesse, muss eine Nachrechnung durchgeführt werden. Hierzu ist die Kenntnis der Istkosten notwendig. Sollen hierbei Zufallsschwankungen geglättet werden, sind Normalkosten zu ermitteln. Zukunftsbezogene Auswertungen erfordern Plankosten, die in Form der Prognose- oder Standardkosten unterschiedliche Schwerpunkte setzen. Da Planung ohne Kontrolle wenig aussagekräftig ist, werden Nachrechnungen und Vorrechnungen miteinander kombiniert. Zu entscheiden ist dann weiter, ob alle Kosten, d. h. Vollkosten oder nur Teile der Kosten auf den Kostenträger verrechnet werden sollen. Beispielsweise erfordert die Kalkulation eines Preises den Einsatz einer Vollkostenrechnung, für Prognosen zum Kostenverlauf bei Änderung der Auslastung empfiehlt sich eine Teilkostenrechnung.

Die Umsetzung der KLEE-Rechnung verlangt damit immer nach einem geschlossenen Abrechnungsverfahren in Abhängigkeit der verfolgten Rechnungsziele (Zapp 2009)

- Abbildung und Dokumentation sowie
- Planung, Lenkung und Kontrolle.

Der Grundaufbau dieser Kostenrechnungssysteme folgt der Kostenarten-, Kostenstellen- und Kostenträgerrechnung und ist in zweifacher Hinsicht charakterisiert: nach dem Zeitbezug der Kostengrößen und nach dem Ausmaß der Kostenverrechnung (Schweitzer und Küpper 2011, S. 63 f.). Daraus ergeben sich sechs theoretische Modelle, deren Übergang in der Realität zum Teil fließend ist (▶ Tab. 11.1).

Terminologisch wird in der gängigen Literatur immer von Kostenrechnungssystemen gesprochen, was jedoch nur unzureichend ihren Inhalt charakterisiert. Sie erfassen und verrechnen nicht nur Kosten, sondern auch Leistungen. Weiterhin werden Kosten und Erlöse zur Erfolgsermittlung einander gegenübergestellt, so dass alle Rechnungssystemvarianten dem Grunde nach Systeme der Kosten-, Leistungs- Erlös- und Ergebnisrechnung sind (Zapp 2009, S. 126).

Tab. 11.1: Systeme der KLEE-Rechnung (Quelle: In Anlehnung an Hummel und Männel 2000, S. 393)

Ausmaß der Kostenverrechnung \ Zeitbezug der Kostengrößen	Vergangenheitsorientierung		Zukunftsorientierung
	Istkosten (tatsächlich angefallene Kosten)	Normalkosten (durchschnittl. angefallene Kosten)	Plankosten (Prognosekosten + Standardkosten)
Verrechnung der vollen Kosten auf die Kalklationsobjekte	Vollkostenrechnung auf Istkostenbasis	Vollkostenrechnung auf Normalkostenbasis	Vollkostenrechnung auf Plankostenbasis
Verrechnung nur bestimmter Kategorien von Kosten auf die Kalkulationsobjekte	Teilkostenrechnung auf Istkostenbasis	Teilkostenrechnung auf Normalkostenbasis	Teilkostenrechnung auf Plankostenbasis (Grenzplankostenrechnung)

11.1 Zeitbezogene Systeme

11.1.1 Istkosten

Alle in einer Rechnungsperiode tatsächlich angefallenen Kosten werden als Istkosten bezeichnet. Sie errechnen sich durch Multiplikation der Istpreise mit den Istmengen. Charakteristisch für die Istkostenrechnung ist eine Verrechnung der Kosten auf die Kostenstellen und Kostenträger ohne Wertkorrekturen und ohne Ausschaltung von Zufallsschwankungen. In dieser Reinform kann die Rechnung jedoch allenfalls Dokumentationszwecken dienen. Für weitergehende Aufgaben, wie die Nachkalkulation von Leistungen (z. B. Behandlungsfall) oder zur Erfolgsermittlung von Abteilungen (Verwaltung, Küche, Radiologie, Chirurgie usw.) bedarf es bei bestimmten Kostenarten der Anwendung von Schätz-, Normal- oder Planwerten (z. B. bei der Bewertung von Vorratsmaterial, das zu verschiedenen Zeitpunkten zu jeweils unterschiedlichen Preisen beschafft wurde oder bei der Abgrenzung von Versicherungsprämien, da ihre Höhe sich erst nach dem Jahresabschluss ermitteln lässt, u. a.). Auch für einfache Formen der Kostenkontrolle durch Zeit- und Betriebsvergleiche sind die Korrekturmaßnahmen einzelner Kostenarten unerlässlich. Istkostenrechnungen, die für aussagefähige Nachkalkulationen und zur Plan-Ist-Analyse genutzt werden können, markieren dann aber bereits den Übergang zur Normalkostenrechnung (Zapp 2009, S. 127; Kilger 1987, S. 54 ff.).

11.1.2 Normalkosten

Die Normalkostenrechnung arbeitet mit Durchschnittswerten aus der Vergangenheit (Normalkosten). Den Kostenstellen und/oder Kostenträgern werden hier

Kosten zugerechnet, die bei normalen Verhältnissen entstehen oder entstehen würden. Reine Normalkosten werden als statistische Mittelwerte bezeichnet. Hier wird ein Durchschnittswert aus mehreren Istwerten vorheriger Perioden errechnet. Atypische Werte (Zufallsschwankungen) bleiben unberücksichtigt (Beispiel ▶ Abb. 11.1) (Zapp 2009, S. 127; Kilger 1987, S. 54 ff.)

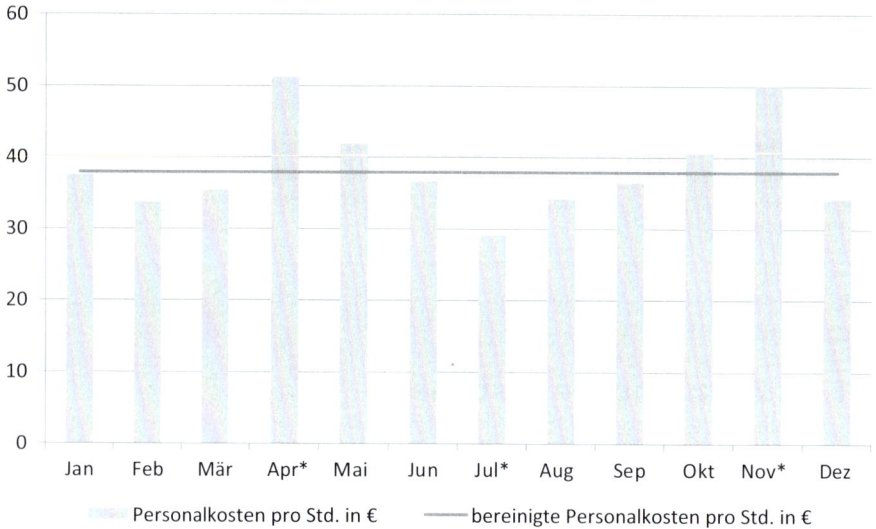

Abb. 11.1: Ermittlung und Darstellung von Normalkosten (Quelle: In Anlehnung an Däumler und Grabe 2004, S. 21 f.)
* Kosten, die durch besondere Einflüsse höher oder niedriger als üblich waren
Durchschnittlicher Kostensatz (Normalkostenverrechnungssatz) einer Fertigungsstunde
als Mittelwert (45.000 € : 1.200 h) 37,5 €/h
als statistischer (bereinigter) Mittelwert (33.900 € : 895 h) 37,9 €7h

Korrigierte Normalkosten als aktualisierte Mittelwerte berücksichtigen darüber hinaus Kostenstrukturveränderungen wie z. B. erwartete Personalkostensteigerungen. Voraussetzung dafür ist die Kostentrennung in variable und fixe Anteile, was zu einer flexiblen Normalkostenrechnung führt. Die flexible Normalkostenrechnung stellt die erste Entwicklungsform der Kostenrechnung dar, die im Ansatz eine kostenstellenweise Kostenkontrolle ermöglicht. Entwicklungstechnisch betrachtet ist sie ein Vorläufer der flexiblen Plankostenrechnung (Kilger et al. 2012). Je größer die Korrekturen, desto weiter nähert sich die Normalkostenrechnung der Plankostenrechnung an (Kilger 1987, S. 56 f.).

11.1.3 Plankosten

Prognose-Kosten

Im Gegensatz zu Ist- und Normalkosten handelt es sich bei Plankosten um zukunftsbezogene Kosten, die aufgrund von Berechnungen, Verbrauchsstudien und sorgfältigen Schätzungen in methodischer Weise festgelegt werden. Sie dienen der betriebswirtschaftlichen Entscheidungsfindung und liefern Größen, die zur Umsetzung der getroffenen Entscheidung vorgegeben werden (Schweitzer und Küpper 2011, S. 63). Plankosten treten in Abhängigkeit der Planabsicht als Prognose- oder Standardkosten auf (Zapp 2009, S. 154).

Bei Prognosekosten werden die erwarteten Istkosten einer Planperiode (Wirdkosten) aufgrund von Beobachtungen und theoretischen Hypothesen vorausgesagt. Die Prognosekostenrechnung prognostiziert dabei nicht für einzelne Kostenarten die Kosten, sondern blickt auf die Einrichtung als Ganzes und gibt eine eher globale Kostenprognose für die Kostenstellen zur Planung der Unternehmensprozesse ab (Schweitzer und Küpper 2011, S. 276). Zur Ermittlung der Prognosekosten bietet sich die Formulierung von Kostenfunktionen an (Schweitzer und Küpper 2011, S. 277). Sie geben zum Beispiel Auskunft darüber, wie sich die Kosten einer Radiologie bei steigender Auslastung verändern. Die Analyse der wichtigsten Kosteneinflussgrößen (Leistungsprogramm, Art und Qualität der eingesetzten Güter, Preise, Personal, Kapazitäten usw.) bildet die Voraussetzung dafür, dass Kostenfunktionen aufgestellt und Prognosen getroffen werden können. Ergänzt um prognostizierte Isterlöse, lassen sich Voraussagen über den künftigen Erfolg einer Planperiode treffen. Nach der Kosten- und Erlösbestimmung (Vorrechnung) werden die prognostizierten Werte den tatsächlichen Kosten und Erlösen gegenübergestellt (Nachrechnung). Im Rahmen der sich anschließenden Abweichungsanalyse werden Prognosefehler sichtbar und eine Überprüfung des Prognoseverfahrens wird möglich.

Das Management der Unternehmung wird durch die Informationen der Prognosekostenrechnung bei der Problemstellung, Alternativsuche, Entscheidungsbewertung und Kontrolle der realisierten Entscheidung unterstützt. Im Fokus stehen Auswirkungen möglicher Markveränderungen auf das betriebswirtschaftliche Ergebnis oder auch Konsequenzen geplanter operativer Maßnahmen (Schweitzer und Küpper 2011, S. 276). Sachverhalte, die mit Hilfe einer Prognosekostenrechnung begleitet werden können, betreffen beispielsweise folgende Fragestellungen:

- Ist der Aufbau einer geriatrischen Fachabteilung sinnvoll? Welche negativen Faktoren könnten den Erfolg in welcher Höhe beeinflussen?
- Wie wirkt sich der Kauf eines Kassenarztsitzes auf das Ergebnis des Medizinischen Versorgungszentrums aus? Welche Effekte können dadurch für den stationären Bereich erwartet werden?
- Welche Erfolgsauswirkungen hat die geplante Kooperation mit dem benachbarten Krankenhaus?

- Wie wirkt sich die Schließung einer Betriebsstätte auf den Unternehmenserfolg aus? Ist es ggf. sinnvoller, aufgrund hoher Abfindungszahlungen und Abschreibungskosten darauf zu verzichten?

Im Fokus der Prognosekostenrechnung stehen damit nicht Informationen über die optimalen Kosten der innerbetrieblichen Güterverbräuche, sondern über die erwarteten Kosten. Entscheidungsziel ist der Unternehmungserfolg (Zapp 2009, S. 154).

Standardkosten

Haben die Plankosten einen Budget-, Norm-, Richt- oder Vorgabecharakter, spricht man von Standardkosten (Hummel und Männel 2000, S. 47). Um diese Lenkungsfunktion erfüllen zu können, müssen die optimalen, d. h. mit Festpreisen bewerteten, wirtschaftlichsten Güterverbräuche für eine Planperiode vorgegeben und nach Periodenablauf den Istkosten gegenübergestellt werden. Das führt zum Begriff der Sollkosten. Die Standardkostenrechnung dient damit der kurzfristigen Kontrolle der Kostenwirtschaftlichkeit von Verantwortungsbereichen (Schweitzer und Küpper 2011, S. 714). Es wird jede Kostenart einer Kostenstelle geplant, für die kostenverantwortliche Kostenstellenleiter Entscheidungen treffen. Kosteneinflüsse außerhalb ihres Entscheidungsbereichs sind auszuschalten, was vor allem durch die Bewertung der Verbrauchsgüter mit Festpreisen gelingt. Durch die Festpreise werden die Planverbrauchsmengen vergleichbar und es wird ersichtlich, bei welchen Gütern ein erhöhter Verbrauch zu starken Kostensteigerungen führt. Im Gegensatz zur Prognosekostenrechnung, die sich auf die wertmäßige Wirtschaftlichkeit fokussiert, stellt die Standardkostenrechnung damit auf die Lenkung der Mengenwirtschaftlichkeit ab (Schweitzer und Küpper 2011, S. 714). Dazu müssen dem Verantwortlichen vor der Abrechnungsperiode die Standards für seine Kostenstelle bekannt gegeben werden. Nach Ablauf der Periode kann er durch die gelieferten Kontrollinformationen seine unwirtschaftlichen Güterverbräuche identifizieren und Maßnahmen zur Kostensenkung einleiten.

Voraussetzung dafür ist, dass die Standardkostenrechnung als flexibles Planungssystem aufgebaut ist (Schweitzer und Küpper 2011, S. 683 ff.). Nur die flexible Standardkostenrechnung ist in der Lage, Mengenabweichungen in Form der sogenannten Verbrauchsabweichung und Beschäftigungsabweichung festzustellen, da sie die Kosten auf Kostenstellenebene in fixe und variable Bestandteile aufspaltet (auf Kostenträgerebene nur in der teilkostenbasierten Form). Die Abweichungsart der Preisabweichung spielt hier aufgrund der Festpreise eine untergeordnete Rolle. Das alternative, starre Plankostenrechnungssystem lässt diese differenzierte Ursachenanalyse nicht zu, da es die Kosten für eine bestimmte, erwartete Planbeschäftigung (z. B. Betten, Fallzahlen) plant und nicht mehr verändert, d. h. konstant hält. Dadurch kann es zu hohen Plan-Ist-Abweichungen kommen. Einsetzbar ist das starre Rechnungssystem zum Beispiel im Verwaltungsbereich, da hier nur eine geringe Abhängigkeit der Kosten von der Beschäftigung gegeben ist. Besteht hingegen ein hoher Abhängigkeitsgrad zwischen Kosten und Beschäftigung, was in vielen Leistungsbereichen einer Gesundheitseinrichtung der Fall ist, ist die Aussagekraft der starren Plankostenrechnung gering.

An einem praktischen Rechenbeispiel wird dieser Sachverhalt deutlich:
Nehmen wir an, dass in der Kostenstelle »Speiseversorgung« eine Planbeschäftigung von 18 500 Mahlzeiten/Monat festgelegt und Plankosten in Höhe von 179 000 EUR/Monat ermittelt werden, so betragen die geplanten Stückkosten (Plankostenverrechnungssatz):

$$Plankostenverrechnungssatz = \frac{179\,000\,€}{18\,500\,Mahlzeiten} = 9{,}68\,€$$

Werden in einem bestimmten Monat 16 000 Mahlzeiten serviert (Istbeschäftigung), so werden 154 811 EUR Plankosten kalkulatorisch verrechnet:

$$Verrechnete\ Plankosten = 9{,}68\,€ * 16\,000 = 154\,811\,€$$

Bei Istkosten in Höhe von 165 500 EUR entsteht in der Kostenstelle »Speiseversorgung« eine Kostenabweichung von 10 689 EUR/Monat:

$$\Delta_G(Gesamtbweichung) = 165\,500\,€ - 154\,811\,€ = 10\,689\,€$$

Weil keine Anpassung der Plankosten an die monatliche Istbeschäftigung erfolgt, eignet sich die starre Plankostenrechnung nicht zur Wirtschaftlichkeitskontrolle. Die Abweichungsursachen (Beschäftigung oder Verbrauch) lassen sich mit Hilfe der Rechnung nicht ergründen.

Anpassung der Kostenvorgabe an Beschäftigungsschwankungen

Hier setzt die flexible Plankostenrechnung an. Sie spaltet die Plankosten in fixe und variable Bestandteile und ermöglicht dadurch präzisere Aussagen zum wirtschaftlichen Handeln der Bereiche. Bei der Kostenauflösung werden diejenigen Plankosten den fixen Kosten zugeordnet, die auch dann noch anfallen, wenn bei unveränderter Betriebsbereitschaft die Beschäftigung auf Null sinkt. Nur die variablen Plankosten werden im Verhältnis der Istbeschäftigung zur Planbeschäftigung abgewandelt. Planen wir in unserem Beispiel mit variablen Plankosten von 104 000 EUR und Fixkosten in Höhe von 75 000 EUR, ergeben sich folgende Sollkosten:

$$Sollkosten = 75\,000\,€ + \left(\frac{104\,000\,€}{18\,500\,Plan-Mahlzeiten} * 16\,000\,Ist-Mahlzeiten\right)$$
$$= 164\,920\,€$$

Die Sollkostenfunktion für dieses Rechenbeispiel lautet dann:

$$f(x) = 75\,000\,€ + 5{,}62\,€ * x$$

Mit Hilfe der Funktion können für jede beliebige Istmenge die Sollkosten errechnet werden. Der geplante Verrechnungssatz von 5,62 EUR berücksichtigt nur die variablen Kosten:

$$\text{Plankostenverrechnungssatz (variabel)} = 75\,000\,€ * \frac{104\,000\,€}{18\,500\,\text{Plan} - \text{Mahlzeiten}} = 5{,}62\,€$$

Der Vergleich der Istkosten mit den zugehörigen Sollkosten führt zur Verbrauchsabweichung:

$$\Delta_V(\text{Verbrauchabweichung}) = 165\,500\,€ - 164\,920\,€ = 580\,€$$

Die Abweichung wird für alle (Unter-)Kostenstellen und nach Kostenarten differenziert ermittelt. Die Verbrauchsabweichung ist ein Indiz für unwirtschaftliches Handeln der in der Kostenstelle tätigen Mitarbeiter und daher von der Leitung der Küche zu vertreten und zu beeinflussen. Die laufende Erfassung und Analyse der Verbrauchsabweichung wird als Soll-Ist-Kostenvergleich bezeichnet.

Subtrahiert man von den Sollkosten der Istbeschäftigung die kalkulatorisch verrechneten Plankosten, erhält man die Beschäftigungsabweichung. Sie entspricht den Leerkosten der Istbeschäftigung, die in der Regel nicht vom Kostenstellenleiter zu verantworten sind. Fordern die einzelnen Stationen in der Gesundheitseinrichtung weniger Mahlzeiten an, können die Kapazitäten in der Küche nicht optimal ausgenutzt werden. Die damit verbundenen steigenden Leerkosten sind zu eliminieren, was durch den Ausweis der Beschäftigungsabweichung gelingt:

$$\Delta_B(\text{Beschäftigungsabweichung}) = 164\,920\,€ - 154\,811\,€ = 10\,109\,€$$

Die Addition von Verbrauchs- und Beschäftigungsabweichung führt schließlich zur Gesamtabweichung in Höhe von 10 689 EUR – analog zur Kostenabweichung der starren Plankostenrechnung. In Abbildung 11.2 wird der Zusammenhang der unterschiedlichen Abweichungsarten deutlich (▶ Abb. 11.2).

In der flexiblen Standardkostenrechnung werden damit Kostenverantwortlichen keine festen Beträge mehr vorgegeben, sondern Kostenfunktionen, die angeben, wie sich Kosten einer Kostenstelle in Abhängigkeit der Beschäftigung verhalten sollten (Sollkosten). Der Beschäftigungsgrad wird folglich in der Standardkostenrechnung als wichtigste Einflussgröße der Kosten angesehen (Hummel und Männel 2000, S. 47). Formeln helfen bei der Berechnung der Abweichungen (▶ Tab. 11.2).

Die flexible Plankostenrechnung ist ein auf Vollkosten basierendes Rechnungssystem, das sich, wie sich weiter unten zeigen lässt, auch als Teilkostenrechnung in Form der Grenzplankostenrechnung konzipieren lässt.

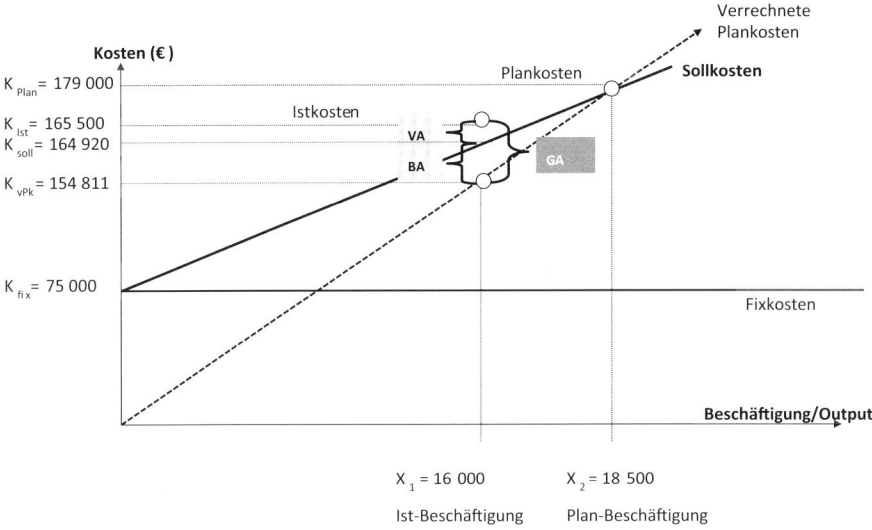

Abb. 11.2: Abweichungsanalyse bei linearer Kostenfunktion

Tab. 11.2: Formeln zur Berechnung von Kostenabweichungen

Verrechnete Plankosten	Stückkosten * Istmenge
Sollkosten	Fixe Kosten + variable Stückkosten * Istmenge
Verbrauchsabweichung	Istkosten − Sollkosten
Beschäftigungsabweichung	Sollkosten − verrechnete Plankosten
Gesamtabweichung	Istkosten − verrechnete Plankosten

11.2 Umfangbezogene Systeme

11.2.1 Voll-Kosten

Charakteristisch für eine Vollkostenrechnung ist, dass sie sämtliche Kostenarten vollständig auf die Bezugsgrößen (Kostenstellen oder einzelnen Kostenträger) umlegt, und zwar zum Teil direkt als Einzelkosten, zum Teil indirekt als zugeschlüsselte Gemeinkosten. Die Weiterwälzung der Kostenarten geht von der Kostenartenrechnung aus und führt über die Kostenstellenrechnung oder Prozesskostenrechnung zur Kostenträgerrechnung. Am Ende dieses Verrechnungsprozesses werden für jeden Kostenträger Vollkosten ausgewiesen. Stellt man den Vollkosten

Nettoerlöse gegenüber, erhält man ein Nettoergebnis, was auch den in der Fachsprache häufig verwendeten Ausdruck der Vollkosten- und Nettoergebnisrechnung erklärt. Demgegenüber steht die Bruttoergebnisrechnung, bei der den Erlösen Teilkosten gegenübergestellt werden (Hummel und Männel 2000, S. 407 f.). Neben der Ermittlung des Betriebsergebnisses dient die Vollkostenrechnung der Preiskalkulation (z. B. DRG-Fallkosten nach InEK) und der Kostenkontrolle (in Form der flexiblen Plankostenrechnung).

Der Hauptkritikpunkt der Vollkostenrechnung ist die nicht durchgängige wirklichkeitsgetreue Abbildung der Kosten, da die Gemeinkosten häufig aufgrund fehlender empirischer Zusammenhänge oder entscheidungstheoretischer Modelle nur willkürlich geschlüsselt werden können. Die Gefahr einer fehlerhaften Anwendung bzw. Entscheidungsrelevanz besteht, da sich die Kostenbetrachtung nicht auf die relevanten Kosten beschränkt (Hentze und Kehres 2008, S. 24.). Diese Tatsache ist auch bei der Nutzung von InEK-Kalkulationsdaten im Krankenhausalltag zu beachten. Das InEK-Kalkulationsmodell dient der Preiskalkulation, nicht der Leistungsprogrammplanung. Aus den Daten können sich lediglich erste Anhaltspunkte für bestimmte Fragestellungen ergeben, die tiefergehende Analysen auslösen sollten (u. a. auch die Erlösorientierte Personalbedarfsermittlung). Für kurzfristige Entscheidungen ist es zielführender, die Kostenstruktur näher zu betrachten, wie das nachfolgende Beispiel verdeutlicht:

Das Controlling legt die Periodenzahlen einer ausgewählten Fachabteilung eines Krankenhauses vor. Fallerlösen in Höhe von 665 000 EUR stehen Kosten in Höhe von 717 000 EUR entgegen, so dass sich für die Abteilung insgesamt ein Verlust von 52 000 EUR errechnet. Eine differenzierte Analyse auf Vollkostenbasis legt offen, dass die Fallgruppe 2 ein deutliches Defizit erwirtschaftet (▶ Tab. 11.3).

Tab. 11.3: Beispiel einer Ergebnisrechnung auf Vollkostenbasis (1)

(in EUR)	Gesamt	Fall A	Fall B	Fall C	Fall D
Erlöse	665 000	160 000	140 000	185 000	180 000
Med. Sachbedarf	125 000	20 000	50 000	30 000	25 000
Verpflegung/Lebensmittel	30 000	5000	11 000	8000	6000
Personalkosten	510 000	120 000	140 000	130 000	120 000
Dienstleistungen/Honorare	12 000	3000	3000	3000	3000
Verwaltung/AfA usw.	40 000	10 000	10 000	10 000	10 000
Kosten	717 000	158 000	214 000	181 000	164 000
Ergebnis	**-52 000**	2000	-74 000	4000	16 000

Da Fallzahlsteigerungen für Fallgruppe 2 nicht möglich sind, wird die Leistung kurzfristig aus dem Leistungsprogramm gestrichen. Dass diese Entscheidung falsch sein kann, zeigt die neue Kostenrechnung (▶ Tab. 11.4):

Tab. 11.4: Beispiel einer Ergebnisrechnung auf Vollkostenbasis (2)

(in EUR)	Gesamt	Fall A	Fall B	Fall C	Fall D
Erlöse	525 000	160 000	0	185 000	180 000
Med. Sachbedarf	75 000	20 000	0	30 000	25 000
Verpflegung/Lebensmittel	19 000	5000	0	8000	6000
Personalkosten	510 000	120 000	140 000	130 000	120 000
Dienstleistungen/Honorare	9000	3000	0	3000	3000
Verwaltung/AfA usw.	40 000	10 000	10 000	10 000	10 000
Kosten	653 000	158 000	150 000	181 000	164 000
Ergebnis	-128 000	2000	-150 000	4000	16 000

Statt einer Ergebnisverbesserung führt die Eliminierung der Fallgruppe zu einem weiteren Verlust von 76 000 EUR. Nicht alle Kostenarten lassen sich kurzfristig abbauen, da sie beschäftigungsunabhängig sind (= Fixkosten, in diesem Beispiel Personalkosten und Verwaltungskosten sowie Abschreibungen).

11.2.2 Teil-Kosten

Ausgehend von der Kritik der Vollkostenrechnungssysteme hinsichtlich kurzfristiger Rechnungsziele haben sich Teilkostenrechnungssysteme in Form der Deckungsbeitragsrechnungen entwickelt. Irrtümlicherweise wird bei einer Deckungsbeitragsrechnung bzw. Teilkostenrechnung oft vermutet, dass nur ein Teil der Kosten beachtet werden kann. Aber auch hier werden sämtliche Kosten erfasst. Nur die Weiterverrechnung zwischen Voll- und Teilkosten gestaltet sich unterschiedlich (Schweitzer und Küpper 2011, S. 64).

Voraussetzung für jede Teilkostenrechnung ist, dass von der undifferenzierten Behandlung der Kostenarten Abstand genommen und die Gesamtheit der Kosten in mindestens zwei Kostenkategorien unterteilt wird. Unterschieden wird eine Kostenauflösung nach dem Kriterium der Beschäftigungsabhängigkeit in variable und fixe Kosten, was zur Fixkostendeckungsrechnung führt (Rummel 1949; Agthe 1959; Mellerowicz 1961;), oder nach dem Kriterium der direkten Zurechenbarkeit in relative Einzelkosten und Gemeinkosten im Sinne der relativen Einzelkostenrechnung (Riebel 1994).

Darüber hinaus wird mit Grenzkosten in Form der Grenzplankostenrechnung (Kilger 1981, 2012) gerechnet. Grenzkosten zeigen die Kostenveränderung auf, die entsteht, wenn eine Leistungseinheit mehr produziert wird (solange sich die Leistungserstellung in einer Kapazitätsstufe bewegt). Sie entsprechen dann den variablen Kosten, wenn von einem linearen Kostenverlauf ausgegangen wird (Schweitzer und Küpper 2011, S. 65).

Deckungsbeitragsrechnung mit variablen und fixen Kosten

Im Hinblick auf die Aufspaltung des Fixkostenblocks wird die einstufige und mehrstufige Deckungsbeitragsrechnung unterschieden. Der Deckungsbeitrag stellt den Differenzbetrag dar, um den die Erlöse seine variablen Kosten übersteigen. Er steht zur Deckung der fixen Kosten zur Verfügung. Der Deckungsbeitrag kann für verschiedene Kalkulationsobjekte (z. B. Kostenstelle oder Kostenträger) ermittelt werden und sich auf eine Mengeneinheit (db) oder die Gesamtmenge (DB) beziehen. Die Berechnung eines relativen Deckungsbeitrags wird erforderlich, wenn ein Ressourcenengpass besteht und zu entscheiden ist, welches Produkt den Engpassfaktor (z. B. OP-Zeit) am effektivsten ausnutzt.

Der Begriff »einstufig« besagt, dass von den aufsummierten Deckungsbeiträgen die Fixkosten in einem Block subtrahiert werden (▶ Tab. 11.5). Diese Form der Deckungsbeitragsrechnung wird auch Direct Costing oder Bruttogewinnrechnung genannt (Kosiol 1972; Mellerowicz 1961).

Tab. 11.5: Beispiel einer einstufigen Deckungsbeitragsrechnung

(in EUR)	Gesamt	Fall A	Fall B	Fall C	Fall D
Erlöse	665 000	160 000	140 000	185 000	180 000
Med. Sachbedarf	125 000	20 000	50 000	30 000	25 000
Verpflegung/Lebensmittel	30 000	5000	11 000	8000	6000
Dienstleistungen/Honorare	12 000	3000	3000	3000	3000
Deckungsbeitrag (DB)	498 000	132 000	76 000	144 000	146 000
./. Fixkosten	-550 000				
Ergebnis	-52 000				

Das Beispiel in Tabelle 11.5 zeigt, dass zwar alle Deckungsbeiträge positiv sind, das Bruttoergebnis von 498 000 EUR aber zur Fixkostendeckung von 550 000 EUR nicht ausreicht.

Einen Ansatzpunkt zur Ergebnisverbesserung bietet die Erlössteigerung. Aufgrund von Festpreisen in vielen Bereichen besteht häufig nur die Möglichkeit durch Mengensteigerungen den Umsatz zu erhöhen. Welche Fallzahl erforderlich ist, um die Gewinnschwelle zu erreichen, kann mit Hilfe der Break-even-Analyse ermittelt werden. Sie zeigt den Punkt auf, an dem der Deckungsbeitrag aller abgesetzten Produkte mit den Fixkosten identisch ist. Bei Überschreitung der Gewinnschwelle werden Gewinne erwirtschaftet, bei Unterschreitung Verluste (Schweitzer und Küpper 2011, S. 501 ff.; Schär 1923, S. 169 f.).

Die Berechnung der Gewinnschwelle kann beim Grundmodell (Einproduktunternehmung) durch die Gegenüberstellung der geplanten Erlöse und Kosten erfolgen. Wandeln wir das obige Beispiel ab, betrachten nur die Gesamtwerte und setzen voraus, dass nur eine homogene Leistung erbracht wird, ergibt sich bei variablen Kosten von 83,50 EUR und Fixkosten in Höhe von 550 000 EUR die folgende Kostenfunktion:

$K(x) = K_f + k_v * x = 550\,000\,€ + 83{,}50\,€ * x$

Bei einem konstanten Preis von 332,50 EUR lautet die Erlösfunktion:

$E(x) = p * x = 332{,}50\,€ * x$

Die Gewinnschwelle liegt bei der Absatzmenge, bei der die Erlöse gerade die Kosten decken. Kosten- und Erlösfunktion sind dafür gleichzusetzen:

$K_f + k_v * x = p * x = 550\,000\,€ + 83{,}50\,€ * x = 332{,}50\,€ * x$

und nach x aufzulösen:

$$x = \frac{K_f}{p - k_v} = \frac{550\,000\,€}{332{,}50\,€ - 83{,}50\,€} = 2209\ ME$$

Der Break-even-Punkt liegt danach bei 2209 Mengeneinheiten (ME). Anders formuliert wird die Gewinnschwelle errechnet, indem man den Stückdeckungsbeitrag (db) durch die Fixkosten dividiert.

$$x = \frac{K_f}{db} = \frac{550\,000\,€}{249\,€} = 2209\ ME$$

Die grafische Lösung zeigt folgende Abbildung (▸ Abb. 11.3).

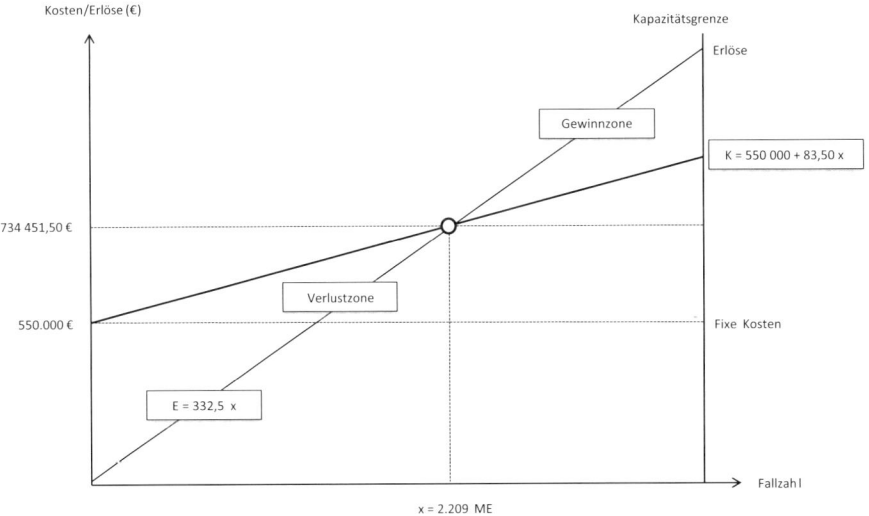

Abb. 11.3: Gewinnschwellenanalyse

Eine weitere Möglichkeit zur Ergebnissteuerung ist die Reduktion von Kosten. Bezogen auf das Beispiel müsste neben einer Analyse der variablen Kosten der Fälle vor allem eine Untersuchung der Fixkosten erfolgen, die in Höhe von -550 000 EUR eine sehr hohe Belastung für die Abteilung darstellen. Die einstufige Deckungsbeitragsrechnung wird hier jedoch keine ausreichenden Informationen liefern. Eine differenziertere Betrachtung der Fixkosten ist notwendig. Dazu muss die Deckungsbeitragsrechnung mehrstufig aufgebaut werden, was die Definition von weiteren Bezugsgrößen erfordert, auf die die Fixkosten möglichst verursachungsgerecht verrechnet werden. Zu prüfen ist, ob sich Fixkostenanteile auf bestimmte Fallgruppen verrechnen lassen (z. B. Fachpersonal, Abschreibungen für medizinisch-technische Geräte, die nur bei Behandlung dieser Fälle Anwendung finden). Bei Ambulanzleistungen bietet sich als weitere Bezugsgröße einer Klinik die Unterscheidung in stationären und ambulanten Bereich an. Der Fixkostenrest beschreibt den Teil der Kosten, der sich nicht direkt zuordnen lässt. Es handelt sich um unternehmungsbezogene Fixkosten, die von allen Kliniken zu tragen sind und mit Hilfe eines geeigneten Schlüssels umgelegt werden (z. B. Case-Mix-Punkte). Durch die Entwicklung der Deckungsbeiträge und deren Vergleich untereinander werden Stärken und Schwächen einzelner Bereiche aufgezeigt – vom fallbezogenen Deckungsbeitrag über den Klinikdeckungsbeitrag (▶ Tab. 11.6) bis hin zum Deckungsbeitrag des Krankenhauses oder des Geschäftsfeldes eines Konzerns – je nach Ausgestaltungsform der Teilkostenrechnung (▶ Tab. 11.7).

Tab. 11.6: Beispiel einer stufenweisen Deckungsbeitragsrechnung (1)

(in EUR) Bereiche	Deckungsbeitragsrechnung Klinik »Orthopädie«						
	Stationärer Bereich				Ambulanter Bereich		
Fallgruppen	I		II		III		IV
Fälle	A	B	C	D	A	B	C
Erlöse	160 000	140 000	185 000	180 000	27 000	22 800	26 500
./. Variable Kosten	28 000	64 000	41 000	34 000	12 000	12 000	11 000
DB I	132 000	76 000	144 000	146 000	15 000	10 800	15 500
./. Fallfixkosten*	0	0	0	0	0	0	0
DB II	132 000	76 000	144 000	146 000	15 000	10 800	15 500
./. Fallgruppenfixkosten	80 000		60 000		27 000		0
DB III	128 000		230 000		-1200		15 500
./. Klinikfixkosten	250 000				50 000		

Tab. 11.6: Beispiel einer stufenweisen Deckungsbeitragsrechnung (1) – Fortsetzung

(in EUR)	Deckungsbeitragsrechnung Klinik »Orthopädie«	
Bereiche	Stationärer Bereich	Ambulanter Bereich
DB IV	108 000	-35 700
./. Anteilige Fixkosten des Krankenhauses	159 000	
Klinikergebnis	-86 700	

* Fallfixe Kosten, wie sie aus der Industrie bekannt sind, existieren nicht. Fall- bzw. patientenabhängige Kosten gelten als variabel (z. B. Einzelkosten wie ein Implantat).

Tabelle 11.7 zeigt ein Beispiel für eine stufenweise Klinikdeckungsbeitragsrechnung, wie sie in die Gesamtunternehmungsrechnung eingebunden werden kann (▶ Tab. 11.7). Hier wurde mit den

- fallvariablen Kosten (z. B. direkt zurechenbare Arzneimittel, Implantate, fallbezogene Institutsleistungen der internen Dienstleister wie Labor, OP, Pflege),
- klinikvariablen Kosten (z. B. sonstiger Arzneimittel und Medizinischer Bedarf, Wirtschafts- und Verwaltungsbedarf der Klinik),
- klinikfixen Kosten (z. B. Personalkosten Medizin und Pflege, Instandhaltungen, klinikbezogene Abschreibungen),
- Krankenhausfixkosten (z. B. Personalkosten Verwaltungsdirektor) und
- Unternehmungsfixkosten (z. B. Personalkosten Geschäftsführung, Steuern, sonstige Abschreibungen) eine andere Bezugsgrößenhierarchie gewählt (vgl. ausführlich Zapp und Oswald 2009, S. 124 ff.).

Die größte Herausforderung beim Aufbau einer Deckungsbeitragsrechnung im Krankenhaus besteht in einer sachgemäßen Abbildung der innerbetrieblichen Leistungsverflechtungen. Der Zentralisationsgrad der diagnostischen und therapeutischen sowie hotelbezogenen Leistungen ist sehr hoch, was die Gefahr von Ungenauigkeiten in der Rechnung erhöht. Ziel muss es sein, die internen Leistungen so zu verrechnen, dass eine ausgewogene interne Kunden-Lieferantenbeziehung geschaffen wird. Dazu zählt auch die Klärung der Frage nach zweckmäßigen Verrechnungspreisen. Preise auf Voll- oder Teilkostenbasis in unterschiedlichster Ausgestaltungsform stehen zur Auswahl (Zapp und Oswald 2009, S. 123). Ein Modell, das die Schlüsselungsproblematik komplett umgeht, ist die Deckungsbeitragsrechnung mit relativen Einzelkosten.

Deckungsbeitragsrechnung mit relativen Einzelkosten

Eine Deckungsbeitragsrechnung mit relativen Einzelkosten bedingt den Aufbau einer »relativen Einzelkostenrechnung« in Form der sogenannten Grundrechnung – eine

11 Systeme der KLEE-Rechnung

Tab. 11.7: Beispiel einer stufenweisen Deckungsbeitragsrechnung (2) (Quelle: Zapp und Oswald 2009, S. 127)

Unternehmung	Unternehmung							
Betrieb	Krankenhaus 1					Nebenbetrieb 2	Nebenbetrieb 3	
	Krankenhaus 1					Sonst. Erlösbereich		
	Medizinischer Bereich			Fremdleistungen	Institut 1	Institut 2	Wohnheim	Cafeteria	Sonstige Erlöse
Klinik	Klinik A-Z								
Erlösbereich	Erlöse KHEntG-Bereich	Sonstige Erlöse							
Erlöse									
Fallvariable Kosten									
Deckungsbeitrag I									
Klinikvariable Kosten									
Deckungsbeitrag II									
Klinikfixe Kosten									
Deckungsbeitrag III									
KH-Fixkosten									
Deckungsbeitrag IV									
Unternehmensfixkosten									
Gesamtergebnis									

Art Kombination von Kostenarten-, stellen- und -trägerrechnung in Matrizenform. Hier erfolgt die konsequente Zuordnung der Kosten (und Erlöse) als relative Einzelkosten durch eine geeignete Bezugsgrößenhierarchie. Aus Zuordnungsgründen löst sich Riebel (1994) als Begründer der Rechnungsvariante von der klassischen Unterscheidung in variable und fixe Kosten bzw. in Einzel- und Gemeinkosten. Der Begriff »relativ« bringt zum Ausdruck, dass die Kostenzuordnung immer vom betrachteten Bezugsobjekt abhängt. Dieses besitzt drei Dimensionen: die betriebliche Leistung (Fall, Fallgruppe), den organisatorischen Bereich (Konzern, Krankenhaus, Versorgungseinrichtungen, Medizinische Institutionen, Fachabteilung), den Zeitraum (Monat, Quartal, Jahr). Durch Über- und Unterordnungsverhältnisse innerhalb der Kategorien entstehen Bezugsobjekthierarchien. Erklärt wird dieser Ansatz mit dem Identitätsprinzip, wonach Kosten und Leistungen nur einander gegenübergestellt werden dürfen, wenn der Güterverzehr zur Leistungserstellung auf dieselbe, identische Entscheidung zurückgeht. Einem Bezugsobjekt direkt zurechenbare Kosten stellen dann die relevanten relativen Einzelkosten dar (z. B. Kosten der OP-Assistentin in Bezug auf den OP). Alle anderen Kosten (z. B. Implantat für den Patienten) sind aus Sicht des Bezugsobjektes (OP) irrelevant und sind Gemeinkosten in der Riebel'schen Sprache. Einzelkosten einer höheren Entscheidungsebene stellen somit immer zugleich Gemeinkosten einer untergeordneten Entscheidungsebene dar. Der Kostenbezug wird immer über die Entscheidungsfrage gelöst. Eine Schlüsselung von Gemeinkosten entfällt.

Die Kosten- und Erlöszuordnung als relative Rechnungsgröße ist sehr aufwendig und lässt sich nicht durchgängig umsetzen (z. B. müsste selbst das OP-Nahtmaterial als Einzelkosten dem Patienten zugeordnet werden). Die Durchführung der Deckungsbeitragsrechnung selbst ist unproblematisch und folgt der zuvor beschriebenen Vorgehensweise der Fixkostendeckungsrechnung in einer oder mehreren Stufen (s. dazu z. B. Zapp 2009, S. 152 in Anlehnung an Strehlau-Schwoll 1993, S. 218). Weitaus verbreiteter ist die Grenzplankostenrechnung, mit der sich »[...] nahezu alle von P. Riebel angestrebten Ziele der Kostenrechnung [...] erfüllen lassen.« (Kilger et. al 2007, S. 86).

Grenzplankostenrechnung

Die Grenzplankostenrechnung ist eine flexible Plankostenrechnung basierend auf Teilkosten, die bei Berücksichtigung von Planerlösen als Deckungsbeitragsrechnung bezeichnet wird (Kilger 1987, S. 65.). Sie entspricht dem Aufbau der flexiblen Plankostenrechnung auf Vollkostenbasis. Die Sollkostenfunktionen sind deckungsgleich. Der einzige und zugleich entscheidende Unterschied besteht darin, dass sie nicht nur in der Kostenstellenrechnung, sondern auch in der Kostenträgerrechnung fixe und variable Kosten voneinander trennt. Folglich gehen in die Kostenträgerkalkulationen nur proportionale Kosten (Grenzkosten) ein. Die Fixkosten verbleiben zunächst auf den Kostenstellen und werden monatlich in die kurzfristige Erfolgsrechnung ausgebucht. Man plant also keine anteiligen Fixkosten und somit auch keine Gesamtkosten je Leistungseinheit für unterschiedliche Beschäftigungsgrade. Nur für die Grenzkosten werden Plankosten bzw. Sollkosten ermittelt. Da man bei der Grenzplankostenrechnung einen proportionalen Verlauf der variablen Gemeinkosten bei Beschäftigungsänderungen unterstellt, also einen linearen Gesamtkostenverlauf annimmt, stimmen die »verrechneten Plankosten« mit den jeweiligen Sollkosten überein. Die Grenzplankostenrechnung kennt somit keine Beschäftigungsabweichungen, sondern weist lediglich die Verbrauchsabweichung als Differenz zwischen den Istkosten und den Sollkosten aus.

In der praktischen Anwendung finden sich hierzu verschiedene Varianten. Verbreitet sind einstufige und mehrstufige Rechnungssysteme unter Einbeziehung von Plankosten (und Planerlöse). Analog zu den Ausführungen zur einstufigen und mehrstufigen Deckungsbeitragsrechnung auf Istkostenbasis werden die nach z. B. Fällen, Fallgruppen oder Fachabteilung differenzierten Planerlöse um die geplanten proportionalen, variablen Kosten vermindert, wodurch man die jeweiligen Plandeckungsbeiträge einer Periode erhält. Kürzt man diese um die (geblockten oder geschichteten) fixen Kosten, erhält man den geplanten Gesamterfolg (Kilger 1987, S. 68). Durch die Gegenüberstellung von Ist- und Planwerten erhöht sich die Aussagekraft der Rechnung gegenüber einer reinen Istkostenvariante erheblich.

11.3 Prozess-Kosten

11.3.1 Prozesskosten als Verrechnungsgrößen

Als eine Weiterentwicklung der traditionellen KLEE-Systeme wird die Prozesskostenrechnung angesehen. Schweitzer und Küpper (2011) verstehen sie als »prozessorientierte Verfeinerung traditioneller Voll- oder Teilkostenrechnungen«. Die Prozesskostenrechnung konzentriert sich auf die Verrechnung von Gemeinkosten auf Kostenträger. Bezugsgröße für die Verrechnung ist im Gegensatz zu den traditionellen Systemen nicht die Kostenstelle, sondern ein abgegrenzter Prozess (Vorgänge, Aktivitäten) und dessen Durchführungshäufigkeit. Dabei werden nur die Gemeinkosten der indirekten Bereiche wie Verwaltung, Qualitätsmanagement, Einkauf und Patientenabrechnung betrachtet. Mit einem indirekten Gemeinkostenanteil in den personalintensiven Gesundheitseinrichtungen von weniger als 10 % ist fraglich, ob das Rechnungssystem selbst einer Kosten-Nutzen-Betrachtung standhält. Weiterhin spielt die Zuschlagskalkulation im Gesundheitsbereich kaum eine Rolle, da hier die Äquivalenzziffern- bzw. die Bezugsgrößenkalkulation angewendet werden. Sinnvoller ist der Einsatzbereich in Unternehmungen mit einem sehr hohen indirekten Gemeinkostenanteil (z. B. Banken, Versicherungen). Eine Alternative für Gesundheitsunternehmungen bietet das Modell des activity-based costing (Horvath und Mayer (1989); Kaplan und Cooper (1999)). Es kann auch in der Produktion, d. h. beispielsweise in den Versorgungsbereichen und Medizinischen Institutionen bei standardisierten Abläufen eingesetzt werden. An Grenzen stößt man jedoch auch mit diesem Modell in den Fachabteilungen mit einer Vielzahl von unterschiedlichen Tätigkeiten. Hier ist eine Prozessbildung für

Aufgaben häufig problematisch (z. B. im ärztlichen oder pflegerischen Bereich) (Zapp et. al 2010; Schmidt-Rettig und Böhning 1999). Dagegen eignen sich standardisierte, sich wiederholende Tätigkeiten sehr gut für eine Prozess- oder Tätigkeitsanalyse.

Die Prozesskostenrechnung basiert auf einer Prozessanalyse, bei der die betreffenden Prozesse zu identifizieren, auszuwählen, abzugrenzen und darzustellen sind (vgl. Zapp et al., Controlling und Reporting im Krankenhaus). Durch eine Tätigkeitsanalyse sind Teilprozesse zu bilden und Maßgrößen (Kostentreiber) abzuleiten. Die Maßgrößen können leistungsmengenneutral (lmn) sein, da die Kosten unabhängig von der Häufigkeit der Tätigkeiten anfallen, wie z. B. die Leitung einer Abteilung. Bei leistungsmengeninduzierten (lmi) Maßgrößen hängen die anfallenden Kosten von dieser Leistungsmaßgröße ab, wie z. B. Anzahl der Laborproben, Anzahl der Bestellungen. Im nächsten Schritt müssen zum Aufbau einer Prozesskostenrechnung die Kosten den einzelnen Tätigkeiten oder Teilprozessen zugeordnet werden, um abschließend Kostensätze abzuleiten. Diese ergeben sich, indem die Prozessteilkosten durch die Prozessmenge dividiert werden und daraus der Prozesskostensatz gebildet wird (Zapp 2008a, 2008b; Zapp und Bettig 2002).

Aufgabe der Prozesskostenrechnung ist die Verrechnung der Kostenarten auf die Kostenträger. Während die traditionelle Kostenrechnung diese Verrechnung durch die innerbetriebliche Leistungsverrechnung über Kostenstellen durchführt, versucht die Prozesskostenrechnung dies je nach Autor über Aktivitäten, Tätigkeiten oder Verrichtungen zu ermöglichen, die zu Prozessen gebündelt werden. Damit werden die Kostenstellen als Orte der Verursachung in den Hintergrund gedrängt zugunsten stellenübergreifender Prozesse (Schweitzer und Küpper 2011).

Für die Einführung einer Prozesskostenrechnung ist es zunächst notwendig, Prozesse zu erkennen und zu benennen. Ein Prozess ist eine strukturierte Folge von Verrichtungen. Diese Verrichtungen stehen in ziel- und sinnorientierter Beziehung zueinander und sind zur Aufgabenerfüllung angelegt mit definierten Ein- und Ausgangsgrößen und monetärem oder nicht monetärem Mehrwert unter Beachtung zeitlicher Gegebenheiten (Zapp et al. 2002; vgl. auch Zapp et al. 2014: Betriebswirtschaftliche Grundlagen im Krankenhaus, Seite 146 ff. und Zapp et.al. 2015: Controlling und Reporting im Krankenhaus 106 ff.). Solche Teilprozesse können zu einem Hauptprozess zusammengefasst werden (Horváth und Mayer 1998), der eine Kette von Tätigkeiten darstellt, die durch denselben Kostentreiber beeinflusst werden. Hierzu werden die zu untersuchenden Bereiche festgelegt: Aufnahme, Operationsprozess, Einkauf (vgl. dazu Zapp 2002; Zapp 2008b), um die Tätigkeiten zu erfassen, zu analysieren und zu modellieren. Bei einflussgrößenabhängigen Kosten (i.e. leistungsmengeninduzierten Tätigkeiten (lmi)[91]) werden die Kostentreiber (i.e. Prozessbezugsgrößen oder »cost drivers«) ermittelt. Bei einflussgrößenunabhängigen Kosten (i.e. leistungsmengenneutralen Tätigkeiten (lmn)[92]) können durch eine Verrechnung diese Kosten den leistungsmengenindu-

---

91 Die Höhe der durch diesen Teilprozess verursachten Kosten hängt von einer Maßgröße (dem Kostentreiber) ab.
92 Für diesen Teilprozess fallen unabhängig von der Häufigkeit der Durchführung die entsprechenden Kosten an (z. B. administrative Aufgaben).

zierten Prozessen zugerechnet werden – als Vollkostenkalkulation (Schmidt-Rettig und Böhning 1999; Schweitzer und Küpper 2011). Nun kann für den lmi-Prozess ein Prozesskostensatz errechnet und bestimmt werden, der durchschnittlichen Kosten bei einer einmaligen Durchführung angibt.

Tabelle 11.8 beschreibt einen Prozess im Einkauf, der verschiedene Teilprozesse umfasst (▶ Tab. 11.8).

Tab. 11.8: Prozesskosten(stellen)Rechnung für die Kostenstelle Einkauf (ähnlich: Schmidt-Rettig und Böhning 1999; vgl. auch Horváth und Mayer 2011, 1989; Zapp und Bettig 2002; Zapp et al. 2010)

Kostenstelle: Einkauf									
Periode: Jahresbetrachtung									
A	B	C	D	E	F	G	H	I	J
Lfd.-Nr.	Teilprozess	Maßgröße		Prozesskosten (in vollen €)			Prozesskostensatz		
	Tätigkeit	Zuordnung	Anzahl	Kosten lmi	Kosten lmn	Kosten Summe	lmi	lmn	gesamt
1	Einkaufslisten bearbeiten	Anzahl der Listen	8000	40 000	12 000[93]	52 000[94]	5,00[95]	1,50[96]	6,50[97]
2	Bestellvorgang	Aufträge	2000	50 000	15 000	65 000	25,00	7,50	32,50
3	Beschwerden	Aufgetretene Fehler	100	30 000	9000	39 000	300,00	90,00	390,00
4	Lieferantenkontakte	Lieferanten	100	80 000	24 000	104 000	800,00	240	1040,00
5	Abteilungsleitung	-/-	-/-		60 000				
6	Summe			200 000		260 000			

---

93 Die Rechnung erfolgt folgendermaßen: F5 (60 000):E6 (200 000,00)*E1 (40 000,00) = G1 (12 000,00).
94 Die Rechnung erfolgt folgendermaßen: E1 (40 000) + F1 (12 000,00) = G1 (52 000,00).
95 Die Rechnung erfolgt folgendermaßen: E1 (40 000) : D1 (8000) = H1 (5,00).
96 Die Rechnung erfolgt folgendermaßen: F1 (12 000) : D1 (8000) = I1 (1,50).
97 Die Rechnung erfolgt folgendermaßen: G1 (52 000) : D1 (8000) = J1 (6,50).

11.3.2 Kalkulation eines Behandlungsprozesses

Klar abzugrenzen vom Rechnungssystem der Prozesskostenrechnung sind patientenbezogene oder fallbezogene Prozesszuordnung und deren kostenrechnerische Bewertung (z. B. Kalkulation eines Behandlungspfades). Diese Vorgehensweise folgt nicht der Grundidee einer Prozesskostenrechnung – unabhängig vom gewählten Prozesskostenansatz. Es handelt sich hierbei um eine reine Kostenträgerrechnung. Deutlich wird der Unterschied allein schon daran, dass hier nicht nur Gemeinkosten, sondern auch Einzelkosten direkt auf den Fall verrechnet werden (Schmidt-Rettig und Böhning 1999).

Tab. 11.9: Kalkulation eines Behandlungsprozesses

Abgerufene Leistung	Anzahl	Kostensatz (in EUR)	Summe (in EUR)
Hauptprozess 1: Administrative und medizinische Aufnahme			
Teilprozess 1.1 Medizin	1	75,00	
Teilprozess 1.2 Pflege	1	28,13	170,83
Teilprozess 1.3 Verwaltung	1	26,04	129,17
Teilsumme:			300,00
Hauptprozess 2: Präinterventionelle Diagnostik und Therapie			
Teilprozess 2.1.a	3	100,00	300,00
Teilprozess 2.1.b	1	150,00	150,00
Teilprozess 2.2	1	1000,00	1000,00
Teilsumme			1450,00
Hauptprozess 3: Operation			
Teilprozess 3.1.a	1	120,00	120,00
Teilprozess 3.1.b	10	20,00	200,00
Teilprozess 3.2	1	5500,00	5500,00
Teilsumme			5820,00
Hauptprozess 4: Postinterventionelle Diagnostik und Therapie			
Teilprozess 4.1	3	90,00	270,00
Teilprozess 4.2	1	150,00	180,00
Teilsumme			450,00
Hauptprozess 5: Administrative und medizinische Entlassung			
Teilprozess 5.1	1	100,00	100,00
Teilprozess 5.2	1	80,00	80,00
Teilprozess 5.3	1	200,00	200,00
Teilsumme			380,00
Gesamtkosten des Behandlungsprozesses			**8229,17**

Eine Verrechnung über Punkte (z. B. im Labor oder in der Radiologie über Katalogziffern), Zeit (Pflege durch PPR) oder mehrere Bezugsgrößen (Gleichzeitigkeitsfaktor – GZF-, Rüstzeit und Schnitt-Nacht-Zeit - S-N-Z im OP) lässt vermuten, dass hier eine patientenbezogene Kostenträgerrechnung aufgebaut wird. Erst wenn die Prozessabläufe der Pflege gemessen und verrechnet werden, kann von einer Prozesskostenrechnung ausgegangen werden. Dann stehen aber nicht PPR-Minuten im Vordergrund, sondern vor allem Wege-, Liege-, Warte- oder Leerzeiten, aus denen dann die Prozesse abgeleitet und berechnet werden. PPR-Minuten weisen keinen Prozessablauf nach. Insoweit darf bezweifelt werden, ob im Krankenhaus tatsächlich Prozesskosten berechnet werden.

Unabhängig von der Zuordnung von Kosten schafft die Tätigkeitsanalyse und Prozessbildung eine Leistungs- und Kostentransparenz in den Gemeinkostenbereichen, die insbesondere vor dem Hintergrund des DRG-System für Krankenhäuser überlebenswichtig ist (Schmidt-Rettig und Böhning 1999). Dabei ist organisatorische Strukturierung und Integration bisher nur rudimentär beachtet worden: Das Management wird während der gesamten Prozessgestaltung benötigt« (Heier et al. 2015, S.148).

12 Kostenmanagement

Auf die Kostenrechnung baut das Kostenmanagement auf. Konzeptionell muss klar zwischen Kostenrechnung und Kostenmanagement unterschieden werden, im Arbeitsalltag findet aber teilweise eine begriffliche Vermischung statt. Auch in der Literatur findet man Autoren, die bestimmte Bereiche gleichsetzen: Brecht (2005) zum Beispiel bezeichnet die Kostenrechnung bereits als (operatives) Kostenmanagement. Auch die vorangegangenen Ausführungen zur KLEE-Rechnung konnten verdeutlichen, dass die Kostenrechnung nicht primär dokumentarischen Zwecken dient, sondern sich auf Kostenkontrollen und Kostenoptimierungen innerhalb bestehender Strukturen und Leistungsprogramme fokussiert. Dennoch gibt es deutliche Unterschiede zum eigentlichen Kostenmanagement. Hier liegt der Fokus auf der aktiven Gestaltung und Lenkung von Kosten (vgl. z. B. Hardt 2002, S. 7). Das Kostenmanagement wird bereits in frühen Phasen der Produktauswahl und -entwicklung tätig und ist folglich stark auf den Markt bezogen. Es ist prozessorientiert und liefert Kosteninformationen über die gesamte Wertschöpfungskette der Unternehmung hinweg. Die Kostenrechnung hingegen orientiert sich an Kostenarten, -stellen und -trägern. Damit lässt das Kostenmanagement nicht nur eine kurzfristige, sondern auch eine mittel- und langfristige Kostenlenkung zu (vgl. z. B. Becker 2009, S. 12 ff.; Kremin-Buch 2007, S. 8 f.). Letztlich bedingen sich beide Managementinstrumente: Einerseits greift das Kostenmanagement auf die rechnerischen Größen der KLEE-Rechnung zurück und leitet aus den Erkenntnissen Maßnahmen ab. Andererseits ist eine zielorientierte Gestaltung der Kostenrechnung nur durch Impulse des Kostenmanagements möglich (Horváth und Reichmann 2003, S. 414). Diese Charakteristika bringt Stelling (2008, S. 10) in seinem Kostenmanagementverständnis zum Ausdruck und definiert Kostenmanagement als »die Beeinflussung und Gestaltung von Unternehmensstrukturen, Prozessen und Produkten unter Kostenaspekten und unter Zuhilfenahme der Informationen aus den Kostenrechnungssystemen«.

Ausgewogene Balance zwischen Kosten und Leistungen

Hauptziel des Kostenmanagements ist die Erreichung eines optimalen Kosten-Nutzen-Verhältnisses in der Unternehmung (Horvath und Reichmann 2003; Hardt 2002). Es geht somit nicht allein um das Kostensparen (z. B. durch einen Personalabbau), sondern auch um die damit verbundenen negativen Folgen im Hinblick auf die Effektivität und Qualität der Leistungserstellung (wie die patientenorientierte Arbeitsweise). Beides muss gegeneinander abgewogen werden. Folglich ist

Kostenmanagement auch immer mit einem Leistungsmanagement verbunden (Vetter 2005, S. 2 ff.; Pampel 1996), was zum Begriff des Kosten- und Leistungsmanagements führt.

Handlungsfelder der Kostenbeeinflussung

Um Gestaltungsspielräume zu einem frühen Zeitpunkt und in den richtigen Bereichen antizipativ aufzuzeigen, konzentriert sich das Kostenmanagement auf drei Handlungsfelder (Dellmann und Franz 1994, S. 17):

a) Beeinflussung der Kostenstruktur,
b) Beeinflussung des Kostenverhaltens,
c) Senkung des Kostenniveaus.
d) Kostenverursachungsmanagement und
e) Fokussierung auf wesentliche Bestandteile.

12.1 Beeinflussung der Kostenstruktur

Ziel des Kostenstrukturmanagements ist die vorteilhafte Gestaltung der Kostenstrukturen, die sich aus unterschiedlichen Kostenblöcken, -kategorien bzw. -arten zusammensetzen. Wesentliche Ansatzpunkte zur Optimierung der Kostenstrukturen bzw. deren Verhältnis zueinander sind (Hardt 2002, S. 11)

- die Primärkostenstruktur[98] und das Verhältnis von Primär- und Sekundärkosten[99],
- die Relation von Einzel- und Gemeinkosten und Gemeinkostenstruktur sowie
- das Verhältnis der fixen und variablen Kosten.

Die Kostenstruktur der stationären Einrichtungen des Gesundheitswesens ist durch einen hohen Anteil an Personal- und damit Fixkosten gekennzeichnet (Zapp 2009, S. 73). Je nach Erkrankung sind die Kosten bezogen auf den Patienten oder Bewohner zu einem ähnlich hohen Anteil als Gemeinkosten zu klassifizieren (Maltry und Strehlau-Schwoll 1997, S. 557). Seitens des Kostenmanagements sind Maßnahmen zu erarbeiten, die zu einer Erhöhung der variablen Kosten und Einzelkosten in Bezug auf den Kostenträger führen, damit die Kostenstrukturen »beherrschbarer« werden. Nützlich sind hierbei u. a. Informationen aus der Prozesskostenrechnung (vgl. dazu Horváth und Mayer 2011, S. 5 ff.; Zapp et. al,

---

98 Primärkosten: Direkt auf den FiBu-Konten gebuchte Personal- und Sachkosten, externe Dienstleistungskosten, Abschreibungen, sonstige Aufwendungen.
99 Sekundärkosten: Kosten, die durch den innerbetrieblichen Leistungsaustausch entstehen.

2010, S. 145 ff.; Schmidt-Rettig und Böhning 1999, S. 121 ff.). Weitere gängige Instrumente und Methoden des Kostenstrukturmanagements sind das Fixkostenmanagement (vgl. z. B. Zapp und Oswald 2009, S. 145 ff.), das Cost Benchmarking (vgl. z. B. Hesse et al. 2013; Zapp und Oswald 2009, S. 212 ff.) und das Product Lifecycle Costing (Lebenszykluskostenrechnung) (vgl. z. B. Becker 2009; Stelling 2008; Kremin-Buch 2007; Brecht 2005).

12.2 Beeinflussung des Kostenverhaltens

Im Fokus des Kostenverhalten-Managements steht die vorteilhafte Gestaltung der Kostenverläufe, insbesondere das Verhalten bestimmter Kostenarten oder innerbetrieblicher Leistungen in Abhängigkeit der Beschäftigung (z. B. wie ändern sich die Kosten in der Speiseversorgung, wenn sich die Patientenzahl erhöht?). Unterschieden werden proportionale, progressive und degressive Kostenverläufe. Ziel des Kostenverhalten-Managements ist es, degressive Trends zu fördern und progressive Kostenentwicklungen zu vermeiden (Männel 1995, S. 32).

Eine Fixkostendegression, d. h. die Abnahme der anteiligen Fixkosten pro Stück bei steigender Ausbringungsmenge, ist anzustreben, weil dadurch der Deckungsbedarf je Stück sinkt (Kremin-Bruch 2004, S. 13). Sie lässt sich insbesondere durch ein wirkungsvolles Kapazitätsauslastungsmanagement erreichen (Minimierung von Leerzeiten, Ausdehnung von Betriebszeiten, Flexibilisierung von Arbeitszeiten u. a.). Die bei einem Kapazitätsüberhang notwendige Fixkostenreduktion (z. B. Entlassung von Personal, Schließung einer Abteilung) ist ebenfalls eine Maßnahme des Kostenmanagements. Zur Vermeidung progressiver Kostenverläufe muss das Kostenmanagement frühzeitig überproportional steigende Kosten erkennen und entgegenwirkende Maßnahmen einleiten, wobei komplexe und variantenvielfältige Produkte, Prozesse und Ressourcen zu beachten sind (Männel 1995, S. 32).

Informationen zum Kostenverhalten werden mit Hilfe von kurzfristigen Kostenanalysen und mehrperiodischen Kostenvergleichen ermittelt. Das Erfahrungskurvenkonzept, Fixkostenmanagement und die Prozesskostenrechnung sind weitere Instrumente des Kostenverhalten-Managements (vgl. z. B. Becker 2009; Stelling 2008; Kremin-Buch 2007; Brecht 2005).

12.3 Senkung des Kostenniveaus

Mit dem Ziel der Reduzierung der angefallenen Kosten soll das Kostenniveaumanagement entweder die Gesamtkosten der Einrichtung, die Kosten einzelner

Bereiche oder die Stückkosten in ihrer Höhe beeinflusst werden. Ansatzpunkt hierfür ist zum einen die Menge und zum anderen der Wert der Produktionsfaktoren. Zu beachten ist hierbei die sogenannte Kostenremanenz, wonach einzelne Kostenarten nur zeitlich verzögert abgebaut werden können (z. B. aufgrund vertraglicher Bindungen) (Franz und Kajüter 2002). Neben Benchmarks bedient sich das Kostenniveau-Management vor allem den Informationen aus dem Target Costing (vgl. z. B. Zapp und Oswald 2009, S. 166 ff.) dem Zero-Base-Budgeting und der Gemeinkostenwertanalyse (vgl. z. B. Zapp 2005 und die oben zitierte Literatur).

Da das Aufzeigen von Möglichkeiten zur Kostenreduktion allein nicht ausreicht, muss das Kostenmanagement auch die organisatorischen Voraussetzungen für die Umsetzung schaffen, d. h. Kompetenzen und Zuständigkeiten bzgl. des Kostenmanagements festlegen (Maltry und Strehlau-Schwoll 1997, S. 555). Bei diesen Überlegungen ist zu berücksichtigen, dass die Kosten je nach Einrichtungsart zu einem erheblichen Teil durch die Verantwortlichen der direkten Leistungsbereiche (Fachabteilungen) beeinflusst werden. Der Arzt im Krankenhaus bestimmt im Rahmen des Versorgungsauftrages und der strategischen Vorgaben der Unternehmungsleitung, welche medizinischen Leistungen der Patient erhält und auch die Pflege beeinflusst durch die Wahl des Pflegekonzeptes und deren Umsetzung das Kostenniveau. Eine vollständig autonome Beeinflussbarkeit der Kosten durch die Verantwortlichen der Fachabteilung ist jedoch aufgrund der starken Verflechtungen mit den internen Leistungsstellen nicht gegeben. Steuerbar sind nur die angeforderten Leistungsmengen, nicht die Kosten der Leistungszentren. Eine umfassende Kostenverantwortung ist nur in Verbindung mit festgelegten Planpreisen möglich (Strehlau-Schwoll 1995, S. 211; Schmidt-Rettig 1995, S. 286 ff.).

12.4 Kostenverursachungsmanagement

Das Kostenverursachungsmanagement hat zwei wesentliche Ausrichtungen:

Extern bedingt können sich die Kosten dadurch ändern, dass im Nachbarkrankenhaus durch eine Sanierung oder durch einen Chefarztwechsel mehr Patienten angezogen werden, so dass im eigenen Haus die Belegung rückläufig sind und die Kosten zu hoch sind für die erwirtschafteten Erlöse.

Im Einkauf können Kostensteigerungen zu verzeichnen sein.

Die andere Ausrichtung liegt in dem Bereich von Anwendungsfehlern: So können durch Rechenfehler, Kontierungsfehler, Datenerfassungsfehler oder Planungs- oder Prognosefehler Kostenveränderungen stattfinden.

12.5 Fokussierung auf wesentliche Bestandteile

Aufgrund der Datenfülle können nicht sämtliche Kostenverläufe analysiert werden, so dass eine Schwerpunktsetzung wichtig ist.

Reichweite der Kostenbeeinflussung

Das Kostenmanagement muss sowohl strategische als auch operative Überlegungen zur Kostenbeeinflussung anstellen. Das strategische Kostenmanagement unterstützt bei der langfristigen Planung der Gesundheitseinrichtung, indem es ausgehend von den Erkenntnissen außer- und innerbetrieblicher Entwicklungen Maßnahmen aufzeigt, bestehende und zukünftige Kostenstrukturen zu optimieren. Untersuchungsgegenstände des strategischen Kostenmanagements sind die Leistungsprogramme und Leistungsstrukturen sowie die Leistungserstellungsprozesse der nächsten Jahre (Art und Anzahl der Fachabteilungen, diagnostische und therapeutische Angebote usw.). Damit verbunden sind auch Fragen zur optimalen Betriebsgröße und den Möglichkeiten einer Kooperation oder des Ausgliederns von Teilbereichen. Durch die strategisch orientierte Analyse soll eine frühzeitige Flexibilisierung der Kosten ermöglicht werden oder gar ein Kostenabbau, insofern unter Beachtung des Lebenszyklusmodells die Beendigung eines Produktes bzw. Leistungsprogramm sinnvoller erscheint. Ferner kann das strategische Kostenmanagement durch das Aufzeigen von Kostenstrukturentwicklungen der Personal- und Sachkosten zum strategischen Planungsprozess der Gesundheitseinrichtung beitragen. Dabei sind verschiedene Einflussfaktoren wie beispielsweise die Ausbildungssituation, die tarifliche Entwicklung oder die Entwicklung auf dem Beschaffungsmarkt und insbesondere auch die Entwicklung der ordnungspolitischen Rahmenbedingungen wie die Krankenhausfinanzierung zu beachten (Maltry und Strehlau-Schwoll 1997, S. 561 f.).

Aufgabe des operativen Kostenmanagements ist die Senkung der Erstellungskosten je Leistung und Periode. Hierzu sind die Preise und Mengen der Ressourcen sowie die Leistungsprozesse zu analysieren. Maltry und Strehlau-Schwoll (1997, S. 558) verwenden dafür die Begriffe des Ressourcenpreismanagements, Ressourcenmanagements und des Leistungsprozessmanagements.

Das Ressourcenpreismanagement untersucht die unterschiedlichen Kostenarten der Gesundheitseinrichtung hinsichtlich des Beschaffungspreises, naturgemäß beginnend mit dem größten Block der Personalkosten, gefolgt vom medizinisch/pflegerischen Sachbedarf und den Dienstleistungskosten (Zapp 2009, S. 70 ff.). Bei der Personalkostenanalyse sind dienstartenbezogen tarifvertragliche Bestandteile zu prüfen (z. B. Grundlohn, Zuschläge, Sonderzahlungen) und die Eingruppierung in die Entgeltstufen (Personalstruktur). Die sich daraus ergebenen Erkenntnisse können z. B. eine Anpassung der Qualifikationsstruktur erfordern oder die Prüfung von Outsourcingmöglichkeiten anstoßen. Die Analyse des Sachbedarfs kann u. a. zu der Erkenntnis führen, die Anzahl der Artikel und/oder die Lieferanten zu reduzieren, sich einer Einkaufsgesellschaft anzuschließen und die Lagerhaltung umzustellen (Maltry und Strehlau-Schwoll 1997, S. 558 f.). Bei zu hohen Fremdleistungskosten sind die Verträge mit den Dienstleistern (z. B. Labor, Reinigung, Verpflegung, IT, Facility-Management) ebenso zu hinterfragen, wie das Nachfrageverhalten der Leistungsstellen der Gesundheitseinrichtung in Bezug auf diese Leistungen. Die Folge kann z. B. ein Dienstleisterwechsel sein oder die Wiedereingliederung der Leistung in die Organisation (Insourcing). Gegenstand der Analyse in diesem Bereich sind darüber hinaus die Kosten für Honorarkräfte oder Leihpersonal, die u. a. aufgrund des Fachkräftemangels im Gesundheitswesen immer mehr an Bedeutung gewinnen. Analog zur Analyse der Personal-, Sach- und Dienstleistungskosten muss das Preismanagement sämtliche Kostenarten und innerbetrieblichen Leistungen der Einrichtungen untersuchen.

Im Fokus der mit hohen Vorhaltekosten belasteten Krankenhäuser steht beim Ressourcenmengenmanagement vor allem die Vermeidung von Leerzeiten durch Reorganisationsmaßnahmen im OP als teuerste Ressource eines Krankenhauses und in den Diagnostik- und Therapiebereichen sowie den bettenführenden Abteilungen. Das OP-Management und das Fall- und Belegungsmanagement sind Konzepte, die hier ansetzen und die Patientenströme so lenken, dass eine optimale Ausnutzung der vorhandenen Kapazitäten erfolgt (vgl. dazu z. B. Diemer et al. 2015; Bünker et al. 2013; Rapp 2013; Dahlgaard und Stratmeyer 2013).

Das Leistungsprozessmanagement greift ebenfalls auf diese Instrumente zurück, nimmt aber eine Ablaufperspektive ein. Es sollen die Prozesskosten ausgewählter Teilprozesse reduziert werden (z. B. Patientenaufnahme und -entlassung, Visite, Wäscheaufbereitung, Arztbriefschreibung, Patientenabrechnung), ggf. auch mit Hilfe einer Prozesskostenrechnung (Zapp und Otten 2008). Geeignete Maßnahmen zur Prozesskostenreduktion sind z. B. die Flexibilisierung der Kosten durch Outsourcing oder die Einflussnahme auf die Kostentreiber und die Struktur der Leistungserstellung (Maltry und Strehlau-Schwoll 1997, S. 560). Bezogen auf den gesamten Behandlungsprozess des Patienten unterstützen Behandlungspfade bei der effizienten und effektiven Ablaufoptimierung (vgl. z. B. Tecklenburg 2008, S. 303 ff.; Roeder und Küttner 2007) in Bezug auf spezifische Pflegeprobleme die Implementierung von Pflegestandards (vgl. Moers und Schiemann 2008, S. 320 ff.).

Erlösmanagement

Ergänzend zur Kosten- und Leistungsperspektive muss eine stationäre Gesundheitseinrichtung eine systematische und frühzeitige Sicht auf die Erlösseite einnehmen.

Bei einem allgemeingültigen Erlösmanagement stehen Maßnahmen wie Sortimentserweiterungen bzw. -reduzierungen oder auch die Preisgestaltung zur Diskussion. Diese Steuerungsansätze können aufgrund der ordnungspolitischen Rahmenbedingungen im Gesundheitswesen nur begrenzt verfolgt werden. Möglichkeiten der (operativen) Erlösbeeinflussung bieten jedoch im Krankenhausbereich vor allem

- die Erlösstabilisierung der allgemeinen Krankenhausleistungen durch ein Zuweisermanagement,

- die Erlösoptimierung durch eine Leistungslenkung und Budgetplanung, die die Erlösausgleichsregelungen und -abschläge genau im Blick hat,
- die Erlössteigerung durch das Angebot von Zusatzleistungen (z. B. Wahlleistung »Hotel«) und Krankenhausleistungen, die nicht budgetiert werden (z. B. für ausländische Patienten).

Darüber hinaus kann durch die Sicherstellung der Kodier- und Dokumentationsqualität, die Vermeidung von Fehlbelegungen und die Sicherung der berechtigten Ansprüche in der MDK-Prüfung das Erlösniveau beeinflusst werden.

12.6 Ausblick

Es ist deutlich geworden: Die Kostenrechnung ist ein selbstständiges Gebilde innerhalb der Betriebswirtschaftslehre. Damit wird aber auch klar, dass Kostenrechnung nicht Buchführung ist. Die Buchführung ist Grundlage für die Ausgestaltung des Rechnungswesens; ein Ergebnis ist der Jahresabschluss mit Bilanz und Gewinn- und Verlustrechnung; die andere Linie ist die der Kostenrechnung. Die Kostenrechnung ist wiederum Grundlage für das Management, um ökonomisches Handeln zu eruieren, zu analysieren und zu bewerten. Ob nun die Deckungsbeitragsrechnung ein Instrument der KLEE-Rechnung ist oder schon zum Controlling gehört, ist nicht immer eindeutig abgrenzbar. Wichtig ist aber, dass die KLEE-Rechnung als integrierendes Bindeglied zwischen Buchführung und Controlling strukturiert und gebündelt wird. Denn nur so kann das Controlling als handlungsorientiertes Instrument voll wirksam sein. Im Zentrum des Controllings steht die Harmonisation der verschiedenen Führungssubsysteme. Das Controlling fußt deshalb in vielen Belangen auf die KLEE-Rechnung, Controlling berücksichtigt aber auch vor allem den Transport von Informationen an das Management durch das Kostenmanagement (vgl hierzu grundlegen Zapp et.al. 2015) .

Externes und internes Rechnungswesen sind Teilgebiete der Betriebswirtschaftslehre, die wiederum ökonomisches Handeln in Unternehmungen untersucht.

Grundkenntnisse über die Kostenrechnung und Analyse der Wirkungen sowie ihre Umsetzung im Wirtschaftsalltag sind unerlässlich für solch eine ökonomische unternehmungsweite Betrachtung.

13 Fallbeispiele und Aufgaben

13.1 Fallbeispiele zur Abgrenzungsverordnung

1 Gebäude

1.1 Anbauten

1.1.1 Nachträglicher Bau einer überdachten Liegendanfahrt
Vor die bisherige offene Patientenanfahrt wird eine Halle mit zwei seitlichen Rolltoren gebaut. Die Baukosten für die so geschaffene geschlossene Liegendanfahrt betragen 150 000 EUR.

1.1.2 Anbau an den Verwaltungstrakt
Aufgrund der Anforderungen der neuen KHBV und AbgrV wird beabsichtigt, zusätzliches Personal für den Verwaltungsdienst einzustellen und eine größere EDV-Anlage für die Finanzbuchhaltung und die Kosten- und Leistungsrechnung anzuschaffen. Da das bisherige Platzangebot nicht ausreicht, soll durch den Anbau von drei Zimmern an den Verwaltungstrakt der notwendige Raum geschaffen und eine Entflechtung erreicht werden. Die reinen Baukosten belaufen sich auf 200 000 EUR.

1.2 Umbauten

1.2.1 Anbindung der Intensivstation
Einige bisher wenig genutzte, technisch nicht sonderlich ausgestattete Nebenräume (Archiv- und Lagerräume, Besprechungsräume und Wartezimmer u. ä.) werden entkernt, zur Intensivstation ausgebaut und der chirurgischen Abteilung räumlich angegliedert. Der Ausbau zur Intensivstation beinhaltet eine aufwendige Ausstattung mit Medizin-, Elektro- und Sanitärtechnik.

1.2.2 Renovierung innerhalb des Verwaltungstraktes
Zur besseren Funktionstrennung sollen die Bereiche Patientenaufnahme, Verwaltung, Finanz- und Lohnbuchhaltung sowie Kostenrechnung räumlich klarer abgegrenzt werden. Dazu werden die vorhandenen Räumlichkeiten durch das Versetzen und Neueinziehen von Trennwänden und das Erneuern der Einbaumöbel sowie die Gestaltung des Flures umgebaut. Gleichzeitig werden die Fußböden und Deckenverkleidungen erneuert.

Ohne Einrichtungen und Ausstattungen belaufen sich die Baukosten auf
Unterfall a)   100 000 EUR (netto)
(Unterfall b)   29 000 EUR (netto))

1.2.3 Abtrennung einer Teeküche
Eine nicht genutzte Sitzecke auf dem Flur vor den Patientenzimmern wird durch den Einbau einer Zwischenwand vom übrigen Flur abgeteilt und der so geschaffene kleine Raum zur Teeküche umfunktioniert. Die Baukosten betragen 4200 EUR (netto).

1.3 Sanierungen/Reparaturen

1.3.1 Generalüberholung des Gebäudes
Das Mitte des vorigen Jahrhunderts erbaute Krankenhausgebäude soll grundlegend entkernt und saniert werden. Sämtliche Patientenzimmer werden komplett zu geänderten Stationseinheiten umgebaut, mit Nasszellen ausgerüstet und mit zeitgemäßem Komfort ausgestattet. Untersuchungs-, Behandlungs- und Patientenzimmer werden neu verteilt. In das zum neu gestalteten Eingangsbereich verlegte Treppenhaus werden zwei Selbstfahrer-Aufzüge eingebaut. Auf der Wetter- und Straßenseite werden sämtliche Holzfenster gegen Kunststoffrahmen mit Isolier-Schallschutzglas ausgewechselt. Die Sanitär- und Elektrozuleitungen werden in zentralen Versorgungsschächten untergebracht. Das Heizungssystem wird komplett samt Zuleitungen ersetzt, generell sind die Fußböden zu erneuern und abgehängte Zwischendecken einzuziehen. Der Dachstuhl wird ausgebaut, isoliert und neu eingedeckt. In den durch eine Bettenreduzierung frei gewordenen Seitenflügel wird eine Patienten- und Gästecafeteria eingebaut. Die Gesamtbaukosten belaufen sich auf 18 000 000 EUR.

1.3.2 Dachdeckerarbeiten
Aufgrund eines Sturmschadens haben sich auf der Wetterseite des Bettentraktes mehrere Reihen Dachziegel gelöst, darüber hinaus haben einige herabgefallene Ziegel die Dachrinne teilweise beschädigt. Es werden lediglich die beschädigten Teile erneuert. Die Kosten betragen 3800 EUR (netto).

1.3.3 Dachflächenerneuerung
Die Ostseite des Dachgiebels war im Zusammenhang mit einem teilweisen Dachausbau vor sechs Jahren erneuert worden. Die Schiefer auf der Westseite des 70 Jahre alten Dachgiebels sind derart verwittert, dass sie insgesamt ersetzt werden müssen. Gleichzeitig ist eine Dachgaube auf der Ostseite des Giebels abzudichten. Die Maßnahme kostet:
a) 25 000 EUR (netto)
b) 70 000 EUR (netto)

1.3.4 Dachausbau
Unterfall a)
Im Zuge der Neueindeckung des Daches wird der bisher nicht isolierte Dachboden ausgebaut. Durch den Einbau von Dachgauben, Zwischenwänden und -türen so-

wie elektrischer und sanitärer Installationen werden Abstellräume für Material, ein Besucher-Gästezimmer sowie Schlaf- und Aufenthaltsräume für den Bereitschaftsdienst geschaffen. Die Baukosten betragen 105 000 EUR (netto).

Unterfall b)
Das zwischenzeitlich undichte Flachdach wird durch ein Giebeldach ersetzt, das ebenfalls wie in Unterfall a) ausgebaut wird. Die Kosten belaufen sich auf 150 000 EUR (netto).

1.3.5 Fenstererneuerung

Die meisten der 100 Fenster auf der Wetterseite des Krankenhauses sind im Laufe der Zeit morsch und undicht geworden. Der Krankenhausträger beabsichtigt, über einen Zeitraum von fünf Jahren jeden Sommer 20 Fenster gegen neue, thermo- und schallschutzverglaste Fenster auszutauschen. Durch den Großauftrag konnte der örtliche Bauunternehmer die jährlichen Umbaukosten auf 40 000 EUR (netto) kalkulieren.

1.3.6 Aufzugswartung, -reparatur, -sicherheitsprüfung

Im Laufe des Jahres fallen folgende Maßnahmen an:

a) Vertragliche Wartung	1800 €
b) Reparaturen im Sinne des Ersatzes diverser Hilfsstoffe und Kleinteile	300 €
c) Erneuerungen	
Tragseil	3000 €
Kabinenabschlusstür	2000 €
Aufzugsmotor	10 000 €
d) TÜV-Prüfung	1000 €
zuzüglich der Anlieferung und Gestellung von Prüfgewichten durch die Herstellerfirma	500 €
e) Erstmaliger Einbau einer Kabinenabschlusstür aufgrund behördlicher Anordnung	3000 €

2 Außenanlagen

Erstmalige Pflasterung/Asphaltierung der Außenanlagen

Unterfall a)
Wegen ständiger Regenüberschwemmungen soll ein bisher nur mit einer Schotteraufschüttung versehener Mitarbeiterparkplatz gepflastert bzw. asphaltiert werden. Gleichzeitig sollen zur besseren Entwässerung Drainagen verlegt werden. Die Maßnahme kostet 80 000 EUR (netto).

Unterfall b)
Aufgrund der positiven Erfahrungen nach Durchführung der Maßnahme a) wird der ebenfalls bisher nur lose mit Schotter aufgefüllte Wirtschaftshof gepflastert. Die Kosten betragen 25 000 EUR.

3 Einrichtungen und Ausstattungen

3.1 Dienst- und Schutzkleidung, Wäsche, Textilien

a) Arbeitskittel, Bettwäsche, Handtücher jeweils unter   100 €
b) 20 OP-Tücher à 10 EUR   200 €
c) 1 Tafeldecke   80 €
   10 passende Servietten à 7,50 EUR   75 €
d) 1 Röntgenschürze   1250 €

3.2 Wiederbeschaffung von Geräten, Apparaten, Maschinen und Werkzeugen
Angegeben sind jeweils die Nettoanschaffungskosten:
a) 1 elektrischer Sahnequirl   45 €
b) 1 Brotteig-Knetmaschine, Standmodell   2500 €
c) 1 Handbohrmaschine   50 €
d) 1 Wassermatratze   800 €

3.3 Wiederbeschaffte medizinische Instrumente und Werkzeuge
Angegeben sind jeweils die Nettoanschaffungskosten:
a) Lieferung I
   Reparaturersatz – gesamt   1075 €
   15 scharfe Löffel, 16,5 cm   je 25 €
   2   Dilatations-Pinzetten   je 150 €
   20 stumpfe Wundhaken, 21,5 cm   je 20 €
b) Lieferung II,
   1 Knochensieb – gesamt   1260 €
   bestehend aus:
   1 Instrumentenkasten mit Siebeinsatz   400 €
   1 Knochenhaltezange   210 €
   3 Knochenhalteklammern   je 120 €
   1 Hammer   70 €
   4 Flachmeißel   je 25 €
   6 Hohlmeißel   je 20 €

3.4 Röntgenanlage

3.4.1 Wiederbeschaffung einer Röntgenanlage 300 000 EUR

3.4.2 Generalüberholung einer Röntgenanlage
Eine bereits abgeschriebene Röntgenanlage wird für 40 000 EUR generalüberholt. Im Zuge der Generalüberholung wird die Anlage auf den neuesten medizinisch-technischen Stand gebracht.

3.4.3 Austausch einer Röntgenröhre
17 000 €
und eines Röntgenbildverstärkers   8000 €

3.5 Wiederbeschaffung einer Telefonzentrale

3.51 Kauf einer neuen Anlage
400 000 €

3.52 Miete/Leasing einer Anlage
80 000 € p. a.

13.2 Aufgaben zur Kosten-, Leistungs-, Erlös- und Ergebnis-Rechnung

13.2.1 Äquivalenzziffernrechnung

Die Leistungsstatistik weist für die Intensivstation mit 18 Betten im abgeschlossenen Geschäftsjahr 145 320 Intensivstunden aus.
Diese teilen sich auf in   70 150 Überwachungsstunden
                            41 840 Behandlungsstunden und
                            33 330 Beatmungsstunden.
Die Ermittlung der gewichteten Gesamtstundenzahl erfolgt nach Dienstarten differenziert; siehe folgende Tabelle:

Stunden	Dienstart Arzt	Dienstart Pflege
	Gewichtung	
Überwachungsstunden	0,60	0,7
Behandlungsstunden	1,00	1,1
Beatmungsstunden	1,70	1,2

In der Kostenstelle werden 1 200 000 € ausgewiesen. Davon entfallen 579 686,25 € auf die Pflege und 620 313,75 € entfallen auf den Ärztlichen Dienst.

Aufgaben:

a) Wie hoch sind die Kosten für eine gewichtete Stunde auf der Intensivstation für die Pflege?
b) Wie hoch sind die Kosten des Pflegedienstes für den folgenden Patienten Herrn Heinz Intens, der auf der Intensivabteilung mit folgenden Stunden lag (die Lösung soll die gewichteten Zeiten umfassen):

Überwachungsstunden 10 Stunden
Behandlungsstunden 5 Stunden
Beatmungsstunden 2 Stunden

c) Wie viel kostet eine Stunde für die Pflege der
Überwachungsstunde:
Behandlungsstunde:
Beatmungsstunde:

13.2.2 Bezugsgrößenkalkulation

Es liegen Ihnen die Kostenarten (Ärztlicher Dienst, Pflegedienst usw.) und die Kostenstellen der innerbetrieblichen Leistungsverrechnung (OP, Labor, Physiotherapie und Pflege) vor.

Folgende Daten sind gegeben:

Lfd. Nr.	Kostenstellen / Kostenarten	OP	Labor	Physiotherapie	Pflege
1	Ärztl. Dienst				
2	Pflegedienst				
3	Med.-techn. Dienst/ Funktionsdienst				
4	**Summe**				

Aufgaben:

a) Wählen Sie die entsprechenden Bezugsgrößen aus der untenstehende Liste aus, mit denen Sie die Kostenarten der Kostenstelle auf die anfordernde Kostenstelle weiterverrechnen können und tragen Sie die entsprechende Bezugsgröße in die obige Tabelle ein.

Bezugsgröße
Berechnungstage
Betten
Fälle
Schnitt/Naht in Minuten
GOÄ-Ziffern im Labor
PPR-Minuten

Bezugsgröße
Leistungsminuten
Umsatzzahlen
Vollkräfte
Mitarbeiter

b) Diese Kostenstellen und Kostenarten verrechnen ihre Leistungen auf die Chirurgie, Innere Medizin und Urologie. In der folgenden Tabelle sind die Kostenarten der entsprechenden Kostenstellen angegeben und aufgelistet.

Lfd. Nr.	Kostenstellen / Kostenarten	OP A	Labor B	Physiotherapie C	Pflege D
1	Ärztl. Dienst	5 400 000 €	416 000 €	0 €	0 €
2	Pflegedienst	0 €	0 €	0 €	1 186 550 €
3	Med.-techn. Dienst/ Funktionsdienst	2 400 000 €	400 000 €	240 000 €	0 €
4	Summe	6 800 000 €	816 000 €	240 000 €	1 186 550 € €

Errechnen Sie daraus die Aufteilung auf die Abteilungen, wenn Ihnen folgende Daten vorliegen:

	Innere Medizin	Chirurgie	Urologie.	Summe
Berechnungstage	71 805	25 395	8152	90 625
Betten	172	114	45	331
Fälle	4849	1400	912	7391
Schnitt-Naht-Zeit + Rüstzeit in Minuten und Gleichzeitigkeitsfaktor	0	420 000	180 000	600 000
GOÄ-Ziffern Labor	500 000	295 000	5000	800 000
PPR-Minuten	520 450	630 530	98 020	1 249 000
Leistungsminuten	84 000	180 000	56 000	320 000
Umsatzzahlen	10 000 000	20 000 000	5 000 000	35 000 000
Vollkräfte (Ärzte, Pflege, MTD/ Funktionsdienst)	60	80	50	190

13.2.3 Innerbetriebliche Leistungsverrechnung

Innerbetriebliche Leistungsverrechnung mit Ambulanz
Folgende Daten sind aus der Leistungserfassung bekannt:
Kostenstelle: Radiologie
Monat: März
Jahr: 2020

Nr. eines Entgeltkatalogs (ausgewählte Leistungen)	Punkte je Leistung	Anfordernde Kostenstelle = Empfangende Kostenstelle				Gesamt
		Stationäre Kostenstellen		Ambulante Kostenstellen		
		9310	9410	9801	9802	
10 000	20	80	105	102	12	299
2000	10	40	30	42	55	167
3000	40	60	73	44	46	223
4000	100	10	12	55	52	129
Gesamt		190	220	143	165	818

Insgesamt fielen in der Kostenstelle Radiologie 229 866,00 € an.

Aufgaben:

a) Errechnen Sie die Kosten pro ungewichteten Leistungspunkt aus (die stationären und die ambulanten Leistungen sind gleich gewichtet).
b) Errechnen Sie die Kosten pro gewichteten Leistungspunkt aus (wenn die stationären zu den ambulanten Leistungen 1 : 0,8 definiert sind).

13.2.4 Abweichungsanalyse von Kosten der Intensivstation

In der Kostenstelle »Intensivstation« des Krankenhauses »Nie wieder krank« wird bei einer Planbeschäftigung von 125 000 Beatmungsstunden/Jahr mit Plankosten in Höhe von 4 050 250 €/Jahr gerechnet, wovon 3 750 000 €/Jahr fix sind.

Aufgaben:

a) Wie lautet die Sollkostenfunktion der Kostenstelle »Intensivstation« bei einer auf Vollkosten basierenden flexiblen Plankostenrechnung?
b) Wie hoch sind bei einer Istbeschäftigung von 113 000 Beatmungsstunden/Jahr die Verbrauchsabweichung und Beschäftigungsabweichung, wenn die Istkosten 4 024 864 €/Jahr betragen?

13.2.5 Abweichungsanalyse in der Geburtsklinik

Das Controlling der Geburtsklinik »Glückliche Kinder« wurde vom Verwaltungsdirektor beauftragt, eine Abweichungsanalyse durchzuführen. Die festgelegte Planbeschäftigung beträgt 950 Geburten p.a. Die analytische Plankostenermittlung ergab Plankosten in Höhe von 1 425 000 €. Tatsächlich wurde jedoch nur eine Ist-Beschäftigung von 912 Geburten erreicht. Die Ist-Kosten belaufen sich auf 1 431 840 €.

Aufgaben:

a) Welchen Plankostenverrechnungssatz ermittelt das Controlling und warum muss es diesen ermitteln?
b) Welche Gesamtabweichung stellt das Controlling fest?
c) Der Verwaltungsdirektor möchte wissen, warum die Abweichung zustande gekommen ist. Das Controlling führt daher eine Abweichungsanalyse unter Einbeziehung der Sollkosten durch. Diese Analyse ergibt eine Verbrauchsabweichung in Höhe von 32 000 €. Wie hoch sind die Kosten, die durch die Beschäftigungsabweichung entstanden sind?
d) Wie hoch sind die fixen Kosten?

13.2.6 Fixkostendeckungsrechnung in der Fachklinik

In der Fachklinik »Gesunder Rücken« wurden folgende Daten ermittelt:

Unternehmungsdeckungsbeitragsrechnung Fachklinik »Gesunder Rücken«							
Bereiche	**Abteilung A**				**Abteilung B**		
Fallgruppen	I		II		III		IV
Fallbezeichnung	01	02	03	04	05	06	07
Umsatzerlöse	46 000 €	51 000 €	44 000 €	42 700 €	49 500 €	41 000 €	56 300 €
Variable Kosten	14 000 €	15 500 €	32 000 €	34 500 €	21 500 €	12 000 €	24 000 €
Fallfixkosten	0 €	0 €	0 €	0 €	0 €	0 €	0 €
Fallgruppenfixkosten	24 000 €		21 500 €		20 000 €		0 €
Fixkosten der Abteilung	40 500 €				42 000 €		
Krankenhausfixkosten	17 500 €						

Aufgaben:

a) Ermitteln Sie das Nettoergebnis der Fachklinik.
b) Auf welchen Betrag ließe sich das Nettoergebnis verbessern, wenn die angegebenen Fixkosten (entgegen den realistischen Bedingungen in der Praxis) in allen Stufen sofort abbaufähig wären?

13.2.7 Prozesskosten der Patientenaufnahme

Auf einer Station liegen folgende Gegebenheiten vor (vereinfachte Darstellung):
20 Patienten werden im Monat neu aufgenommen; 80 Patienten liegen pro Monat durchschnittlich auf der Station.
Der Monat umfasst 30 Tage. Das Jahr umfasst 12 Monate mit je 30 Tagen im Monat, da so am einfachsten zu rechnen ist.

Aufgaben

a) Allgemeine Fragen
   Was heißt: a1) lmi: _____
              a2) lmn: _____
b) Prozesskostenermittlung
   Tragen Sie bitte in die Spalten die richtigen Einträge ein:
   - b1) Art der Prozese (Spalte 2): lmi bzw. lmn
   - b2) Prozesskostensatz (Spalte 6). Legen Sie bitte jeweils den Rechenweg offen
   - b3) Wie verteilen sich die Kosten der Abteilungsleitung (Spalte 7)?
     Legen Sie hier den Rechenweg offen und füllen sie die Spalte 7 dem entsprechend aus.
     Gehen Sie bitte von folgendem Sachverhalt aus:
     Die Abteilungsleitung wird von Frau Meyer geleitet. Sie ist verheiratet, Mutter eines Kindes. Sie arbeitet als eine Vollkraft mit 100 %. 50 % ist sie auf der Station als Leitung tätig. 50 % arbeitet sie als Hygienefachkraft. Ihr Jahreseinkommen beträgt insgesamt 65 136 €. Dieses Gehalt wird anteilig verteilt auf die Stationsleitung und auf die Hygienefachkraft zur Grundlage für die Berechnung der Prozesskosten der Abteilung zugrunde gelegt.
c) Füllen Sie dann Spalte 8 aus.

13 Fallbeispiele und Aufgaben

Kostenstelle Patientenversorgung auf der Station (ausgewählte Tätigkeiten)							
Prozesse	Art	Prozessgröße	Planprozessmenge in Einheiten	Planprozesskosten (€)	Prozesskostensatz lmi (€/Einheit)	Umlagesatz lmn (€/Einheit)	Gesamtprozesskostensatz (€/Einheit)
Spalte 1	2	3	4	5	6	7	8
Begrüßung und Entlassung des Patienten auf Station		Patienten-Anzahl	20	400			
Medikamente reichen		Patienten Anzahl morgens und abends an 30 Tagen	80 Patienten * 2 mal am Tag *30 Tage = 4800	3024			
Pflege Sonstiges		PPR-Minuten	10 000	40 000			
Kostensumme ohne Abteilungsleitung	-	-	-	???	-	-	-
Abteilung leiten	-	-	-	????	-	-	-

d) Errechnen Sie aus den vorliegenden Daten die Prozesskosten für einen Patienten, der 6 Tage auf dieser entsprechenden Station liegt und 250 PPR Minuten in Anspruch nimmt.
Begrüßung und Entlassung: _____
Medikamente reichen: _____
Pflege, Sonstiges _____
SUMME: _____

13.2.8 Behandlungskosten

Aus den dargelegten Behandlungskosten errechnen Sie die Kosten für die administrative und medizinisch pflegerische Aufnahme, wenn Ihnen folgende Daten vorliegen:

Abgerufene Leistung	Anzahl	Kostensatz	Summe
Hauptprozess 1: Administrative und medizinische Aufnahme			
Teilprozess 1.1. Medizin	1	75,00	**170,83**
Teilprozess 1.2. Pflege	1	28,13	**129,17**
Teilprozess 1.3. Verwaltung:	1	26,04	**300,00**

Dauer der Aufnahme im Durchschnitt für die Chirurgie:
Arzt: 60 Minuten
Pflege: 45 Minuten
Verwaltung: 20 Minuten
Folgende Daten sind bekannt:

	Vollkräfte	Bruttojahreseinkommen für alle Vollkräfte in €	Jahresarbeitsstunden
Arzt	11 Vollkräfte; davon arbeitet eine Vollkraft in der Ambulanz	1 320 000	1600
Pflege	20 Vollkräfte	1 200 000	1600
Verwaltung	10 Vollkräfte Davon arbeiten 5 Mitarbeiter als Halbtagskräfte in der Aufnahme	500 000	1600

14 Lösungen zu Fallbeispielen und Aufgaben

14.1 Lösung zu Fallbeispielen zur Abgrenzungsverordnung

1 Gebäude

1.1 Anbauten

1.1.1 Nachträglicher Bau einer überdachten Liegendanfahrt

Und

1.1.2 Anbau an den Verwaltungstrakt
Bilanzierung
Herstellungsaufwand (§ 2 Nr. 1 AbgrV)

Finanzierung
Fördermittel nach § 9 KHG[100] oder Eigenmittel

Kontierung gemäß
Anlage I zur KHBV Konto 0110 Betriebsbauten

Gemäß R 157 Abs. 2 EStR 2003 (Abschnitt 157 Abs. 3 EStR 1990) ist (aktivierungsfähiger) *Herstellungsaufwand* nach der Fertigstellung eines Gebäudes nur anzunehmen, wenn etwas Neues, bisher nicht Vorhandenes geschaffen wird. Beispielhaft ist der Fall des Anbaus aufgeführt. Es liegen aktivierungspflichtige Herstellungsaufwendungen für ein zum Krankenhaus gehörendes Anlagegut vor. Diese Kosten sind gemäß § 3 Abs. 2 Nr. 1 AbgrV nicht pflegesatzfähig. Es sind im *Einzelantragsverfahren*[101] Fördermittel nach dem KHG zu beantragen

---

100 Nachfolgend gilt, dass sich vorbehaltlich des Erlasses eines Landes-KHG die Angaben auf das (Bundes-)KHG in der Neufassung vom 10. April 1991 beziehen.
101 Nachfolgend gilt ab 2008 für Krankenhäuser in Nordrhein-Westfalen: Das Einzelantragsverfahren wird ersetzt durch die neue Baupauschale nach § 18 Abs. 1 KHGG NRW i. V. m. der PauschFVO zur Finanzierung von Anschaffungs-/Herstellungskosten, Baukrediten oder Nutzungsentgelten. Die für die Wiederbeschaffung kurzfristiger Anlagegüter gewährte Pauschale kann gemäß § 21 Abs. 9 KHGG NRW bis zu 30 % der Jahrespauschale zusätzlich für Zwecke nach § 18 Abs. 1 KHGG NRW eingesetzt werden.

bzw. bei ablehnendem Bescheid[102] sind die Kosten aus Eigenmitteln zu finanzieren.

1.2 Umbauten

1.2.1 Anbindung der Intensivstation
Bilanzierung
Herstellungsaufwand (§ 2 Nr. 1 AbgrV)

Finanzierung
Fördermittel nach § 9 KHG oder Eigenmittel

Kontierung
Konto 0110 Betriebsbauten

Der Umbau diverser, kleiner Räume in eine Intensivstation bedingt umfangreiche Baumaßnahmen wie zum Beispiel die Neuanordnung von Innen- und Trennwänden, Fenstern, Türen, Sanitärbereichen, Wand-, Decken- und Fußbodenverkleidungen sowie elektrischen und sanitären Versorgungsleitungen. Die Baumaßnahme dient nach der Verkehrsanschauung nicht in erster Linie dazu, das Gebäude in seiner bestimmungsmäßigen Nutzungsmöglichkeit zu erhalten, sondern etwas Neues, bisher nicht Vorhandenes zu schaffen. Die in diesem Zusammenhang erneuerten und teilweise in den ursprünglichen Herstellungskosten des Gebäudes bereits enthaltenen Teile, Einrichtungen und Anlagen sind so artverschieden, dass sie als aktivierungsfähige Herstellungskosten für die Intensivstation behandelt werden können. Die anfallenden Kosten sind gemäß § 3 Abs. 2 Nr. 1 AbgrV nicht pflegesatzfähig. Im Rahmen des *Einzelantragsverfahrens* sind Fördermittel nach dem KHG zu beantragen bzw. in NRW Fördermittel aus der Baupauschale nach § 18 Abs. 1 KHGG NRW zu verwenden, andernfalls sind Eigenmittel einzusetzen.

1.2.2 Renovierung innerhalb des Verwaltungstraktes
Bilanzierung
Erhaltungsaufwand (§ 4 Abs. 2 AbgrV)

Finanzierung
pflegesatzrelevante Instandhaltung (§ 3 Abs. 1 Nr. 4 AbgrV i. V. m. § 17 Abs. 4b KHG und § 7 Abs. 1 Satz 2 Nr. 4 BPflV)

Kontierung
Konto 7200 Instandhaltung im Sinne des § 1 Abs. 4 b Satz 2 KHG

---

102 Nachfolgend gilt ab 2008 für Krankenhäuser in Nordrhein-Westfalen: Eine Finanzierung aus Eigenmitteln wird erforderlich, falls die Fördermittel aus der Baupauschale nach § 18 Abs. 1 KHGG NRW einschließlich der Ersatzfinanzierung i. H. v. 30 % aus der Pauschale für die Wiederbeschaffung kurzfristiger Anlagegüter (§ 21 Abs. 9 KHGG NRW) ausgeschöpft sind.

Im Gegensatz zu Fall 1.21, in dem durch einen Umbau etwas Neues, bisher nicht Vorhandenes geschaffen wurde, wird durch die Renovierung und Umgestaltung des Verwaltungstraktes lediglich die bestimmungsgemäße Nutzungsmöglichkeit des Gebäudeteils erhalten. Das Anlagegut Gebäude wird in seiner Substanz nicht wesentlich vermehrt, in seinem Wesen nicht erheblich verändert, seine Nutzungsdauer wird nicht wesentlich verlängert und über seinen bisherigen Zustand hinaus auch nicht deutlich verbessert (§ 4 Abs. 1 AbgrV). Insofern liegt *Erhaltungsaufwand* vor. Allerdings sind (im Verzeichnis III zur AbgrV aufgeführte) *Gebäudeteile* in der *baulichen Einheit* Verwaltungstrakt überwiegend ersetzt worden (§ 4 Abs. 2 AbgrV). Diese Erhaltungs-Aufwendungen gemäß § 4 Abs. 2 AbgrV sind auf Konto 7200 zu erfassen (vgl. IDW ERS KHFA 1 Einzelfragen zur Rechnungslegung von Krankenhäusern, Tz 7). Gemäß § 17 Abs. 4 b KHG wurden derartige Maßnahmen in den Jahren 1997 bis 2002 (danach zunächst verlängert) pauschal in Höhe eines Betrages von 1,1 % der für die allgemeinen Krankenhausleistungen vereinbarten Vergütung finanziert.

Der Freistaat Bayern hatte als letztes Bundesland derartige Maßnahmen bis zum 31. Dezember 2003 auch aus öffentlichen Fördermitteln finanziert. Ab dem 1. Januar 2004 ist auch in Bayern eine Förderung von Erhaltungsaufwand ausgeschlossen.

1.2.3 Abtrennung einer Teeküche
Bilanzierung
Erhaltungsaufwand (§ 4 Abs. 1 AbgrV)

Finanzierung
Pflegesatzrelevante Instandhaltung (§ 3 Abs. 1 Nr. 4 AbgrV)

Kontierung
Konto 720 Pflegesatzfähige Instandhaltung, finanziert nach § 7 Abs. 1 Satz 2 Nr. 4 BPflV

Durch die Einziehung einer Trennwand mit Tür, die Verlegung eines Wasseranschlusses und elektrischer Zuleitungen wird kein selbstständiges Wirtschaftsgut geschaffen, das eine Behandlung als Herstellungskosten rechtfertigen würde. Vielmehr liegen die klassischen Merkmale des § 4 Abs. 1 AbgrV vor, die einen Ausweis als Erhaltungsaufwand begründen. Da weder Gebäudeteile, betriebstechnische Anlagen noch Einbauten in der baulichen Einheit Bettentrakt überwiegend ersetzt wurden (§ 4 Abs. 2 AbgrV), handelt es sich um eine pflegesatzrelevante Instandhaltung.

1.3 Sanierungen/Reparaturen

1.3.1 Generalüberholung des Gebäudes
Bilanzierung
Anlagegut (§ 2 Nr. 1 AbgrV)

Finanzierung
Fördermittel nach § 9 Abs. 1 KHG oder Eigenmittel

Kontierung
Konto 0110 Betriebsbauten

Bezogen auf die einzelnen Gebäudeteile sind zwar in der Hauptsache nur Erhaltungsaufwendungen angefallen, dennoch kann auch eine Generalüberholung zu Herstellungsaufwendungen führen (R 157 Abs. 2 EStR 2003). Nach der herrschenden Rechtsprechung ist es für die Unterscheidung von Herstellungs- oder Erhaltungsaufwand von untergeordneter Bedeutung, wenn die Altbauteile dem Gesamtgebäude weiterhin das Gepräge geben. Die Umbaumaßnahme betrifft die wesentliche Substanz des Gebäudes, die die Nutzungsdauer maßgeblich bestimmt. Darüber hinaus werden einzelne Gebäudeteile auf eine andere Art genutzt (Cafeteria). Mithin liegen aktivierungspflichtige *Herstellungsaufwendungen* vor, für deren Finanzierung Fördermittel beantragt werden müssten bzw. in NRW Fördermittel aus der Baupauschale nach § 18 Abs. 1 KHGG NRW einzusetzen sind. Bei unterlassener Antragstellung oder Ablehnung bzw. bei vorheriger Ausschöpfung der NRW-Baupauschale wären Eigenmittel einzusetzen.

1.3.2 Dachdeckerarbeiten
Bilanzierung
Erhaltungsaufwand (§ 4 Abs. 1 AbgrV)

Finanzierung
pflegesatzrelevante Instandhaltung (§ 3 Abs. 1 Nr. 4 AbgrV)

Kontierung
Konto 720 pflegesatzfähige Instandhaltung, finanziert nach § 7 Abs. 1 Satz 2 Nr. 4 BPflV

Weder die erneuerten Dachziegel noch die teilweise ersetzte Dachrinne sind selbstständig bewertungs- und nutzungsfähige Anlagegüter. Vielmehr sind sie den in Verzeichnis III aufgeführten Gebäudeteilen vergleichbar. Das Anlagegut Gebäude wird durch die Reparatur in seiner Substanz nicht wesentlich vermehrt, in seinem Wesen nicht erheblich verändert, seine Nutzungsdauer wird nicht wesentlich verlängert oder über seinen bisherigen Zustand hinaus nicht deutlich verbessert (§ 4 Abs. 1 AbgrV). Die Gebäudeteile werden auch nicht überwiegend in der baulichen Einheit Dach ersetzt (§ 4 Abs. 2 AbgrV). Somit liegen pflegesatzrelevante Kosten der Instandhaltung i. S. d. § 3 Abs. 1 Nr. 4 AbgrV vor.

In Anlehnung an die steuerrechtliche Behandlungsweise hätte der Fall auch einfacher gelöst werden können. Nach R 157 Abs. 2 Satz 2 EStR 2003 stellt sich die Frage, ob (aktivierungsfähiger) Herstellungsaufwand oder (erfolgswirksamer) Erhaltungsaufwand vorliegt, erst bei verhältnismäßig großen Aufwendungen. So werden Aufwendungen für die einzelne Baumaßnahme von nicht mehr als 4000 EUR (netto) je Gebäude aus Vereinfachungsgründen stets als Erhaltungsaufwand aufgefasst. Die steuerliche Vereinfachungsregel würde demnach zur gleichen Lösung führen.

1.3.3 Dachflächenerneuerung
Bilanzierung
Erhaltungsaufwand (§ 4 Abs. 2 AbgrV)

Finanzierung
pflegesatzrelevante Instandhaltung (§ 3 Abs. 1 Nr. 4 AbgrV in Verbindung mit § 17 Abs. 4 b KHG und § 7 Abs. 1 Satz 2 Nr. 4 BPflV)

Kontierung
Konto 7200 Instandhaltung im Sinne des § 17 Abs. 4 b Satz 2 KHG

Wie in Fall 1.32 sind die Merkmale für eine pflegesatzrelevante Instandhaltung i. S. d. § 4 Abs. 1 AbgrV gegeben. Allerdings wird durch die Baumaßnahme gemäß § 4 Abs. 2 AbgrV i. V. m. Verzeichnis III zur AbgrV die *bauliche Einheit* Dach überwiegend (die Westseite entspricht 50 % der Dachfläche zuzüglich einer Dachgaube auf der Ostseite) ersetzt. Der aus dem 1,1 % igen Budgetzuschlag zu finanzierende Erhaltungsaufwand ist auf Konto 7200 zu erfassen (entsprechend Lösung zu Fall 1.22).

1.3.4 Dachausbau
Bilanzierung
Herstellungsaufwand (§ 2 Nr. 1 AbgrV)

Finanzierung
Fördermittel nach § 9 Abs. 1 KHG oder Eigenmittel

Kontierung
Konto 0110 Betriebsbauten

Unterfall a)
Zu den Baumaßnahmen, die nach der Fertigstellung eines Gebäudes zu (aktivierungsfähigem) Herstellungsaufwand führen können, weil durch sie etwas Neues, bisher nicht Vorhandenes geschaffen wird, zählt gemäß Abschnitt 157 Abs. 3 Sätze 1 und 2 EStR 1990 auch der Ausbau eines Dachgeschosses. Durch die Schaffung von Wohn-, Aufenthalts- und Abstellräumen in dem bisher nicht nutzungsfähigen Dachgeschoss wird eine Substanzvermehrung und Wesensänderung durchgeführt, die den Zustand des Gebäudes deutlich verbessert. Die aktivierungsfähigen Herstellungskosten sind nach § 3 Abs. 2 Nr. 1 AbgrV nicht pflegesatzfähig, sondern im Rahmen des *Einzelantragsverfahrens* aus Fördermitteln nach § 9 Abs. 1 KHG bzw. in NRW durch Fördermittel aus der Baupauschale nach § 18 Abs. 1 KHGG NRW zu finanzieren. Bei unterlassener Antragstellung oder Ablehnung bzw. bei vorheriger Ausschöpfung der NRW-Baupauschale wären Eigenmittel einzusetzen.

Unterfall b)
Es wird keine bloße Instandhaltung des undichten Flachdaches vorgenommen, sondern ein voll ausgebautes Giebeldach mit zusätzlich nutzungsfähigen Räumen geschaffen. Die Lösung entspricht der in Unterfall a).

1.3.5 Fenstererneuerung
Bilanzierung
Erhaltungsaufwand (§ 4 Abs. 2 AbgrV)

Finanzierung
pflegesatzrelevante Instandhaltung (§ 3 Abs. 1 Nr. 4 AbgrV in Verbindung mit § 17 Abs. 4 b KHG und § 7 Abs. 1 Satz 2 Nr. 4 BPflV)

Kontierung
Konto 7200 Instandhaltung im Sinne des § 17 Abs. 4 b Satz 2 KHG

Durch den reinen Austausch von bereits in den Gebäudekosten enthaltenen Fenstern wird das Gebäude in seiner Substanz nicht wesentlich vermehrt, in seinem Wesen nicht erheblich verändert, seine Nutzungsdauer wird nicht wesentlich verlängert oder über seinen bisherigen Zustand hinaus nicht deutlich verbessert. Dies gilt auch für den Austausch qualitativ besserer Fenster. Es liegt demnach *Erhaltungsaufwand* vor (vgl. auch Abschnitt 157 Abs. 1 Satz 4 und Abs. 3 Satz 5 EStR 1993). Es ist pflegesatzrelevanter Erhaltungsaufwand nach § 4 Abs. 1 AbgrV gegeben.

Die Maßnahme (einheitliches Vorhaben über einen Zeitraum von 5 Jahren mit 100 %; innerhalb von 3 Jahren 60 %) erfüllt die Kriterien des § 4 Abs. 2 AbgrV i. V. m. Verzeichnis III zur AbgrV (*Gebäudeteile* Fenster in der *baulichen Einheit* Fassade). Die Lösung entspricht den Fällen 1.22 und 1.33.

1.3.6 Aufzugswartung, -reparatur, -sicherheitsprüfung
Bilanzierung
Erhaltungsaufwand (§ 4 Abs. 1 AbgrV)

Finanzierung
Pflegesatzrelevante Instandhaltung (§ 3 Abs. 1 Nr. 4 AbgrV)

Kontierung
a, b, c, e Konto 720

Pflegesatzrelevante Instandhaltung
d Konto 73 Steuern, Abgaben, Versicherungen

Durch die Maßnahmen a bis d wird die Betriebsbereitschaft der Aufzugsanlage erhalten bzw. wiederhergestellt. Somit liegen pflegesatzrelevante Instandhaltungen i. S. v. § 4 Abs. 1 AbgrV vor. Die Fälle a, b, c sind daher auf dem Instandhaltungskonto 720 zu buchen. Bei der TÜV-Sicherheitsüberprüfung handelt es sich zwar auch um eine Maßnahme zur Erhaltung der Betriebsbereitschaft, da die Prüfung an sich jedoch keine eigentliche Reparatur darstellt, könnte ein Ausweis der Prüfungs- einschl. Nebenkosten unter den Abgaben, Kontengruppe 730, zweckmäßig sein. Auch die Kosten des erstmaligen Einbaues in ein Gebäude in Befolgung technischer Sicherheitsvorschriften (Unterfall e) wurde in der Steuerrechtsprechung als Erhaltungsaufwand angesehen (Entscheidung des Finanzgerichts Düsseldorf, 30. 11. 1979).

2 Außenanlagen

Erstmalige Pflasterung/Asphaltierung der Außenanlagen
Bilanzierung
Herstellungsaufwand (§ 2 Nr. 1 AbgrV)

Finanzierung
a) Fördermittel nach § 9 Abs. 1 KHG oder Eigenmittel
b) Fördermittel nach § 9 Abs. 3 KHG

Kontierung
Konto 0120 Außenanlagen

Nach der steuerlichen Rechtsprechung stellt die erste Pflasterung eines Betriebsgrundstückes aktivierungspflichtige *Herstellungskosten* dar. Gleiches gilt gemäß Entscheidung des BFH 1. März 1960 (BStBl III 198) für den Ersatz einer bisherigen Schotteraufschüttung durch eine Pflasterdecke. Die Nutzungsdauer und der bisherige Zustand der Parkflächen haben sich wesentlich verlängert bzw. deutlich verbessert. Durch die Pflasterung/Asphaltierung, Fundamentierung und die Verlegung von Drainagen ist etwas Neues entstanden. Es liegen aktivierungspflichtige Herstellungskosten und keine Erhaltungsaufwendungen im Sinne des § 4 AbgrV vor.

Unterfall a)
Gemäß Verzeichnis III zur AbgrV 1977 gilt der Asphaltbelag als mittelfristiges Anlagegut, die Entwässerungsanlagen und Höfe gemäß Verzeichnis IV zur AbgrV 1977 zu den langfristigen Anlagegütern. Dementsprechend sind vorbehaltlich eines neuen Landes-KHG Fördermittel nach § 9 Abs. 1 KHG im *Einzelantragsverfahren* zu beantragen bzw. in NRW Fördermittel aus der Baupauschale nach § 18 Abs. 1 KHGG NRW einzusetzen. Bei unterlassener Antragstellung oder Ablehnung bzw. bei vorheriger Ausschöpfung der NRW-Baupauschale wäre eine Eigenmittelfinanzierung notwendig.

Unterfall b)
Die bilanzielle Behandlung ist wie bei Fall a.
Da es sich jedoch um zwei getrennte Maßnahmen handelt und wegen der *Unterschreitung der Grenze für den sog. kleinen Baubedarf* bedarf es keines Fördermittelantrages nach § 9 Abs. 1 KHG. Als Ersatzfinanzierung zur Entlastung der Landesmittel entsprechend den jeweiligen landesindividuellen Grenzwerten für den

sog. kleinen Baubedarf erfolgt die Finanzierung aus Pauschalmitteln nach § 9 Abs. 3 KHG.

In NRW erfolgt die Förderung ab 2008 aus der Baupauschale nach § 18 Abs. 1 KHGG NRW. Die für die Wiederbeschaffung kurzfristiger Anlagegüter gewährte Pauschale kann bis zu 30 % der Jahrespauschale zusätzlich für Zwecke nach § 18 Abs. 1 KHGG NRW eingesetzt werden.

3 Einrichtungen und Ausstattungen

3.1 Dienst- und Schutzkleidung, Wäsche, Textilien

Bilanzierung
a, b Sachaufwendungen (§ 2 Nr. 3 Satz 2 AbgrV)
c, d Anlagegüter (§ 2 Nr. 2 AbgrV)

Finanzierung
a, b Erlösbudget (§ 3 Abs. 1 Nr. 3 AbgrV)
c, d Erlösbudget (§ 3 Abs. 1 Nr. 1 AbgrV)

Kontierung
a Kontengruppe 68 Wirtschaftsbedarf Unterkonto für Wäsche, Textilien
b Konto 6606 Narkose und sonstiger OP-Bedarf
c Konto 0761 Wiederbeschaffte, geringwertige Gebrauchsgüter mit AK/HK über 150 und unter 1000 EUR ggf. Unterkonto für Wäsche, Textilien
d Konto 0762 Wiederbeschaffte Gebrauchsgüter mit AK/HK über 1000 EUR

Sämtliche wiederbeschafften Wirtschaftsgüter sind selbstständig nutzungsfähig und werden durch ihre bestimmungsgemäße Verwendung weder aufgezehrt oder unverwendbar, noch werden sie ausschließlich von einem Patienten genutzt; sie kommen als Anlagegüter in Frage.

Unterfall a, b)
Die einzelnen Anlagegüter haben AK, die 150 EUR nicht übersteigen; sie gelten gemäß § 2 Nr. 3 Satz 2 AbgrV als *Verbrauchsgüter*. Verbrauchsgüter sind nach § 3 Abs. 1 Nr. 3 AbgrV pflegesatzfähig und werden im nächstfolgenden Budget berücksichtigt.

Unterfall c)
Durch die farbliche und Muster mäßige Abstimmung von Tafeldecke und Servietten liegt eine *Sachgesamtheit* vor. Das einheitliche Anlagegut Tafelgedecke besitzt AK von mehr als 150 EUR. Gemäß *Verzeichnis I* zur AbgrV besitzen Textilien eine Nutzungsdauer von bis zu drei Jahren.
Somit liegen *Gebrauchsgüter* im Sinne von § 2 Satz 1 Nr. 2 AbgrV vor, die über § 3 Abs. 1 Nr. 1 AbgrV budgetwirksam sind.
   Entsprechend der steuerlichen Regelung zur Abschreibung sog. geringwertiger Anlagegüter können Anlagegüter mit AK/HK bis zu 1000 EUR auf einem Sammelkonto erfasst und über 5 Jahre planmäßig pauschal abgeschrieben werden.

Unterfall d)
Bei der Röntgenschürze handelt es sich um eine *Schutzkleidung*, die aufgrund der Aufführung in *Verzeichnis I* zur AbgrV ebenfalls als *Gebrauchsgut* definiert ist. Da die AK über 1000 EUR liegen, erfolgt die Refinanzierung über das Erlösbudget *zeitanteilig* entsprechend der Abschreibung (§ 3 Abs. 1 Nr. 1 b AbgrV). Die Schürze ist daher zu aktivieren und zeitanteilig entsprechend der voraussichtlichen Nutzungsdauer, längstens jedoch innerhalb von drei Jahren abzuschreiben.

3.2 Wiederbeschaffung von Geräten, Apparaten, Maschinen und Werkzeugen
Bilanzierung
a, c Sachaufwendungen (§ 2 Nr. 3 Satz 2 AbgrV)
b Anlagegut (§ 2 Nr. 1 AbgrV)
d Gebrauchsgut (§ 2 Nr. 2 AbgrV)

Finanzierung
a, c Erlösbudget (§ 3 Abs. 1 Nr. 3 AbgrV)
b Fördermittel (§ 3 Abs. 2 Nr. 2 AbgrV)
d Erlösbudget (§ 3 Abs. 1 Nr. 1 AbgrV)

Kontierung
a, c Kontengruppe 68 Wirtschaftsbedarf, Unterkonto Geräte, Maschinen, Werkzeuge
b Kontengruppe 070 Einrichtungen und Ausstattungen in Betriebsbauten Unterkonto Maschinen und Apparate, Wirtschaftsbedarf o. ä.
c Kontengruppe 0762 Wiederbeschaffte Gebrauchsgüter mit AK/HK von mehr als 150 und weniger als 1000 EUR

Sämtliche Wirtschaftsgüter erfüllen die Voraussetzungen des § 2 Nr. 1 AbgrV, wonach sie zu den *Anlagegütern* zählen.

Unterfälle a, c)
Da die AK jedoch 150 EUR nicht übersteigen, gilt die *Ausnahmeregelung* des § 2 Nr. 3 Satz 2 AbgrV, die bestimmt, dass diese Anlagegüter als Verbrauchsgüter gelten und damit *budgetwirksam* sind.

Unterfall b)
Das Anlagegut ist unter die in *Verzeichnis II* zur AbgrV aufgeführten Oberbegriffe *(Geräte, Apparate, Maschinen)* zu subsumieren. Seine Nutzungsdauer beträgt nicht weniger als drei Jahre und es ist auch nicht in Verzeichnis I aufgeführt. Das Anlagegut ist *förderungsfähig*. Es wird aktiviert und zeitanteilig abgeschrieben.

Unterfall d)
Die Wassermatratze ist explizit in Verzeichnis I zur AbgrV als Gebrauchsgut aufgeführt. Wegen Unterschreitens der 1000 EUR-Grenze ist die GWG-Regelung anwendbar. Das Anlagegut (geringwertiges Gebrauchsgut) kann auf dem Sammelkonto für geringwertige Anlagegüter innerhalb von 5 Jahren planmäßig pauschal

abgeschrieben werden. Die Abschreibung ist gemäß § 3 Abs. 1 Nr. 1 AbgrV budgetwirksam.

3.3 Wiederbeschaffte medizinische Instrumente und Werkzeuge
Bilanzierung
a Sachaufwendungen (§ 2 Nr. 3 Satz 2 AbgrV)
b Anlagegut (§ 2 Nr. 2 AbgrV)

Finanzierung
a Erlösbudget (§ 3 Abs. 1 Nr. 3 AbgrV)
b Fördermittel (§ 3 Abs. 2 Nr. 2 AbgrV)

Kontierung
a Konto 6604 Ärztliches und pflegerisches Verbrauchsmaterial, Instrumente
b Kontengruppe 070 Einrichtungen und Ausstattungen in Betriebsbauten Unterkonto z. B. Medizinischer Bedarf

Wie in den Fällen 3.1 und 3.2 erfüllen die Wirtschaftsgüter die Voraussetzung, nach denen sie zu den *Anlagegütern* zählen.

Unterfall a)
Beim *Reparaturersatz* werden einzelne Instrumente wiederbeschafft. Sie sind den im *Verzeichnis I zur AbgrV* aufgeführten Gebrauchsgütern *vergleichbar*. Jedes Teil ist für sich nutzungs- und bewertungsfähig. Da die AK jeweils *150 EUR* nicht übersteigen, *gelten* die einzelnen Anlagegüter *als Verbrauchsgüter* und sind damit pflegesatzwirksam/budgetwirksam.

Unterfall b)
Es wird ein komplettes Knochen-Sieb wiederbeschafft. Der Instrumentenkasten mit Siebeinsatz und einem *kompletten Instrumenten-Satz* wird bei Operationen in seiner Gesamtheit verwendet und bildet ein einheitliches Ganzes (*Funktionseinheit*). Es ist daher nicht auf die Einzelpreise abzustellen, sondern auf den Gesamtpreis. Im Gegensatz zu den Einzelteilen (vgl. Verzeichnis I) gilt diese Funktionseinheit als »*Instrument*« i. S. d. *Verzeichnisses II* zur AbgrV (vgl. IDW ERS KHFA 1 n. F.: Einzelfragen zur Rechnungslegung von Krankenhäusern; Tz 8.2).
Das Anlagegut Knochensieb ist zu aktivieren und zeitanteilig abzuschreiben. Die Wiederbeschaffungskosten werden aus pauschalen Fördermitteln finanziert.

3.4 Röntgenanlage

3.4.1 Wiederbeschaffung einer Röntgenanlage
Bilanzierung
Anlagegut (§ 2 Nr. 1 AbgrV)

Finanzierung
Fördermittel (§ 3 Abs. 2 Nr. 2 AbgrV)

Kontierung
Kontengruppe 070 Einrichtungen und Ausstattungen in Betriebsbauten

Die Röntgenanlage ist selbstständig nutzungsfähig und unter die in *Verzeichnis II* zur AbgrV aufgeführten *Geräte, Apparate und Maschinen* zu subsumieren. Die tatsächliche Nutzungsdauer liegt bei mehr als drei Jahren. Somit liegt ein *förderungsfähiges Anlagegut* vor, das zu aktivieren und abzuschreiben ist. Die Art der *Fördermittelfinanzierung* richtet sich nach Landesrecht. Vorbehaltlich des Erlassens neuen Landesrechts gelten gemäß der Übergangsregelung in § 6 Abs. 2 AbgrV die Verzeichnisse II bis IV zur AbgrV 1977 bezüglich der Einteilung in kurz-, mittel- und langfristige Anlagegüter weiter. Nach Verzeichnis II 1977 liegt ein kurzfristiges Anlagegut vor, das aus der Fördermittelpauschale nach § 9 Abs. 3 KHG zu finanzieren wäre.

3.4.2 Generalüberholung einer Röntgenanlage
Bilanzierung
Herstellungsaufwand (§ 2 Nr. 1 i. V. m., § 4 Abs. 1 AbgrV) oder
Erhaltungsaufwand (§ 4 Abs. 1 AbgrV)

Finanzierung
Fördermittel (§ 3 Abs. 2 Nr. 2 AbgrV) oder gegebenenfalls Pflegesatz (§ 3 Abs. 1 Nr. 4 AbgrV)

Kontierung
Kontengruppe 070 Einrichtungen und Ausstattungen in Betriebsbauten oder Kontengruppe 720 Pflegesatzrelevante Instandhaltung

Durch die Generalüberholung wird keine zusätzliche Anlage an- oder wiederbeschafft, sondern eine bereits vorhandene Anlage verwendungsfähig gemacht oder erhalten. Im eigentlichen Sinne liegt *pflegesatz-relevanter Erhaltungsaufwand* vor, es sei denn, § 4 Abs. 1 AbgrV wäre zu verneinen. Im Steuerrecht wurde zur Frage der Generalüberholung wie folgt Stellung genommen.
    OFD Koblenz vom 20.1.1971: »Eine Generalüberholung, die sich als umfassende Modernisierung eines Wirtschaftsgutes mit erheblichem Aufwand darstellt, ist stets dann anzunehmen, wenn das Wirtschaftsgut völlig abgenutzt und verbraucht war, durch den Aufwand eine erhebliche Zustandsänderung eingetreten ist, der Wert des Wirtschaftsgutes erheblich erhöht und seine Lebensdauer wesentlich verlängert worden ist.«
    Falls dieser Sachverhalt gegeben wäre, läge aktivierungs- und förderungsfähiger Herstellungsaufwand vor (Pauschalmittel nach § 9 Abs. 3 KHG), auch wenn die Röntgenanlage durch die Generalüberholung nicht neuwertig würde. Andernfalls läge eine pflegesatzrelevante Instandhaltungsmaßnahme vor.

3.4.3 Austausch einer Röntgenröhre und eines Röntgenbildverstärkers
Bilanzierung
Erhaltungsaufwand (§ 4 Abs. 1 AbgrV)

Finanzierung
Pflegesatz (§ 3 Abs. 1 Nr. 4 AbgrV)

Kontierung
Kontengruppe 720 Pflegesatzrelevante Instandhaltung

Röntgenröhre und -bildverstärker sind keine selbstständig nutzungsfähigen Wirtschaftsgüter, eine Behandlung als Anlagegüter ist ausgeschlossen. Vielmehr wird durch den Austausch der Röhre und des Verstärkers lediglich die Betriebsbereitschaft der gesamten Anlage erhalten bzw. wiederhergestellt. Eine wesentliche Substanzmehrung, Wesensänderung oder Zustandsverbesserung ist nicht eingetreten. Es liegt ein Fall pflegesatzfähiger *Instandhaltungskosten* im Sinne von § 4 Abs. 1 i. V. m. § 3 Abs. 1 Nr. 4 AbgrV vor.

3.5 Wiederbeschaffung einer Telefonzentrale

3.5.1 Kauf einer neuen Anlage
Bilanzierung
Anlagegut (§ 2 Nr. 1 AbgrV)

Finanzierung
Fördermittel (§ 3 Abs. 2 Nr. 2 AbgrV)

Kontierung
Kontengruppe 070 Einrichtungen und Ausstattungen in Betriebsbauten

Die Telefonzentrale stellt ein *förderungsfähiges Anlagegut* dar (§ 3 Abs. 2 Nr. 2 i. V. m. § 2 Nr. 1 AbgrV). Über die Art der Fördermittelfinanzierung ist nach dem jeweiligen Landes-KHG zu entscheiden. Vorbehaltlich des Erlasses eines neuen Landes-KHG gelten gemäß Übergangsregelung des § 6 Abs. 2 AbgrV die alten Verzeichnisse II bis IV zur AbgrV 1977 bezüglich der Einteilung in kurz-, mittel- und langfristige Anlagegüter weiter. Die Telefonzentrale ist im ehemaligen *Verzeichnis III* aufgeführten Fernsprechvermittlungsstellen und Schwachstromanlagen vergleichbar und daher als mittelfristiges Anlagegut zu behandeln. Die Wiederbeschaffung mittelfristiger Anlagegüter erfolgt gemäß § 9 Abs. 1 KHG im Rahmen des Einzelantragsverfahrens. In Nordrhein-Westfalen wird das Einzelantragsverfahren ab 2008 ersetzt durch eine neue Baupauschale nach § 18 Abs. 1 KHGG NRW i. V. m. der PauschFVO zur Finanzierung von Anschaffungs-/Herstellungskosten, Baukrediten oder Nutzungsentgelten.

3.5.2 Miete/Leasing einer Anlage
Bilanzierung
Sachaufwand

Finanzierung
ggf. Fördermittel

Kontierung
Kontengruppe 77 Aufwendungen für die Nutzung von Anlagegütern nach § 9 Abs. 2 Nr. 1 KHG
oder Kontengruppe 78 Sonstige ordentliche Aufwendungen

Miete bzw. Leasing einer Telefonzentrale bedeutet keine Anschaffung oder Erhaltung eines Wirtschaftsgutes, sondern die *Nutzung* eines Anlagegutes. Nach § 9 Abs. 2 Nr. 1 (Bundes-) KHG bewilligen die Länder *auf Antrag* des Krankenhausträgers *Fördermittel* für die Nutzung von Anlagegütern, soweit sie mit Zustimmung der zuständigen Landesbehörde erfolgt. Diese Zustimmung wird mit größter Wahrscheinlichkeit nur dann erteilt, wenn Miete/Leasing günstiger als ein Kauf ist bzw. ein Kauf nicht möglich ist. Zu diesem Zweck wären die Miet-/Leasingraten um die anteiligen, notfalls geschätzten Finanzierungsanteile zu korrigieren. In der Regel wird für eine Förderung vorausgesetzt, dass

- ein Antrag gestellt wird;
- die Förderung der Nutzungsentgelte für Anlagegüter eine wirtschaftlichere Verwendung der Fördermittel erwarten lässt;
- die zuständige Bewilligungsbehörde vor Abschluss der Nutzungsvereinbarung ihr Einverständnis erklärt.

Einzelne Länder-KHGs verzichten auf ein Antragsverfahren und ermöglichen die Finanzierung von Nutzungsentgelten, wenn diese einer wirtschaftlichen Betriebsführung entspricht.

14.2 Lösungen zu Aufgaben zur Kosten-, Leistungs-, Erlös- und Ergebnis-Rechnung

14.2.1 Lösung zur Äquivalenzziffernrechnung

a) Laut Aufgabenstellung soll nur die Pflege ausgerechnet werden:

14.2 Lösungen zu Aufgaben zur Kosten-, Leistungs-, Erlös- und Ergebnis-Rechnung

	Stunden	Dienstart Pflege und Geldeinheiten		
		Gewichtung	Ungewichtete Stunden	Gewichtet Stunden
	A	B	C	D
1	Überwachungsstunden	0,7	70 150	49 105 (= C1 × B1)
2	Behandlungsstunden	1,1	41 840	46 024
3	Beatmungsstunden	1,2	33 330	39 996
4	SUMME		145 320	135 125

579 868,25 € (Kosten für Pflege) : 135 125 (gewichtete Stunden Pflege) = 4,29 €

b) Herr Heinz Intens liegt auf der Intensivstation folgende Stunden:

	Stunden	Dienstart Pflege und Geldeinheiten				
		Stunden	Ungewichtete Stunden	Gewichtete Stunden	Euro	Summe
	A	B	C	D	E	F
1	Überwachungsstunden	0,7	10	7,0	4,29	30,03
2	Behandlungsstunden	1,1	5	5,5	4,29	23,595
3	Beatmungsstunden	1,2	2	2,4	4,29	10,296
4	SUMME			14,9		63,921

c) Die Stunden kosten:
Überwachungsstunde: 0,7 × 4,29 € = 3,003
Behandlungsstunde: 1,1 × 4,29 € = 4,719
Beatmungsstunde: 1,2 × 4,29 € = 5,148

14.2.2 Lösung zur Bezugsgrößenkalkulation

a) Wählen Sie die entsprechenden Bezugsgrößen aus der untenstehende Liste aus, mit denen Sie die Kostenarten der Kostenstelle auf die anfordernde Kostenstelle weiterverrechnen können und tragen *Sie* die entsprechende Bezugsgröße in die obige Tabelle ein.

14 Lösungen zu Fallbeispielen und Aufgaben

Lfd. Nr.	Kostenarten \ Kostenstellen	OP	Labor	Physio-therapie	Pflege
1	Ärztl. Dienst	Schnitt/Naht in Minuten und Rüstzeit und Gleichzeitgkeitsfaktor			
2	Pflegedienst				PPR-Minuten; LEP etc.
3	Med.-techn. Dienst/Funktionsdienst	Schnitt/Naht in Minuten und Rüstzeit und Gleichzeitgkeitsfaktor	GOÄ-Ziffern im Labor	Leistungsminuten	
4	**Summe**				

b)
A) Verteilung der Kostenstelle OP
A1) Ärztlicher Dienst:
Innere Medizin operiert nicht = 0
Chirurgie: 5 400 000 € : 600 000 Minuten = 9 € pro Minute * 420 000 Minuten = 3 780 000 €
Urologie: 5 400 000 € : 600 000 Minuten = 9 € pro Minute * 180 000 Minuten = 1 620 000 €
Summe: 5 400 000 €
A2) Pflegedienst: Der Pflegedienst ist im OP nicht tätig. Wenn Pflegekräfte dort arbeiten, dann unter der Dienstartengruppe Medizinischer Dienst/Funktionsdienst.
A3) Medizinischer Dienst/Funktionsdienst
Innere Medizin: Diese Abteilung nimmt diesen Dienst nicht in Anspruch.
Chirurgie: 2 400 000 € : 600 000 Minuten = 4 € pro Minute * 420 000 Minuten = 1 680 000 €
Urologie: 2 400 000 € : 600 000 Minuten = 4 € pro Minute * 180 000 Minuten = 720 000 €
Summe: 2 400 000 €

B) Verteilung der Kostenstelle Labor
B1) Ärztlicher Dienst:
Innere Medizin 416 000 € : 800 000 Minuten = 0,52 € pro Ziffer * 500 000 = 260 000 €
Chirurgie: 416 000 € : 800 000 Minuten = 0,52 € pro Ziffer * 295 000 = 153 400 €
Urologie: 416 000 € : 800 000 Minuten = 0,52 € pro Ziffer * 5000 = 2600 €
Summe: 416 000 €

B2) Pflegedienst: Der Pflegedienst ist im Labor nicht tätig.
B3) Medizinischer Dienst/Funktionsdienst
Innere Medizin 400 000 € : 800 000 Minuten = 0,50 € pro Ziffer * 500 000 = 250 000 €
Chirurgie: 400 000 € : 800 000 Minuten = 0,50 € pro Ziffer * 295 000 = 147 500 €
Urologie: 400 000 € : 800 000 Minuten = 0,50 € pro Ziffer * 5000 = 2500 €
Summe: 400 000 €

C) Verteilung der Kostenstelle Physiotherapie
C1) Ärztlicher Dienst: Ärzte sind in der Physiotherapie nicht tätig.
C2) Pflegedienst: Der Pflegedienst ist im Labor nicht tätig.
C3) Medizinischer Dienst/Funktionsdienst
Innere Medizin 240 000 € : 320 000 Minuten = 0,75 € pro Ziffer * 84 000 = 63 000 €
Chirurgie: 240 000 € : 320 000 Minuten = 0,75 € pro Ziffer * 180 000 = 135 000 €
Urologie: 240 000 € : 320 000 Minuten = 0,75 € pro Ziffer * 56 000 = 42 000 €
Summe: 240 000 €

D) Verteilung der Kostenstelle Pflege
D1) Ärztlicher Dienst: Ärzte sind in der Pflege nicht tätig.
D2) Pflegedienst: Der Pflegedienst ist im Labor nicht tätig.
Innere Medizin 1 186 550 € : 1 249 000 PPR = 0,95 € pro PPR * 520 450 = 494 427,50 €
Chirurgie: 1 186 550 € : 1 249 000 PPR = 0,95 € pro PPR * 630 530 = 599 003,50 €
Urologie: 1 186 550 € : 1 249 000 PPR = 0,95 € pro PPR * 98 020 = 93 119,00 €
Summe: 1 186 550,00 €
D3) Medizinischer Dienst/Funktionsdienst: Das Personal aus diesen Dienstartengruppen sind in der Pflege nicht tätig.

14.2.3 Lösung der Innerbetrieblichen Leistungsverrechnung

Innerbetriebliche Leistungsverrechnung mit Ambulanz
Folgende Daten sind aus der Leistungserfassung bekannt:
Kostenstelle: Radiologie
Monat: März
Jahr: 2020

Aufgaben:
a) Errechnen Sie die Kosten pro ungewichteten Leistungspunkt aus (die stationären und die ambulanten Leistungen sind gleich gewichtet).

14 Lösungen zu Fallbeispielen und Aufgaben

Nr. eines Entgeltkatalogs (ausgewählte Leistungen)	Punkte je Leistung	Anfordernde Kostenstelle = Empfangende Kostenstelle				
		Stationäre Kostenstellen		Ambulante Kostenstellen		Gesamt
		9310	9410	9801	9802	
10000	20	80 × 20 = 1600	105 × 20 = 2100	102 × 20 = 2040	12 × 20 = 240	299 × 20 = 5980
2000	10	40 × 10 = 400	30 × 10 = 300	42 × 10 = 420	55 × 10 = 550	167 × 10 = 1670
3000	40	60 × 40 = 2400	73 × 40 = 2920	44 × 40 = 1760	46 × 40 = 1840	223 × 40 = 8920
4000	100	10 × 100 = 1000	12 × 100 = 1200	55 × 100 = 5500	52 × 100 = 5200	129 × 100 = 12 900
Gesamt	Leistungen	190	220	243	165	818
	ungewichtete Punkte	5400	6520	9720	7830	29 470

Insgesamt fielen in der Kostenstelle Radiologie € 229 967,20 € an.
229 866,00 € : 29 470 ungewichtete Punkte = 7,80 €

b) Errechnen Sie die Kosten pro gewichteten Leistungspunkt aus (wenn die stationären zu den ambulanten Leistungen 1 : 0,8 definiert sind).

Nr. eines Entgeltkatalogs (ausgewählte Leistungen)	Punkte je Leistung	Anfordernde Kostenstelle = Empfangende Kostenstelle				
		Stationäre Kostenstellen		Ambulante Kostenstellen		Gesamt
		9310	9410	9801	9802	
10000	20	80 × 20 = 1600	105 × 20 = 2100	102 × 20 = 2040 × 0,8 = 1632	12 × 20 = 240 × 0,8 = 192	299
2000	10	40 × 10 = 400	30 × 10 = 300	42 × 10 = 420 × 0,8 = 336	55 × 10 = 550 × 0,8 = 440	167
3000	40	60 × 40 = 2400	73 × 40 = 2920	44 × 40 = 1760 × 0,8 = 1408	46 × 40 = 1840 × 0,8 = 1472	223
4000	100	10 × 100 = 1000	12 × 100 = 1200	55 × 100 = 5500 × 0,8 = 4400	52 × 100 = 5200 × 0,8 = 4160	129

14.2 Lösungen zu Aufgaben zur Kosten-, Leistungs-, Erlös- und Ergebnis-Rechnung

Nr. eines Entgeltkatalogs (ausgewählte Leistungen)	Punkte je Leistung	Anfordernde Kostenstelle = Empfangende Kostenstelle				
		Stationäre Kostenstellen		Ambulante Kostenstellen		Gesamt
		9310	9410	9801	9802	
Gesamt-Menge		190	220	143	165	818
Gesamt-Punkte		5400	6520	9720 × 0,8	7830 × 0,8	29 470
Gewichtete Gesamt-Punkte		5400	6520	9720 × 0,8 = 7776	7830 × 0,8 = 6264	25 960

229 866,00 € : 25 960 gewichtete Punkte = 8,8539 € = gerundet 8,89 €

14.2.4 Lösung zur Abweichungsanalyse von Kosten der Intensivstation

a) Sollkostenfunktion:
Sie errechnet sich aus den Fixkosten und den variablen Kosten dividiert durch die Planbeschäftigung: Gesamtkosten (4 050 250 €) − Fixkosten (3 750 000 €) = 300 250 € dividiert durch Plan-Beschäftigung (125 000 Beatmungsstunden) = 2,402 €

K_{Soll} = 3 750 000 € + 2,402 €

b) Abweichungsanalyse
1. Ermittlung des Plankostenverrechnungssatzes auf Vollkostenbasis:

$$PKVS = \frac{4\,050\,250\,€}{125\,000\ \text{Beatmungsstunden}} = 33{,}402\,€$$

Der Plankostenverrechnungssatz beträgt 33,402 €.

2. Berechnung der verrechneten Plankosten:

K_{verrPK} = 33,402 € ∗ 113 000 Ist − Stunden = 3 774 426 €

Die verrechneten Plankosten betragen 3 774 426 €.

3. Berechnung der Sollkosten:

K_{Soll} = 3 750 000 € + 2,402 € ∗ 113 000 = 4 021 426 €

Die Sollkosten betragen 4 021 426 €.

4. Ermittlung der Verbrauchsabweichung:

$$\Delta_V = K_{Ist} - K_{Soll}$$
$$\Delta_V = 4\,024\,864\,€ - 4\,021\,426\,€ = 3438\,€$$

Die Verbrauchsabweichung beträgt 3438 €.

5. Ermittlung der Beschäftigungsabweichung:

$$\Delta_B = K_{Soll} - K_{verrPk}$$
$$\Delta_B = 4\,021\,426\,€ - 3\,774\,426\,€ = 247\,000\,€$$

Die Beschäftigungsabweichung beträgt 247 000 €.

14.2.5 Lösung zur Abweichungsanalyse in der Geburtsklinik

a) Die Klinik muss den Plankostenverrechnungssatz (PKVS) und die verrechneten Plankosten ausrechnen. Ist- und Planmenge weichen voneinander ab:

$$PKVS = \frac{1\,425\,000\,€}{950\,\text{Geburten}} = 1500\,€$$
$$K_{verrPK} = 1500\,€ * 912\,\text{Ist} - \text{Geburten} = 1\,368\,000\,€$$

Der Plankostenverrechnungssatz beträgt 1500 € und die verrechneten Plankosten betragen 1 368 000 €.

Der Plankostenverrechnungssatz muss ausgerechnet werden, um die errechneten Plankosten ausrechnen zu können. Nur so können die Abweichungen ermittelt werden.

b) Ermittlung der Gesamtabweichung:

$$\Delta_G = K_{Ist} - K_{verrPk}$$
$$\Delta_G = 1\,431\,840\,€ - 1\,368\,000\,€ = 63\,840\,€$$

Die Gesamtabweichung beträgt 63 840 €.

c) Ermittlung der Sollkosten:

$$\Delta_V = K_{Ist} - K_{Soll}$$
$$32\,000\,€ = 1\,431\,840\,€ - K_{Soll}$$
$$K_{Soll} = 1\,399\,840\,€$$

Die Sollkosten betragen 1 399 840 €.

d) Ermittlung der fixen Kosten:

$$K_{fix} = \left(\frac{\Delta_B}{x_{plan} - x_{Ist}}\right) * x_{Plan}$$

$x_{plan} - x_{Ist} = 950 - 912 = 38$

$\Delta_B = 63\,840\,€ - 32\,000\,€ = 31\,440\,€$

$$K_{fix} = \left(\frac{31\,440\,€}{38}\right) * 950 = 786\,000\,€$$

Die Fixkosten betragen 786 000 €

Überprüfung:

Plankosten = 1 425 000 € = 786 000 € + 639 000 €

$PKVS\,(variabel) = \dfrac{639\,000\,€}{950} = 672{,}63\,€$

$K_{soll} = 786\,000\,€ + 672{,}63x$

$K_{soll} = 786\,000\,€ + 672{,}63 * 912 = 1\,399\,438{,}56\,€$

14.2.6 Lösung zur Fixkostendeckungsrechnung in der Fachklinik

Unternehmungsdeckungsbeitragsrechnung Fachklinik »Gesunder Rücken«							
Bereiche	Abteilung A				Abteilung B		
Fallgruppen	I		II		III		IV
Fallbezeichnung	01	02	03	04	05	06	07
Umsatzerlöse	46 000 €	51 000 €	44 000 €	42 700 €	49 500 €	41 000 €	56 300 €
Variable Kosten	14 000 €	15 500 €	32 000 €	34 500 €	21 500 €	12 000 €	24 000 €
Fall-DB I	32 000 €	35 500 €	12 000 €	8 200 €	28 000 €	29 000 €	32 300 €
Fallfixkosten	0 €	0 €	0 €	0 €	0 €	0 €	0 €
Fallgruppen-DB II	32 000 €	35 500 €	12 000 €	8 200 €	28 000 €	29 000 €	32 300 €
	67 500 €		20 200 €		57 000 €		32 300 €
Fallgruppenfixkosten	24 000 €		21 500 €		20 000 €		0 €
Abteilungs-DB III	43 500 €		-1 300 €		37 000 €		32 300 €
	42 200 €				69 300 €		
Fixkosten der Abteilung	40 500 €				42 000 €		
Krankenhaus-DB IV	1 700 €				27 300 €		
	29 000 €						
Krankenhausfixkosten	17 500 €						
Nettoergebnis	11 500 €						

14.2 Lösungen zu Aufgaben zur Kosten-, Leistungs-, Erlös- und Ergebnis-Rechnung

b) Ergebnisverbesserung:
Unter der erwähnten Voraussetzung müsste die Fallgruppen II aus dem Portfolio genommen werden. Das verbesserte Nettoergebnis würde dann betragen:
43 500 € + 69 300 € − 82 500 € − 17 500 € = 12 800 €

Unternehmungsdeckungsbeitragsrechnung Fachklinik »Gesunder Rücken«							
Bereiche	Abteilung A				Abteilung B		
Fallgruppen	I		II		III		IV
Fallbezeichnung	01	02	03	04	05	06	07
Umsatzerlöse	46 000 €	51 000 €	44 000 €	42 700 €	49 500 €	41 000 €	56 300 €
Variable Kosten	14 000 €	15 500 €	32 000 €	34 500 €	21 500 €	12 000 €	24 000 €
Fall-DB I	32 000 €	35 500 €	12 000 €	8200 €	28 000 €	29 000 €	32 300 €
Fallfixkosten	0 €	0 €	0 €	0 €	0 €	0 €	0 €
Fallgruppen-DB II	32 000 €	35 500 €	12 000 €	8200 €	28 000 €	29 000 €	32 300 €
	67 500 €		20 200 €		57 000 €		32 300 €
Fallgruppenfixkosten	24 000 €		21 500 €		20 000 €		0 €
Abteilungs-DB III	43 500 €		0 €		37 000 €		32 300 €
	43 500 €				69 300 €		
Fixkosten der Abteilung	40 500 €				42 000 €		
Krankenhaus-DB IV	3000 €				27 300 €		
	30 300 €						
Krankenhausfixkosten	17 500 €						
Nettoergebnis	12 800 €						

14.2.7 Lösung zu Prozesskosten der Patientenaufnahme

a) Allgemeine Fragen:
   Was heißt:
   a1) lmi: Leistungsmengeninduziert
   a2) lmn: Leistungsmengenneutral

b) Prozesskostenermittlung:

Kostenstelle Patientenversorgung auf der Station (ausgewählte Tätigkeiten)							
Prozesse	Art	Prozess-größe	Planpro-zessmenge in Einheit	Planpro-zesskos-ten (€)	Prozess-kosten lmi (€/Ein-heit)	Umlage-satz lmn (€/Ein-heit)	Gesamt-prozess-kosten-satz (€/Ein-heit)
Spalte 1	2	3	4	5	6	7	8
Begrüßung und Entlas-sung des Patienten auf Station	lmi	Patien-ten-An-zahl	20	400	400: 20 = 20	2714: 43424 = 0,0625* 400 = 25: 20 = 1,25	21,25
Medika-mente rei-chen	lmi	Patien-ten-An-zahl mor-gens + abends 30 Tagen	80 Patien-ten * 2 am Tag * 30 Tage-=4800	3024	3024: 4800= 0,63	2714: 43424 = 0,0625* 3024 = 189: 4800= 0,039375 =0,39	1,02
Pflege Sonstiges	lmi	PPR-Mi-nuten	10 000	40 000	40 000: 10 000 = 4,00	2714: 43424 = 0,0625* 40 000= 2500: 10 000 = 0,25	4,25
Kosten-summe ohne Ab-teilungs-Leitung				43 424			
Abteilung leiten	lmn	-	-	65 136:2= 32 568 65 136:2= 32 568: 12 = 2714	-	-	-

c) Patientenprozesskosten
Begrüßung und Entlassung auf Station: $\quad 21{,}25 \times 1 = 21{,}25\ €$
Medikamente reichen: $\quad 1{,}02 \times 6\ \text{Tage} = 6{,}12\ €$
Pflege-Sonstiges: $\quad 4{,}25 \times 250\ \text{PPR Minuten} = 1062{,}50\ €$
SUMME: $\quad 1\ 095{,}99\ €$

14.2.8 Lösung von Behandlungskosten

Arzt:
a) 1 320 000 €: 11 VK = 120 000 € pro Vollkraft
b) 120 000 € : 1600 Stunden = 75 €: 60 Minuten = 1,25 € pro Minute
c) 1,25 € pro Minute × 60 Minute Aufnahme = 75,00 € für die medizinische Aufnahme

Pflege:
a) 1 200 000 €: 20 VK = 60 000 € pro Vollkraft
b) 60 000 €: 1600 Stunden = 37,50 €: 60 Minuten = 0,625 € pro Minute
c) 0,625 € pro Minute × 45 Minuten Aufnahme = 28,125 € für die pflegerische Aufnahme (entspricht 28,13 Euro)

Verwaltung:
a) 500 000 €: 10 VK = 50 000 € pro Vollkraft × 5 Mitarbeiter mit 0,5 als Halbtagskraft= 125 000 € für die Aufnahmeabteilung.
b) 125 000 € ×: 1600 Stunden = 78,125 €: 60 Minuten = 1,3021 € pro Minute
c) 1,3021 € pro Minute × 20 Minuten Aufnahme = 26,04 € für die pflegerische Aufnahme

Die Aufnahme insgesamt beläuft sich auf 129,17 € .

Anhang

Anhang 1: Budgetausgleiche

Anhang 1.1. Beispiel: Ausgleich nach § 15 Abs. 3 KHEntgG

Vereinbartes Erlösbudget mit Überliegern	30 090 000 EUR
vereinbarter Case-Mix (CM)	10 200
tatsächlicher Case-Mix (CM)	10 500
Überlieger	100
Periode I	2400
Periode II	8000
Landesbasisfallwert (LBFW)	2950 EUR
Zahlbasisfallwerte (ZBFW)	
Überlieger	2900 EUR
Periode I	2930 EUR
Periode II	2960 EUR

Anhang 1.2. Beispiel: Ausgleich nach § 15 Abs. 3 KHEntgG

Fiktive Ist-Erlöse	
Tatsächlicher CM	10 500
Landesbasisfallwert	2950 EUR
= 10 500 × 2950 EUR =	30 975 000 EUR
Ist-Erlöse (inkl. Überlieger)	
100 × 2900 EUR =	290 000 EUR
2400 × 2930 EUR =	7 032 000 EUR
8000 × 2960 EUR =	23 680 000 EUR
Gesamt	31 002 000 EUR
Ausgleichsbetrag *(Mehrerlösausgleich)*	−27 000 EUR

Anhang 1.3. Beispiel: Ausgleich nach § 4 Abs. 3 KHEntgG

Fiktive Ist-Erlöse mit Überliegern (10 500 CM × 2950 EUR LBFW =)	30 975 000 EUR
− Vereinbarter Gesamtbetrag lt. EntgV (mit Überliegern)	*30 090 000 EUR*
= Mehrerlöse	*+ 885 000 EUR*
Ausgleichsbetrag nach § 4 Abs. 3 KHEntgG: 885 000 EUR × 65 %	*−575 250 EUR*

Anhang 1.4. Ausgleich nach § 21 Abs. 2 BPflV a.F.

	Ist-BT	Vereinb. Pflegesatz	Fiktive Ist-Erlöse	Zahl-Pflegesatz	Tatsächl. Ist-Erlöse	Mehr-/Minder-Erlöse
		EUR	EUR	EUR	EUR	EUR
	(1)	(2)	(3) = (1) x (2)	(4)	(5) = (1) x (4)	(6) = (5) − (3)
Basis-PS						
> Periode 1	13 000	60	780 000	50	650 000	−130 000
> Periode 2	32 000	60	1 920 000	62	1 984 000	+ 64 000
	45 000		2 700 000		2 634 000	−66 000
Abt.-PS						
Psychiatrie						
> Periode 1	12 000	150	1 800 000	130	1 560 000	−240 000
> Periode 2	28 000	150	4 200 000	152	4 256 000	+ 56 000
Geriatrie						
> Periode 1	1000	120	120 000	110	110 000	−10 000
> Periode 2	4000	120	480 000	122	488 000	+ 8000
	45 000		6 600.000		6 414 000	−186 000
Gesamt			9 300 000		9 048 000	−252 000
Ausgleichsanspruch nach § 21 Abs. 2 Satz 1, 2. Halbsatz BPflV						+ 252 000

Anhang 1.5. Ausgleich nach § 12 Abs. 2 BPflV a.F.

Berechnungsbeispiel

Ist-Erlöse laut Finanzbuchhaltung	9048 TEUR
± Ausgleich nach § 21 Abs. 2 Satz 1 BPflV a. F.	*+ 252 TEUR*
= Bereinigte Ist-Erlöse | Fiktive Ist-Erlöse	9300 TEUR
Vereinbarte Erlöse	*8800 TEUR*
= Mehrerlöse	+ 500 TEUR
↳ Basis: 5 % von 8800 TEUR = 440 TEUR	
Mehrerlösausgleich nach § 12 Abs. 2 BPflV a. F.	
85 % von 440 TEUR =	374 000 EUR
90 % von 60 TEUR =	*54.000 EUR*
Ausgleichsverbindlichkeit	− 428 000 EUR

Anhang 2: Checkliste Anhang

Lfd. Nr.	§§ HGB	Stichwort	KHBV/PBV	Kleine GmbH	Mittlere GmbH	Große GmbH	Änderungen durch BilRUG
I		**Pflichtangaben im Anhang der GmbH / nach KHBV/PBV**					
1		Allgemeine Angaben zum Jahresabschluss					
1.1	§ 265 Abs. 1	Angabe und Begründung von Form-/Gliederungsabweichungen gegenüber dem Vorjahr	nein	ja	ja	ja	-
1.2	§ 265 Abs. 2 S. 2	Angabe der Vorjahresbeträge in Bilanz und Gewinn- und Verlustrechnung. Erläuterung inhaltlich nicht vergleichbarer Beträge	ja	ja	ja	ja	-
1.3	§ 265 Abs. 2 S. 3	Angabe und Erläuterung angepasster Vorjahresbeträge	ja	ja	ja	ja	-
1.4	§ 265 Abs. 4	Angabe und Begründung einer durch mehrere Geschäftszweige bedingten Ergänzung der Gliederung in Bilanz/Gewinn- und Verlustrechnung	nein	Ja	ja	ja	-
1.5	§ 265 Abs. 7	Aufgliederung von Posten, die aus Gründen der Klarheit in der Bilanz/Gewinn- und Verlustrechnung zusammengefasst wurden	nein	Ja	ja	ja	-
1.6	§ 264 Abs. 2	Zusätzliche Angaben, wenn besondere Umstände dazu führen, dass der Jahresabschluss ein den tatsächlichen Verhältnissen entsprechendes Bild nicht vermittelt	ja	ja	ja	ja	-

Anhang

Lfd. Nr.	§§ HGB	Stichwort	KHBV/PBV	Kleine GmbH	Mittlere GmbH	Große GmbH	Änderungen durch BilRUG
I		**Pflichtangaben im Anhang der GmbH / nach KHBV/PBV**					
2		Angaben zu Bilanzierungs- und Bewertungsmethoden					
2.1	§ 284 Abs. 2 Nr. 1	Angabe der Bilanzierungs- und Bewertungsmethoden in Bilanz und GuV	ja	ja	ja	ja	-
2.2	§ 284 Abs. 2 Nr. 2	Umrechnungsgrundlage für Fremdwährungsbeträge	nein	ja	ja	ja	Entfällt.
2.3	§ 284 Abs. 2 Nr. 3	Abweichungen von den Bilanzierungs- und Bewertungsmethoden sowie deren Auswirkungen auf die Vermögens-, Finanz- und Ertragslage	ja	ja	ja	ja	Wird zu § 284 Abs. 2 Nr. 2
2.4	§ 284 Abs. 2 Nr. 5	Angabe der Einbeziehung von Fremdkapitalzinsen in die Herstellungskosten	nein	ja	ja	ja	Wird zu § 284 Abs. 2 Nr. 4

Anhang 3: Checkliste Lagebericht

Art und Umfang der Aufstellung des Lageberichtes ergeben sich aus § 289 HGB. Auf der Grundlage der Standards DRS 20 »Konzernlagebericht« des Deutschen Standardisierungsrates (DSR) ergeben sich folgende gesetzlich vorgeschriebene Angaben, die auch für den Lagebericht Gültigkeit haben:

I. Enthält der Lagebericht die gesetzlich vorgeschriebenen Angaben?

1. Grundlagen des Unternehmens

- Darstellung des Unternehmens, seine Struktur, seine Geschäftstätigkeit und deren Rahmenbedingungen als Ausgangspunkt für die Darstellung, Analyse und Beurteilung des Geschäftsverlaufes und der wirtschaftlichen Lage

	ja	nein	entfällt	Bemerkungen
1.1 Geschäftsmodell des Unternehmens (organisatorische Struktur, Segmente, Standorte, Geschäftsprozesse, externe Einflussfaktoren)				
1.2 Ziele und Strategien (freiwillige Angabe!!!)				

2. Wirtschaftsbericht

- Darstellung, Analyse und Beurteilung des Geschäftsverlaufes (einschließlich des Geschäftsergebnisses) und der Lage des Unternehmens unter Berücksichtigung finanzieller und nicht finanzieller Leistungsindikatoren
- Zeitraumbezogene Darstellung, Analyse und Beurteilung der Geschäftstätigkeit im Berichtszeitraum
- Vergleich der Geschäftsentwicklung mit den in der Vorperiode berichteten Prognosen
- Gesamtaussage zum Geschäftsverlauf und zur Lage des Unternehmens, wobei auch Erkenntnisse nach dem Schluss des Berichtszeitraums einfließen (Beurteilung seitens der Unternehmensleitung, ob die Geschäftsentwicklung günstig oder ungünstig verlaufen ist)

	ja	nein	entfällt	Bemerkungen
2.1 Gesamtwirtschaftliche und branchenbezogene Rahmenbedingungen (Konjunktur, Wettbewerb, Marktstellung des Unternehmens)				
2.2 Geschäftsverlauf (einschließlich Entwicklungen und Ereignisse, die für den Geschäftsverlauf ursächlich waren // beispielsweise Umstrukturierungs- und Rationalisierungsmaßnahmen, Unternehmenskäufe oder -verkäufe, Veränderungen der rechtlichen und wirtschaftlichen Rahmenbedingungen, ...)				
2.3 Lage (Vermögens-, Finanz- und Ertragslage)				

	ja	nein	ent-fällt	Bemerkungen

a) Ertragslage

    Darstellung, Analyse und Beurteilung der Ergebnisquellen (mit Analyse der ursächlichen Faktoren bei wesentlichen Veränderungen)

    Darstellung und Analyse des Umsatzes (einschließlich der Leistungsentwicklung)

    Darstellung und Analyse wesentlicher Aufwendungen und Erträge (z. B. Prozess der Leistungserbringung, Kapazitätsauslastung, Rationalisierungsmaßnahmen, Qualitätssicherung, Personalkosten und deren Entwicklung, Inbetriebnahme und Stilllegung von Standorten, Entwicklungen auf den Absatz- und Beschaffungsmärkten, Energiekostenentwicklungen)

b) Finanzlage (Kapitalstruktur, Investitionen, Liquidität)

    Darstellung und Analyse der Kapitalstruktur (z. B. Art, Fälligkeit und Verzinsung von Verbindlichkeiten, wesentliche Finanzierungsmaßnahmen im Berichtszeitraum sowie wesentliche Finanzierungsvorhaben, Änderungen von Kreditkonditionen, Veränderungen außerbilanzieller Verpflichtungen)

    Umfang und Zweck der im Berichtszeitraum getätigten Investitionen, Umfang der am Abschlussstichtag bestehenden wesentlichen Investitionsverpflichtungen und deren geplante Finanzierung

    Darstellung und Analyse der Liquidität des Unternehmens mittels der Kapitalflussrechnung (Darstellung eingetretener oder absehbarer Liquiditätsengpässe sowie Maßnahmen zu deren Behebung, Angabe zugesagter aber nicht ausgenutzter Kreditlinien)

c) Vermögenslage

    Darstellung wesentlicher Erhöhungen oder Minderungen des Vermögens

2.4 Finanzielle und nichtfinanzielle Leistungsindikatoren

a) Finanzielle Leistungsindikatoren zur Analyse des Geschäftsverlaufs und der Lage des Unternehmens (z. B. Eigenkapitalrendite, Umsatzrendite, Cashflow, Investitionen, EBIT und EBITDA)

	ja	nein	ent-fällt	Bemerkungen
b) Nichtfinanzielle Leistungsindikatoren, soweit von Bedeutung (z. B. Umweltbelange wie Energieverbrauch, Arbeitnehmerbelange wie Mitarbeiterfluktuation oder Fortbildungsmaßnahmen)				

3. Nachtragsbericht

- Darstellung der Vorgänge von besonderer Bedeutung, die nach dem Schluss des Berichtszeitraumes eingetreten sind, und Erläuterung der erwarteten Auswirkungen auf die Vermögens-, Finanz- und Ertragslage

	ja	nein	ent-fällt	Bemerkungen
Vorgänge von besonderer Bedeutung nach dem Abschlussstichtag sind dann bedeutend, wenn sie, hätten sie sich bereits vor Ablauf des Berichtszeitraums ereignet, eine deutlich andere Darstellung der Vermögens-, Finanz- und Ertragslage erfordert				Durch BilRUG ist die Nachtragsberichterstattung zukünftig in den Anhang (§ 285 Nr. 33 HGB) verlagert. Insofern erübrigt sich eine weitere Berichterstattung im Lagebericht.

4. Prognose-, Chancen- und Risikobericht

- Berichterstattung über die voraussichtliche Entwicklung des Unternehmens mit seinen wesentlichen Chancen und Risiken aus Sicht der Unternehmensleitung

	ja	nein	ent-fällt	Bemerkungen
4.1 Prognosebericht				
Beurteilung und Erläuterung der Prognosen der Unternehmensleitung zum Geschäftsverlauf und zur Lage des Unternehmens (Prognosezeitraum mind. ein Jahr ab Abschlussstichtag, absehbare Sondereinflüsse auf die wirtschaftliche Lage nach dem Prognosezeitraum sind ebenfalls darzustellen und zu analysieren)				
Angabe der wesentlichen Annahmen, auf denen die Prognosen beruhen				
Verdichtung der Ausführungen zu einer Gesamtaussage mit Aussagen zur Richtung (positiver oder negativer Trend) und zur Intensität (stark, erheblich, geringfügig, leicht)				

	ja	nein	ent-fällt	Bemerkungen

4.2 Risikobericht (mit Angaben zum Risikomanagementsystem, Angaben zu einzelnen Risiken sowie einer zusammenfassenden Darstellung der Risikolage)

    Risikomanagementsystem (bei kapitalmarktorientierten Unternehmen!!!) mit Angabe der Merkmale des Risikomanagementsystems, der Ziele und der Strategie sowie der Strukturen und Prozesse des Risikomanagements

    Darstellung der Risikomanagementprozesse (mit Erläuterung der Identifikation, Bewertung, Steuerung und Kontrolle der Risiken sowie die interne Überwachung der Abläufe) (bei kapitalmarktorientierten Unternehmen!!!)

    Bericht über die externen (aus dem Unternehmensumfeld) und die internen (aus dem Unternehmen selbst) Risiken mit Bezeichnung der Risiken, deren Eintritt den Bestand des Unternehmens gefährden würden

    Einzeldarstellung der Risiken mit Quantifizierung (Brutto- oder Nettobetrachtung, bei Maßnahmen der Risikobegrenzung)

    Zeitraum für die Beurteilung bestandsgefährdender Risiken ist der Prognosezeitraum (mind. ein Jahr ab Abschlussstichtag)

    Zusammenführung der dargestellten Risiken zu einem Gesamtbild der Risikolage (mit Kategorisierung der Risiken: z. B. Umfeldrisiken, Branchenrisiken, leistungswirtschaftliche Risiken, finanzwirtschaftliche Risiken, sonstige Risiken)

4.3 Chancenbericht

    Berichterstattung über die wesentlichen Chancen des Unternehmens (in sinngemäßer Anwendung der Berichterstattung über die Risiken)

    Keine Verrechnung der Auswirkungen unterschiedlicher Chancen und Risiken

5. Internes Kontrollsystem und Risikomanagementsystem bezogen auf den Rechnungslegungsprozess

- Angaben zu Strukturen, Prozessen und Kontrollen zur Erstellung des Abschlusses
- bei kapitalmarktorientierten Unternehmen!!!

	ja	nein	ent-fällt	Bemerkungen
Darstellung und Erläuterung der wesentlichen Merkmale des internen Kontroll- und Risikomanagementsystems im Hinblick auf den Rechnungslegungsprozess (Jahresabschluss und Lagebericht)				
Rechnungslegung: Bilanzierungsrichtlinien, Organisation und Kontrolle der Buchhaltung, Funktionstrennung, Aufgabenzuordnung bei der Erstellung der Abschlüsse (z. B. Einholung von Saldenbestätigungen), Mitwirkung externer Dienstleister, Zugriffsregelungen im EDV-System, Interne Revision, Kontrolle durch Vier-Augen-Prinzip				
Konsolidierung: Richtlinien zur Abstimmung interner Liefer- und Leistungsbeziehungen, Aufgabenzuordnung zur Abstimmung interner Salden und zur Kapitalkonsolidierung, Tätigkeiten externer Dienstleister, Zugriffsregelungen im EDV-System, Interne Revision, Kontrolle durch Vier-Augen-Prinzip				

6. Risikoberichterstattung in Bezug auf die Verwendung von Finanzinstrumenten

- gesonderte Darstellung zu den Risiken aus der Verwendung von Finanzinstrumenten
- bei unseren Mandanten im Allgemeinen von geringer Bedeutung!!!

	ja	nein	ent-fällt	Bemerkungen
Darstellung der Risiken aus der Verwendung von Finanzinstrumenten (z. B. Marktpreisrisiken, Ausfallrisiken, Liquiditätsrisiken)				
Finanzinstrumente sind alle Vermögensgegenstände und Schulden, die auf vertraglicher Basis zu Geldzahlungen oder zum Zu- und Abgang von anderen Finanzinstrumenten führen (Finanzanlagen, Forderungen, Verbindlichkeiten, sonstige Instrumente)				
Risiken sind Marktpreisrisiken (wie Währungsrisiken, Zinsänderungsrisiken und Preisrisiken), Ausfallrisiken und Liquiditätsrisiken.				

7. Sonstige Angaben

- z. B. freiwillige Berichterstattung

Literatur

Agthe K (1959) Stufenweise Fixkostendeckung im System des Direct Costing, Zeitschrift für Betriebswirtschaft 28(4), S. 404 ff.
Arnold A (2008) Krankenhaus und ambulante Versorgung. In: Schmidt-Rettig, B., Eichhorn, S. (Hrsg.): Krankenhaus-Managementlehre. Theorie und Praxis eines integrierten Konzepts. Stuttgart: Kohlhammer. S. 619-654.
Becker W (2009) Kostenmanagement. 5., aktual. u. überarb. Aufl. Bamberger betriebswirtschaftliche Beiträge: uf & c - Unternehmensführung & Controlling.
Bleicher K, Meyer E (1976) Führung in der Unternehmung: Formen und Modelle. Reinbek: Rowohlt.
Brecht U (2005) Kostenmanagement: Neue Tools für die Praxis. Wiesbaden: Springer Gabler.
Bünker L, Friedrich A-K, Aust St, Kieseritzky G, Zapp W (2013) Die Bedeutung des Revenue-Managements als betriebswirtschaftliches Instrument für eine optimale Belegungsstrategie. In: Zapp W (Hrsg.) Strategische Entwicklung im Krankenhaus. Kennzahlen - Portfolio - Geokodierung - Belegungsmanagement. Stuttgart: Kohlhammer. S. 184-207.
Brombach K, Walter W (1998) Einführung in die moderne Kostenrechnung. Wiesbaden: Gabler.
Buggert W (1994) Kosten- und Leistungsrechnung. 11., überarb. u. erw. Aufl. Darmstadt: Winklers Verlag.
Bundesgerichtshof (1998) Urteil vom 19.02 1998 (AZ B 3 P3/97 R).
Coenenberg AG, Fischer Th M, Günther Th. (2009) Kostenrechnung und Kostenanalyse. 7., überarb. u. erw. Aufl. Stuttgart: Schäffer Poeschel.
Das Elfte Sozialgesetzbuch – Soziale Pflegeversicherung (SGB XI), in der Fassung vom 26.05 1994, zuletzt geändert durch Art. 1 G vom 17.12.2014.
Das Fünfte Sozialgesetzbuch – Gesetzliche Krankenversicherung (SGB V), in der Fassung vom 20.12 1988, zuletzt geändert durch Art. 2a G vom 17.12.2014.
Das Neunte Sozialgesetzbuch – Rehabilitation und Teilhabe behinderter Menschen (SGB IX), in der Fassung vom 19.06 2001, zuletzt geändert durch Art. 1a G vom 07.01 2015.
Das Vierte Sozialgesetzbuch – Gemeinsame Vorschriften für die Sozialversicherung (SGB IV), in der Fassung vom 12.11 2009, zuletzt geändert durch Artikel 1 des Gesetzes vom 15.04 2015, BGBl. I, S. 583.
Dahlgaard K, Stratmeyer P (2013) Fallsteuerung im Krankenhaus: Effizienz durch Case Management und Prozessmanagement. Stuttgart: Kohlhammer.
Däumler KD, Grabe J (2004) Kostenrechnung 3 – Plankostenrechnung und Kostenmanagement: Mit Fragen und Aufgaben, Antworten und Lösungen, Testklausur. 7., wesentlich erw. Aufl., Herne: Nwb Verlag.
Dellmann K, Franz K (1994) Von der Kostenrechnung zum Kostenmanagement. In: Dellmann K, Franz K. (Hrsg.) Neuere Entwicklungen im Kostenmanagement. Wien: Haupt. S. 15-30.
Diemer M, Taube C, Ansorg J, Heberer J, von Eiff W (Hrsg.) (2015) Handbuch OP-Management Strategien. Konzepte. Methoden. Berlin: Medizinisch Wissenschaftliche Verlagsgesellschaft.
DKG (2013) Persönliche Leistungserbringung im Krankenhaus. Hinweise der Deutschen Krankenhausgesellschaft vom 6. März 2013. In: das Krankenhaus. Heft 5: S. 507–515.
DKG, GKV, PKV (2016) Kalkulation von Behandlungskosten: Handbuch zur Anwendung von Krankenhäusern. Version 4.0. Düsseldorf.

DRV (2009) Rahmenkonzept zur medizinischen Rehabilitation der gesetzlichen Rentenversicherung. Deutsche Rentenversicherung Bund, 3. Aufl., Heft 4. Berlin.
DRV (2014) Klassifikation therapeutischer Leistungen in der medizinischen Rehabilitation. Ausgabe 2015. 6., Aufl. Deutsche Rentenversicherung: Berlin.
Ebert G (2012) Kosten- und Leistungsrechnung: Mit einem ausführlichen Fallbeispiel. 11. Aufl. Wiesbaden: Springer Gabler.
Eichhorn S (2008) Krankenhausbetriebliche Grundlagen. In: Schmidt-Rettig B, Eichhorn S (Hrsg.) Krankenhaus-Managementlehre. Theorie und Praxis eines integrierten Konzepts. Stuttgart: Kohlhammer. S. 81-104.
Eichhorn E (2008) Krankenhausbetriebliche Grundlagen. In: Schmidt-Rettig B, Eichhorn S (Hrsg.) Krankenhaus-Managementlehre. Stuttgart: Kohlhammer. S. 81-104.
Eisele W, Knobloch AP (2011) Technik des betrieblichen Rechnungswesens: Buchführung und Bilanzierung – Kosten- und Leistungsrechnung – Sonderbilanzen. 8., vollst. überarb. u. erw. Aufl. München: Vahlen.
Franz K-P, Kajüter P (Hrsg.) (2002) Kostenmanagement. Wertsteigerung durch systematische Kostensteuerung. 2., überarb. u. erw. Aufl. Stuttgart: Schäffer-Poeschel.
Freye S (2013) Die Finanzierung ambulanter und stationärer Pflegeeinrichtungen. Stuttgart: Kohlhammer.
Gerlach FM, Greiner G, Haubitz M, Schaeffer M, Thürmann P, Thüsing G, Wille E (2014) Sachverständigenrat zur Begutachtung der Entwicklung im Gesundheitswesen – Bedarfsgerechte Versorgung – Perspektiven für ländliche Regionen und ausgewählte Leistungsbereiche. Gutachten 2014 Bonn, Berlin.
Graumann M, Schmidt-Graumann A (2007) Rechnungslegung und Finanzierung der Krankenhäuser. Leitfaden für Rechnungslegung, Beratung und Prüfung; alle Teilbereiche des Rechnungswesens der Krankenhäuser; integrierte Darstellung juristischer und betriebswirtschaftlicher Aspekte. Herne: Verlag Neue Wirtschafts-Briefe.
Haberstock L (2008) Kostenrechnung I: Einführung – mit Fragen, Aufgaben, einer Fallstudie und Lösungen. 13., neu bearb. Aufl. Berlin: ESVbasics.
Hahn D (2001) PuK – Controllingkonzepte. Planung und Kontrolle, Planungs- und Kontrollsysteme, Planungs- und Kontrollrechnung. 6., vollst. überarb. u. erw. Aufl. Wiesbaden: Gabler.
Hardt R (2002) Kostenmanagement: Methoden und Instrumente. 2. Aufl., Wien: Oldenbourg.
Helm, K-F (1992) Konzepte der Ergebnisrechnung. In: Männel, W (Hrsg.): Handbuch Kostenrechnung. Wiesbaden: Gabler. S. 671-688.
Henrichs C, Oswald, J (2010) Interdisziplinäre Risikobetrachtung in der stationären Altenhilfe. Risiken in Einrichtungen der stationären Altenhilfe mit besonderer Berücksichtigung von Menschen mit Demenz und unter Beachtung ethischer Implikationen. Dissertation. Osnabrück.
Heier K, Terbeck J, Zapp W Prozessorganisation. In: Zapp W (Hrsg.) Krankenhausmanagement. Organisatorischer Wandel und Leadership. Kohlhammer, Stuttgart.
Hesse S, Boyke J, Zapp W (2013a) Innerbetriebliche Leistungsverrechnung im Krankenhaus. Verrechnungskonstrukte und Wirkungen für Management und Controlling. Wiesbaden, Springer Gabler.
Hesse S, Leve J, Goerdeler P, Zapp, W (2013b) Benchmarking im Krankenhaus. Controlling auf der Basis von InEK-Kostendaten. Wiesbaden, Springer Gabler.
Hentze J, Kehres E (2008) Kosten- und Leistungsrechnung in Krankenhäusern: systematische Einführung. 5., vollständig überarbeitete Auflage. Stuttgart: Kohlhammer.
Hentze J und Kehres E (2010) (Hrsg.) Krankenhaus-Controlling. Konzepte, Methoden und Erfahrungen aus der Krankenhauspraxis, 4., vollst. überarb. u. erw. Aufl. Stuttgart: Kohlhammer.
Horváth P, Mayer R (1998) Prozesskostenrechnung – Der neue Weg zu mehr Kostentransparenz und wirkungsvolleren Unternehmensstrategien. In: Zeitschrift für Controlling. Ausgabe 1: S. 214-219.
Horváth P, Mayer R (2011) »Was ist aus der Prozesskostenrechnung geworden?« In: ZfCM Controlling & Management. Sonderheft 2: S. 5-10.

Horváth P, Reichmann T (2003) Kostenmanagement. In: Horváth, P., Reichmann, T. (Hrsg.) Vahlens großes Controllinglexikon. 2. Aufl., München: Vahlen. S. 414-415.
Hummel S, Männel, W (2000) Kostenrechnung 1: Grundlagen, Aufbau und Anwendung. 4., vollst. neu bearb. u. erw. Aufl. Wiesbaden: Gabler.
Kaplan, R, Cooper R (1999) Prozesskostenrechnung als Managementinstrument. Frankfurt: Campus.
Keun F, Prott R (2008) Einführung in die Krankenhaus-Kostenrechnung. Anpassung an neue Rahmenbedingungen. 7., überarb. Aufl. Wiesbaden. Springer Gabler.
Kilger W (1981) Flexible Plankostenrechnung und Deckungsbeitragsrechnung, 8. völlig neu bearb. Aufl. Wiesbaden: Springer Gabler.
Kilger W (1987) Einführung in die Kostenrechnung, 3. durchgesehene Auflage, Wiesbaden: Springer Gabler.
Kilger W, Pampel JR, Vikas K (2007) Flexible Plankostenrechnung und Deckungsbeitragsrechnung, 12., vollst. überarb. Aufl. Wiesbaden: Springer Gabler.
Kilger W, Pampel JR, Vikas K (2012) Flexible Plankostenrechnung und Deckungsbeitragsrechnung, 13., aktual. Aufl. Wiesbaden: Springer Gabler.
Kosiol E (1972) Kostenrechnung und Kalkulation. 2. Aufl. Berlin: de Gruyter.
Krankenhaus-Buchführungsverordnung – in der Fassung vom 24.03 1987, zuletzt geändert durch Artikel 8 Absatz 1 des Gesetzes vom 17.07 2015, BGBl. I, S. 1245.
Kremin-Buch B (2007) Strategisches Kostenmanagement: Grundlagen und Moderne Instrumente. Wiesbaden: Springer Gabler.
Küpper HU, Friedl G, Hofmann C, Hofmann Y, Pedell B (2013) Controlling - Konzeption, Aufgaben und Instrumente 6. Aufl. Stuttgart: Schäffer Poeschel.
Krystek U (1992) Beitrag der Kostenrechnung zur Krisenfrüherkennung. In: Männel W. (Hrsg.) Handbuch Kostenrechnung. Wiesbaden: Gabler. S. 1429-1446.
Langenbeck J (2011) Kosten- und Leistungsrechnung: Grundlagen, Vollkostenrechnung, Teilkostenrechnung, Plankostenrechnung, Prozesskostenrechnung, Zielkostenrechnung, Kosten-Controlling. 2., vollst. überarb. Aufl. Herne: NWB Studium Betriebswirtschaft.
Liessmann K (1997) Gabler Lexikon Controlling und Kostenrechnung. Wiesbaden: Gabler.
Männel W (Hrsg.) (1992a) Handbuch Kostenrechnung. Wiesbaden: Gabler.
Männel W (1992b) Erfassung von Kosten und Leistungen. In: Männel W (Hrsg.) Handbuch Kostenrechnung. Wiesbaden: Gabler. S. 409-415.
Männel W (1992c) Bedeutung der Erlösrechnung für die Ergebnisrechnung. In: Männel W (Hrsg.) Handbuch Kostenrechnung. Wiesbaden: Gabler. S. 631-655.
Männel W (1995) Ziele und Aufgabenfelder des Kostenmanagements. In: Reichmann T (Hrsg.) Kosten- und Erfolgs-Controlling. München: Vahlen.
Maltry H, Strehlau-Schwoll H (1997) Kostenrechnung und Kostenmanagement im Krankenhaus. In: Freidank C-C, Götze U, Huch B, Weber J (Hrsg.) Kostenmanagement: Aktuelle Konzepte und Anwendungen. Berlin: Springer. S. 533-564.
Diemer M, Taube C, Ansorg J, Heberer J, von Eiff W (Hrsg.) (2015) Handbuch OP-Management Strategien. Konzepte. Methoden. Berlin: Medizinisch Wissenschaftliche Verlagsgesellschaft.
Moers M, Schiemann D (2008) Konzeptionelle Aspekte der Pflegeleistung. In: Schmidt-Rettig B, Eichhorn S (Hrsg.) Krankenhaus-Managementlehre. Theorie und Praxis eines integrierten Konzepts. Stuttgart: Kohlhammer. S. 320-333.
Mellerowicz, K (1961) Planung und Plankostenrechnung. Bd. 1. Betriebliche Planung. Freiburg: Haufe.
Münzel H, Zeiler N (2008) Ambulante Leistungen in und an Krankenhäusern. Stuttgart: Kohlhammer.
Mussing W (1998) Gestaltungsparameter für das Kostenstellendesign von Klein- und Mittelbetrieben. In: Kostenrechnungspraxis (krp), 42. Jahrgang, Heft 4: Wiesbaden Gabler. S. 197-202.
Olfert K (2010) Kostenrechnung. 16., verbesserte u. aktual. Aufl. Ludwigshafen (Rhein): Kiehl 2010.
Pampel J (1996) Ressourcenorientierung für das Kostenmanagement. In: Kostenrechnungspraxis – krp. Heft 6: S. 321-330

Pflege-Neuausrichtungsgesetz 2012 – in der Fassung vom 29.06 2012, in Kraft getreten am 30.10 2012 bzw. am 01.01 2013.
Plinke W (1993) Leistungs- und Erlösrechnung. In: Wittmann W, Kern W, Köhler R, Küpper H-U, von Wysocki K (Hrsg.) Handwörterbuch der Betriebswirtschaft. Teilband 2. I - Q. 5., völlig neu gestaltete Auflage, Stuttgart: B. Metzlersche Verlagsbuchhandlung und Carl Ernst Poeschel Verlag. Sp. 2563-2568.
Preißler PR, Dörrie U (1987) Grundlagen Kosten- und Leistungsrechnung, 2. Auflage, Landsberg am Lech: Verlag moderne industrie.
Preißler PR, Preißler GJ (2014) Entscheidungsorientierte Kosten-und Leistungsrechnung. 4. Aufl. Berlin: de Gruyter Oldenbourg.
Preusker UK (Hrsg.) (2013) Lexikon des deutschen Gesundheitswesens. Heidelberg: medhochzwei.
Richtlinie des Gemeinsamen Bundesausschusses über die Verordnung von häuslicher Krankenpflege – in der Neufassung vom 17.09 2009 (in Kraft getreten am 10.02 2010), zuletzt geändert am 17.07 2014 (in Kraft getreten am 07.10 2014).
Rapp B (2013) Fallmanagement im Krankenhaus. Grundlagen und Praxistipps für erfolgreiche Klinikprozesse. Stuttgart: Kohlhammer.
Roeder N, Küttner T (Hrsg.) (2007) Klinische Behandlungspfade. Köln: Deutscher Ärzte-Verlag.
Röhrig R, Schnee S (1995) Kostenarten-, Kostenstellen-, Kostenträgerrechnung. In: Eichhorn S, Schmidt-Rettig B (Hrsg.) Krankenhausmanagement im Werte- und Strukturwandel: Handlungsempfehlungen für die Praxis. Stuttgart: Kohlhammer 1995. S. 270-320.
Riebel P (1994) Einzelkosten- und Deckungsbeitragsrechnung. Grundfragen einer markt- und entscheidungsorientierten Unternehmensrechnung. 7., wesentlich überarb. Aufl. Wiesbaden: Gabler.
Rummel K (1949) Einheitliche Kostenrechnung auf der Grundlage einer vorausgesetzten Proportionalität der Kosten zu betrieblichen Größen. 3. Aufl. Düsseldorf: Stahleisen.
Schär JF (1923) Allgemeine Handelsbetriebslehre. 5. Aufl., Leipzig: Gloeckner.
Schmidt-Rettig B (1988) Interne Budgetierung. In: Eichhorn S (Hrsg.) Handbuch Krankenhaus-Rechnungswesen. 2., überarb. u. erw. Aufl. Wiesbaden: Springer Gabler. S. 519-534.
Schmidt-Rettig B (1995) Vom selbstkostendeckenden Pflegesatz zu fallpauschalierten Preisen. In: Schmidt-Rettig B, Eichhorn S (Hrsg.) Krankenhausmanagement im Werte- und Strukturwandel: Handlungsempfehlungen für die Praxis. Stuttgart: Kohlhammer. S. 135-144.
Schmidt-Rettig B (2007) Ambulanzkostenrechnung und patientenintegrale Versorgungsstrukturen. In: KU-Special: S. 24-29.
Schmidt-Rettig B, Westphely, K (1992) Kosten- und Leistungsrechnung im Krankenhaus. In: Männel W (Hrsg.) Handbuch Kostenrechnung. Wiesbaden: Gabler.
Schmidt-Rettig B, Böhning F (1999) Bedeutung und Konzeption einer Prozesskostenrechnung im Krankenhaus. In: Schmidt-Rettig B, Eichhorn S (Hrsg.) Profitcenter und Prozessorientierung: Optimierung von Budget, Arbeitsprozessen und Qualität. Stuttgart: Kohlhammer. S. 121-145.
Schweitzer M, Küpper H-U (2011) Systeme der Kosten- und Erlösrechnung. 10. Aufl. München: Vahlen, Franz.
Selke S (1997) Die Gestaltung der Kosten- und Leistungsrechnung unter besonderer Berücksichtigung formaler Organisationsstrukturen. Frankfurt am Main: Peter Lang.
Spendl KP (2010) Erfolgsorientierte Vergütung in der stationären Rehabilitation. Universität Ulm. Dissertation (https://oparu.uni-ulm.de/xmlui/handle/123456789/2179, Zugriff am 9.5. 2016).
Statistisches Bundesamt (2014) Kostennachweis der Krankenhäuser 2013. Fachserie 12. Reihe 6.3. Wiesbaden.
Stier-Jarmer M, Pientka L, Stuck G (2002) Frührehabilitation in der Geriatrie. In: Phys Med Rehab Kuror. Ausgabe 12: S. 190-202.
Stelling JN (2008) Kostenmanagement und Controlling. 3., überarb. Aufl., München: Oldenbourg.

Strehlau-Schwoll H (1995) Kosten-, Leistungs- und Erlössteuerung. In: Schmidt-Rettig B, Eichhorn S (Hrsg.) Krankenhausmanagement im Werte- und Strukturwandel: Handlungsempfehlungen für die Praxis. Stuttgart: Kohlhammer. S. 201-217.
SVR (2003) Finanzierung, Nutzerorientierung und Qualität. Gutachten des Sachverständigenrates für die Konzertierte Aktion im Gesundheitswesen 2003.
SVR (2014) Bedarfsgerechte Versorgung – Perspektiven für ländliche Regionen und ausgewählte Leistungsbereiche. Gutachten des Sachverständigenrats zur Begutachtung der Entwicklung im Gesundheitswesen 2014.
Tecklenburg A (2008) Managementwerkzeug: Geplante Behandlungspfade. In: Schmidt-Rettig B, Eichhorn S (Hrsg.) Krankenhaus-Managementlehre. Theorie und Praxis eines integrierten Konzepts. Stuttgart: Kohlhammer. S. 303-310.
Thiele G, Büche V, Roth M, Bettig, U (2010) Pflegewirtschaftslehre für Krankenhäuser, Pflege-, Vorsorge- und Rehabilitationseinrichtungen. Heidelberg: Medhochzwei.
Unterguggenberger S (1974) Kybernetik und Deckungsbeitragsrechnung. Die Bedeutung des Deckungsbeitrags im Entscheidungsprozess der Unternehmung. Wiesbaden: Gabler.
Vetter U (2005) Leistungsmanagement im Krankenhaus: G-DRGs: Schritt für Schritt erfolgreich: planen – gestalten – steuern. Heidelberg: Springer.
Vormbaum H, Ornau H (1992) Kalkulationsverfahren im Überblick. In: Männel W (Hrsg.) Handbuch Kostenrechnung. Wiesbaden: Gabler.
Weber J (1990) Einführung in das Rechnungswesen: Bilanzierung und Kostenrechnung. Stuttgart 1990.
Wild J (1974) Grundlagen der Unternehmensplanung. Reinbek: Rowohlt 1974.
Wöhe G, Döring U (2013) Einführung in die Allgemeine Betriebswirtschaftslehre. 25., überarb. u. aktual. Aufl. München: Vahlen.
Zahn EOK, Kapmeier F (2002) Systemanalyse. In: Küpper, H U und Wagenhofer, A (Hrsg.) Enzyklopädie der Betriebswirtschaftslehre (EdBWL) Band 3: Handwörterbuch Unternehmensrechnung und Controlling (HWU). Überarbeitete Auflage 2002: Schaffer-Poeschel. Sp. 1919–1932.
Zapp W (2004) Perspektiven von Controlling-Systemen. In: Zapp W (Hrsg.) Controlling in der Pflege. Bern: Hans Huber. S. 83-117.
Zapp W (2005) Kostenrechnung und Controllinginstrumente in Reha-Kliniken. Köln: Josef Eul.
Zapp W (2007) Internes Rechnungswesen. In: Haubrock M, Schär W (Herausgeber) Betriebswirtschaft und Management im Krankenhaus, 5., vollst. überarb. u. erw. Aufl. Bern: Huber 2009. S. 366-405.
Zapp W (2008a) Betriebswirtschaftliches Rechnungswesen. In: Schmidt-Rettig B und Eichhorn S (Hrsg.) Krankenhaus-Managementlehre. Stuttgart: Kohlhammer. S. 427-476.
Zapp W (2008b) Prozessorganisation. In: Schmidt-Rettig, B./Eichhorn, S. (Hrsg.) Krankenhaus-Managementlehre, Kohlhammer, Stuttgart 2008, S. 251-279.
Zapp W (2009) Kosten-, Leistungs-, Erlös- und Ergebnisrechnung im Krankenhaus. Kulmbach: Baumann Fachverlage.
Zapp W (Hrsg.) (2010a) Prozessgestaltung in Gesundheitseinrichtungen. Von der Analyse zum Controlling. 2., vollst. überarb. u. erw. Aufl. Heidelberg: Economica.
Zapp W (2010b) Prozess-Controlling. In: Zapp W (Hrsg.) Prozessgestaltung in Gesundheitseinrichtungen. Von der Analyse zum Controlling. 2., vollst. überarb. u. erw. Aufl. Heidelberg: Economica: S. 171-208.
Zapp W (Hrsg.) (2015) Krankenhausmanagement. Organisatorischer Wandel und Leadership. Kohlhammer, Stuttgart.
Zapp W, Funke M, Schnieder S (2000) Interne Budgetierung auf der Grundlage der Pflegeversicherung. Ergebnisse eines anwendungsorientierten Forschungsprojektes in der stationären Altenhilfe. Wanne-Eickel: Krankenhausdrucke-Verlag.
Zapp W, Dorenkamp A (2002), unter Mitarbeit von Bettig U, Torbecke, O Anwendungsorientierte Prozessgestaltung im Krankenhaus – Bericht über ein Forschungsprojekt. In: Zapp W (Hrsg.) Prozessgestaltung im Krankenhaus, Heidelberg: Economica. S. 1–136.
Zapp W, Bettig U (2002) Die Bedeutung der Prozesskostenrechnung für eine Gestaltung von Prozessen. In: Zapp W (Hrsg.) Prozessgestaltung im Krankenhaus. Heidelberg 2002: Econimica. S. 275, S. 275.

Zapp W, Bettig U, Richter J, Schnieder, S (2003) Steuern mit Kostenstellen. Die Rahmenbedingungen der stationären Altenhilfe erfordern veränderte Schwerpunkte bei der Kostenrechnung. Ein neues Modell schafft die Chance Kosten zu lenken. In: Altenheim. Heft 2: S. 28-33.

Zapp W, Torbecke O (2005) Konzeption einer Kostenträgerrechnung in einer Fach- und Rehabilitationsklinik. In: Zapp W (Hrsg.) Kostenrechnung und Controllinginstrumente in Reha-Kliniken. Lohmar: Eul-Verlag. S. 5 – 53

Zapp W, Otten S. (2008) Ergebnisse einer empirischen Untersuchung in der Stationären Altenhilfe unter besonderer Berücksichtigung der Qualitätskosten. In: Zapp W (Hrsg.) Qualitätskostenrechnung für die Stationäre Altenhilfe. Lohmar – Köln: Eul-Verlag. S. 1-104.

Zapp W, Oswald J (2009) Controlling-Instrumente für Krankenhäuser. Stuttgart: Kohlhammer.

Zapp W, Grundmann J (2010) Was kosten Reha-Leistungen wirklich? Konzeption einer Kostenträgerrechnung in Rehabilitationskliniken. In: KU Reha. Ausgabe 9: S. 10-14.

Zapp W, Bettig U, Karsten E, Oswald J (2010) Prozesslenkung. In: Zapp W (Hrsg.) Prozessgestaltung in Gesundheitseinrichtungen. Von der Analyse zum Controlling. 2., vollständig, überarbeitete und erweiterte Auflage. Heidelberg et al: Economica: S. 121-170.

Zapp W, Bockhorst K, Grundmann J, Grimmelmann-Heimburg H (2012) Belegungsmanagement im Krankenhaus. Revenue-Management als industrie-konzeptionelle Grundlage zur Kapazitätslenkung. In: Greulich A et al (Hrsg.) Management Handbuch Krankenhaus. 127. Aktualisierung. Heidelberg: Medhochzwei.

Zapp W, Oswald J, Bettig U, Fuchs C (2014) Betriebswirtschaftliche Grundlagen im Krankenhaus. Stuttgart: Kohlhammer.

Zapp W, Oswald J, Neumann S, Wacker F (2015) Controlling und Reporting im Krankenhaus. Stuttgart: Kohlhammer.

Zimmermann G (2001) Grundzüge der Kostenrechnung. 8., überarb. u. erw. Aufl. München: Oldenbourg.

Stichwortverzeichnis

A

Abgrenzungsverordnung 38, 52, 220
Abschläge 25, 34
Abschreibungen 62, 76–79, 86, 93, 110–111, 113, 116, 162, 187, 190–191
Abweichungsanalyse 138–139, 151, 155, 181
Ambulanz 141, 143–144, 190
Anlage 83, 85–86, 116
Anlagegüter 35, 37, 74, 77, 86, 93, 97, 103, 106, 111
Anlagen 38, 54, 56, 81, 84
Anschlussheilbehandlung (AHB) 146
Äquivalenzziffernkalkulation 160
Ausgleichsermittlung 26, 30–31, 33–34
Ausgleichsposten 72, 74, 92–93, 103, 110

B

Bezugsgrößenkalkulation 159, 161, 194
Bilanz 15, 20, 52, 58–59, 62, 65, 68, 74, 81, 92, 103, 115, 117
Bilanzierungshilfe 72, 74, 92
Bilanzvermerk 103–104
Buchführung 15, 51–52, 54–55, 60–62, 64, 122, 137, 166, 205

D

Deckungsbeitragsrechnung 187–188, 190–191, 193–194, 205
Deutsches Institut für Medizinische Dokumentation und Information (DIMDI) 22
Diagnosis Related Groups (DRGs) 17, 22, 24, 26, 144, 161, 163–164, 170, 186, 198
Disagio 74, 94
Divisionskalkulation 159, 177

E

Entgeltvereinbarung 23, 25–27

Erlösausgleich 25, 30, 205

F

Fallpauschale 22, 24, 146
Finanzierung 19–20, 25, 38, 40, 45, 48–49, 52, 74, 82, 93, 96–97, 106–107, 110, 147
Fördermittel 20, 52, 90, 96, 102–103, 107, 111, 125, 219
Forderungen 58, 61, 67, 79, 89–91, 112

G

Gebrauchsgüter 38
Genehmigungsbescheid 23–24
Geschäfts- oder Firmenwert 84
Gewinn- und Verlustrechnung 15, 52, 54, 56, 62, 81, 104, 108, 111, 114–116, 172, 205

I

Innerbetriebliche Leistungsverrechnung 148, 156–157, 173, 177, 195
Institut für das Entgeltsystem im Krankenhaus (InEK GmbH) 22, 37, 144, 186
Inventar 15, 52, 54–56, 61–62, 66
Investitionsförderung 19, 35, 37

J

Jahresabschluss 15, 52, 54–56, 60, 71, 75, 81, 120–123, 126, 135
Jahresfehlbetrag 96, 115
Jahresüberschuss 96, 114–115

K

Kapitalflussrechnung 15
Kapitalrücklage 95

261

KLEE 128, 130, 133–134, 136–139, 150, 178, 194, 205
Kohäsion 140–141, 172
Kostenarten 148, 151, 153, 155–156, 163, 178, 185, 187, 201–202, 204
Kostenkontrolle 151, 168, 179–180, 186, 199
Kostenmanagement 199–200, 202–203, 205
Kostenrechnung 129–130, 148, 150–151, 167, 170, 180, 193, 199, 205
Kostenstellen 17, 144, 151, 156–157, 162–164, 167, 173, 176–177, 181, 185
Kostenträger 69, 151, 155, 157, 159, 164, 167, 174, 179, 185, 194, 200

L

Lenkung 131, 138, 140, 143, 151, 155, 182
Lokomotionsfunktion 140

M

Materialaufwand 76, 108
Medizinischer Dienst der Krankenversicherung (MDK) 46, 205
Mengenausgleich 25–27, 30–31
Mindererlösausgleich 28
Motivation 140

N

Normalkosten 178–179, 181
Nutzungsdauer 38, 77, 97, 220

P

Pauschalierendes Entgeltsystem Psychiatrie und Psychosomatik (PEPP) 22, 28
Personalaufwand 76, 106–107
Pflegebedürftigkeit 40–42, 46
Pflegesätze 21–23, 29, 46, 49, 147
Pflegeversicherung 40–41, 44, 47–48
Planungsrechnung 17
Preisausgleich 25–27, 30–32
Prognosekosten 181
Prozess 129, 134, 196
Prozesskostenrechnung 185, 194–195, 198, 204

R

Rechnungsabgrenzungsposten 66, 72–73, 75, 86, 93, 103
Rechnungslegung 15, 17, 21, 51, 56–57, 64, 71, 122–123, 126
Rechnungswesen 15, 129, 134, 205
Rechtsform 15–16, 20, 52–54, 56, 58, 116, 125
Regelung 50, 60, 138–139, 157
Rückstellung 62, 65–66, 69, 73, 75, 97–98, 107

S

Schiedsstelle 23, 29
Schulden 60, 62–63, 66, 69–73, 79, 94, 98
Sonderposten 20, 54, 72, 74, 76, 82, 96, 110
Standardkosten 178, 182
Steuerung 17, 138–139, 178

T

Teilkosten 133, 144, 186–187, 193

U

Umsatzerlöse 58, 76, 100, 105, 109, 161

V

Verbrauchsgüter 38, 182
Vergütungssystem 21, 28, 148
Vermögen 15, 60–61, 63, 75
Vermögensgegenstände 61, 67, 72, 74, 76, 83, 86, 91, 112
Versorgungsauftrag 37, 51, 202
Verweildauer 23, 131
Vollkosten 136, 172, 178, 184–185
Vorräte 61, 87–88, 100

Z

Zusatzleistung 45, 47, 109, 205
Zuschläge 25, 161, 203
Zuschreibung 78, 116

Winfried Zapp/Julia Oswald
Sabine Neumann/Frank Wacker

Controlling und Reporting im Krankenhaus

2015. 250 Seiten, 69 Abb., 57 Tab. Kart. € 59,99
ISBN 978-3-17-022609-8

Health Care- und Krankenhaus-Management

Dieses Buch gibt einen Überblick über das Controlling als wichtiges System innerhalb des Krankenhaus-Managements. Controlling wird als eine betriebswirtschaftliche Teildisziplin dargestellt, die vor allem im Gesundheitsbereich Daten, Analysen und Auswertungen für Nicht-Ökonomen bereitstellt. Das Werk bereitet aktuelle Forschungsansätze für die Praxis auf, um darauf aufbauend anwendungsorientierte Controllinginstrumente vorzustellen, die mit Daten und Zahlen aus der Praxis hinterlegt sowie beispielhaft erläutert sind.

Prof. Dr. Winfried Zapp lehrt an der Hochschule Osnabrück Allgemeine Betriebswirtschaftslehre mit dem Schwerpunkt Rechnungswesen, insbesondere Controlling im Gesundheitswesen. **Prof. Dr. Julia Oswald** lehrt an der Hochschule Osnabrück Betriebswirtschaftslehre, insbesondere Krankenhausfinanzierung und -management. **Sabine Neumann**, Krankenhausbetriebswirtin (VKD), ist Leiterin für Betriebswirtschaftliches Controlling am Pius-Hospital Oldenburg. **Frank Wacker**, M.A., ist Leiter für Controlling und Medizincontrolling der Katholischen Kliniken Ruhrhalbinsel, Essen.

Leseproben und weitere Informationen unter www.kohlhammer.de

Winfried Zapp/Julia Oswald/
Uwe Bettig/Christine Fuchs

Betriebs-
wirtschaftliche
Grundlagen
im Krankenhaus

*2014. 234 Seiten, 54 Abb.,
28 Tab. Kart. € 39,90
ISBN 978-3-17-022608-1*

auch als EBOOK

*Health Care- und Krankenhaus-
Management*

In diesem Lehrbuch werden die theoretischen Grundlagen für eine Betriebswirtschaftslehre in Gesundheitseinrichtungen gelegt, praktisch aufbereitet und mit vielen Aufgaben und Fallbeispielen vertieft. Die Autoren setzen sich insbesondere mit dem Leistungsgeschehen in Krankenhäusern im Spannungsfeld von ökonomischer Verantwortung und sozialem Handeln auseinander, die den Patienten in ein ökonomisches Objekt transferiert.

Prof. Dr. Winfried Zapp vertritt das Lehrgebiet Controlling in Gesundheitseinrichtungen an der Hochschule Osnabrück. **Prof. Dr. Julia Oswald** vertritt seit 2014 an der Hochschule Osnabrück die Schwerpunkte Krankenhausmanagement und Krankenhausfinanzierung. **Prof. Dr. Uwe Bettig** lehrt an der Alice Salomon Hochschule (Berlin) Management und Betriebswirtschaft in gesundheitlichen und sozialen Einrichtungen. **Dr. med. Christine Fuchs** ist Ärztin für Chirurgie und leitet das Projektmanagement der Mühlenkreiskliniken AöR.

Leseproben und weitere Informationen unter www.kohlhammer.de

W. Kohlhammer GmbH · 70549 Stuttgart
vertrieb@kohlhammer.de